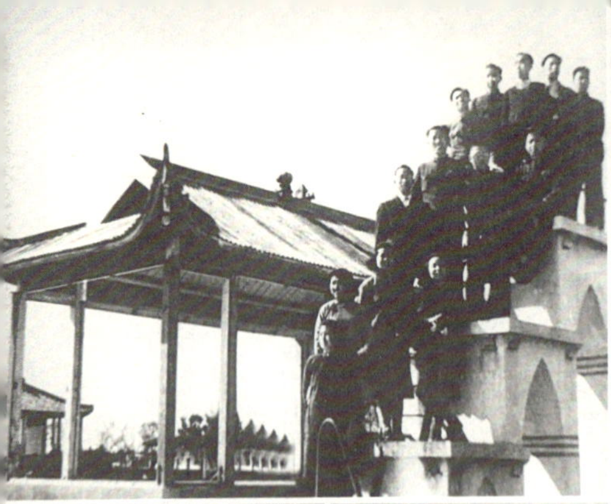

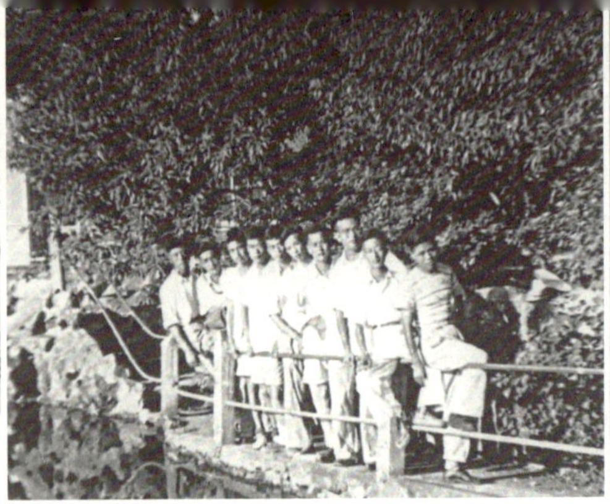

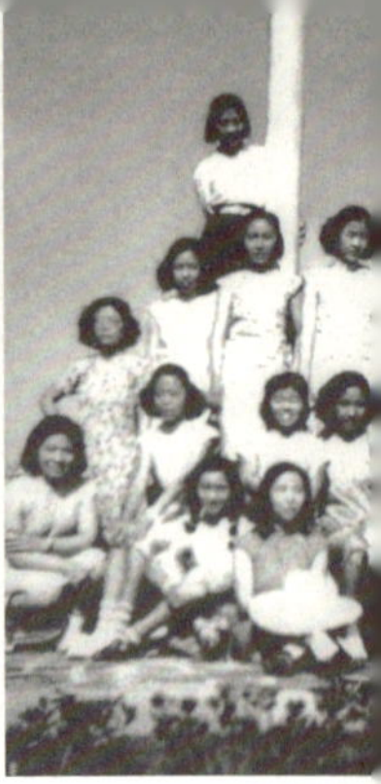

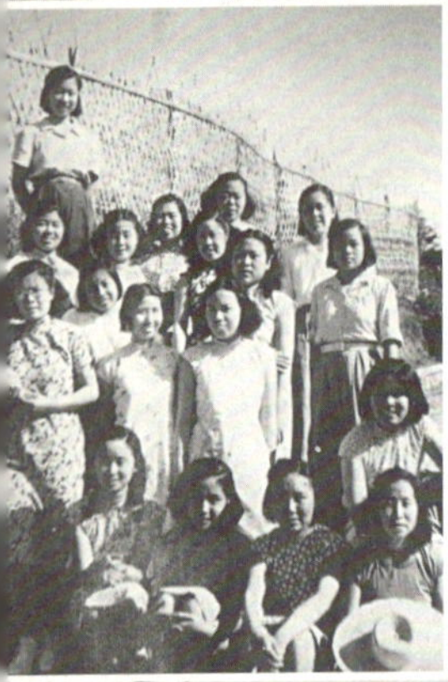

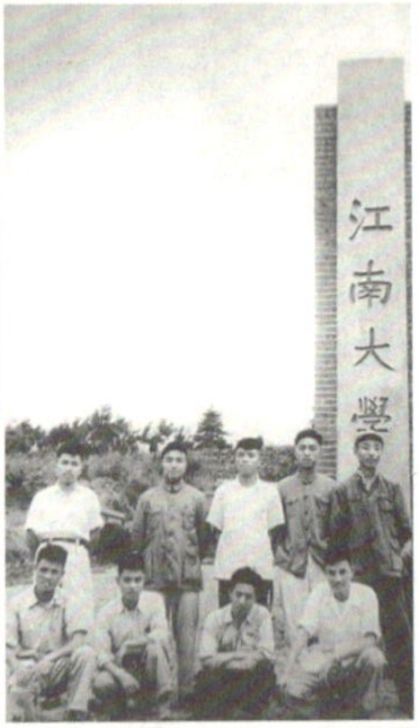

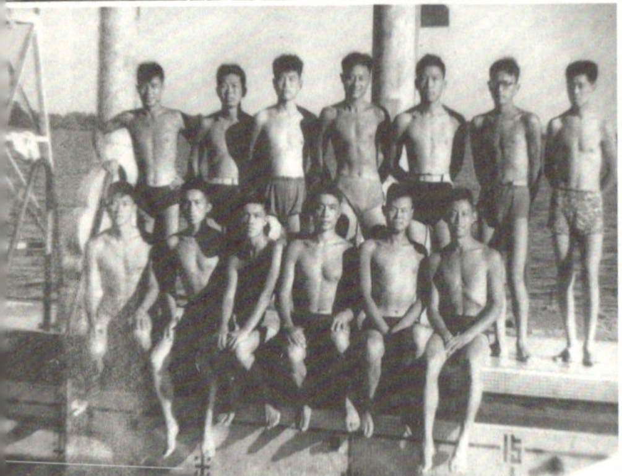

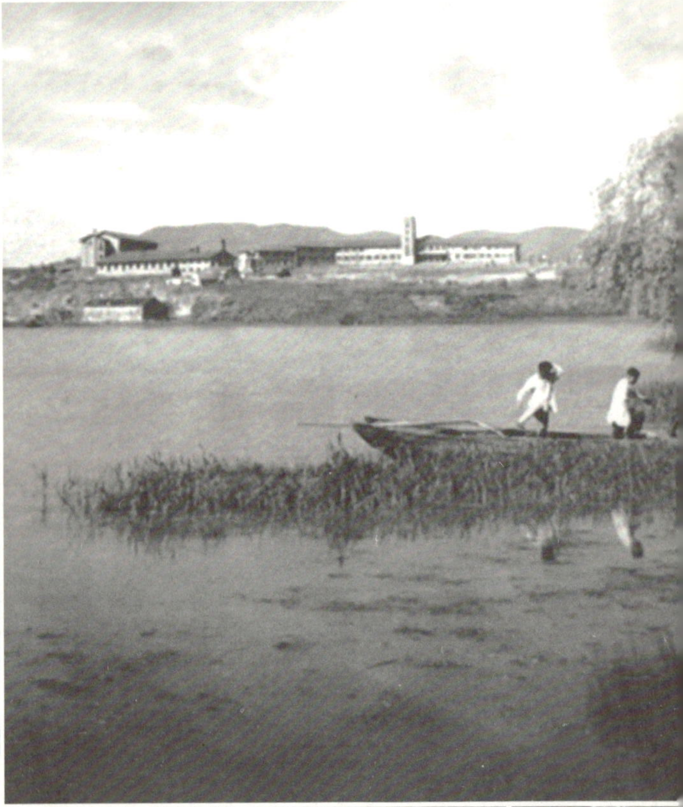

江南大学江大生活出版委员会全体职员留影 一九五二年八月

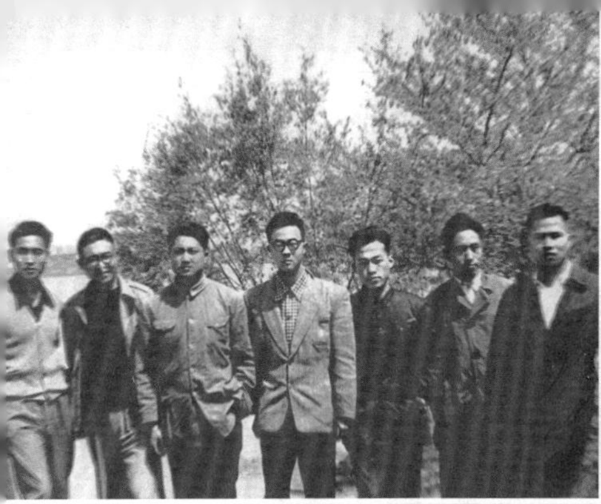
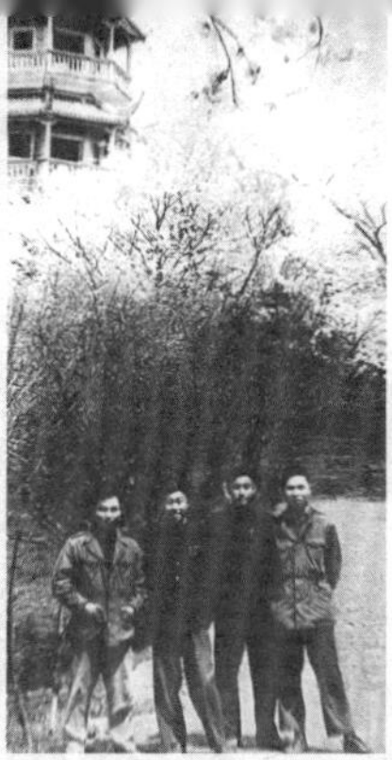
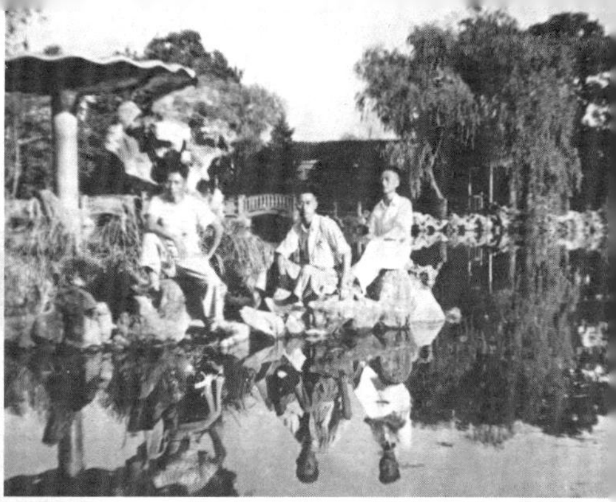
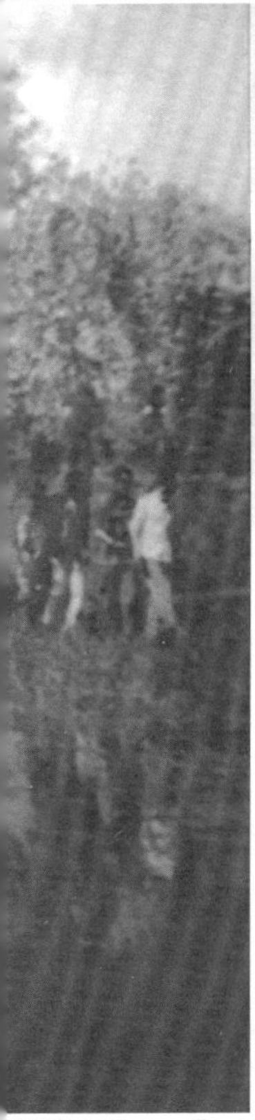
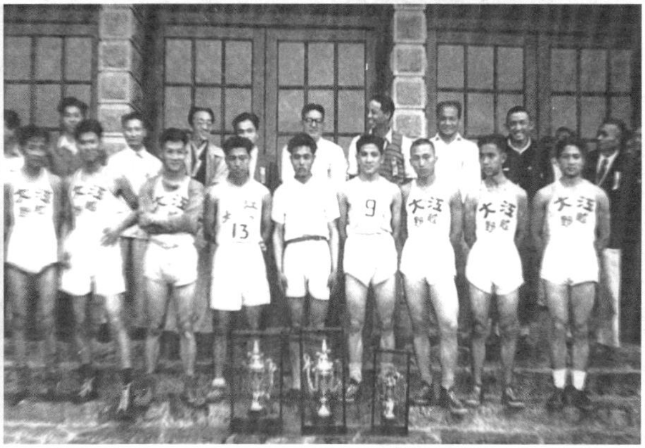
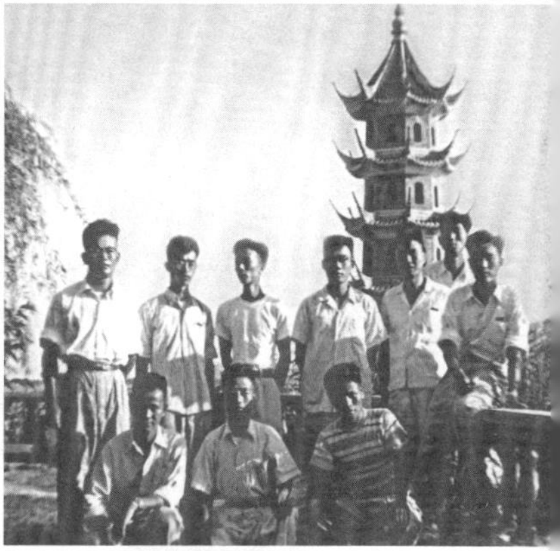
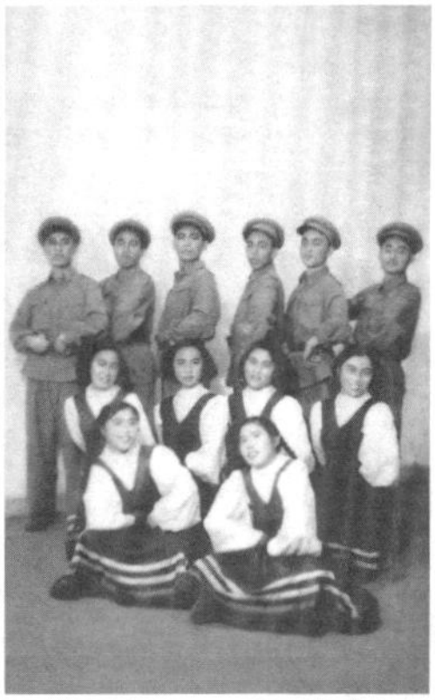
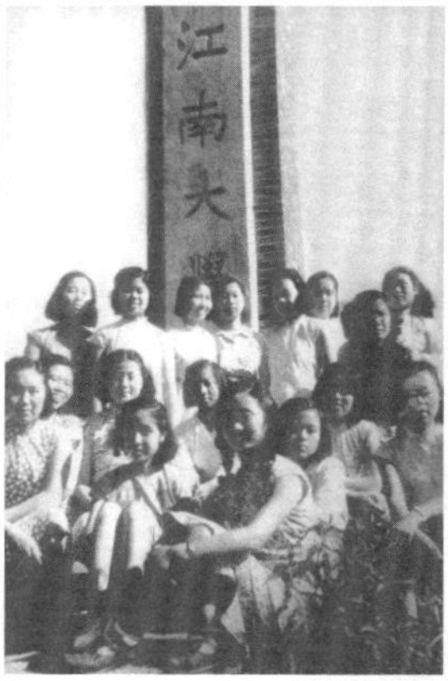
江南大
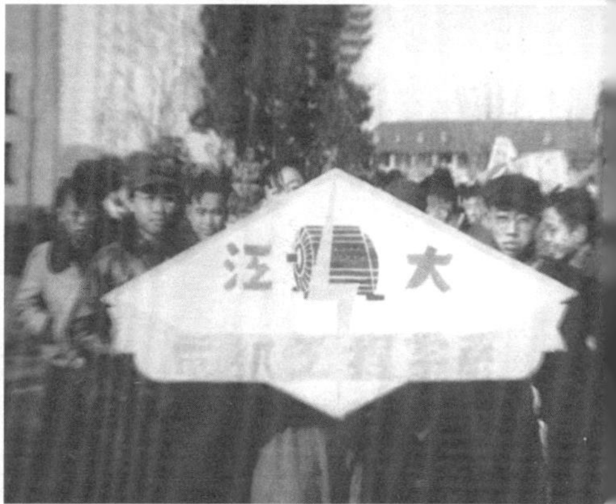
江 大
江南大學電機系一九五二年畢業班師生合

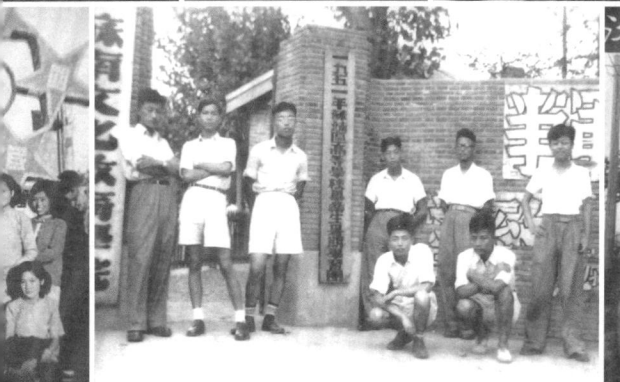

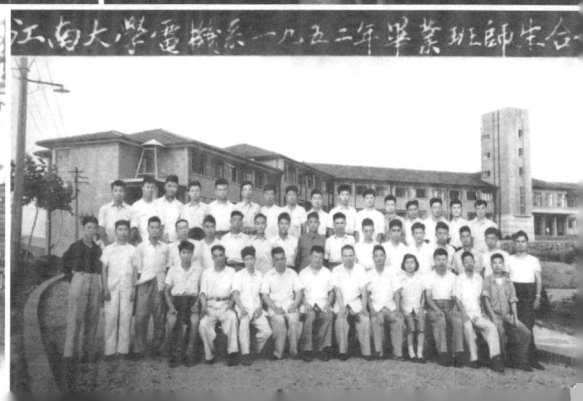

图书在版编目(CIP)数据

回望江南：一所私立大学的激荡五年/汪春劼 著．
上海：同济大学出版社，2023.1
ISBN 978-7-5765-0457-6

Ⅰ.①梦… Ⅱ.①汪… Ⅲ.①江南大学－校史 Ⅳ.①G649.285.33

中国版本图书馆CIP数据核字(2022)第214587号

回望江南：一所私立大学的激荡五年

著　　作　汪春劼
出版策划　《民间影像》
责任编辑　陈立群(clq8384@126.com)
视觉策划　育德文传
内文设计　昭　阳
封面设计　景嵘设计
电脑制作　宋　玲　唐　斌
责任校对　徐春莲
书名题字　田　丰

出　　版　同济大学出版社www.tongjipress.com.cn
发　　行　上海市四平路1239号　邮编 200092　电话 021-65985622
经　　销　全国各地新华书店
印　　刷　上海锦良印刷厂
成品规格　170mm×213mm　352p
字　　数　380 000
版　　次　2023年1月第1版
印　　次　2023年1月第1次印刷
书　　号　ISBN 978-7-5765-0457-6
定　　价　88.00元

江南大学江南文化研究院2022年基本科研：无锡史、江南文化与大运河文化研究项目"实业兴学：私立江南大学研究"(项目编号：JUSRP122077)成果

教育部2020年重大课题攻关项目"荣氏家族与无锡民族工商业资料收集、整理与研究"(项目编号：20JZD037)阶段性成果

回望江南

一所私立大学的激荡五年

汪春劼 著

同济大学出版社·上海

序 言

"山上清风湖畔月,同窗旧梦故人情。"

私立江南大学结束整整70载之际,汪春劼教授研究该校的著作面世了,可喜可贺。

70年过去了,昔日大学同窗大多驾鹤而去,我也进入了耄耋之年。回首自己走过的人生之路,如果说在学术上还有所成就,我不得不感谢私立江南大学给我打下的根基。

1947年,我就读私立江南大学文学院史地系,院长是钱穆先生,给我上课的老师队伍极其"豪华":中国通史,钱穆先生;西洋通史,谢兆熊先生;中国近代史,郭量宇(廷以)先生;西洋近代史,谢兆熊先生;商周史,束天民(世澄)先生;秦汉史,钱穆先生;地理学概论,王文元先生。以上是史地专业的必修课。文科学生一般必选课有,哲学概论,唐君毅先生(我还选修了唐先生开的伦理学);理则学(即逻辑学),牟宗三先生。这两位老师的课唤醒了我对哲学与逻辑终身学习的兴趣。

教我国文课的是唐君毅先生的妹妹唐至中先生。至中先生在中国古典研读和哲学思考的沟通上给我终生难忘的教诲。特别是她还和君毅先生一道,在一些难以理解的哲学问题上对我耐心辅导。两位唐先生的高尚品德永远是我学习的榜样。文科学生一般选课很多,我选修了文字学,老师冯振先生。此外,我还选修了钱清廉先生开的政治学,主要参考书是加纳的《政治科学与政府》;胡立猷先生开的经济学(讲课大纲英文,讲课用中文),主要参考书为马歇尔的《经济学》。以上两种参考书都是西方最常用教本,所以原文、中译本均有。我选这两门课,主要是为了初步了解西方政治经济体制,以便更好理解西方历史。我选修了另一位女教师孙湘先生的微积分课程,我对数学的兴趣之所以保持至今,与上孙老师的课是分不开的。

我还选修了先后由冯振先生和诸祖耿先生讲授的中国文学史,学了这门课更感到中国文、史两学之间的深层关系。此外还旁听过中文系李笠先生和朱东润先生所讲修辞赏析与文论课，上课时尽情享受，期终又无考试负担，何乐不为？因为选修课程量大面广，我不可能追求门门高分。我所热切追求的是：尽可能满足求知欲，同时尽量开拓学术境界，这是治学方法的精进之道。

这些老师都是在我茅塞要开未开之际，适逢其会地给了我一生受用的影响。虽然他们只教了我一两年，可我从他们那里得到的，则是对这些学科终身学习的愿望。所以他们给予我的影响几乎终身难忘。我很幸运在一个适逢其会的阶段遇到他们。当时我求知欲极为旺盛，就像一株刚从泥土里向外冒出头的幼芽，恰好遇上他们所施予的智慧的阳光雨露。如果早一点遇到他们，那么我对他们的施予会茫然无知，接受不了；如果再晚一点遇到他们，也许我习惯已成，他们的施予也许就改变不了我的积习，同样归于无效。

大学时代与如此多名师相遇，跟着他们遨游知识海洋，我何其有幸，也让当今学子羡慕万分。以后因私立江南大学专业调整，我来到南京大学与辅仁大学继续完成本科学业。

现在民办高校近千所，但很少设有史地专业。总结私立江南大学的办学经验，梳理她短短5年的办学历史，对中国高等教育的改革确有一定的借鉴价值。

汪春劼教授怀着对私立江南大学、对荣德生、荣伊仁(一心)、荣毅仁等荣氏家族成员的万分敬意，穿梭于沪宁线各大档案馆，访寻各种相关文献，采访健在当事人，在占有大量一手材料基础上，返回历史现场，呈现一所大学载浮载沉的真实场景。他的文字，仿佛又把我带回到如诗如画的太湖之畔，带回激扬文字的青春岁月，带回到荣巷与后湾山先生们授课的课堂……

我十分感谢汪春劼教授，他不辞辛劳，为保存江南大学这段鲜为人知的校史做出非同寻常的贡献，我以一名老校友的身份，向他表示崇高敬意！

行文至此，我不禁想起私立江南大学建校60周年纪念活动期间我应老校友之约写的一首诗，其中有这样两句："山上清风湖畔月，同窗旧梦故人情。"那次我因有其他任务，很遗憾未能到场。据说宣读这首诗时，老同学都激动不已，有的同学说：听到这两句，油然而生无限遐想！是啊，那时我们风华正茂，烙印在心底的情境，怎能忘怀呢！

刘家和
2022年7月30日序于北京师范大学愚庵

目 录

前言 ·················· 06
第一章 家族办大学：大手笔大投入 ···· 15
第一节 荣氏家族实业兴学 ·········· 16
一、兴办基础教育几十载 ·········· 16
二、引进复旦大学的努力 ·········· 23
三、成功试水中国纺织染工程学院 ···· 27
第二节 在炮声中诞生的民办高校 ····· 30
一、私立高校的总体情形 ·········· 30
二、办学的灵魂人物："少帅"荣一心 ···· 33
三、打造硬件一流的校园 ·········· 38
四、荣宅临时过渡 ················ 45

第二章 组织构建不足：优秀校长缺位 ···· 51
第一节 理不顺的代理人关系 ········ 52
一、"花瓶"校长章渊若 ············ 52
二、"监军"乐幻智 ················ 61
三、以副代正的顾惟精 ············ 65

四、看守校长沈立人 ·············· 72
第二节 高薪引进名师 ·············· 76
一、人才选择上的宁缺毋滥 ········ 76
二、有"关系"才能进江大 ·········· 81
三、纠结于北大与江大间的夏济安 ···· 86
四、"教授市场"：几家欢乐几家愁 ···· 92

第三章 常态化挑战：物价飞涨与学潮云起
·················· 97
第一节 办学特色有渊源 ············ 98
一、创办工学院 ·················· 98
二、创办第一家面粉专修科 ········ 102
三、功败垂成的江南研究院 ········ 107
第二节 课堂内外的知识传播 ······· 110
一、教师的规定动作 ·············· 110
二、学生的必修与选修 ············ 116
三、教授与学生的互动 ············ 120

第三节 不平静的校园·················123
一、生源多来自长三角············123
二、不断攀高的学费··············126
三、学潮澎湃与校园政治化········131

第四章 社会大变革：惊天动地·······139
第一节 政权更替后的治理架构······140
一、校董会的改组················140
二、取消文理专业引发的风波······145
三、话语权的分散················150
四、管理层几次重组··············155
第二节 时代变动后的教师与专业·····159
一、教师的高流动性··············160
二、教师收入调查················162
三、别无分店的工业管理系········167
四、全国首创的食品工业系········173

第五章 互信缺失：乱成一锅粥········179
第一节 学校经济基础动摇·········180
一、跑路的资本··················180
二、岌岌可危的荣氏集团··········183
三、学校经费断崖式下降··········188
第二节 校方与师生间的冲突········190
一、学费缴付困难的多重原因······191
二、为学杂费校方与学生的博弈····196
三、教师工资只能"打白条"········200
第三节 教师派系与内讧············204
一、一个多月的夺权··············204
二、元气大伤的解聘··············216
三、困境中的艰难维持············220

第六章 感受迥异：两种教学模式大转换·231
第一节 师生革命日常化················232
一、突然升温的政治学习············232
二、压倒一切的时事教育············235
三、抗美援朝激发的爱国热情········241
四、师资缺乏的政治课··············244
五、运动中的剧场效应··············248
第二节 学校终结无人痛惜············251
一、第一批"产品下线"··············252
二、对教师的思想改造··············257
三、最后一届毕业生离去············261
四、在院系调整中曲终人散··········265

余 论······························274
一、重构学校的历史谱系············274
二、呼唤一流民办大学··············278
三、投资办学与捐资办学············279

附录1 25名教师联名上书荣毅仁主委反对取消文理二院······························282
附录2 关于江南大学农产制造系为食品工业系的建议书····························284
附录3 私立江南大学给苏南行政公署文教处的报告································286
附录4 杨钧泰同学在苏南行政公署、校董荣先生召开之座谈会上报告全文(1950年7月30日)································287
附录5 杨晟教授给荣毅仁信函········290
附录6 私立江南大学政治教育情况汇报···293
附录7 1952年苏南区高等学校毕业生统一分配工作的综合报告······················294
附录8 江南大学大事记(1947～1952)·····296

主要参考文献························343
后 记······························344

前言

"近代国人自办的私立大学多诞生于政潮或学潮,很少是资本家热心教育、投资兴学的产物。比如复旦、光华两校系分别从教会学校震旦、圣约翰独立而出,大夏大学诞生于厦门大学校内风潮,大同大学系清华学堂教员不满于该校西式教育而创办。因此,国人自办的私立大学基本没有固定的基金,办学经费主要依靠学生学费、政府补助和校董会筹募。从1934年开始,国民政府开始临时性补助私立大学,但相对于经费庞大的国立大学,此种补助实为杯水车薪。然而,民国时期国人自办私立大学的校董会多为应付教育部立案设置,校董多是挂名,很少与学校发生实际关系,亦很少承担筹款的责任。因此,私立大学筹款的重任,实际主要靠校长个人。一所私立大学能获得多少社会捐款,主要看校长的能力和人脉关系。"① 学者韩戍对民国私立大学的概括相当准确,江南大学就属于他所言的"很少""很少"之列,由此观之,这所资本家投资兴学、校董会负责筹款的私立大学,作为"标本"更有了某种学术研究的价值。

1947年荣德生率子侄独资创办私立江南大学,高薪招贤,集中了钱穆、郭廷以、唐君毅、牟宗三、朱东润、金善宝、朱宝镛、秦含章、周同庆等一批著名学者。虽然只存在了短短五载(1947~1952),期间求学者不足2000人,但也不乏优秀之士。

2020年,北京师范大学资深教授、著名历史学家刘家和在自述92年人生和学术时说:"从1947年到1949年,我在江南大学读了两年。这是一所新学校,不太知名。可是

---

① 韩戍:《战后私立大学校长的治理困境———以朱经农执掌光华大学为例》,《安徽史学》2018年第5期。

真奇怪，恐怕对我这一生的影响至关重要，我有太多东西是从这个学校学的，我不能不感谢这个学校和我的老师！"

私立江南大学迄今已结束整整七十载，可坊间仍无一本研究专著。这所位居学界边缘的高校虽湮灭于历史长河，但其鲜明个性也应为人所知。她是全国唯一没有获得政府补助和社会捐助，完全由荣氏集团独资创办的大学，其"实业兴学"路径别具一格；她诞生于国共内战正酣时，结束于全国院系调整时，其5年历史经历了中国战争与革命的"高潮"。她创办了全国第一个面粉专修科、第一个食品工业系，在专业设置上有独到之处。她是江苏省除中央大学、金陵大学、东吴大学外第四所综合性大学，创办伊始就建有理工学院，这在全国私立大学里也属少见。

大学史是学界热门研究领域。在逐渐突破以往通行的各校"校史"编纂模式后，近代中国大学史研究在整体和个案两方面均有相当大推进，无论中央大学、四川大学、北京大学、清华大学、西南联大等"养尊处优"的国立高校，还是燕京大学、圣约翰大学、岭南大学、辅仁大学等"得天独厚"的教会大学及大同大学、大夏大学、光华大学、无锡国专等"迅速崛起"的私立高校，都有众多学者把其作为标本，解剖麻雀。

本书借助当年的会议记录、私人信函、统计报表、情况说明等一手档案材料，透过治理视角，观察根基未稳的私立江南大学在时代巨变中的校园生态，梳理校主、学校管理层、师生丰富而复杂的互动细节，呈现时代激变中一所私立大学办学过程中的各方博弈，曲折与艰难。

历史学者除了发掘史料、呈现史实外，还需解读史料以正本清源。"历史的进程是参与历史事件的不同元素之间的'关系'，历史学家的任务也就是把这些关系尽可能地按照其本来面目清理出来。"[①]

"书写一个学校的历史，就是叙说这个学校曾经发生的故事。说故事的人，凭借的是他心中的记忆和他搜集来的材料。当他着手整理这些杂乱无章的记载，预备写出一份纲要，为那些无暇阅读原始资料的人们阅读，那时候他立刻要问自己，究竟应该选择哪一种材料去引起读者的注意。或者说，把哪一些材料连接起来，才更利于建构一个学校的真实的历史。"[②]在材料选择与史料解释中，写作者存在一定的主观性，但这种主观性也要服从于事实真相的最大化呈现。

在梳理私立江南大学5年历程时，笔者更多采取"新叙事史"的写作方式，重视对历史事件过程、历史细节的描述，间以个人对事件的分析。在写作线索方面，更注意按照事件本身的发生时间与发展逻辑展开。当然在材料选择与阐释上，不可避免带有作者的眼光与主观。"历史研究包括过去的一个问题、一种现象、一个运动等，信息都是从过去的资料的解释中获得的。历史研究者不能重新生活在过去，所以他们必须利用文献或其他资料，通过批判性的探究重建过去，历史研究包括描述过去是什么，而不是现在是什么或某些变量对其他变量产生什么影响。但历史研究不但是一种精确地重建过去的努力，历史研究包括一些解释和观点以及对现在的事件、问题、过程等的解释。"③写作本书时笔者：

首先，严格遵循历史学研究规范，最大可能地使用第一手资料。私立江南大学在院系调整时，档案分散在上海、南京、苏州、扬州五所高校，支离破碎，但主体档案得以保留在上海市档案馆与苏州大学档案馆。私立江南大学由荣氏企业申新公司创办，申新公司总部在上海，上海市档案馆较完整保留了荣氏企业档案。江苏省档案馆、无锡市档案馆与中国第二历史档案馆、教育部档案馆也有少量私立江南大学档案。此外，笔者在无锡市国棉一厂档案馆发现了一批有价值的私立江南大学档案。无锡国棉一厂原是荣家的核心企业申新三厂，校主荣一心曾是该厂负责人。这些包括会议发言、情况说明、汇报总结、私人信函、统计报表的一手资料，最"原汁原味"。这样的史料在其他大学校史研究成果中并不多见，从而为拙著增添了"亮点"。

其次，使用一批整理出版的日记、年谱、回忆录、信函等资料，如曾在私立江南大学担任文学院院长的钱穆的回忆录、首任教务处主任唐君毅的日记、国文教授朱东润的回忆录中都有文字提及学校的人事纠葛；在私立江南大学求学的刘家和、王国忠的回忆录里也记载了当年授课老师的风采与地下党发展组织、开展第二条战线的情

---

① 《丽泽忆往：刘家和口述史》，商务印书馆，2021年，第78页。
② 王东杰：《国家与学术的地方互动：四川大学国立化进程（1925-1939）》，生活·读书·新知三联书店，2005年，第4页。
③ 威廉·维尔斯曼著，袁振国主译：《教育研究方法导论》，教育科技学出版社，1997年，第19页。

形。当年在北京大学外语系任教的夏济安准备前往私立江南大学工作,其间几度反复,他与弟弟夏志清的几通信函中,讲述了举棋难定的缘由,从中也再次证实私立江南大学派系的存在。

最后,利用了一些刊行的私立江南大学资料。已出版的《江南大学史》与《江南大学纪事》[①]两书对私立江南大学记述虽较简略,但也对本书撰写提供了一些线索。《江南大学五十年》《江南大学五十年:1947~1952校友纪念文集》《桃李成林60年集成——荣氏家族创办江南大学花甲华诞纪念》《五年历程 业绩辉煌》[②]多是校友事后回忆的溢美之词,回避了许多"负面"信息,笔者使用这些材料时比较谨慎。

全书以1949年为界,前3章,聚焦1947~1949年私立江南大学的创办背景、组织架构、人事变迁、教授队伍、专业设置、学生参政等;后3章,则梳理中共建政后私立江南大学的历史,包括专业调整、财政困境、派系矛盾、政治浪潮等。

当今江南大学食品工业专业之所以闻名世界,与私立江南大学奠定的良好基础密不可分。研究私立江南大学曲折的办学历程,对当前我国建设一流大学和一流学科,对提升民办高校办学水平都具有现实意义。私立江南大学由红色资本家荣氏家族出资兴建,研究这所大学的历史也能为中华人民共和国史研究提供良好的解读视角。

1997年私立江南大学50周年之际,众多毕业生齐聚当年读书的校园(今无锡太湖饭店),可惜笔者当年混沌无知,缺少学术之眼,未能抓住机会记录。20多年后再想采访时,发现他们有的驾鹤而去,健在的也已高龄,且多思维不清晰、记忆力衰退。所幸面访的北京师范大学资深教授、92岁高龄的刘家和先生记忆力惊人,其口述材料丰富了我对私立江南大学的感知。

---

① 简大均主编:《江南大学史》,高等教育出版社,2012年。戴月波主编:《江南大学纪事》,南京大学出版社,2018年。
② 江苏省政协文史资料委员会等编:《江南大学五十年》,江苏文史资料第102辑,1997年印。江南大学校友会编:《江南大学五十年:1947~1952校友纪念文集》,1997年印。薛汉民编:《桃李成林60年集成——荣氏家族创办江南大学花甲华诞纪念》,2007年印。江南大学校友会1947-1952校友分会编辑:《五年历程 业绩辉煌》,2012年印。

第一章
家族办大学：大手笔大投入

近现代以来，成功的企业家捐资办小学、中学的较多见，捐资办大学的却屈指可数[①]。家族办大学，不仅要有大情怀、大实力，也还要有共同追求。国共内战爆发后，高校校园风潮云涌时，荣氏家族仍坚持集资办大学，成员间如何解决思想分歧形成共识，缺少文字记录。但私立江南大学在炮火声中诞生，足以表明荣氏集团不同凡响。

第一节 荣氏家族实业兴学

荣德生在秉行实业救国同时高度重视教育救国，他说："事业之成，必以人才为始基也。""而人才之造就，端赖学校之培育，故兴学实为建设之本。"他认为："吾国数十年来贫弱原因，以政治腐朽、生产落后与国际市场之经济侵略，实为主要因素。但所以贫弱，所以无新事业发展，则缺乏人才启发之故耳。"[②]

教育与实业常常脱节，而荣德生则横跨两界，他不仅捐资助学，更自己办学。早在1923年1月，荣德生就任江苏省教育实业行政联合会会员，赴南京出席会议。他以实业家办教育，持续40多年，办有小学、中学与大学十多所，在近代中国史上实属少见。

一、兴办基础教育几十载

"余髫年习商，读书无多，迨后置身实业，职务繁冗，深感学识缺乏之痛苦，渐悟教育事业之可贵。三十岁后，子女日众，乃与族中长者、乡间学者研究教育，咸以设学校、植人才实为地方之基础。"[③]而立之年荣德生开始涉足公益事业。时政府提倡兴学，荣氏家族有一批热心教育人士如荣福龄、荣吉人、荣椿年、荣德生、荣宗敬、荣瑞馨、荣子俊、荣永吉等，他们有钱出钱有力出力。荣瑞馨出资2000元建筑新校舍，其他人共捐年费600元，其中荣氏兄弟每年承担200元，原名荣氏家塾，后改为公益小学校。

1906年，全国绝大多数儿童还在私塾读书，小学在全国不多见，无锡知县伊峻斋特题写校匾并亲自参加荣氏家塾落成典礼以表重视。1910年起，该校所有费用由荣氏兄弟承担。

在荣氏所有公益事业中，办学支出肯定最多。要理解荣氏为何重视办学，必须理解他所处的时代。那时学校极其短缺，政府希望有钱人参与办学，但因经济与公益心原因，各地各人在办学方面有差异，时"官办、公办之外，私人兴学先已蔚为风气，以江苏、湖南为盛"。④在江苏，无锡又是其中佼佼者，具体到无锡，荣氏兄弟又是楷模。

至1908年，无锡县有男校88所、女校13所，另有手工传习所、算学研究会、理化研究会、乐科补习所等5所。1912年全县学校增至149所，公立66所(其中县立4所，市立37所，乡立25所)，私立83所。⑤

1931年，顾倬曾调查荣巷所在的开原区教育情况，私立学校数暨教室数、教职员人数、学生人数等，均较公立学校为多。数据如表1-1。

表1-1　　　　　　　开原区私立学校一览表

校名	创办人	校长姓名	教职员人数	教室数	级数	学生人数	校址
公益第一小学校	荣德生	朱明辉	14	9	6	434	荣巷
公益第二小学校	荣德生	顾亦昭	4	3	4	151	梅园
公益第三小学校	荣德生	钱宗涛	2	1	4	50	大渲
公益第四小学校	荣德生	沈香亭	3	2	4	73	下余巷
竞化女子小学校	荣德生	施献臣	4	4	6	192	荣巷
作新小学校	张云樵	庄凤岗	5	3	6	152	张巷
培之小学校	陆培之	孙绩成	2	1	4	61	东大池
丁巷小学校	丁福怜	王干城	6	4	6	141	丁巷
化新女子小学校	竞化女校同学会	胡通祥	4	3	4	114	河塍口
培本小学校	荣梅青 荣梅福	鲍云伯	3	2	4	83	姚湾裏
华利湾小学校	陈松亭	马永俊	2	1	4	40	华利湾
公益初中补习学校	荣德生	叶志清	5	2	2	80	荣巷
合计			53	35	54	1571	

(顾倬：《江苏无锡县农村经济调查第一集(第四区)》，1931年)

---

① 2021年5月，75岁的"玻璃大王"曹德旺第一次提出要办一所高水平应用型研究性大学，福耀科技大学计划2023年开始招生，这所由实业家创办的应用型大学能否在高教界搅动一池春水引发社会诸多期待。
② 荣德生：《乐农自订行年纪事》，上海古籍出版社，2001年，第182-183页。
③ 荣德生：《追述工商中学始末》//上海大学、江南大学《乐农史料》整理研究小组选编：《荣德生与兴学育才》，上海古籍出版社，2003年，第121页。
④ 郭廷以：《近代中国史纲》，格致出版社，2009年，第249页。
⑤ 《无锡市教育志》，上海三联书店，1994年，第342页。

表1-2　　　　　　　　　1947年前荣氏兄弟办校一览表

名称	创建年月	地址	规模	备注
公益小学	1906	荣巷荣氏宗祠	7间教室	有初等高等
公益第二小学	1913	梅园西部	2间教室	1928年有学生41人
公益第三小学	1913	大渲港西	1间教室	1928年有学生55人
公益第四小学	1913	锡山下余巷	4间教室	1928年有学生150人
竞化女子第一小学	1908	荣氏宅西	4间教室	1928年有学生150人
竞化女子第二小学	1915	河埒口	2间教室	最多时学生超过70人，1927年停办
竞化女子第三小学	1915	仙蠡墩		1927年停办
竞化女子第四小学	1915	徐巷	2间教室	1927年停办
公益工商中学	1919	荣巷杨丝桥	商工两科，学制四年。	1922年工科，1927年商科停办
豁然洞读书处	1927	梅园	分高中初中各1班	最多20名学生，1934年结束
公益中学	1929	工商中学原址	始为初中	1947年增高中
申新学校(沪)	1917	上海沪西周家桥	1927年前仅有初等，此后增高等	1928年学生120多人
申新学校(锡)		夹城里		职工子弟学校
申新职员养成所	1928	工商中学	相当大专纺织专业一个班	共四期毕业80人
申新机工养成所		工商中学	相当中专	
申新三厂工人夜校	1930			

　　开原区12所私立学校中，荣德生承办6所，学生数占私立学校全部学生数近三分之二。应当说明的是，当时学校规模都不大，师生数都不多。截至1934年暑假，公益第一小学初级毕业生25届847人，高级毕业生22届507人。①

　　荣氏兄弟办学长达40多年，所办中小学10多所。表1-2所列是1947年前的情况。

　　因办学成绩突出，荣德生多次受到地方政府和教育行政当局表彰。1915年，荣德生荣获教育部颁发的一等金质褒章；1918年和1926年，分别荣获教育总长和江苏省教育厅长亲笔题写匾额。1921年8月26日，著名教育学家陶行知陪同美国专家孟禄博士到校参观。康有为也曾赋诗赞扬荣德生的办学精神："安得如君千万辈，全华儿女作干城。"

　　私人办学有一个很大问题，就是不稳定，随着经济周期起伏，出资者因企业困难，中断资助，学校不得不关门。公益小学在荣德生兄弟大力资助下，成为无锡为数不多能坚持办学的私立小学。与它同期创办的模范、日新、鹅湖等城区、乡间的私立小学，到1935年，或已停办，或屡次改名，或归入公立，唯独公益小学"垂三十年而步步进展……领袖各乡私校"。②

为解决小升初问题，荣德生办了10多年小学后，决定办一所中学，这就是1919年开始招生的公益工商中学，它占地30余亩，有教室10余间，学生宿舍20间，教师办公室10余间，大礼堂一所，篮球场、足球场、网球场各一片，并附建公园、农场、池塘及生活设施，这是无锡较早的规模宏大的私立中学③。不同于普通中学，这所中学类似于现在的职业学校，其设工、商两科，学制四年。

为了使教育"切于实用"，荣德生在校内建立了实习工场、实习商店和实习银行。实习工场分设金工、木工、铸工、机械等四个车间，配备各种进口的新式车床和数十名经验丰富的技术工人，由龚锡生任主任。工场主要任务是为工科学生提供见习和实习场

荣德生撰写的对联

所，同时也对外营业。这个实习工场，正是荣德生后来创办机器制造工业的滥觞。遗憾的是，工科因生源不足，1924年停招，学校也因1927年的革命大潮而停办。④

从1919年至1927年的8年间，该校培养学生数不多，但不少学生很有成就，如后来成名的经济学家孙冶方（商科1923届）、科学家钱伟长；有共产党无锡县委书记薛永辉、革命烈士陈凤威等；有部分毕业生成为荣氏企业骨干，如长期担任申新三厂厂长的郑翔

---

① 陈文源：《荣德生与兴学育才》//宗菊如、陈林荣：《中国民族工业首户——荣氏家族无锡创业史料》，世界华人出版社，2003年，第452页。
② 《无锡私立公益第一小学校三十周年纪念刊》//上海大学、江南大学《乐农史料》整理研究小组选编：《荣德生与兴学育才》，上海古籍出版社，2003年，第106页。
③ 《无锡市第五中学校史》，1982年，未刊稿，无锡市方志馆藏。
④ 公益工商中学1925年停招商科，改为普通初中，1927年停办2年后续办。

工商中学教师合影

德。对此，荣德生在总结自己办学成果时颇感欣慰地提道："余历年所办学校，以工商中学得人为盛……工商毕业生都能学得实用技术，今日各工厂、各企业担任技术员、工程师、厂长者不少，尤以纺织界为最多。"①

工商中学因政治风暴停办，为解决子弟上学问题，1927年荣德生创办梅园豁然洞读书处。该校在课程设置与传授方式上都吸收了传统书院制度精神。第一期高中学生5人，乙组学生7人，最多仅20余人。校长钱孙卿，不定期来校作报告。教师朱梦华讲授古文经史诗词等课，教师许心鲁讲授数理化英文等课。每一老师上课半天，上下午相互轮流。至全面抗战爆发，读书处停办，十年间共培养学生百人，人数虽不多，但成才率相当高。

荣德生在教育上投入多少，无从统计。私立公益第一小学，1930年统计，其有高小男生91人、初小男生234人，女生1人，男教职员11人；全年经常费3720元，临时费196元。私立竞化女学，高小女生27人、初小男生7人、女生141人；教职员男3人、女4人；

全年经常费1810元,临时费241元。②时教师工资多在20~30元间。

公益工商中学建筑、设备共10万元,为保证学校经费,荣德生以九六公债50万元作为基金,每年3万元利息来维持学校日常开支。③到1932年,荣氏兄弟"办中学、小学、女学等多处,图书馆一所,共有男、女学生千余人,年需经费三四万元"。④

荣氏兄弟在兴办文化教育事业上是舍得下血本的,《茂新福新申新三十周年纪念册》"创办学校略史"载:"公益工商中学,此校自购地建筑及经常临时诸费,前后八年间,总费约二十五万元。其余各小学暨图书馆前后费用数同等。"到1929年,荣氏用于文化教育事业费用达50万元之巨,当时荣氏企业集团资本约2000万元,文化教育事业投入约为其资本的2.5%。

日本侵略给公益中学以巨大破坏:"因校址在锡宜大路之旁,故校舍或燬或毁,内部椅桌、床铺、书籍、仪器、模型、标本、设备,痛遭劫掠,荡然无存。自是或屯敌骑,或驻伪军,黉舍被占,弦歌久辍。"⑤战后荣德生拨资1亿元,修缮校舍,购置用具,重新开张,并将工商中学由初中升格为完中。1948年5月填报的统计数据显示,公益中学占地34.37亩,校舍160间,俸给费145620万元,办公费16280万元,特别费5000万元。初级部4个班308人,高中部2个班67人。⑥费用上的天文数字,盖因当时严重之通货膨胀,但这样的投入仍称得上大手笔。

荣氏兄弟1906年起就办小学,13年后办中学。在积累了30多年中小学办学经验后,他们开始筹划在家乡办一所大学。由小学、中学再到大学,荣德生层层推进。创办江南大学是否必要,有人怀疑有人反对,时荣氏集团骨干、时任申新六厂经理的荣鄂生就较消极。"(1947年)八月,鸿元、一心等规建江南大学于太湖之滨之后湾山。山地系先总经理生前所购置,建校由各厂分任经费之一部分,已在动工建造校舍中。余对此举并

---

① 荣德生:《乐农自订行年纪事》,上海古籍出版社,2001年,第212页。
② 《无锡年鉴(1930年)》//无锡市志史办公室编:《民国时期无锡年鉴资料选编》,广陵书社,2009年,第279页。
③ 荣德生:《乐农自订行年纪事》,上海古籍出版社,2001年,第86页。
④ 薛明剑:《杖乡导游录》,1932年9月//中共无锡滨湖区委宣传部、无锡市滨湖区档案史志馆编:《滨湖文库》第1册,广陵书社,2021年,第298页。
⑤ 荣德生:《为私立公益中学董事会重新立案呈无锡县县长转江苏省教育厅文》(1947年2月1日)//上海大学、江南大学《乐农史料》整理研究小组选编:《荣德生与兴学育才》,上海古籍出版社,2003年,第166页。
⑥ 上海大学、江南大学《乐农史料》整理研究小组选编:《荣德生与兴学育才》,上海古籍出版社,2003年,第170页。

荣德生(左)和荣宗敬兄弟

不赞成,吾乡中小学尚未办好,而办大学,不免好高骛远耳。"① 与荣德生、荣一心等相比,荣鄂生更多是一个执行者,缺少长远目光与梦想。教育当然要普及,但在普及同时也需要提高。荣氏办大学并非心血来潮,而是有着长期的办学铺垫与全面思考。

此外,无锡办高校也有生源市场。据1948年统计,无锡全县人口1054169,分71乡,1598保,18755甲,232061户。高等教育毕业3305人,肄业2290人;高中毕业10023人,肄业8568人;初中毕业23305人,肄业21609人;高小毕业51294人,肄业40885人;初小毕业75907人,肄业98524人;私塾56961人,不识字530215人(不包括学龄前儿童)。② 另外,"无锡的实业已经发达多年了,但无锡的文化事业一向很落后,专科以上的学校只有江苏教育学院和新成立的江南大学。造就的人才实不够本地的应用,而出外求学的人大都不愿回到本乡来工作,因此一大部分的企业不得不依靠外乡人。虽然我们没有排外心理,但由本乡人自己经营,总比较妥当确切"。③ 荣氏企业待遇好,是无锡民众最理想的就业单位,一些高中生报考江南大学也是想借此进入荣氏企业谋生。

当然荣家在无锡办大学,还有一个有利条件,就是无锡人才众多,仅"清华大学2700名学生中,江苏人占450人,无锡人却有60人。在三百余教职员中,有12人是无锡人。有土木工程学系主任陶葆楷、航空工程系主任王德荣、化学工程系主任张大煜、机械系教授钱伟长(33岁)、经济系教授徐毓枬(34岁)这样五位教授"。④ 从无锡走出的教授、主任、院长分布全国各大高校,可以为江南大学招聘师资提供诸多便利。

二、引进复旦大学的努力

荣德生既会聚财，也会散财，他热心公益事业，办了10多所小学、中学与大学；他建了一座对社会免费开放的私家园林——梅园；兴办公益图书馆。在无锡城市建设方面他出力尤多，开原路、开原寺、宝界桥、南禅寺妙光塔、东林书院等都有他的心血；他还给许多慈善机构捐款……

对高等教育事业，荣氏昆仲非常热心。1919年交通大学(时称上海工业专门学校)建图书馆，该大楼除政府3万元拨款外，其余4万多元都来自捐款。捐款最多的是荣宗敬荣德生昆仲，1万元，黎元洪总统、中国银行、周舜卿、虞洽卿、穆藕初各捐1000元，总理段祺瑞捐500元，江苏省省长齐燮元捐100元，最少的捐5角，共募得洋41496元。⑤

上海圣约翰大学是一所教会大学，其校址原在苏州河南岸，1909年圣约翰大学在河北岸又购地84亩，辟为运动场，师生来往两岸皆用渡船。1935年，荣德生捐款5000美元，在校园内建成木桥一座，省却了师生摆渡过苏州河的麻烦。⑥

1928年，荣德生捐出南京成贤街部分地块，资助中央大学扩建校舍。此前一年，他捐出南京成贤街5亩地及部分款项，资助建造无锡同乡会会所。

无锡国学专科学校1920年在无锡创办，1950年停办，校长一直由国学大家唐文治担任，唐与荣德生关系密

1919年上海工业专门学校图书馆荣熙泰铜像落成时合影，左起：荣德生、荣宗敬、张叔和、唐文治

---

① 荣鄂生：《思庵行年随录》//中共无锡滨湖区委宣传部、无锡市滨湖区档案史志馆编：《滨湖文库》第11册，广陵书社，2021年，第670页。
② 《县府户政室公布本邑全县人口统计》，《锡报》，1948年6月11日。
③ 威可：《无锡人在清华》，《人报》1948年3月15日。
④ 威可：《无锡人在清华》，《人报》1948年3月12日。
⑤ 《交通大学校史》编写组：《交通大学校史资料选编》，第一卷，西安交通大学出版社，1986年，第321页。
⑥ 张姚俊：《老上海城记 河与桥的故事》，上海锦绣文章出版社，2010年，第158页。

荣氏兄弟1919年参与捐建的上海工业专门学校图书馆

切,荣长期担任该校经济董事,为该校捐款。

1931年,荣德生之兄荣宗敬将包括丽娃河在内的60亩地捐赠大夏大学①,现为华东师范大学中北校区一部分。

1945年,申新公司在交通大学工业管理系设置5个奖学金名额,并同意为获奖学生毕业后提供工作岗位。②

1947年2月,全部建成的上海立信会计专科学校新校舍,耗资法币10.25多亿元,其中立信全体校友募集了8000万元,而申新纺织总公司和荣氏集团捐助了1.8亿元。③

荣德生次子荣尔仁1947年捐赠私立光华大学6亿元,指定建设男生宿舍一座,冠名"德生堂"。为回报荣尔仁,光华大学校长朱经农亲自颁给他光华大学法学荣誉博士学位。④

在江南大学兴办前,荣德生想引进复旦大学到无锡,从而使无锡的高等教育上一个新台阶。

1936年冬,私立复旦大学规划扩建,因上海土地难觅,国民党元老叶楚伧、吴稚晖等提议将复旦迁至无锡扩建,得到蒋介石"欣赞"。

经吴稚晖联络,荣德生捐资万元购得太湖边大力嘴(又称大力渚、大雷渚、大雷嘴)山田1014亩,通过江苏省教育款产处转赠复旦大学作为迁锡建校基地。

1937年3月13日,考试院副院长钮永建,由南京乘自备汽车来锡,与吴稚晖、叶楚伧、吴忠信、钱新之、李登辉诸氏,往大力嘴察勘山田。

3月21日,吴稚晖致函钱新之,力推大力嘴建校的优点:

(一)今日可以经营者,则锡宜公路适经行其地,离城虽有二十余里,要求江南汽车公司开一区间车,每日走六次至八次,则便利不逊于江湾,且较江湾之离上海,止多出五分之二路途也。

(二)一切建筑时重笨材料等,皆可由水运直达湖边,较之江湾非车不成者,廉便多矣。

(三)建设委员会戚墅堰电厂,已放杆至山后湖埭市,由湖埭接线至大雷嘴仅仅三四里路,至为容易,戚厂电力供给甚富。

(四)既有电矣,用一小小帮浦,打湖水上山,水既清冽,供给大足。

(五)由山层叠而上只须皆造平房,外视已不啻层楼,武汉大学建筑因山之美,已驰誉于国中,然彼所临者只为东湖山水,今则前临万顷之波,规模更佳。

(六)大雷嘴各峰,一律向南,造屋极宜。

(七)大雷嘴左右两湾,皆有平地可收,或有宜造平地之建筑,不患无地。

(八)环境皆为山水,绝无恶劣状态入目。

(九)如有土木工程等科,则有湖、有港、有山、有平地,实习测量,无境不备,可称尽善(如开机械科,利用湖上交通,亦不患笨重设备之运送)。

(十)夏日凫水等等,可圈入湖水,用作游泳池,至易设备。

(十一)既有学校左近自有农场别业等等建造,既不患无邻,且为有小小市场设来,

---

① 《荣宗敬捐赠大夏西河》,《申报》1931年3月4日。
② 蔡溥:《岁月悠悠忆恩师——怀念沈立人教授》//上海交通大学安泰经济与管理学院编:《足迹与风采》,上海人民出版社,2018年,第4页。
③ 汪春劼:《校长风度》,青岛出版社,2014年,第67页。
④ 《光华大学昨校庆,并举行廿二届毕业典礼,赠给荣尔仁荣誉博士》,《申报》1947年6月30日。

初时则特约近处村庄送给蔬菜,往湖埭、堰桥日用饮食之物,色色全备,则厨房每日则三四五里办菜,亦不算遥远,且蔬菜可以雇工自植。

(十二)此处本需驻兵,因荒凉难于设备,今既有校请由保安从分派一二连人,分驻该处,则治安可无少虞(此处向不太平)。

若因政府津贴二十四万一年,预借五十万元,可以集事,将徐汇中校仍保留,将江湾校址出售,可将大雷嘴造成十分舒畅也。尚将来要添农校,则山后皆肥饶之田,价尚廉贱,再收一二千亩易也。①

3月28日,国民党元老吴稚晖与钮永建、钱新之和复旦副校长吴南轩、前校长李登辉、教务长章益、总务长殷以文、理学院院长金问洙等,再次到大力嘴察勘,筹备兴建民众大学,并商讨复旦大学迁校事宜,他们分别由京、沪乘车抵锡,于梅园会集。荣德生亲往迎接,并设宴招待。②

经商议,复旦大学除商学院及新闻系永久留沪外,其余文理法三院全部迁锡,准备在无锡逐渐增设农工学院,因地制宜,利用当地优势,先设水产、纺织等专业。建校计划分三大步骤:第一,于当年暑假间,由本校土木工程系师生组织测量队,前往测量地势(所绘图案后存校中)。第二,聘请建筑师设计新校舍图样。第三,利用政府新补助之款,向四行储蓄会抵借一百万元为建校经费。如果没有日本的侵略,一二年内,建校计划就可完成。"巍峨黉舍,将矗立于太湖之滨,理想之学府,可得实现。不幸抗日战争爆发。学校迁渝,数年之中鸠工兴建者,乃在嘉陵江上之北碚,而非无锡太湖之滨,绝非始料所及。"③

抗战胜利前后,虽曾有人主张将国立复旦大学④迁往苏北,但因吴稚晖等人坚持,又有荣德生等人积极奔走,复旦迁锡成案未予更改,1945年10月在荣巷原公益中学内设立了"复旦大学复员委员会驻锡办事处"。荣德生多次接待沪宁官员和经办人,一起选定原公益中学、竞化女子小学和惠山昭忠祠、蒋顾家祠、云起楼等五处房屋,经修缮后作为临时校舍,将内迁重庆的大学部2000多名学生和留在上海补习部的1400多名学生,在1946年初首先迁来无锡上课。终因师生反对,复旦迁锡之事未成⑤,但荣德生要在无锡办一所正规大学的理想,并未因此放弃。他的三儿荣一心秉承父亲旨意,着手创办私立江南大学。

三、成功试水中国纺织染工程学院

荣宗敬、荣德生兄弟情深，他们共同拼搏，打造了一个庞大商业帝国，成为中国的面粉大王与纺纱大王。1938年荣宗敬去世后，其家族分成大房系统与二房系统，以后茂新、福新、申新虽维持了名义上的统一局面，实际上分为三支。大房以荣鸿元为代表，继承总公司名义，管辖申新一、六、七、九厂及福新一、二、三、四、六、七、八厂；二房一支以荣德生为代表，管辖申新的二、三、五厂，茂新的二、三、四厂和天元、合丰等厂；另一支在荣德生女婿李伟国掌控下，管辖申四、福五等厂。

荣鸿元掌管的系统还可分为以下几个脉络：(1)福新系统，王禹卿主持。(2)申九，由吴昆生主持。(3)申一，王云程主持。(4)申七，由荣鸿元领导进行管理。

荣德生二房也可分为：(1)荣尔仁、荣研仁，荣尔仁经营申二、五厂，荣研仁主管天元公司上海贸易部分，无锡天元由荣德生自己掌握。(2)荣一心、唐熊源主管申新三厂、合丰企业公司。(3)荣毅仁、荣纪仁、荣鸿仁主持茂新各厂。

荣氏集团虽开枝散叶，未定于一统，但仍抱团办学。1941年，中国纺织染工业专科学校由吴中一向当时的申新纺织第九厂建议而创立。荣德生任主席校董，荣鸿元和吴中一、唐鑫源分任正副校长，在小沙渡路(今西康路)、新闸路自建校舍。"以研究高深学术，养成纺织染工业专门人才为宗旨。"该专科学校开设了纺织染工程及纺织机械制造两个科系，

---

① 《吴敬恒致钱新之函》//复旦大学校史编写组编：《复旦大学志》第一卷(1905~1949年)，复旦大学出版社，1985年，第148页。
② 《复旦大学将迁无锡》，《新无锡》1937年3月29日。
③ 复旦大学校史编写组编：《复旦大学志》第一卷(1905~1949年)，复旦大学出版社，1985年，第146页。
④ 1941年底，复旦大学由私立转为国立。
⑤ 直到1989年全国土地使用权申报登记后，复旦大学才向无锡市人民政府提出在无锡太湖边大雷嘴的1014亩地，要求登记发证建设新校。同年7月，无锡市人民政府指示市土地管理局，要认真负责解决好这一重大土地权属纠纷，局领导及有关承办人员于同年10月23日和25日到无锡县胡埭乡实地调查，通过察看现场和召开老年农民及村干部座谈会了解听取意见，搞清了事情的来龙去脉。土改时，这块土地没有分，归集体所有，1956年归高级社集体所有，农村人民公社化后，按"六十条"规定为生产队集体所有，现在使用这块土地的有6个村民小组。1949年后复旦大学一直没有向当地政府提出过这块土地的权属问题。经局务会议讨论，处理意见如下：复旦大学要求申报土地并发给《国有土地使用证》的权属证据不足。根据《中华人民共和国土地改革法》第三条、第十条、第三十条有关规定，大雷嘴千余亩土地征收后已归当地乡村集体所有。复旦大学要求也超越了法定时效，根据《中华人民共和国民法通则》第一百三十七条规定，从权利被侵害之日起超过二十年的，人民法院不予保护(王云鹤主编：《无锡市土地志》，江苏人民出版社，1998年，第130页)。

学制三年。该校从上海各大学中聘请如朱物华、钟兆麟、曹鹤荪、苏元复、钱宝钧、徐燕谋等知名教授任课。投考专科的学生应具高中毕业资格,入学须参加国文、外国文、公民、数学、物理、化学等考试,合格后方被录取。学生待遇优厚,免缴学费,膳食由学校供给,毕业后由学校负责分配工作。每年应考者千余人,而录取仅20人左右。①

历经多年发展,中国纺织染工业专科学校校董会认为:"战后工业复兴,需才殷切,过去毕业学生,学力尤感未充,人数亦属有限,亟宜充实必修课程,加长修业年限。"②1946年,校董会将原三年制中国纺织染工业专科学校改为四年制,并正式更名"中国纺织染工程学院",聘请荣尔仁为主席校董,吴中一、唐鑫源为正、副院长。该校聘请各大学、工厂有经验名师,经费由申新公司负担,设有纺织、染化、机电三个科系。随后又于1947年呈教育部,定名私立中国纺织工学院,设纺织工程系及染化工程系。全校教职员24名,其中9名海外毕业学者,4名毕业于英国波尔登大学,英国孟却斯特大学、美国纽必佛大学、美国本薛文尼大学、美国瓦海瓦大学及日本东京师范大学毕业各1名,6名教师毕业于南通学院,其余毕业于国内的交通大学、武汉大学、厦门大学、复旦大学等院校。③

纺织工学院的办学经费由申新各厂共同承担,纺织工学院基地及旧屋部分,按当时比例分配如下:茂新10%,九厂38.06%,二、五厂25.97%,三厂25.97%。新屋部分,照以前建筑时各厂负担费用百分比分配,即:一厂5.48%,二、五厂10.81%,三厂5.48%,六厂7.19%,七厂2.14%,九厂68.9%。④

表1-2　　　　　中国纺织染工业专科学校经费分配表(1947)　　　　　(单位:元)

厂名	实际运转锭数(元)	二月份	三月份
申新一厂	24000	317180	578540
申新二厂	20000	264320	482120
申新三厂	30000	396470	723180
申新四厂	35000	462560	843710
申新五厂	12000	158590	289270
申新六厂	30000	396470	723180
申新七厂	16000	211460	385700
申新九厂	60000	792950	1446360
总计	227000	3000000	5412060

(上海市档案馆:Q193-1-492,《申新各厂分摊中国纺织染工程学校公益工商研究所及江南大学等经费的函件》,1948年,第2页)

  中国纺织染工程学院1947年有44名教师,714名学生⑤,因办学认真,社会声誉很好,政府调研报告上评价:"由纱厂老板出资设立,专为培植纺织染化人材,故纺厂有经费津贴,所以设备相当完备,有实验并有纺厂供实习,教授都是工厂工程师或专家(因为待遇较一般私立大学为高),教学相当认真。"⑥"该校培养的人才不仅输送到荣氏的申新纺织企业,而且服务于全国各地的纺织工业部门。学院对学生免收学费和膳宿费,并无偿为学生提供书籍和制服。"⑦

  私立纺织染工程学院是荣家创办的第一所高校,其成功办学模式对办好私立江南大学既是借鉴,也是激励。只是纺织染工程学院是一所专科院校,而江南大学是一所综合性大学,而当时江苏省只有3所综合性大学,即中央大学、金陵大学、东吴大学。中央大学是国立的,金陵与东吴都是教会大学,唯有新诞生的江南大学是私立的综合性大学,这也表明荣德生所办的江南大学一创办,"站位"就很高。

---

① 苏轩:《中国近代纺织学科建制化研究》,东华大学博士学位论文,2015年,第71页。
② 《中国纺织染工程学院、中国纺织染工程学院创办经过》,《公益工商通讯》,1947年第4期。
③ 苏轩:《中国近代纺织学科建制化研究》,东华大学博士学位论文,2015年,第71页。
④ 荣毅仁:《为出售新闸路房屋地皮并分配价款案》//《荣德生与企业经营管理》下,上海大学出版社,2004年,第1279页。
⑤ 宋秋蓉《近代中国私立大学发展史》,陕西人民教育出版社,2006年,第283页。此数据不准确,应该没有如此多学生。1949年下半年统计,其只有108个学生,其中男生106,女生2人,教员38人,专任6人,兼任32人,职员5人,工友10人。见《上海市私立专科以上学校概况》,上海市档案馆,B1-1-2160。
⑥ 上海市人民政府高等教育处:《上海市国立专科以上学校》(1949年12月),上海市档案馆,B1-1-2160。该报告对无锡国专评价不高:"文科(无锡国学专修科、诚明文学院)都是以古文学为主的,所教课程都陈旧不堪,有一部分是因为对古文学有兴趣,但有一部分都是为了混一张文凭,这些学校在解放前学生也不少,但解放后学生对古文看法不同觉悟程度提高,所以学生人数非常少,有不能维持的样子。"
⑦ 忻福良主编:《上海高等学校的沿革》,同济大学出版社,1992年,第262页。

第二节 在炮声中诞生的民办高校

陈远说燕京大学诞生于伟大的时代——1919年。私立江南大学可谓生不逢时，她1947年秋开张，此时国共内战正酣。当年6月底，中国人民解放军揭开了战略反攻序幕，9月12日新华社社论《人民解放军大举反攻》明确提出"打倒蒋介石"的口号。国民政府则于7月颁布"总动员令"，宣布进入"戡乱阶段"，集中力量全面反共。国共双方都公开表达了与对方决一死战的决心。根基未稳的私立江南大学在动荡岁月里破土而出，注定了命运的曲折艰难。

一、私立高校的总体情形

1947年，据统计，全国专科以上学校共207所，其中，国立大学31所，私立大学24所，国立独立学院23所，省立独立学院13所。专科学校，国立20所，省立33所，私立24所。①

1948年私立大学增至27所，具体为：金陵大学(教会，设文学院、理学院、农学院)、燕京大学(教会，文、理、法、工)、北平辅仁大学(教会)、中法大学(外资，文、理、医)、广州大学(华侨，文、法、理)、岭南大学(教会大学，文、理、工、农、商、医)、广东国民大学(文、法、工、商)、东吴大学(教会，文、理、法)、沪江大学(教会，文、理、商)、光华大学(文、理、商)、大夏大学(文、理工、教育、法、商)、大同大学(文、理、商、工)、震旦大学(教会，文、法、理工、医)、圣约翰大学(教会，文、理、医、工、神)、武昌中华大学(文、理、商)、民国大学(文、法、商、农)、华西协和大学(教会，文、理、医)、成华大学(文、理、商)、齐鲁大学(教会，神、文、理、医)、福建协和大学(教会，文、农、理)、江南大学(文、理工、农)、珠海大学(文、理、法、商)、海南大学(文、理、农、医)、中国大学、之江大学(教会，文、工、商)、津沽大学(教会，文、工、商)、武昌华中大学(教会，文、理、商)。1948年统计所新增的3所私立大学为江南大学、珠海大学、海南大学。

27所私立大学，17所有教会与外资背景，独资的只有私立江南大学，其他多为合伙经营或官方背景或有政府补贴。如私立珠海大学，1947年创立，原校址在广州市东山区竹丝岗二马路,由陈济棠将军、陈济棠兄长陈维周、中国文学家黄麟书、广州市长李扬敬将军、尹芳浦及教育家江茂森等广东省籍人士所创办。

民国时期私立大学的经费来源有多种模式,其一是教会学校,经费多来自国外。其二是以学养学,以学费为主要经费来源,如大夏大学、光华大学、复旦大学、广东国民大学、朝阳学院等。1931年上述学校学费收入占全校总收入比例分别为52%、77.2%、83.3%、71%、82%。全面抗战期间,国土沦陷使许多学生无力承担学费,国民政府对部分私立大学给予经费资助,1939年补助私立光华大学4万元,次年4.5万元;复旦大学13.8万元,次年12.6万元;大夏大学9.2万元,次年8.4万元。[②] 其三是以产养学,以企业捐助款、租息为主要经费来源,如厦门大学、南通学院(前身为南通大学)。据统计,1931年厦门大学的企业捐助款、租息占全校总收入68.23%;南通学院的企业捐助款、租息占全校总收入的88%。[③] 以产养学需要企业实力雄厚且长盛不衰。可随着陈嘉庚与张謇事业的挫折,两校都面临不小挑战,厦门大学1937年不得不改国立,南通学院虽未关闭,但发展较慢。

经40多年发展,荣氏集团从一艘"小木舢"发展成为一个"企业舰队",在面粉与纺织行业荣家都成为全国龙头,纺织行业就拥有申新一厂到九厂,这些工厂分布在上海、无锡、武汉等城市。荣氏家族独资办大学,不仅与当时荣氏企业实力有关,也与当时大学规模小而精有关。

民国时期,中国大学数量较少,规模也不大。1947年,学生不足300人的学校有82所,300~500人的学校有30所,500~1000人的学校有44所,1000~2000人的学校有25所,2000~4000人的学校有13所,4000人以上学校3所。[④] 如私立沪江大学1946年第一学期教职员数总计67人(专任48兼任19),其中教授17人(专任10兼任7),副教授14人(专任11兼任3),讲师22人(专任13兼任9),助教12人,教员2人,职员7人,设文、理、商3个学院,13个系。私立大同大学1946年第一学期教职员数总计105人(专任72兼任33),教授

[①] 中央教育科学研究所编:《中国现代教育大事记》(1919-1949),教育科学出版社,1988年,第602页。
[②] 韩戍:《战时私立大学与国民政府教育部》,《民国研究》2016年第2期。
[③] 宋秋蓉:《20世纪上半叶中国私立大学产生与发展的历史轨迹》,《高等教育研究》2006年第11期。
[④] 王红岩:《20世纪50年代中国高等学校院系调整的历史考察》,高等教育出版社,2004年,第98页。

69人(专任44兼任25)，副教授11人(专任8兼任3)，讲师17人(专任12兼任5)，助教8人，职员10人，设文、理、商、工四个学院，13个系。①国立大学教师超过四位数的，全国也极少。这里以教育发达的江苏省为例(表1-3)。

表1-3　　　　　　　　江苏省高等学校概况表(1948)

校名	教职工数	在校学生数
国立中央大学	1299	4086
国立政治大学	445	1811
私立东吴大学	190	1626
私立金陵大学	296	1084
私立江南大学	77	242
国立社会教育学院	190	720
国立江苏医学院	113	487
江苏省立教育学院	81	455
江苏省立江苏学院	108	609
私立南通学院	202	878
私立金陵女子文理学院	104	440
私立建国法商学院	48	493
国立音乐院	80	151
国立药学专科学校	83	366
国立戏剧专科学校	75	123
国立东方语文专科学校	101	307
国立边疆学校	103	263
江苏省立苏州蚕丝专科学校	26	74
江苏省立苏州工业专科学校	52	614
私立苏州美术专科学校	40	194
私立无锡国学专科学校	48	403
私立正则艺术专科学校	37	104
私立重辉商业专科学校	35	296
私立南京工业专科学校		163

(江苏省教育志编委会：《江苏高校变迁》，第21页。1990年，内部印刷)

一方面经济发展需要更多专业人才，另一方面当时高校因数量与规模限制，输出人才远远满足不了需要。荣德生创办江南大学，不仅考虑了必要性，也考虑到了可行性。时荣家战后事业发展很快，完全有能力办好一所私立大学。

二、办学灵魂人物:"少帅"荣一心

私立江南大学何时"酝酿",尚未找到确切时间。一般认为在1946年末,现在见到的文献材料是学校第一笔基金法币100亿元由申新三厂于1947年3月27日提供。

在私立江南大学"酝酿"之际,社会失序,尤其大学更放不下一张平静书桌。1947年2月,国统区发生黄金风潮,通货膨胀一发不可收拾,社会动荡。5月,爆发"反饥饿反内战反迫害"学生运动,遍及国统区各大都市。5月5日上午,无锡全城爆发以人力车工人和其他苦力工人为主的抢米风潮,近万人参加,被抢店、粮行、面粉厂、堆栈等115家。抢米群众冲进县前街国民党县政府,砸坏门窗、拆毁县府大门,扛着"无锡县政府"的门匾上街游行,抢米风潮延至6日下午。

时局如此混乱,私立江南大学依旧抓紧筹建。组建董事会是私立大学获得立案的前置条件。对照董事会的法律规定,经过多方的协商,最终确立董事会名单(表1-4)。

表1-4　　　　私立江南大学第一届董事会构成表(1947~1949)

	年龄	毕业学校	职务	备注
吴稚晖	83	举人,留日	中央监察委员	董事长
戴季陶	59	留日	考试院院长	副董事长
荣德生	73		茂新面粉公司总经理	副董事长
荣尔仁	39		申新二五厂经理	荣德生次子
荣一心	36	罗威尔大学纺织工程系	申新三厂经理	荣德生三子
章渊若	43	巴黎大学博士研究班	宪政促进会常务委员	
李国伟	51	唐山交通大学	申新四厂经理	荣德生长婿
荣鸿元	42	交通大学	申新纺织公司总经理	荣宗敬长子
荣鸿三	42	圣约翰大学	申新纺织公司协理	荣宗敬次子
钮永建	77	举人,南洋公学	考试院副院长	
秉志	61	举人,康奈尔大学博士	中央大学教授	
顾毓瑔	42	康奈尔大学博士	全国经济委员会副秘书长	中央工业试验所所长
薛明剑	52		江苏工业协会理事长	国民参政会参政员
乐幻智	46	复旦大学	震旦大学教授	

(根据校董名单整理)

私立江南大学14位董事分四大块:一是荣氏亲属,包括大房荣宗敬的两个儿子、荣

---

① 《高校统计》(1946),中国第二历史档案馆,全宗号五,案卷号2270。

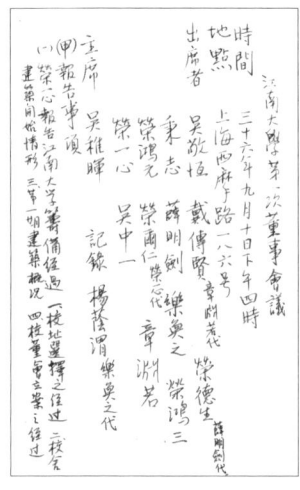
江南大学校董会第一次会议记录

左起：荣毅仁、荣一心、荣尔仁

私立江南大学开办费证明书

江南大学经费支出表(36年度第一学期第1号)

德生本人及两个儿子和一个女婿①。"据了解,荣一心与从兄荣鸿元的接触往往还要通过第三者通关节,他们堂兄弟之间有矛盾的。但在创办江南大学问题上比较还顺利的。"②二是荣氏集团骨干(薛明剑);三是与荣家关系密切的政界大佬(吴稚晖、戴季陶、钮永建);四是与荣家关系密切的学界人物(秉志、顾毓琇、乐幻智)。时教育部章程规定:"校董会至少须有四分之一之校董,以曾经研究教育或办理教育者充任,现任主管教育行政机关及其直接上级教育行政机关人员,不得兼任校董。"③

董事长由时年82岁的国民党元老吴稚晖担纲。吴稚晖深得蒋介石信任,在蒋介石骂人无数的日记中,国民党高层中只有两人"幸免",一是其子蒋经国,另一个就是吴稚晖。④1934年,荣氏集团经营陷入困境,吴稚晖鼎力相助,7月5日、12日他两次上书蒋介石,阐述荣氏兄弟事业事关国计民生:"弟以荣先生等于实业之关系,不惟商场将因之盛衰,工人将因之苦乐,外货将因之消长,即政府保商之策,亦必受其影响。更欲造成一纱业大有作为之人物,亦甚非易。故弟愚昧,以为似此非常之事业,政府必予以非常之救济。"⑤此外吴氏凭借其老资格、大能量,帮荣家疏通关节,致函行政院长汪精卫与实业部长陈公博,最终使荣氏企业化险为夷。⑥

吴稚晖与荣家渊源深厚,关系极为密切。由吴氏担任校董事长,荣家自然是想借助其能量为私立江南大学保驾护航。值得一提的是,吴稚晖在学问上也颇有造诣,1948年中央研究院选出的第一届81位院士中,他是年龄最长者,堪称怪杰。

两位副董事长除荣德生外,另一位是戴季陶。戴37岁就担任国民政府考试院院长,既是蒋介石的结拜兄弟,又是其忠实智囊,位高权重。戴氏为私立江南大学顺利注册提供了方便。荣鸿元、荣鸿三、荣尔仁、荣一心任常务董事。

私立江南大学14位董事中,灵魂人物是荣一心。1947年7月,江南大学筹备处在无锡申茂新办事处挂牌办公,由荣一心负责。7月7日中午12时,在上海西摩路(今陕西北

---

① 荣宗敬1938年去世,荣德生长子荣伟仁1939年病逝,荣德生共有7子9女。
② 华晋吉:《江南大学创办前后片段回忆》(1962),无锡市档案局,全宗号280,案卷号永104。
③ 见《私立学校规程》第二章第十四条,教育部1933年10月19日修正公布。
④ 陈红民等著:《细品蒋介石——蒋介石日记阅读札记》,人民出版社,2016年,第8页。
⑤ 《吴稚晖函蒋委员长》,《人报》1934年7月21日。
⑥ 汪春劼:《绅商之道——荣德生的28个侧影》,凤凰出版社,2020年,第108页。

路)186号举行江南大学筹备委员会第一次会议,推定荣德生为主席委员,荣鸿元为副主席委员,荣一心为秘书长,章力生为副秘书长,委员则聘定秉农山、张海珊、钱孙卿、唐培经、王文元、钱宝钧、俞庆棠、范会国、朱伯康、乐幻智、荣尔仁、薛明剑、荣毅仁、唐熊源担任。①23日,荣一心与乐幻智、韩雁门、钱宝钧、章鹏若等,从上海到无锡,赴荣巷与后湾山一带察看建筑校舍基址。②9月10日下午4时,在上海西摩路举行校董会第一次会议,到会董事有吴稚晖、荣鸿元、荣一心、乐幻智、薛明剑等,公推吴稚晖为主席,首由荣一心代表筹备委员会报告筹备经过,建筑校舍已付65亿元外,又付水电工程9亿元,第二步计划亦在进行中;次由招生委员会代表章力生报告此次招生成绩及经过,旋即开始讨论该会章程案,决议,遵照教育部批示予以修正。关于推选该会正副董事长案,公推吴稚晖董事长,戴季陶、荣德生为副董事长,次即推选常务董事及校务委员,并选任章力生为校长,至于本校基金,均授权常务董事会会同校务委员会决定之。③荣一心既是校常务董事又是校政委员会主任。

荣伊仁,字一心,1912年生,荣德生三公子,"性温厚,体魁梧。幼就读荣巷公益小学,毕业后,即入荣氏自办之公益工商中学,会革命军兴,学校改组,一心先生昆季辈均于梅园读书处专攻国、英、算学科,课余即至申新等三厂工场实习。先生敏于学而慎于言,苦心精研纺织之学,渐有心得,遂求深造。民国十八年赴美攻读,入罗威尔大学。廿一年归国后,即主持申新三厂,德生委以全权,先生则宏展长才,有条不紊……先生鉴于国内工业人才之缺乏,无锡无大学之设施,毅然发起创办江南大学……以私资办大学,而具识见者,求之国内,颇为罕见"。④

日理万机的荣一心未能出席江南大学第一次开学典礼,1948年10月2日江南大学第二学年开学暨新校舍落成典礼,他又未能出席,其发言稿显示他重视高等教育、重视建设人才、重视优良学风:

今日为我江南大学第二学年之开学典礼,亦即我江大诞生一周年之纪念佳日,且适逢新校舍落成迁居之始。际此良辰,欣忭无似!本人谨以校政委员会之地位,揭橥今后校政之方针数端,以告于诸同学之前。

窃以移风易俗,端赖教育,而大学学府,更居领导社会之地位。昔曾涤生以为风俗之淳厚浇薄，视乎一二人之心之所向，并举"云从龙，风从虎"以为喻。无锡自晚明东林以降，士节昭励，向冠江南，风被全国，至今遗风逸响，犹未脱尽规范。吾校为无锡之最高学府，诸君宜如何砥砺人格，恢宏士气，秉承并光大此弥可珍贵之传统，由修身律己而推之移风易俗，俾我江南大学在气节之修养上，确能领导江南。夫气节之砥砺与弘扬，在乎明辨是非，择善而从，威武不屈，富贵不淫。我江大为研究学术之机关，应有其独立之风格，纯粹精洁，坚定自持，不为外烁所浮沉。夫如是，然后在校得安心学问，毕业后可领导社会。如何养成此学术独立之风格与气节，为我校政委员会所期望之首着。此其一。

我校新舍，面临太湖。太湖广袤三万六千顷，揽七十二峰之胜，包孕吴越，灌溉江浙，鱼米所产，活人亿万，历史文物，居我国五湖之冠。此湖也，实为一胸襟阔大、满蓄活力之新生命之象征。我校董会择地于此，艰苦缔造，至具深意。诸君居此胜区，宜如何养其浩然正气，充其生活之力，并时时以"活人亿万"为己任。今为桃李，他日栋梁，地灵人杰，永载斯誉而勿堕。我国饱经战乱，建设之道，经纬万端，前途之障碍与困难，乃意料中事。我江大同学，务须效此湖水，不择细流，满储活力。俾三年后，每一社会角落，均有江大同学在披风霜、斩荆棘，耕耘播种，邪许相应，伟大力量，将用之不竭。此种气魄之培养，校政委员会愿列之入本校教育之方针，以睹其成功。此其二。

我国之病，其病在贫。而致病之源，则在缺乏学术人才，致货弃于地，宝藏诸山，既无学术以研探之，更无人才以发掘之，率全国之众，群趋分利之途而不事生产，则国安得不贫而不病！大学为研究学术之最高学府，无锡尤为全国有数之工商巨埠。诸君处此环境，宜如何远瞩国事之坎坷险阻，探讨今后工商建设之实际需要与可循之途径，苦攻勤学，获得专门学识，而蔚为建设之人才，以开发宝藏，救贫裕国。挽世以来，裕国

---

① 《江南大学校董会 教部准予立案》，《大锡报》1947年8月20日。
② 《创办江南大学，筹基金一百亿》，《江苏民报》1947年7月24日。
③ 《江南大学首次校董会议》，《江苏民报》1947年9月20日。
④ 华晋吉：《荣一心先生简传》//宗菊如、陈林荣：《中国民族工业首户——荣氏家族无锡创业史料》，世界华人出版社，2003年，第626页。

之道，多流空谈，我江大以努力建设为己任，自当一扫空谈之弊，登高自卑，行远自迩，求是求真，务冀切实。校政委员会今后设施，当就如何使学校趋于"是""真"之途研探而实行之。此其三。

迩来四郊烽火，民不聊生，莘莘学子，流亡载道。吾人际此动乱，犹能揖让进退，弦歌弗辍，实不知叨何天幸！敬希诸君珍惜此宝贵之机会，益以自荷，俾我江南大学得为社会尽其更高之贡献，则校政委员会当更竭尽绵力，以谋我校精神上与物质上之进步。风雨如晦，鸡鸣不已，愿与诸君共勉之。①

创办学校时，荣一心愿景是："江南大学办好了，我们在很多青年中选择一下，把优秀的留下来安放在自己的企业里，其余的散布到全国去，年复一年，愈来愈多，他们就会自然地成为一个系统，在多方面会发生作用。另外在校内可以罗致一部分教授和工作人员，我们养兵千日，用在一时，将是辅助企业的现成帮手。"② 可惜生于乱世，天妒英才，荣一心未能见到第一届毕业生就在空难中丧生。

三、打造硬件一流校园

为私立江南大学的长远发展，荣德生在学校硬件上花了不少心思。

硬件之一是校园选址。与鼋头渚隔湖相望的后湾山，依山傍水，风光旖旎，成了江南大学新校园所在地。"本校校舍择地适宜，冬有梅香风送，夏有荷塘清凉，风景幽美，湖山在目，藉以追踪浙省之江大学得自然胜景之美，使求学者得学识增进。"③ 位居钱塘江畔的之江大学是一所教会大学，因有国外丰厚资金支持，校园选址与建筑都是拔尖的。荣德生先生希望新建的江南大学能与之江大学媲美。

正是这山水形胜的优美校园为众多教授选择江南大学加持。刘家和是私立江南大学第一届新生，晚年他回忆大学时光时写道：

新校址三面环湖，风景非常优美。推开我宿舍的窗户，太湖湖光山色就可以展现眼前。早晨起床，从宿舍前往湖边的饭厅，湖面笼罩着一片白茫茫的雾气。虽然看不清湖面，但是可以清晰地听到湖面上咿咿呀呀的渔船摇橹声。吃完饭去图书馆看书，不一会儿，雾气就慢慢散开了，有的一丝一缕地从图书馆窗前升起，煞是好看。傍晚的时

湖光山色中的校园

候,还可以观赏到太湖日落。现在的人恐怕很难想象当时的优美情境。④

校园选址解决后,如何达到建筑与山水的和谐,荣家请来了国内顶尖建筑师赵深。

赵深1898年出生在无锡一个普通教师家庭,父亲去世早,家境窘迫,家中开销曾一度需要父亲世交资助。赵深1911年考入清华学堂,学习8年。1921年赴美进入宾夕法尼亚大学建筑专业,别人需4至5年时间才能完成建筑专业学习,他只花了两年半。宾夕法尼亚大学是中国"第一代建筑师"大本营,朱彬、范文照、赵深、杨廷宝、陈植、梁思成、林徽因、童寯等都曾负笈于此。

---

① 荣一心:《在江南大学第二学年开学暨新校舍落成典礼上的致词》,载《江苏工业会会务通讯》第三期"纪念荣一心先生遇难专辑",一九四九年一月十日。
② 华晋吉:《荣氏私立"江南大学"筹创始末概述》,无锡市档案馆,F2-280-104。
③ 《私立江南大学举行开学典礼》,《江苏民报》1947年10月28日。
④ 刘家和:《刘家和先生口述史》//刘川生主编:《讲述·北京师范大学大师名家口述》,光明日报出版社,2012年,第206页。

1927年，赵深回国后先进入范文照建筑事务所，该事务所曾设计了南京大戏院(今上海音乐厅)、美琪大剧院等一系列公共建筑，大受好评。1931年赵深单飞，成立赵深建筑师事务所，承接原上海大沪旅馆项目。后陈植、童寯加盟，更名上海华盖建筑事务所。这建筑界"三大巨头"合作设计了近百座建筑，著名的有南京的外交部大楼、首都饭店、中山纪念馆、铁道部大楼等。1952年赵深担任华东建筑设计公司总工程师，1953～1955年任建工部中央设计院总工程师，1956年回华东建筑设计院任副院长兼总建筑师。

赵深与荣德生长子荣伟仁是连襟，他们分别娶了孙荫午的二女与三女。自然荣家许多建筑如申新三厂、茂新面粉厂(现为无锡民族工商业博物馆)与私立江南大学都由颇负盛名的华盖建筑事务所操刀设计。

1947年9月17日，后湾山新校舍由上海陆根记营造厂承建开工。第一期工程包括：教学大楼、男生宿舍、饭厅等，工程价法币65亿元。第二期工程包括女生宿舍、机械、电机实习工场等，工程价约法币10亿元。

陆根记是营造厂大牌，作品有上海百乐门、南京国民大会堂、国立美术陈列馆以及励志社大礼堂、昆明大戏院。

正是这种精品意识，荣氏在校园硬件建设中既找到了好"食材"(校园位置)，又请到了好"大厨"(一流设计师与建筑公司)。

"后湾山本来是一座荒山，山顶大部分地早为荣宗敬生前购置，荣氏原有基地52.2市亩，先行建筑大礼堂、教室大楼、图书馆和可以容纳千人的大饭厅等，其余沿山四周余地36.3亩是直接向农民购下，几乎把全山一股脑儿买下了。接着建筑了宿舍、运动场、试验工厂等。最后还在对面一座小山上添建了几幢女生宿舍。这座小山是资本家陈子宽所有，他把这座山交换了一个修理工厂。江大的建筑除了上述情况外，还修筑了梅园到小箕山的一段公路，同时完成了从山脚盘旋到山顶的一条沥青柏油路。在当时是无锡首建的一条柏油路。"①

私立江南大学建设过程中需与地方、建筑商等沟通，这些烦琐工作主要由华晋吉承担。他是无锡堰桥人，身高不超过一米五六，一度自费东渡留学，入日本文治新闻学

---

① 华晋吉：《江南大学创办前后片段回忆》(1962)，无锡市档案馆，F2-280-104。

赵深、孙熙明结婚照

院,归国后对新闻饶有兴趣,但苦无机缘,遂独力办报,办教育通讯社,后任县教育局教育科长。"抗战后转辗后方,始在长沙从事新闻工作,复在桂林任政训工作,入川后始从事工业,集资创设允利面粉厂于四川万县,任全国工业协会川东区分会理事长。胜利后申新三厂荣一心君慕其名,聘为秘书,一再电促买舟东下,共策厂务,襄办社会事业。华氏东归后,如江南大学之创立,与荣氏昆仲之参加国代选举,颇多擘画臂助。近且兼主工业通讯社笔政,予锡区工业界以侧面之鼓吹与协助。华君于政治多认识,能条晰清楚,长口才,擅交际,处事圆到,与各方多联系,为工商界与

无锡后湾山江南大学全景(华盖建筑师事务所设计，1947.8)

政界唯一之媒介，故政商二界咸乐与接接。勤于治事，重友谊，受人之托，无不努力以赴，尤为其长处。擅书法，铁画银钩，另具风格，人咸重之。"①

受聘担任荣一心秘书的华晋吉刚回无锡就投入江大筹建。他回忆："时至初夏，我从四川回来，荣一心、郑翔德就把具体事务工作交给我办，如扩购校基，增加建筑，协办立案，接洽人事，进行招生等等。"②

后湾山风景秀丽，但交通不便，荣氏在此筑屋办学面临许多困难，如征地、修路、通水、通电等。"有关监工任务和洽购四周山地的任务，并不简单。荣一心把这项工作交给了郑翔德和我办理的。我们碰上了山坳中有一大片地，正合江大规划阶梯式的运动场之用。但这是许姓的祖坟，虽经交涉，许姓的代表强调不出卖老祖宗。经我从中再三平衡，他们要求最低限度保留一个中心大坟，这是许姓先祖有名的名士许习之，其余余地都无偿与江大作用。我代表荣氏答应在保留的坟地建设一座水门汀八角亭作为纪念

刚建成的后湾山江南大学校园主楼

亭,这样在远瞻上也很好看,不影响全面布置。"③

得到荣一心与郑翔德信任,华晋吉有了平台施展才华,他折冲樽俎,解决了许多棘手难题。从申新三厂保留的不多信函中,可见当年他工作的具体繁杂。

翔德先生大鉴,江南大学向国外定购之日光灯管已提到,因并未印慎昌洋行机关用章,故提到之日光灯有无损坏,无法可知,共到五箱25扎。一心先生嘱交本厂整理后转交江大,华晋吉,1948年7月8日。

按照荣德生荣一心的设想,未来江南大学在根基打牢后,将沿湖滨扩建至宝界桥,形成一个几平方公里的大学城,可在战争与政权更替中,这一梦想成为泡影。

---

① 《无锡工商大集》(1948)//无锡市史志办公室编:《民国时期无锡年鉴资料选编》,广陵书社,2009年,第545页。
② 华晋吉:《荣氏私立江南大学筹创始末概述》,无锡市档案馆,F2-280-104。
③ 华晋吉:《江南大学创办前后片段回忆》,无锡市档案馆,F2-280-104。

远眺江南大学主楼(卢施福摄,顾群涛藏)

四、荣宅临时过渡

私立江南大学从立案到招生仅几个月时间,效率极高,但因新校舍尚未竣工,师生们在临时校舍过渡。临时校舍分三处,称作"三院"。第一院在荣巷公益中学内的国立边疆学校原址(曾为公益铁工厂厂址),第二院在荣巷荣德生宅内,第三院则在梅园。

设在荣巷公益中学内的江大第一院,是学校本部,包括全部教室、阅览室、标本陈列室、办公室、

沪江大学学生到访江南大学(1950),沈亦男(后右2,沪江社会系51届)提供。2011年,以色列驻沪总领事馆发布了一组老照片,系犹太摄影师沈石蒂在沪拍摄的人像。后来有一些照片里的人被找到,并据此拍摄了一部纪录片《对照记——犹在镜中》,沈亦男、宋崇裕(后右1)夫妇也被摄入镜头。

医务室和体育场等教学、管理机构设施及学生宿舍、食堂等后勤设施。学校大门口挂着"江南大学第一院"的黄色匾牌，校名由学校董事长吴稚晖题写。第一院的办公楼是一幢两层洋楼，楼下为注册组、教务处、训导处等，楼上是校长室、秘书室、文书组等。办公楼后面是教室、礼堂、食堂，这些都是用木板墙分隔的临时建筑，教室、食堂里的桌椅用具大部分是新制的，油漆得十分美观。女生宿舍在校园东边，西边是一部分教职员宿舍，这些是原边疆学校用房。操场左侧有一排楼房，也是原有旧房，经整修一新用作男生宿舍。男生宿舍分两层，楼下是大房间，每室置床18张，楼上房间较小，每室置床6张。床具全部是新购双层钢丝床，睡起来相当舒适。食堂处在最后边，当时学生伙食费每月30万元，这比起市场上飞涨的物价算是便宜的。学生就餐实行分食制，每人一盘菜，基本有荤有素。

  阅览室则分设在教室和宿舍两处，备有无锡、上海报纸及全国各地有影响的杂志，随时可供阅览。宿舍里还设有自修室，学生晚上可在自修室学习，环境安静，秩序井然。

  建校之初的江大，第一学期收缴学杂费每生190万元，收费标准比上海私立大学稍低，但在当时也是很大一笔开支。所以大多数同学平时生活十分节俭，男生没有洋装革履，女生没有浓妆艳抹，平时绝少去荣巷街上游逛，偶尔改善伙食，也仅是去荣巷面馆吃一碗面而已。因离城较远，当时交通不甚方便，所以平时学生也很少有机会进城。①

  江大第二院设于创办人荣德生住宅内，主要作为部分教授、职员及其眷属的宿舍，还有补习班也设于第二院。

  2008年《江南晚报》曾刊文《荣氏祖居布局发展脉络》，对荣德生住宅有详细描述：

  荣氏祖居建筑布局图显示，建筑群基本呈矩形结构。据考证，这些建筑都以青砖黛瓦构筑，其占地面积约8亩。东南首大门前，是一三开间巨大照墙，照墙对面即三开间入口大门兼门厅，大门呈多扇传统竖式木开门。进得大门有一天井，然后，便是6开间砖瓦木结构宽大朝南大厅，是家庭一般会客之处。大厅西侧是一排普通传统砖瓦木结构平房，这里是荣氏读书处，荣氏在此抽空静心翻阅古今书籍，读书养心。从大厅向内过一个天井，是一排6开间平房和4间披屋。从6开间平房过一个天井往北，即进入荣氏家庭的住宅处——俗称"转盘楼"。此处，是荣氏祖居的主要建筑之一，

江南大学学生出游

其结构是典型的清代回转式阳台二层楼,该楼南北两楼各6间,南北楼两侧有楼梯和回廊相连,东西两侧各有一木质带扶手楼梯上楼,一楼、二楼内侧形成一方形环通的廊形阳台,南北楼上下楼外侧则并排多个房间。该楼因内侧环形阳台成回廊状,俗称其"转盘楼",据悉,荣毅仁结婚时就居住在该楼二楼东侧房间。该楼是荣氏祖居建筑中现保存完好的两幢主要建筑之一。

"转盘楼"西侧,5间独立平房,是原蚕茧房改建成的厨房,其中有储藏室和浴室。厨房西侧,是占地2.8亩的"大公图书馆",这个建于1914年的图书馆,分上下两层,砖瓦木结构,进门是一个兼有西洋风格的大厅,大厅有转梯通往二楼。从图书馆进门的两

---

① 《无锡工商大集》(1948)//无锡市史志办公室编:《民国时期无锡年鉴资料选编》,广陵书社,2009年,第545页。
② 华晋吉:《荣氏私立江南大学筹创始末概述》,无锡市档案馆,F2-280-104。
③ 华晋吉:《江南大学创办前后片段回忆》,无锡市档案馆,F2-280-104。

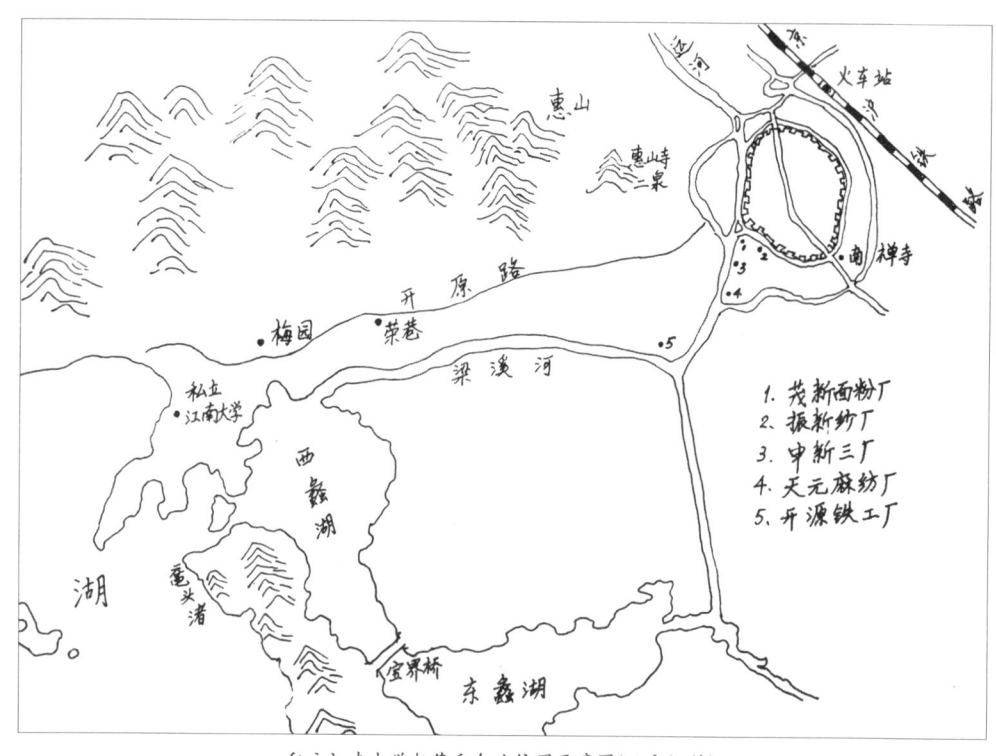

私立江南大学与荣氏企业位置示意图(王文姬绘)

侧、大厅南面及二楼，有多个藏书阅览室，据悉，当时有各类图书20万册可供人们阅览，"大公图书馆"因方便百姓，颇得远近百姓赞赏。该楼与"转盘楼"同样至今保存完好。

值得一提的是，在荣氏祖居建筑群中，还有一个学堂建筑，这就是位于该建筑群西侧、"大公图书馆"南侧的"竞化女校"。该学堂有一排4间砖瓦木结构平房和一个小操场，据悉，该学堂除了主要供荣氏家族后代读书外，还与荣氏创办的其他几所学校一样，可供一些乡邻小孩来此听课读书。在"大公图书馆"西南侧，还有一个"西花园"，其中，不仅有半亭、荷花塘和九曲桥，还有戏台和祠堂。很遗憾，"西花园"现已不复存在，但从保存的图片看，当时，这一花园中花木葱茏、小桥流水，颇有江南园林

---

① 程勉中：《漫话老江大》，《江南学院报》1987年5月8日。

胡立猷教授全家在荣德生西花园,左起:胡欢泉、胡立猷、胡泰泉、龚宝珩、胡也先、胡聿先 (1947),荣宅为江南大学第二院所在地

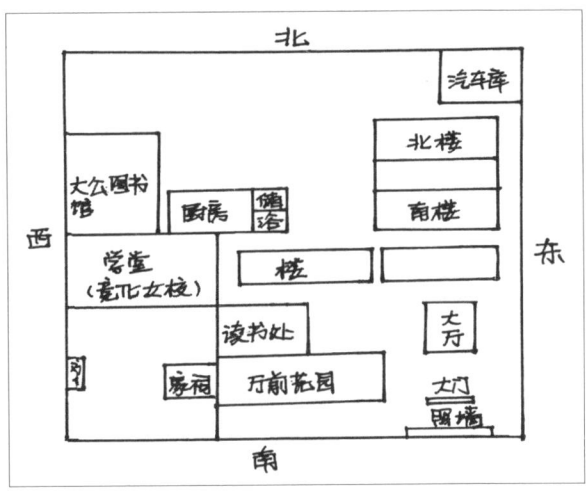

梅园为江南大学第三院所在地　　　　荣巷荣氏家宅示意图，伍裕蓉绘制

味。据史料记载，荣氏对公益和教育特别倾注，这一花园，荣家曾将其作为江南大学教授的居住休息处。①

文学院院长钱穆就住荣宅转盘楼。"楼共五间，中为客厅。西二间，一为先生读书写作寝息用，一为藏书兼随侍学生标点《四部选粹》用。东二间，一为随侍学生寝室，一为先生好友王庸夫妇居住。"②

第三院设在梅园内的太湖饭店，一部分作为教授宿舍，一部分作为哲学研究所用房。太湖饭店原是一排依山而建的两层楼房，有客房20多间，一律照上海三马路新惠中特等房间式样布置。兼营中西大菜及零点，还设有会议室、阅报室、运动场、弹子间、浴室、餐室等场所，特请行家管理，是当时无锡设备最好的旅馆。梅园占地81亩，里面有乐农别墅、宗敬别墅、太湖饭店等多处建筑，荣德生将这些家产都无偿拿出供办学之用。

1948年秋，后湾山新校区建好后，第一院学生迁移，老师们仍住二院与三院。

---

① 《荣氏祖居布局发展脉络》，《江南晚报》2008年8月2日。
② 诸宗海：《国魂常在师道永存》//无锡市政协编：《钱穆纪念文集》，上海人民出版社，1992年，第65页。

第二章
组织构建不足：优秀校长缺位

资金到位后,办学首要问题是组织构建,找到优秀教员与学校管理者。时人才市场兴旺,教员进出自由,高薪招贤的私立江南大学在师资引进上相当成功,可招聘校长却屡遭挫折,这种挫败影响了私立江南大学的发展。是缺少慧眼识珠的伯乐还是缺少德才俱备的千里马?对此见仁见智。

第一节 理不顺的代理人关系

"在大学发展中,没有什么可以代替一位有能力的校长。"[①] "一所大学办得好坏,很大程度上取决于校长是否得人。"[②] 校长居大学枢纽地位,校长素质高低一定程度上决定了学校管理水平的高低。[③] 优秀的大学校长不仅要具有高尚的情操、准确的判断力、旺盛的精力,而且要求他具有抓住问题本质并且采取有效措施解决这些问题的能力。民国时期,有影响的私立大学都有长期掌校的强势校长,如胡敦复之于大同大学、张寿镛之于光华大学、王伯群之于大夏大学、李登辉之于复旦大学、张伯苓之于南开大学、林文庆之于厦门大学、潘序伦之于立信会计专科学校、唐文治之于无锡国专等。遗憾的是私立江南大学有名教授却没有名校长。

一、"花瓶"校长章渊若

据说,领导喜欢的员工要具备两点——既听话又能出活。能出活不听话,领导不喜欢;只听话但出不了活,领导也不喜欢。"以荣一心为代表的校董会,一致要求要聘请一个理想的校长,人选是要有崇高名望、足资号召的人,另外是能符合办校者的意图,听从创办人指挥的。"[④] 按这样的标准,匆忙中竟找不到合适人选。

乐幻智推荐无锡人章渊若(1904~1996),因章同政府高层戴季陶、吴铁城关系密切,可以为学校立案提供支持,在一时找不到理想人选的情况下,荣一心同意章渊若担任校长。

中国第二历史档案馆还保留有江南大学创建时章渊若的履历表:

"章渊若,字力生,年龄,44。学历:国立复旦大学学士,法国巴黎大学博

章力生(1929)　　　　　　　　章力生(1993)

士班研究员。经历国立中央大学教授(1929～1930)、国立劳动大学社会科学院院长(1930～1932)、上海法政学院政治经济系主任(1932～1936)、东吴大学法学院教授(1936～1937)、国立暨南大学教授兼大夏大学法律系主任(1938～1939)、中央干部学校教授(1945)，教育部训育委员会聘任委员，广东省政府设计会主任委员，国防最高委员会参事，中央宣传部主任秘书，宪政实施促进会常务委员，国民大会代表。著作：《章力生政法论文集》(商务出版社)；《现代法制概论》(商务出版社)；《中国民族之改造与自救》(商务出版社)，《自力主义——民族复兴之基本原理》(商务出版社)，共20余种。"⑤

从这份履历中，可以看出几点：章氏学历平平，没有博士学位，其就学时，复旦大学为私立，尚非名校；章氏成名较早，25岁就担任中央大学教授，26岁就任高校学院院长；⑥章氏"转场"较频繁，几年就换一个"婆家"，在多所大学工作；章氏多产，44岁就出版著作20多种，但章氏著作时政性较强，学术性打折扣；章氏喜官场，其头衔有

---

① [美]菲利普·G.阿特巴赫等著，陈艺波主译：《为美国高等教育辩护》，中国海洋大学出版社，2007年，第196页。
② 黄延复：《清华传统精神》，清华大学出版社，2006年，第83页。
③ 汪春劼：《刍议大学与大学校长》，《关东学刊》2017年第8期。
④ 华晋吉：《荣氏私立江南大学筹创始末概述》，无锡市档案馆，F2-280-104。
⑤ 《私立江南大学校长履历表》，中国第二历史档案馆，全宗号五，案卷号2270(2)。
⑥ 时大学院长少则3个，多则8个左右。而现在大学院长大多在20个左右。

相当大"含金量",1937年吴铁城掌粤,聘章氏为机要秘书,并任广东省政府设计会主任委员,成为其主要幕僚,1941年吴铁城出任国民党中央秘书长,追随吴铁城的章氏得以与党政部门掌权者都比较熟稔。

章氏大学管理实践主要集中在国立劳动大学时期。该校1927年由国民政府创办,设有工学院、农学院与社会科学院,社会科学院设有经济系、社会系与教育系。1930年底劳动大学校长改为王景岐,他聘请年轻的章渊若任社会科学院院长,"因章复旦毕业未久、比国留学为时甚短、学问资格及办学经验均有未合",遭学生反对,王校长予以回应:"章先生虽无办学经验但他还有学问,资格虽不好但他在党部很活动,外国语虽说不好但他能看参考书,且此刻系试用时期,不胜此任时当即撤退。"①

章渊若就任院长后,积极整顿,气象一新。聘请了杨荫溥、陶希圣、俞颂华、杨幼炯等名教授,"并增设各系特别讲座,经济系特约陈翰笙、刘秉麟、金国宝,社会系特约潘公展、高一涵、吴泽霖、凌纯声,教育系特约俞庆棠、高践四等分期担任。课程固较前充实,教室亦新辟多所,现该院充满新的发展气象"。②

江南大学创建时,"推定荣一心先生担任筹委会秘书长负责设计建筑定购仪器等,关于学校组织,呈请立案,筹备招生等工作,推邑人章渊若先生担任,章氏在筹委会任副秘书长,冒暑挥汗奔驰京沪,煞费苦心,近两月来,一切进行都很顺利,在大学创立发展速度上而言,江南大学可称是新纪录"。③从当年媒体报道可以看出,私立江南大学创办阶段的立案报批等环节,章渊若利用自己的政治资源,出力不少。

虽谋得私立江南大学校长职位的章渊若,并未得到"甲方"信任。"由于荣一心等与章氏关系太浅,察其举止,十足官僚。恐他不听指挥,因此就以董事会名义决定设立一个名叫校政委员会,以荣一心(主席)、乐幻智(副主席)、章渊若、荣毅仁、唐熊源五人行使职权。这样一来,校长的职权大大缩小,如校内人事、经费等重大措施,必须通过校政会。章渊若大为愤恨,只维持半年,称病请假。"④

"甲方"荣一心与"乙方"章渊若关系不睦,双方都有原因,35岁的荣一心违背了管理学一条重要原则"用人不疑疑人不用",在校长人选上有失误;章渊若"很有派头,拿着一个STICK(注:指拐杖)"⑤,因出名太早,沉迷官场,不能摆正自己位置。章氏缺点为人所知，其父1949年来信中也指出："邑人多言，吾儿太富官僚气。吾儿出身农村，务要接近下层；要寓奖于劝，一言之褒没世不忘。吾儿务要仔细体察，虚怀实践。"⑥私立江南大学建校伊始，就在校长人选上出现重大失误，这一失误导致整个组织设计存在重大"安全隐患"。

民国时期私立学校多采取两权分立模式，董事会权力被严格限制在财务管理和选聘校长方面，严禁直接插手学校行政事务。私立学校校长之职虽由校董事会授予，但这种授权一旦成立，被授权者就获得了独立管理的充分权力，其本身及其权力均应受到充分尊重与保护，即使是授权者——董事会也不得随意越权干涉。只有当"所选校长……确有失职"之时，才能按一定程序，"得随时改选之"。校董会全权负责经费与财务等经营性事宜，校董会选聘的校长全权负责学校行政管理，正是充分考虑到两者不同的社会身份、社会分工及不同的智能结构，在共同办理私立学校的同一目标下，以两权分立形式整合两者自身智慧与社会资源。⑦

私立江南大学没有遵守惯例，而是另起炉灶，设立一个制约校长权力的校政委员会，但打出的名号恰相反："立校政委员会襄助校长，推进一切事务，这是不同于其他各大学的。"⑧1947年9月10日，首次校董会议通过推选章渊若为江南大学校长，并成立校政委员会，协调校长处理校务，荣一心为主任委员。随即校政委员会制定了《私立江南大学组织大纲》《校董事会章程》《校政委员会简则》《教员服务规程》《职员服务规程》《教务规则》《训导规则》《导师制实施细则》《学生课外作业竞赛》《学生担任团体职务规则》《清寒学生免费暂行办法》和《勤工助学办法》等规章制度。

1947年9月12日下午4时，第一次校政委员会会议在上海永嘉路387号举行，出席者

---

① 《劳大王校长定期宣誓》，《申报》1931年1月5日。
② 《劳大社院章院长锐意革新》，《申报》1931年2月23日。
③ 《江南大学筹备情形》，《江苏民报》1947年8月28日。
④ 华晋吉：《荣氏私立江南大学筹创始末概述》，无锡市档案馆，F2-280-104。此处华晋吉记忆有误，校政委员会5人应为荣一心、荣毅仁、唐熊源、乐幻智、章渊若。
⑤ 2018年1月3日上午对蒋凌械的采访，地点上海陆家浜8号线地铁口蒋宅。
⑥ 于中旻：《章力生的品格》，http://chs.ebaomonthly.com/ebao/readebao.php?a=20040923。
⑦ 施扣柱：《民国时期上海对私立学校的管理模式》，《社会科学》2007年第2期。
⑧ 《私立江南大学举行开学典礼》，《江苏民报》1947年10月28日。

江南大学第一次校政委员会会议记录

荣一心、荣毅仁、唐熊源、乐幻智、章渊若、钱宝钧,主席荣一心,纪录郑翔德。公推荣一心为本会主任委员,乐幻智为本会副主任委员,聘请郑翔德、钱宝钧为本会秘书。

《私立江南大学组织大纲》对校长与校政委员会关系规定如下:

第四条 本校得由校董会之决议设校政委员会,经常负责处理左列各项任务:(甲)计划及审议本校重要施政事项;(乙)计划及督导本校校舍之建筑及各项仪器设备之购置;(丙)审核本校教师及重要职员之资历;(丁)审核本校各种重要规程;(戊)审核本校预算及决算;(己)其他校董会交议或校长提议事项之处理。

第五条 本校置校长一人,秉承校董会之方针及校政委员会之决议,综理校务。必要时并得设副校长一人,辅助校长处理校务。校长、副校长均由校董会聘任。①

校政委员会与副董事长都是私立江南大学的"创造",不符合典章,教育部发文明确反对:"……校政委员会无此规定不得设置……副董事长无此规定,不得设置……校政委员会不得设置,应予取消……"② 章渊若借助其人脉,"本案经与教部数次恳谈,本校各项组织编制与副董事长及校政会等,部方以法令关系未便以书面特予承认。惟本校即系私立,为应事实需要,不妨酌情变通。经本人一再疏商,部方深为谅解。本件可暂存"。③

《江南大学教员服务规程》规定:"本大学教员分教授、副教授、讲师、助教四级,由校长提请校政委员会核定后聘任之。"④

根据组织大纲和《江南大学教员服务规程》,私立江南大学校长权力大大缩水,这完全出乎当时行规,更出乎章渊若原初料想。学生尚未报到,章氏便向学校董会提出辞呈⑤:

谨启者:渊若去年患胃溃疡迄未痊愈,上月承贵会推选,渊若为本校校长,以病体未痊,原曾一再恳辞,未获邀准,只得勉为其难,奈今宿疾复发,病情严重,经遵医嘱,即日赴沪入院疗养,务祈即准辞去本校校长职务,所有校务,拟乞贵会即请校务委员会负责,藉免贻误。

谨上

江南大学董事会

章渊若谨启1947年10月16日

还未等董事会回复,第二天,章渊若又修书请辞,并表示:"以格于病势,自本日起,实不能到校视事,今后校务,应即由校务委员会负责。"⑥

不知何故,章氏并未立即走人,而是参加了学校重大活动。10月27日上午10时在

---

① 《私立江南大学组织大纲》,《荣德生与兴学育才》,上海古籍出版社,2003年,第597页。
② 《江苏省教育厅转发该校修改组织章程一份令仰遵照由》,1948年1月23日,苏州大学藏私立江南大学档案,永2。
③ 《教育部答复遵批改正本校组织规程的代电》,1948年2月28日,苏州大学藏私立江南大学档案,永2。
④ 《江南大学教员服务规程》,《荣德生与兴学育才》,上海古籍出版社,2003年,第640页。
⑤ 无锡市第一棉纺织厂:《江南大学一九四八年往来信件》,长期卷,目录号4。
⑥ 无锡市第一棉纺织厂:《江南大学一九四八年往来信件》,长期卷,目录号4。

荣巷临时校舍大礼堂举行首届开学典礼。荣德生副董事长亲自主持,江苏省教育厅代表、无锡地方党政官员和各界来宾、各报记者及全体教职员和学生共400多人出席。会上荣德生先生介绍了学校创办缘起,并指明创办江南大学目的在于"造就人才,为国效用";勉励学生努力学习,学以致用。校政委员乐幻智、校长章渊若、教务长唐君毅和无锡县议长李惕平、县长徐渊若等相继致辞。① 章渊若在致辞中提出学校两大任务:"其一为文艺复兴,其二为生产革命。文艺复兴的任务,主要的应由文学院负起;生产革命的任务,则应由理工学院、农学院共同负起。"对同学他要求德智体全面发展,在智育方面,应:(一)求实学,须刻苦精求,不可浅尝即止。(二)求真理,须有真知灼见,如只求一知半解,一切似是而非,不合国情,不合人群进化原则之理论主义,适足以病民误国。(三)求创造,要谋思想文化之独立自由,不受感情支配,不盲从。对他本人,他希望做到公、诚、劳、谦。②

开学典礼结束后的第4日,国民政府教育部部长朱家骅到校视察。校董薛明剑及章校长到火车站迎接,在荣德生家中午餐,下午二时许到校后向全体学生训话,并参观后湾山新校舍工地及周围环境,章氏一直陪同。

11月7日,第三次校政委员会会议在上海高恩路荣公馆举行,出席者荣一心、荣毅仁、唐熊源、乐幻智、章渊若,列席者钱宝钧、韩雁门、郑翔德,记录钱宝钧。决定每月第一个星期五为本会会期。

11月12日,上午八时在大礼堂举行国父诞辰纪念仪式,由章校长主席主讲国父(注:指孙中山)史实及学说。

12月8日,第四次校政委员会会议在无锡西门外申新三厂举行。出席者荣一心、荣毅仁、唐熊源、乐幻智、章渊若,主席荣一心,列席者钱宝钧、郑翔德,记录郑翔德。决定请陆仁寿代理总务长。

1948年2月12日,第五次校政委员会会议在上海高恩路荣公馆举行,出席者荣一心、荣毅仁、唐熊源、乐幻智、章渊若,主席荣一心,记录郑翔德。决定本会为推进校政,让副主任委员驻校督导,通过荣毅仁提名,让顾惟精硕士担任理工学院院长。章校长提北平静生生物调查所愿以植物标本廉让本校需款2亿元可否照购公决案,决

上海高安路荣公馆，今为徐汇区少年宫

议：请钱宝钧先生审核后再行决定；章校长提：荣鸿元先生介绍任乃赓先生为本校教授应否照聘案，决议先行登记俟需要时再聘。章校长提聘吴锷先生为物理助教请追认案，决议通过。

2月24日，第六次校政委员会会议在上海永嘉路383号荣公馆举行，出席者荣一心、乐幻智、唐熊源、荣毅仁、章渊若，主席荣一心，列席者钱宝钧、郑翔德，纪录郑翔德。韩雁门不再兼任训导长，改由王文元先生担任。

3月1日，江南大学新学期开学，周内正式上课，校董会副董事长荣德生，校政委员会正副主任委员荣一心、乐幻智，于2日假座梅园诵囿堂，宴请校长章力生、文学院院长钱穆、理工学院院长顾惟精、农学院院长韩雁门、教导长唐君毅、训导长王文元、总务长陆仁寿等，并请邑人钱孙卿、薛明剑、郑翔德、谈家桢、陈子宽、华洪涛、华晋吉、钱钟汉等作陪，宴毕举行茶话，钱孙卿氏发表意见，江大今后之努力，应着重学课之认真与校风之整饬，以期树立良好风气，培植优秀青年，章校长即席表示接受，会毕

① 时无锡还是县的建制。1949年起，切块设市。
② 章渊若：《在江南大学开校典礼上致词》，《江苏民报》1947年10月28日。

已五时。①

刚开学，学校董事会秘书杨荫渭想任学校江南研究院专职研究员，不再授课，便报告校长：

力生校长台鉴，弟决定在研究院任职，兹将江大教授聘书退还，专此顺颂春绥。弟杨荫渭敬启，三月八日，章渊若，批示：提校政会。②

可杨荫渭临时提出转岗，让所排课程"开天窗"，教务长唐君毅不能同意，便向校长反映：

杨荫渭先生前拟专任研究员，故退还聘书，但教务处方面已将其所任课程排出，兹拟仍请杨先生回校任课，辞却研究员职务，杨先生聘书，理当仍送去，特请将杨先生退聘一事销案为荷，此上校长先生。

君毅，1948年3月20日

章渊若批，提校政会。3月26日

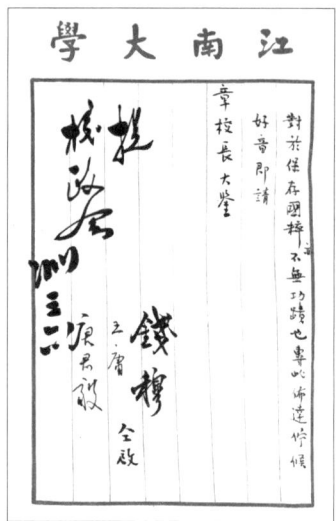

杨荫渭致函校长章力生

章渊若校长在钱穆、王庸、唐君毅提议上的批复

一叶知秋。章氏批示表明他根本"不作为"，懒政也是他不满于当一个无职无权的"花瓶"校长。4月19日章渊若校长旧疾复发，经第七次校政会议议决：给假3个月，以资休养。6月25日，章渊若正式离职。

作为首任校长，章渊若对学校创建还是有贡献的。"办大学的第一步就得组织校董会向教育部立案。这件工作相当麻烦，要备有学校基金证件，校舍建筑图纸，计划，章则，校董会记录等等。这件事章渊若自告奋勇地去南京再奔走，他通过戴季陶关系，在教育部核准了开办手续。"③

章渊若在开学典礼上也谈到作为一个校长的行为准

则：公、诚、劳、谦，"为了这四点，他常常半夜醒来，整夜不眠，苦心积虑乃求努力以赴。并表示今后办理校务，对校政委员会、董事会及教授们的意见，当极力尊重"。④但知易行难，双方还是不欢而散。

章渊若任职时间前后加起来不到200天，且上任伊始，就无实权，这让他非常郁闷。章氏去职后，又借助老上级吴铁城的关系，在政府拿薪。国民党败退大陆后，他远走海外，并改信上帝。其粉丝曾著书赞他："章力生上半生，出入于民国政府高层，亲历军阀割据、日本侵华、国共内战的历史烟云；下半生则归信基督，攻读神学，以一支秃笔，揭示儒释道以至西方法制文化的错谬，本于基督信仰，以更新当代文化为己任。本书追溯了他面对纷乱时局，在思想上的转变历程，从中反映了民国大时代的历史片段，也看到神如何在章力生一生中，成就他的美意。"⑤

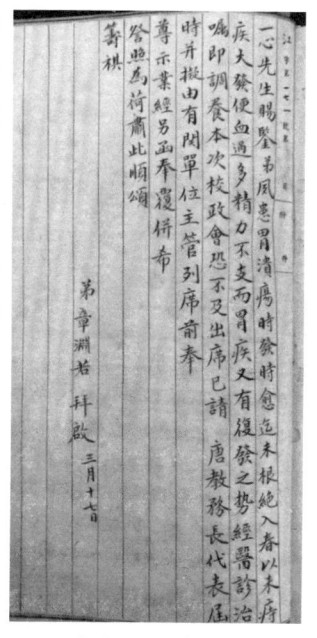

章渊若致函荣一心

二、"监军"乐幻智

凌驾于校长之上的校政委员会由荣一心、乐幻智、唐熊源、荣毅仁、章渊若5人组成，荣一心、荣毅仁、唐熊源都办企业，杂务缠身，没有多少精力用于学校管理，而身列校政委员会副主任委员的乐幻智成为制衡校长章渊若的实权人物。

乐幻智(1899～1960)，又名奂之，河南固始人。初考入厦门大学，后转复旦大学，毕业后在浙江大学教授英文两年，后定居上海，在震旦大学与震旦附中教授国文10余年。因素习太极拳，用气功治病，广结交，寓沪有年，从之者众。以后成名的钢琴家顾

---

① 《江南大学梅园小宴》，《江苏民报》1948年3月5日。
② 无锡市第一棉纺织厂：《江南大学一九四八年往来信件》，长期卷，目录号4。
③ 华晋吉：《江南大学创办前后片段回忆》(1962)，无锡市档案馆，F2-280-104。
④ 石曼：《有大抱负的江南大学》，《人报》1947年11月28日。
⑤ 陈德修：《从唯物、唯法、唯释到唯独基督——忧国忧民章力生》，天道书楼，2017年。

圣婴小时体弱,其父便请乐幻智教其太极。

申新九厂经理吴昆生信奉佛教,研究密宗,结识乐幻智。"时荣一心体格胖壮达200磅以上。他时虑中风,求医心切,有人建议:只有练习太极拳,运用气功可以使体重压缩,反为结实,可以避免危险。通过吴昆生介绍,拜乐为师。每在业余玩些推拿,复学冲跌,不消半年,胖体大减,于是十分欣喜,深感老师,两人由是成为莫逆之交。乐幻智以荣氏之门客成为有力之谋士,江南大学之推动促成,乐实为最有力的一员。"①

乐幻智听到荣一心有创办大学之议,心为之动,极力从旁鼓吹"这是国内突出的伟举,百世万代最有价值的事业",还说"最高学府是与湖山千秋"。他极力恭维荣一心是"青年有为,雄才大略"。为加速江大申办,乐氏推荐章渊若为校长人选。可对章氏

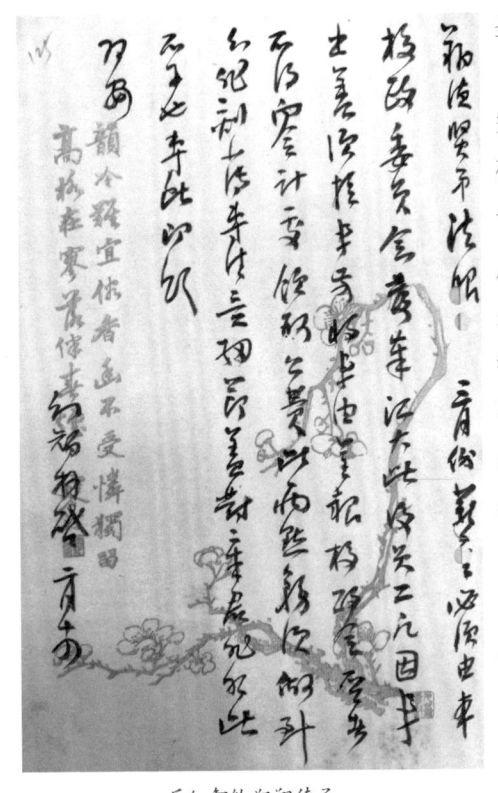

乐幻智给郑翔德函

官僚习气不满,荣一心与乐幻智便叠床架屋,搞了一个校政委员会,并以乐为副主任委员,而章氏以校长之尊仅列为委员,反置于乐氏控制之下。

1947年江南大学第一次开学典礼,荣一心便因事未到,由校政委员会副主任委员乐幻智代他发言:"本人以自傲胆大地说一句:胜利以后,在中国复兴历史上占着最灿烂光辉的一页,便是江南大学的成立,以至于发扬光大。美国百年来进步的最大力量,由于大实业家以其个人终生力量,致力于发展事业和创办学校。德生先生是中国大实业家,看到中国最需要的是创办最高学府,并且争取中国学术独立,才能使国家飞速猛晋,创办动机即基于此。但中国是古文化国家,并不是没有学术文化,而是没有科学,所以我们希望是争取科学独立。本校有这样崇高的理想和动机,在诸位努力之下,一定

能达成目的。造成中国学术史上最灿烂的一页。"②

在推动荣一心办大学上，乐幻智是出过力的，他极希望荣一心能像美国大企业家如斯坦福那样，以一己之力，办一所大学，从而青史留名。

乐氏虽精于太极拳术，也在高校任教过，但在学术上没有任何影响，也从未有过大学管理经验。而章渊若毕竟喝过洋墨水，著述颇多，任过大学院长，且有一官半职，作为一校之长却要听乐氏调遣，难免有情绪。开学前为教师招聘双方就闹得不愉快。

力生吾兄雅鉴：

荫渭兄来，拜悉大函。弟与兄台对江大、对朋友责任至大，当共勉之。金先生事曾共一心兄详谈之，决定本校理工学院院长暂缺……一心兄及尔仁先生计，欲请其为教授。惟本校理工学院无土木系，金（注：指金宝桢）系土木工程专家，亦是问题，容后再谈。张云谷先生现又兼东吴教授，合同济、大夏共有三校，故允每星期只能于星期一一日来锡教课。志英兄尚欲敷衍其友谊，弟恶其太不能专注于本校，请兄台斟酌之。同庆兄曾任清华、北大、中大物理系主任多年，弟意可以教授最高薪待遇之。宜之兄中正大学待遇以教授最高薪(560元)，弟意吾校亦宜以同等待遇之。吟梅、莲宝即助教，可以助教最低薪待遇之。以上遂请兄台再斟酌之。

同庆兄云，曾与清华周培源教授晤谈，渠对本校前途至为乐观，最近于本校理工学院发展计划亦乐为协助云。

唐教务长已至校否？本校各院系教课方针均须于开学前讨论决定之，所谓补偏救弊承前启后之施行细目，即于此时决之。宜之、同庆、志英、吟梅、莲宝等八月份月薪请于日内分发之，为感。应聘书数纸附上，请查收。专泐。顺颂公祺

弟 幻智拜启
九月十八日③

章渊若推荐金先生为理工学院院长被否决；推荐张云谷教授兼课，规定时间只能周

---

①华晋吉：《荣氏私立江南大学筹创始末概述》，无锡市档案馆，F2-280-104。
②《私立江南大学举行开学典礼》，《江苏民报》1947年10月28日。
③无锡市第一棉纺织厂：《江南大学一九四八年往来信件》，长期卷，目录号4。

一；推荐姚志英也遭拒绝，这让章渊若大为光火。为此乐幻智四天后又来信解释：

力生吾兄雅鉴：

　　来函悉。云谷先生处已通知志英兄处。本校挑课有最大之困难，请其原谅。志英先生可全部时间来本校教课。弟前函有不明了处，使兄台误会。至将应三兄兼任教授亦可，弟前函并无专任教授之要求，亦请谅之。俊毅先生任教务长事，兄台曾以思园先生之语相告——"俊毅对教务长虽勉强接受，但未曾勉强辞去。不要使其不愉快"云，弟意亦在此，亦请兄台熟察之。

　　弟意本校组织，开始务求其简单化，当以前兄台、一心同弟三人在西爱斯路一心公馆内，通过一简单之大学组织为根据。至最近之一庞大之组织，虽云通过，一心曾云："至吾校数年后发展至成熟时期，与复适用之。"想兄台当忆及之。弟对本校仅注意聘请国内第一流之教授，如此以后吾校发展始有望。至于组织方面，特别在本校开始之今日，愈简愈好，不使其有样板化之嫌，未知兄台以为然否？

　　弟本星期内将至锡校求教，一切再详呈之。荫绍兄有采薪之忧，不可以风。二三日后，不知能同路至锡否？秋凉，望希珍重。谨此即颂时祺。

弟 幻智拜启
九月廿二[①]

　　这两封信函也显示出乐幻智作为荣一心的"监军"，对校长权力有一个大的制衡。正所谓"挟天子以令诸侯"，"乐幻智俨然以太上校长自居，为此使章渊若大为不高兴……背着人说：'乐幻智是江湖术士，不足为谋，我章某岂敢做傀儡校长。'他对荣一心也有意见，他说：'小开派头，耳根软，不懂办教育'"。[②]

　　因无实权，章渊若常在上海，到校不多。而乐幻智往来于锡沪间，在锡他未住校，而是住在无锡城内吴昆生宅(现解放南路558号)，偶坐小汽车到荣巷办学处，时小汽车总量在锡城还不足三位数。创校第一学期，师生见到章渊若与乐幻智机会并不多。

　　1948年2月12日，第五次校政委员会会议决定本会为推进校政，让副主任委员驻校督导[③]，这样乐幻智便名正言顺取代章渊若，执掌学校大权，章渊若见此更借口身体不适，于3月18日函"经医诊治，嘱即调养"，拟给假三月，以资休养。

4月19日,第七次校政委员会会议在无锡申新三厂召开,出席者荣一心、荣毅仁、乐幻智、唐熊源(秦宏济代),前六次校政会议章渊若都参加,这一次他没有参加,仅有一些书面提案。与以往校政会议不同,这次学校中层领导(包括三个院长三个处长及会计长秘书长)都列席会议,他们是顾惟精、唐君毅、韩雁门、许雍圻、陆仁寿、王文元、郑翔德、钱穆。主席:荣一心。记录:郑翔德。会议议决,答应章渊若要求,给假三个月。"荣一心主任委员提:本校理工学院院长顾惟精先生,学望俱富,拟由本会提请校董会聘任为本校副校长,请予通过案。"议决:通过。④

章氏本想以退为进,做有实权的校长,而荣一心与乐幻智借机"换将",与政府沟通完毕后,让顾惟精取代章渊若。6月25日,章渊若正式离职,29日,私立江南大学董事会呈江苏省教育厅,校务由副校长全权处理。7月29日学校收到省厅同意批文。

三、以副代正的顾惟精

民国时代,政府机关、高校、企业都沿袭传统,多不设副职,私立江南大学设置副校长,也是无奈之举。章渊若校长不中意,想找一个合意的校长也不易,毕竟国共内战正炽,得党派支持,学潮频起,校长职位成了烫手山芋。可学校又不能没有校长,于是想到一个权宜之策,让理工学院院长顾惟精任副校长,主持工作,填补空缺。

顾惟精(1887~1958),字心一,无锡县石塘湾朱巷村人,距章渊若家不远。7岁入私塾,14岁起在上海王氏育才书馆、上海圣约翰书院就读。1908年夏考入邮传部上海高等实业学堂。1911年考取由庚子赔款基金委员会提供经费的赴美留学生——这批赴美留学生由清政府办理的共三届,第一届1909年录取47人,第二届1910年录取70人,第三届1911年录取63人。这180位脱颖而出的优秀学子回国后大多成为中国学界大咖,著名的有竺可桢、胡适、胡刚复、胡明复、姜立夫等。

顾惟精赴美后先入伊利诺伊大学,得电机工程科学士学位,后转入哈佛大学、麻

---

① 无锡市第一棉纺织厂:《江南大学一九四八年往来信件》,长期卷,目录号4。
② 华晋吉:《荣氏私立江南大学筹创始末概述》,无锡市档案馆,F2-280-104。
③、④《江南大学校政委员会会议记录》//《荣德生与兴学育才》,上海古籍出版社,2003年,第665页。

省理工学院学习，获电机工程科硕士学位，毕业论文题目为无线电话水流传声器之构造①。1916年，应聘任南京河海工程专门学校教授，此时他才29岁，可谓年轻有为。

1923~1928年顾惟精任南洋大学教务长，南洋大学其前身为邮传部上海高等实业学堂，在自己求学的校园，顾惟精有了5年高校管理实践。

1919年，受友人穆藕初委托，顾惟精去河南郑州，负责筹办豫丰纱厂，担任总工程师兼厂长，从一个大学教授到一名企业管理者，顾惟精人生有一个大跨界，后因全行业亏损，此厂也未能保全。1923年起，他又重返教育界，曾任北京交通大学总务长、北京交通部技术官。1927年起，历任南京政府交通部津浦铁路机务处处长、财政部关务署税务科长、宜昌关监督等职。1945年11月任农林部专门委员，兼农林部无锡农具厂(今一汽解放汽车有限公司无锡柴油机厂)厂长②。

私立江南大学设文学院、理工学院、农学院，可理工学院院长一直未找到合适人选而空缺，1948年2月12日，第五次校政委员会会议通过荣毅仁提名，让顾惟精担任理工学院院长。此时顾年过花甲。与章渊若相比，顾受过正规学术训练，在名牌大学从事过管理工作，既懂理论又有实践，这位复合型人才是理工学院院长的最佳人选。可章氏在4月19日离开后，顾任副校长主持工作，对他来讲，这步棋走得并不好，似乎也证明了管理学上的彼得原理："在一个等级制度中，每个职工趋向于上升到他所不能胜任的地位。"

"学望俱富"的顾惟精主持工作后，同校政委员会、教务长都发生了冲突。诸多单位内部冲突多不存于文献，后人研究权力运作多难全面。而无锡国棉一厂(注：即原私立江南大学主要赞助单位申新三厂)档案馆保留的信函揭示了当年复杂人事纠葛的一角。

私立江南大学第一任教务长是著名学者唐君毅，其一年后辞职。顾惟精请41岁的周同庆接任。周当时是交通大学物理系主任，同时在私立江大兼课。周同庆给荣一心、顾惟精的信讲述了其任教务长的过程：

一心、心一二位先生赐鉴：

暑假前承心一先生邀谈，面嘱于下年度襄助一部分学校行政，雅意至感，惟以庆在交大历史较久，无法摆脱，势难兼顾两方行政，未能应命，幸蒙见谅，免于提名，不胜感荷，乃于七月十一日突蒙再议前事，坚邀赴会，盛情之势，无法峻拒，不得已乃有暑假中暂时帮忙二月之临时办法，今幸暑期中应行处理之教务工作大体完成，故于日前重申原议，欲将临时工作告一结束……

为答谢先生等之盛情，表明爱护江大并竭诚合作起见，若于暑期满后，先生等仍未觅得继任人选，可暂时遵照所嘱办法，维持一短期，但切盼此一过渡时期，不致太久，则庆对交大方面，说辞解释较为容易，江大之事业持久垂远，来日方长，庆于交大休假之年，必乐于迁居湖滨，到江大讲学，并与江南子弟共游也，专此奉复，敬请道安。

周同庆谨启，1948年9月13日

十月份起，若由庆继续暂时维持，请免支薪俸，旅费及办公费两项则可收受，务请同意，俾庆稍为安心也。又及。③

周同庆本是顾惟精推荐，但双方合作并不愉快。以下几封信函中可窥见一斑。

一心，幻智两兄赐鉴，

目下江大教务渐入常轨，仅中文系李吉行先生因病请假，改由吴白匋先生暂代，史地系楼公凯先生因事请假两月，所任各科由谢兆熊先生暂代，以上情形曾与顾副校长商洽，未获结论，惟江大开课已逾两周，学生课业重要，未便久悬不决，拟请校政会核示遵行，使学生课业不致荒废，实为德便，再江大教授授课钟点刻已安排要善，兹附奉各教授授课表一份敬请给予备案并通知会计室核实各教授之薪给以便照发，专此敬请崇安。

弟周同庆，1948年10月15日④

史地系与中文系两教授找人代课事，教务处长周同庆曾找主持校务的顾惟精商洽，顾没有答复。周只好跳过顾校长向校政委员会主任副主任请示。这说明顾与周之间有了隔阂。在史地系主任王文元、经济系主任夏炎德的任命问题上，顾惟精与乐幻智、周同庆、钱穆都发生了摩擦。

---

① 《美国麻省理工学院中国学生毕业志盛》，《申报》1916年8月24日。
② 《农林部无锡农具厂赶造水机》，《申报》1946年2月16日。
③、④ 无锡市第一棉纺织厂：《江南大学一九四八年往来信件》，长期卷，目录号4。

翔德吾弟雅鉴：

刻知校内又发生小问题，此早在意料中，弟等高见定要将校内做成两两相对的局面，幻之所以决然脱离校政会者，以此现在校内老朋友等处境，日感困难，幻之内心固极痛苦，亦深感弟等之赐，幻原不欲多言以渎清听，但居江校之友的地位亦不会杂有越俎之嫌。(一)校内系主任的聘书由校长自行发聘，荣主任无庸盖印签名，此是否弟等之主张？(二)由于第一关系，现在文院系主任大有问题，闻李笠已辞主任，史地系主任钱院长已有异议；经济系主任原由同庆兄接洽夏先生，发聘书时仅有教授而无主任，此种事显有某某等之阴谋。(三)前校政会每决定之事，顾先生时有自行修改，是否有荣主任同弟等之默许？上三问题请弟台拨冗明白发复，以便在校之老朋友决定未来之去留。幻脱离校政会实有不得已，亦弟等之政策使然，未来校内老朋友之脱离江大，亦弟台之高策使然，幻同校内朋友等太愚笨，夫复何言？请赐教。

乐幻智拜启，1948年10月20日①

乐幻智误以为是郑翔德指使，让顾惟精跳过荣一心，直接任免系主任，郑翔德对此作了解释。

幻公老师道鉴：

……顾老刚愎，不胜遗憾，承示三项，谨复如下：(一)聘请系主任未曾与校政委员会主任委员联署，全系顾老独断，有背原议，顷已由校政会去函纠正；(二)李笠辞系主任一节，此间并无所知，史地系主任钱院长有异议，同庆兄曾来谈述，但校政会早有成议(经商定)，顾老亦无异议，已请华吉兄向顾钱二氏，剀切说明，务须遵照原议办理；(三)顾老对校政会决议时有自行修正等情，仆位卑职小，岂有默许之权，一切谅蒙察及。仆对江大但期发扬光大，迈步前进，无如心余力绌，事与愿违，辱命思过之不遑，焉敢妄作主张，自贻伊戚？风雨重阳，曷胜凄其？临款神驰，不尽所怀。肃复，敬叩近安！

晚郑翔德拜启，1948年10月20日②

郑翔德信函让乐幻智清楚了问题根源，便给顾惟精去函要他执行。

顾副校长：

　　文学院史地系主任前经商定王文元先生担任，经济系主任经洽聘夏炎德先生担任，即请签发聘约。

乐幻智，1948年10月21日③

　　这几封信函说明，顾惟精在聘请中文系、经济系、史地系主任问题上比较独断，没有征求文学院院长与教务处长意见，也没有请示校政委员会主任荣一心与副主任乐幻智。周同庆聘请夏炎德为教授兼经济系主任，可顾惟精只让夏当教授却不让他当系主任。对校政委员会的决议，顾惟精也按照自己的想法进行变通。

　　顾惟精希望作为一校之长有一定人事任免权，而校政委员会却把人事权视为其禁脔，双方必然发生冲突。从章渊若离开后不久，校政委员会会议就停摆，其第七次会议也是最后一次会议在1948年4月19日举行。按规定校政会议每月举行一次，荣一心多在上海，极少来校，顾惟精没有机会同荣一心沟通。

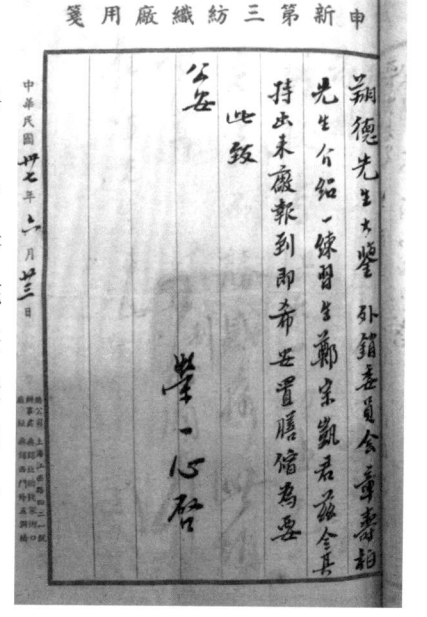

荣一心致函郑翔德

　　不想当傀儡的顾惟精，11月2日向校董会书面声明：11月6日起，他不再全权处理校务，并于同日起告假离校。他给校董会去函讲述校政委员会与教务处周同庆联手，不把他这个校长"当干部"：

　　迳启者，查惟精自本年五月三十日接贵董事会暨贵校政委员会通知，以全权处理校务见委，迄今已逾五月，原期于校长人选确定之前，在贵校政委员会协助之下，勉竭驽钝，以谋校务之次序推进，庶几不负殷勤付托之至意，然事与愿违，不克抒展，初则贵校政委员会对于校务渐有过情协助而牵掣执行权限之举，迨至最近荣主任委员赴南洋

①、②、③无锡市第一棉纺织厂：《江南大学一九四八年往来信件》，长期卷，目录号4。

期间更进而专断侵扰,遂令处理校务不复可能,姑就以下若干事例证明之。

(一)教务长周同庆原系贵校政委员会提名决定,意中途毁信自动离职不返,对于所遗职务,并不交代,而仅私相授受,遥为节制,以致教务上陷于凌乱状态。如业已应聘之教师,并不向校方正式请假或声明理由,开课匝月,迄未到校,而由负责无人之教务处,任意延聘代课人员,布告长期代课,院长系主任均未得悉,实属乖谬之至。惟精主张正式更换教务长而贵校政委员会非特不予同意,反于本年十月二十一日来函,更有敦劝周先生继续负责之语,是无异赞成目前教务上凌乱状态,而不欲校务有所改进。

(二)据讲师唐至中来函称,接图书馆通知,谓奉校政委员会谕,嘱伊每日下午至馆办公半天云云。如此则校内任何单位可以迳自接受贵校政委员会之谕,蔑视章则,支配教师职务,其破坏学校体系,莫此为甚。

(三)准贵校政委员会十月二十九日来函,以根据周教务长同庆函,送本学期各教授授课钟点表结算,不足标准授课钟点之给酬一节见告。查周同庆先生久已不负教务上之实际责任与名义,而将上项应送学校之表件,函送贵校政委员会,而贵校政委员会则又竟予收受,并据以结算,未转经校方审核,迳行会计室发付。据此而论,校务显然已由贵校政委员会迳自接受处理,校方即连同意或事前审核之权亦不复存在。凡此种种,不胜枚举,归纳言之,校政已统括校务,校内各部分已可不对校务主持者负责而直接向贵校政委员会负责,此不特无法全权处理校务,抑亦并无全权处理校务之需要。前曾函请解此全权处理校务之名义,未荷台允,比来情势日非,职权摧毁殆尽,以目前状况与本年五月三十日贵董事会暨贵校政委员会之通知对照,无异绝大讽刺。再三思维,惟有自动向贵董事会、校政委员会声明,自本年十一月六日起,惟精不再担任全权处理校务之名义,并于同日起告假离校,想应函达,至希誉照为荷。

谨致
江南大学校政委员会转陈
江南大学董事会

江南大学全权处理校务副校长顾惟精
1948年11月2日①

顾惟精落款为"江南大学全权处理校务副校长",直指冲突根源在于其权力受到校政委员会严重掣肘。荣一心给顾惟精去信,希望他能共度时艰。

心一副校长先生赐鉴:

敬启者,海外归来,席当未暖,捧诵惠书,藉念一是江大初创,责艰任重,端赖各方协力同心,而向一目标迈步进展,方能奠定基础,臻于磐石。校政委员会,本此宗旨,始终不懈。

先生为校政委员会之一,肝胆共照,至堪庆幸,一心前为校政委员会与校长职权之分野,一再敦促参考一般学校(尤以教会学校成绩较优者)从速订明法规,稽延多时,迄未成文,而先生亦以职权问题发生不同观感,此一心所深为遗憾者也。今后惟有速订规范,更有遵循,避免以往之误会,是使校务获有长足之进步,质之高明,谅荷首肯,一心追随长者,敬恭桑梓,肆应虽艰,未肯言退,国事蜩螗,烽烟如海,当席共体时艰,以度难关。

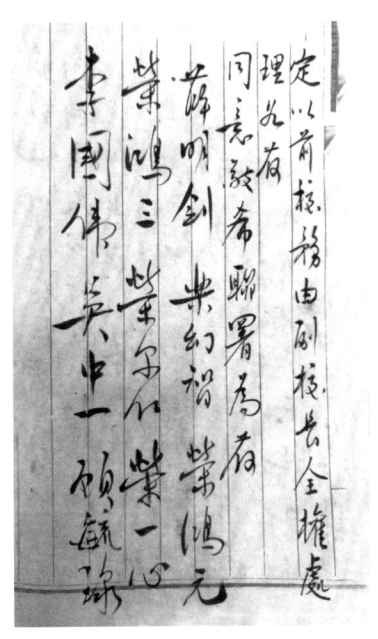

校董会对顾惟精权力的确定

荣一心,1948年11月5日②

顾惟精没有接受荣一心的劝告,还是离校回老家。为保持学校运转,10日校政委员会副主任乐幻智到校主持校务。13日,唐君毅在日记中记下:"校董会处处使顾先生为难,顾辞职,我亦甚不平。"③

11月下旬,学生自治会派李赐和杨钧泰去无锡石塘湾顾府,劝说顾副校长回校主持校务。12月16日顾副校长回校工作,但顾已失去"甲方"信任,下台成为必然。

此间,"江南大学前因物价狂涨,全校师生之膳食,发生恐慌,几有断炊之虞,最近物价下泻,此项威胁已告解除,该校校政会副主委乐幻智,昨日到校,召开膳食团、学

---

① 《顾惟精致校董会函》,上海市档案馆,Q193-1-1555。
② 《荣一心复顾惟精 请辞函》,上海市档案馆,Q193-1-1555。
③ 《唐君毅全集》卷27日记,台湾学生书局印行,1984年,第8页。

生自治会联席会议，谋得圆满解决。据云：校方可拨二万元购物资贮存，备不时之需，目前可将农场产谷，先碾后应付；其他宜兴订购之米已在运锡，县府配米正在切实交涉中，柴油盐菜，均源源有所供应，希望各同学继续研求学问，安心上课云"。①作为"监军"的乐幻智常跳至前台控制校政。但对乐的擅权，师生们给予差评。

江大创办至今有三年，三年来江大始终没有搞好，经我们纯客观地分析已往，所以没有搞好的原因，我们得到的结论是在人事上面而不在经济上。当学校创之始，是乐幻智先生担任校政委员会的副主任(校政委员会是校董会和校长间的中间组织，在开学典礼上，乐先生解释此一机构之设立，在替学校筹划经费，故经济权在握，后来乐先生竟插足校内，干预校政)。当时乐先生大权独揽，肆意胡为，但他对办学校没有经验，毫无计划，因此行政的浪费很多很多，当时校董荣一心先生用在学校上的钱很多，可是不能很好地运用，以致校内设备未能有基本的完成，实在可惜。乐先生既做了校董会与学校间的桥梁，他便利用特殊的地位，一面蒙蔽校董，使校董与学校很隔膜，一面排挤校长，争夺权力，任用私人，培植一己势力，勾结王文元、储元熹一意孤行，企图独断校政，因此造成校内的人事纠纷，演变出1948年度上学期期终之时储元熹打陈机教授的事件，使学校蒙受极大的损失。不知办教育是对人民的义务，学校不是权力斗争的场合，往往争权夺位，把学校弄成惶惶不安，而抓权的目的无非是为了可以从中取利。学校现在经济很困难，当然不会有人图利，但当时学校经济宽裕时，也很容易有利可沾，甚至于饱充私囊，但是一意孤行专断的作风在现在也一定要失败的。

就因乐氏的弄权，学校自创办起到沈先生来校时的一年半中，一直没有安定过，每个学期都有些事情发生。校内行政紊乱，无人负责，人事排挤，教授流动性很大，同学在动荡中学业受很大的损失。②

四、看守校长沈立人

私立江南大学成立仅一年多，两任校长挂冠而去，严重影响了学校运转与声誉，校主荣一心念此也很内疚，如何才能找到理想的校长，成了他挥之不去的心事。1948年12月21日，校政委员会主任荣一心因飞机失事遇难，年仅37岁。

大学发展"最大的压力不在于是否找到教师，而在于是否能找到管理型专家"。③没有校长，又痛失校主，这对立足未稳的私立江南大学真是雪上加霜。1949年1月2日，薛明剑偕华晋吉为江南大学校长事赴申，"与荣毅仁同访吴稚晖董事长，提出胡刚复、胡博渊等人选十人。并决定推薛明剑与华晋吉于三日赴杭，邀请胡氏约谈多次，终以浙大院长尚可辞去，大同校长限于环境，未易摆脱，故难担任。五日返沪，薛与荣毅仁同访吴董事长，报告经过"。④

胡刚复也是无锡人，同顾惟精一样，受庚子基金赞助赴美留学。胡当时任浙江大学理学院院长，同时也是私立大同大学校长，因国共内战正酣，大学校长职位太烫手，找不到接替者，他也脱不了身回无锡助力。

1949年2月11日，58岁的国民党元老、国民政府考试院院长戴季陶在国民党政权大势已去的情况下自杀身亡，戴还兼任江南大学副董事长，在戴与荣一心辞世后，学校董事会做了补充，增加了吴中一、荣毅仁、唐熊源3人。因校政委员会与校长权力一直理不清，在荣一心逝世后，校政委员会停摆成为必然。1949年2月18日，校董会决定，由荣毅仁、钱孙卿、乐幻智三位校董，会同三院院长、三处处长，共同组成校务委员会处理校务。⑤荣毅仁为校务委员会主任委员，副校长不再设置。

下午五时，在上海高恩路荣氏府第召开第一次校务委员会议。出席王文元、乐幻智、郭守纯(陆代)、钱穆、陆仁寿、荣毅仁，列席华晋吉、许雍圻，主席荣毅仁。会议报告，因顾副校长请辞全权处理校务后，校董会积极遴聘校长，但"因时局动荡，物色不易，校董会不敢草率，故为应付现实起见，特请示董事长吴稚晖，经商定组织校务委员会，处理一切，副校长不再设置。校务委员会之组织，系临时过渡性质，校董会仍在继续特色适当之校长人选，由荣毅仁、钱孙卿、乐幻智三位校董，会同掌校三院院长及教务、训导、总务三长，组成校务委员会，荣毅仁为主任委员，副主任委员希望在六长

---

① 《江南大学膳食问题解决》，《锡报》1948年11月16日。
② 《杨钧泰同学在苏南行政公署、校董荣先生召开之座谈会上报告全文》(1950年7月30日)，上海市档案馆，Q193-1-1571。
③ Kerr Clark著：*The Uses of the University. Cambridge Mass*, Harvard University Press, 2001年，第126页。
④ 薛明剑：《五五纪年》//无锡市史志办公室编：《薛明剑文集》上，当代中国出版社，2005年，第107页。
⑤ 《江大今日开学 荣毅仁任主委》，《人报》1949年2月27日。

中推任之"。①兼教务长郭守纯先生因体力不逮提请辞职，聘请沈立人先生担任。本日会议顾(惟精)院长、郭(守纯)院长未能出席，余者皆有发表意见。"钱宾四先生提供意见，一希望权责分明，在分内者应付全责，各尽范围，勿侵犯他人之职权；二希望健全组织，人事勿多变动。"②人文学院院长钱穆所言正是私立江南大学的"痛点"所在，机构设置上叠床架屋，权力边界不清晰，造成冲突不断，内耗太多，人事变动频繁。

2月20日，荣毅仁主委偕同新聘任教务长沈立人到校。下午2时荣主委在第三院(梅园)召集教授谈话。21日，荣毅仁到校视事，本日开学。27日上午11点在本校会议室召开第二次校务委员会议，出席钱孙卿、王文元、乐幻智(陆仁寿代)、顾惟精、郭守纯、钱穆、陆仁寿、荣毅仁、沈立人，列席华晋吉、许雍圻、陈陵，主席荣毅仁，记录张宾侯。推定沈立人为校务委员会副主任委员。定每月第二个星期六开常会一次。中午欢宴全体教职员，下午二时在物理试验室召开全体教职员谈话会，"征求校政兴革事宜，由各教授分别发表意见，并决定由各院系拟具课程四年计划"。③

荣一心辞世后，荣毅仁接棒，代表荣氏集团管理学校。荣毅仁(1916~2005)是荣德生第四子，1937年毕业于圣约翰大学历史系，时任无锡茂新面粉公司经理。荣毅仁对学校的管理主要是依靠其副手——校务委员会副主任沈立人。

沈立人(1896~1953)，浙江嵊县人，民国时期知名会计师、会计业元老，金陵大学理学士。1920年代留学海外，"起初读的是农科，后来改读采矿，后来又改读造纸，最后又改读会计与管理，一改再改，改了四次之多。所以这样改来改去的目的，坦白地说来完全是为了毕业后的出路问题"。④沈立人从法国巴黎大学毕业，得有会计师学位。⑤1925年3月，由徐永祚等人发起成立中国第一个会计师公会——上海中华民国会计师公会，成立之初，入会者仅23人，沈立人是其中一员。1926年，沈立人在上海戈登路275号创办中华会计函授学校，任校长，开创中国会计函授教育的先河，培养了大批会计人才。

沈立人专长成本及生产研究，其著作主要有《高等会计学》(1932)、《成本会计学》(1934)、《会计制度设计》(1935)。他的《遗产之会计及课税》(1934年出版)，是我国较早对遗产税会计进行比较系统研究的专著，体现了相当丰富的遗产会计思想。⑥

沈立人曾任光华大学教授(1931.8~1934.7)、上海商学院教授兼会计系主任(1932.8~1935.7)、暨南大学教授(1936.8~1941.7)。"在教学中，认真书写讲义，一稿再稿，不断更新，深得同事同学们的信赖和尊重。后又创立会计师事务所，在实践中累积经验，再以之充实教材，颇为同行所称道。抗日战争开始，先后辗转入蜀。四十年代受聘于重庆交通大学工学院初建的工业管理系任教。因其学识广博，实际经验丰富，讲课深入浅出，深受同学欢迎。"⑦

1945年，荣尔仁主持的申新纺织公司在重庆设立了公益工商研究所，邀请纺织、染化、化纤、工商管理等领域专家学者加盟，从事本学科内新知识、新技术的汇集、研究和应用。⑧工商管理组由交通大学管理系主任沈立人负责，以申新第四纺织公司重庆分厂为研究对象，深得厂方合作。将各部详细分析检讨，并开座谈会，颇具成效。⑨沈立人的工作得到了荣尔仁的关注，沈开始成为荣家智库中一员。以后交通大学从重庆返回上海，沈立人继续在该校任教(1944.8~1949.7)。

1949年私立江南大学找不到代理人时，荣尔仁向弟弟荣毅仁推荐了沈立人，沈立人始以校务委员会副主任委员主持校政。1951年3月校董会向政府推荐其出任校长，"沈立人先生在国内各大学执教二十年，学识经验均甚丰富。在本校担任教授兼校务委员会主任委员二年，对各项校务改进颇多建树，校长一职必能胜任"。⑩他执掌私立江南大学3年多，直到江大在院系调整中消失。

沈立人任期长的原因有几个，一是荣一心去世后，校政委员会不存，"监军"乐幻

---

①、②《江南大学校务委员会会议第一次会议纪录》，苏州大学藏私立江南大学档案，永9。
③《江大今行始业式，荣德生氏昨亲往巡视》，《大锡报》1949年2月28日。
④沈立人：《从我说到你们》，载《江南大学一九五一年年刊》。
⑤、⑩《私立江南大学干部履历表》，上海市档案馆，Q193-1-1555，第17页。
⑥朱灵通：《沈立人遗产会计思想探析》，《当代会计》2017年第10期。
⑦胡锺京：《忆江大校长沈立人先生》//江南大学校友会1947~1952老校友分会编：《老校友回忆录》，内刊，2017年。
⑧蔡溥：《岁月悠悠忆恩师——怀念沈立人教授》//上海交通大学安泰经济与管理学院编：《足迹与风采》，上海人民出版社，2018年，第4页。
⑨梅敏：《申新的社会事业》，上海市档案馆，Q193-1-423，第10页。

智失去了靠山与平台，最后离开了学校，校长决策不再被牵制；二是沈立人性格温和，对比他年轻20岁的校主荣毅仁极为尊重，遇事多请示与汇报；三是荣毅仁豁达包容，与沈立人有较好互动；四是沈负责校务不久，无锡解放，荣家对私立江南大学的"控权"大大削弱，党和政府在校务上有了很大话语权。

"董事会最重要的职责是任命大学的行政负责人，即校长，并把许多权力委托给他，与此同时保留其余权力和最终的法律控制权。当然，委托给校长哪些权力是由董事会和行政机构各自权力历史发展来决定的。"① 理想如此美好，现实却是包括私立江南大学在内众多私立高校在委托人与代理人关系这个难题上留下了遗憾。

第二节 高薪引进名师

名师是办好大学的必要条件。新生的私立江南大学地处沪宁线上一个小县城(时无锡为县建制)，她无基础无声望也没有优秀生源，在此不利条件下，如何才能把国立大学名师"挖"到呢？如何才能使自己有一个高起点呢？私立江南大学的成功探索既与荣家的实力、办学理念有关系，也与当时人才流动的低门槛有关联。

一、人才选择宁缺毋滥

私立江南大学创建伊始，就聘请了学术大咖秉志(1886~1965)为学校董事并受董事会委托，负责"草拟本校创立宗旨与计划大纲"。秉志是一个传奇式人物，他19岁考上举人，23岁考取第一届庚款留学生，进入美国康乃尔大学农学院，是第一位获美国博士学位的中国学者。回国后他在多所名牌大学任教，1948年当选第一届中央研究院院士，这届院士总计81人，涵盖文理工农医等学科。作为江南大学第一届董事会的学界代表，秉志不负所托，"以江大董事会名义，拟具计划大纲如下"②：

人才之选择：院长及各系主任，须在国内有研究成绩，于国内外学术机关或专门杂志发表著作者，此项人才如不易得，则宁缺勿滥。学校若得品学兼优之士，任院长系主任之职，则水流火就，所吸引之教授、讲师、助教等，及所训导之学生，必皆贤才好学者，学校诸事，无不悉上轨道，校风美，成绩佳，自是意中之事。故延聘人才，其难其慎，万不容马虎从事。

工作设备：现有优良之人才，必须便利其工作，则书籍、机器、试验室、工场、农场，以及一切所需之设备，皆由院长系主任等负责计划办理，期于一年终了时，大体完备，学校遵从专家之指示，竭尽所能，使之充实。

学生之录取：本校已招一年级之学生若干名，循大学之常例，开班上课，而其主要之工作，在培植有志之青年，成精诣之专家，故本校期于一年之后，收录国内各大学之毕业生，俾从各教授进行研究，取精用宏，完成大器。

教育之方针：所有学术，无论文理工农同等重视，以免不平均之发展，对于学生不独注重其学识技能之进步，而于其品行道德及体育健康，皆尽心培养。

成绩之奖励：本校于三年之后，对于院长、系主任及教授服务之成绩，分别予以奖励。尽心教课未曾从事研究者为丙成绩，予以积资加薪之奖励，尽心教课并有研究成绩者为乙种成绩，予以更优之奖励。授课与研究成绩之外，复有重要之贡献者(或发明或发见或重要著作)为甲种成绩，予以最优之奖励。讲师、助教与研究生，如成绩优异，有大成之希望者，由校方予以留学津贴，俾从国外专家肄习，以期深造。

服务之假期：院长系主任及教授，服务若干年后，由校方予例假一年，照常支薪，如欲往国外游学、从事研究者，由校方予以旅费。

秉志提出的办学方针，并非他原创，但确实是行之有效的成功指南，要有名师，要让名教授治校，要鼓励教师从事研究，要有公平可行的绩效评估制度，要给教授学术年假等。

一张白纸的江南大学能吸引到名师，一是无敌的校园美景与好的住宿环境，二是高薪，三是利用到校名师的品牌效应。

钱穆先生曾在燕京大学、北京大学、云南大学、昆明西南联大、成都华西大学、四川

---

① [加]约翰·范德格拉夫等著，王承绪等译：《学术权力七国高等教育管理体制比较》，浙江教育出版社，2001年，第117页。
② 《江南大学计划大纲　秉农山氏业已拟具》，《申报》1947年12月5日。

大学等地任教，1947年担任江南大学文学院院长，他对"这个理想的大学区"赞不绝口①：

江南大学是一所抗战胜利以后新兴的学校，是一所全由私人经济独立创办支持的学校。校址在无锡太湖边一小山上，从这一个小山右边坡地直下便是小箕山，再由小箕山迂回伸出便是大箕山，小箕山斜对面便是有名的太湖游览区鼋头渚。从江南大学另一山径向左可达项王庙。项王庙、小箕山、鼋头渚，三足鼎峙在太湖的一角。项王庙、鼋头渚之间，又有一犊山，这些风景，全在江南大学的眺望中。

江南大学最先设立的是文学院、理工学院、农学院共三院。它计划招收学生将不超过一千人。最先建筑共有三所：一所包括讲堂、礼堂、办公室与图书馆，另一所男生宿舍，又一所大膳厅；后来，在另一山头又新建了一所女生宿舍，和这一山的三所建筑遥遥相对。这几所建筑的每一室每一窗，几乎全部可以瞭望见太湖。有些面，是烟波浩渺，风帆隐现，一望无际的；有些面，是一湾深碧，岚影芦花，带有山村水郭的情味。

教职员住宅区，则分布在荣巷与梅园。梅园与鼋头渚，同为湖滨久负盛名的游览区。荣巷则是隐藏在此山水名胜区中一小市集，市外鱼塘柳岸，掩映深复，代表着江南农村特有的情调。大抵单身的教授们，都喜住梅园，他们在课余兼带管领着园亭与花草。有家眷的都喜住荣巷。早晨教授太太们出街，有的是鱼虾猪鸡，新鲜菜蔬，熙熙地，攘攘地，既不是山林，也不是城市，然让你亲近了山林之胜而不苦于清寂，占有了城市之便而不感于繁嚣。一般教授们也认为，住荣巷可以冲淡些隐居与游览的色调，而沉下心来，仍享受一种日常家庭安住的趣味。好在每天一到校本部，便不啻去游览了一天，隐居了一天。回到荣巷，反可转换些口味。

从荣巷、梅园去校本部，天天上下午有学校特备的汽车，但若漫步闲行，最远距离，也只须半小时左右便可达。每逢星期日，有学校汽车直达到无锡城，由此东去上海、西上南京，也全只在半天的旅程中。因此有些教授，都从京(宁)沪来兼课，他们借此在每礼拜一濯尘襟，来尝些太湖的鱼虾鲜味，住一宿梅园的清寂之夜，上几堂课，每一眼都可闲眺着太湖，这实在是化着钱义务授课，仍还值得的。

那里的学生们也为环境所熏陶，花晨月夕，山边水涯，男的女的，一片歌声和欢笑声。礼拜天一队队的游踪则远到惠泉、蠡园与华藏。他们从都市来，沉浸在此大自然之闲旷与农村渔港的醇朴质野中，潜移默化了。

除了有无敌的校园美景外，高薪对人才也有吸引力。1948年春增聘的教授，李景晟、徐仲年、吴大榕、郭廷以、金善宝、李昌弟月薪600元；张云谷、朱福炘月薪580元；何士芳、楼公凯月薪560元；储元熹月薪520元。讲师周广周、唐璜，月薪300元。从对比中，可以看到江南大学教授收入比国立学校高。如谭其骧在浙江大学史地系任教授，1947年8月到1948年7月，月薪490元；1948年8月到1949年7月，530元[②]。秦含章教授在中央大学月薪480元，在江南大学则为600元。1951从私立江南大学毕业的蒋凌械留校当助教，次年院系调整，他来公办的华东化工学院工作，月薪从70多元降为65元。[③]当时诸多私立大学经费紧张，教师工资没有竞争力。如1934年，公立大学最高薪俸为：北平大学460元，中央大学360元，清华大学500元，北京大学500元，北平师范大学和广西大学500元，河南大学300元，江苏教育学院320元，东北大学240元。私立大学最高月薪为：南开大学和大同大学360元，光华大学340元，厦门大学330元，南通学院310元，大夏大学、焦作工学院300元，武昌中华大学、福建学院240元，朝阳学院200元，民国学院160元，中国公学150元。[④]

私立江南大学教授薪水不仅高于其他大学，也高于其他行业。如1947年荣德生在无锡兴办天元麻毛棉纺织厂，聘请留美的杨同德当厂长，每月工资480元，"副厂长350元，中级职员在100~200元之间，低级职员一般为60元。一般职员的收入比工人中最高工资收入要高出5-6倍之多"。[⑤]此际无锡县长徐渊若每月工资360元[⑥]，与杨同德相比，要差一截，更落后于当时江大教授。

与职员相比，教授工资很丰厚。学校校车司机贾灿泉月工资62元，电工俞筱庭52元，木工戈文举40元，教职员厨师37元，女生宿舍管理员杨培玉37元。

---

① 钱穆：《钱穆先生全集·素书楼余沈》，九州出版社，2011年，第161-162页。
② 葛剑雄：《禹贡传人——谭其骧传》，浙江人民出版社，2003年，第76页。
③ 2018年1月3日上午对蒋凌械的采访，地点上海陆家浜8号线地铁口蒋宅。
④ 王彦才：《民国时期我国私立大学教师薪俸分析》，《西北师大学报》2020年第2期。
⑤ 杨同德：《天元麻毛棉纺织厂的设备和管理制度》//宗菊如主编：《中国民族工业首户——荣氏家族无锡创业史料》，世界华人出版社，2003年，第408页。
⑥ 《县长考绩》，江苏省档案馆藏，档案号永2-185。

表2-1　　　　　江南大学专任教授薪津表(1948年5月)①　　　　(单位：元)

职别	姓名	底薪	基数	乘指数190000	学术费	办公费	合计
校长	章渊若	800	218.2	41477000	2000000	6000000	49477000
副校长	顾惟精	750	211.4	40166000	2000000	6000000	48166000
院长	钱穆	600	188	35720000	2000000	800000	38520000
院长	韩雁门	600	188	35720000	2000000	800000	38520000
教务长	唐君毅	600	188	35720000	2000000	800000	38520000
	张镇谦	600	188	35720000	2000000		37720000
	倪则埙	600	188	35720000	2000000		37720000
	杨惟义	600	188	35720000	2000000		37720000
	牟宗三	560	185.09	35167100	2000000		37167100
	杨荫渭	560	185.09	35167100	2000000		37167100
图书馆主任	王庸	560	185.09	35167100	2000000	400000	37567100
	陈机	520	179.35	34076500	2000000		36076500
	王淑英	520	179.35	34076500	2000000		36076500
体育主任	陈陵	500	176.30	33493000	2000000	400000	35897000
	杨晟	460	169.84	32269100	2000000		36269600
训导长	王效三	450	167.20	31768000	2000000	400000	34168000
	金圣一	360	151.59	28802100	2000000		30802100

副教授，最低的，张载人，360元，学术研究费16000000，合计30402100元。

讲师，最低的，240元，学术研究费12000000，合计24606100元。

助教，最低的，100元，学术研究费800000，合计15050000元。

职员，最低的，40元，合计7600000元。

三是利用名师品牌效应，聚集人才。江南大学三个学院院长分别是钱穆、顾惟精、韩雁门，在学界有相当知名度，通过他们可以提高学校影响力。建校伊始，文学院专任教授有唐君毅、钱穆、王文元、杨荫渭、王庸、牟宗三、王淑英、王效三，兼任教授周葆儒、钱清廉、李笠、程修龄、李吉行、蒋庭曜。理工学院专任教授顾惟精、倪则埙、张镇谦、杨晟、金圣一，兼任教授周同庆、徐璋本、陆子芬。农学院专任教授韩雁门、陈机、杨惟义。各院科共同专任教授陈陵、乐奂之，兼任教授朱伯康。

教授以少而精为原则，适时增减，保持人员合理性。

经济教授，原有一人，朱伯康，实需二人；

政法及三民主义教授，原无，须聘一人；

数学教授，原有四人，张镇谦、陆子芬、金圣一、孙湘，可减一人；

国文教授，原有六人，李笠、李吉行、王效三、蒋庭耀，讲师郑学弢、唐至中，实需五人，可减一人。

英文教授原有八人，钱清廉、姚志英、杨荫渭、王淑英、程修龄、张载人、周保儒，讲师沈致平，实需六人，减二人；

历史教授，钱宾四、王庸，实需三人，须添一人；

地理及地质气象教授，原有一人，王效三，实需二人；

哲学教授，(注，时未定)

物理教授，原有二人，周同庆、徐璋本，实需三人；

化学及化工教授，原有二人倪则埙、杨晟，实需四人；

生物教授，原有二人，杨惟义、陈机，实需二人；

农艺系教授，原有一人，韩雁门，需要二人；

农产制造教授，原无一人，下年须聘二人。

二、有"关系"才能进江大

江南大学几十名教师大多是通过各种关系进来的。学校副主委乐幻智推荐章渊若当校长，章校长与韩雁门在国立劳动大学期间结交，章校长邀韩任农学院院长，以后章渊若离开，韩也在1948年夏走人。接替韩任院长的是郭守纯，郭得力于私立江南大学董事秉志的推举，秉志与郭在美国康乃尔大学有同学之谊。校董薛明剑推荐其女儿薛禹谷来校任助教。校董荣毅仁推荐其同学金圣一任教授，底薪360元。数学教授陆其芳由校秘书长钱宝钧举荐：

力生先生大鉴：

宾四先生可出任江南大学文学院院长，深以为幸。弟前曾介绍数学教授陆其芳(字

---

① 无锡市第一棉纺织厂《江南大学教授人员名册及薪津表》，1947年，永久，目录号6。

子芬)先生前次会议时,因尊重培经兄意见而中止。今培经兄本人说已引还,不知我兄对陆其芳先生延聘事是否可以重行考虑,陆先生学历虽仅大学毕业,但有多年教学经验,著述甚多,堪称硕学,为人极谦和诚笃,尤为难得。本年已应重庆大学教授之聘,且重大所予薪给高达580元,惟因老父年迈古稀,且又衰病,朝不保夕,不敢远游,故极希望在京沪一带,获一相当教职,此在江南大学而言,亦系极好之机会。昨闻荫渭言,已介绍徐锡钧先生来江大任数学教授,惟徐先生本人现尚留蜀,能来否犹未定。故弟意可将陆先生重大教职让与徐先生而由陆先生任教江大,使才君各得其所。弟已将此意告荫渭,托其能转并商诸徐先生,尚请我兄卓核裁决为祷。

最理想之教授,一须学问渊博,二须善于讲解,三尚须对学生督责严厉,毫不容情,此种教授人才即在国内已有之著名大学中亦不多见,罗致确非易事。

倪则埙先生前已经决定聘请,弟亦曾托在京友人侧探详情,据称倪先生在中大已任教多年,其担任之功课为有机化学,今年适值休假,江大聘渠去锡即系暂教一年,亦颇合试。

钱宝钧,1947年8月14日^①

陆子芬(1907~1999),江苏南京人,二级教授。1924年考入中央大学数学系学习,1929年毕业后先后在中央大学、云南大学、贵州大学、重庆大学任教,后在私立江南大学、吴淞商船专科学校、上海航务学院、大连海运学院、上海海运学院任数学教授。

董事长吴稚晖推荐其亲戚许思园任私立江南大学哲学所所长[②],许又邀请他的几个好朋友唐君毅、牟宗三加盟。唐又推荐其妹妹唐至中来校教语文。

许思园、唐君毅、牟宗三都是大名鼎鼎的学者,却陷入复杂的人事纠葛中。1947年秋,"中央大学哲学系决定要解除唐先生系主任时聘用的牟宗三与许思园两位先生的教授职务。此时唐先生已经不再担任系主任一职。牟是唐先生的至交,学问造诣有目共睹。许思园先生对唐有恩,曾留学英法十余年。据唐先生学生刘雨涛回忆,许思园曾是方东美的学生,许思园在出国前即与方东美多有龃龉。许思园回中央大学任教授不久,即向唐君毅表示不满方东美,并对其学术人品恣意放言。而方东美亦对许思园多有不满。唐君毅在方东美许思园二人之间尽力做疏通劝解、隐恶扬善的弥缝工作,但二人终不兼容，经年累月，遂成积怨。而方东美一直是哲学系事实上的精神领袖，最终，中大哲学系决定解除牟宗三与许思园。唐君毅为朋友仗义执言，均无法挽回，遂决定与朋友共进退，决意辞去中大教职。为了体现对朋友的道义支持，唐君毅接受了江南大学的聘任。但江南大学不允许唐君毅同时兼任中央大学教席，并要唐出任教务长之职。而中央大学方面，又不肯放唐。为此，唐感到十分为难。几经周折，中央大学才允许唐先生请假一年，在中大所开课程，下一年补上"。③

在错综复杂的关系面前，也会存在关系远近与僧多粥少的问题。吴稚晖给许思园信就谈到中央大学教授徐君为进学校找了各种关系，找校长章力生、找校副主委乐幻智、

唐君毅(右二)与同事1948年摄于私立江南大学(《唐君毅全集》第35卷第143页)

①《钱宝钧致章渊若信》，苏州大学藏私立江南大学档案，永5。
②程兆熊：《从人性与人之使命悼许思园先生》，https://www.douban.com/group/topic/30593416/。
③《唐君毅全集》，卷34，年谱，九州出版社，2016年，第130页。

找副校长顾惟精、找董事长吴稚晖，结果还是未能如愿。

思园先生执事：

徐胡二君事，从前因徐君恳切，而且因江大网罗无锡贤达至多，当时又据徐君告知，彼已与章力生先生说过，故作一书，极推重一心先生能网罗人才，真叫做一时高兴惹出没趣，且自违不介教员之约，真该打。

近在上海，先生自动欲为二君设法，又若先生言无不从，大异章力生君之讨厌，并且徐君仍一封两封，必欲进入江大，故闻先生慷慨而谈，即为之道谢。

不意徐君来书，又言先生之言，尚不足取信，必令我再函顾副校长。我乃大诧，若抛了荣氏直函顾先生，乃太不规则之行为，况其事乃许先生一若两个指头捡一粒田螺，故我代徐君庆幸而道谢。我本早不愿向人丢脸者也。

不料先生来书，愈弄愈奇，必经乐先生从中介绍，此乃钻狗洞之常规。此事殊不值有此曲折也，苦人所难，至于斯极(所谓人者，即谓荣先生也)，先生亦太失身份矣。害先生者，当为我也，故历叙经过，罪过罪过，此事作一绝对过去，不必七月八月再齿及也。

至于胡君，尤为空中楼阁，彼至今梦也不曾做过，止其婿说句笑话，因先生素知其婿田保生，故亦剧谈中涉及，更可作为世界上并无此人，不必再七月八月也。

徐君我说明新法解决经济困难，彼欣然乐从，从此安守中大老营，不生异图矣，否则像吃天鹅肉，想做总务长，徐君可能，我则不闻其有此异想之天开也，一笑。

弟　敬恒率上1948年6月26日①

可以说，没有"关系"是进不了江南大学的，但仅有"关系"也不一定能进江南大学，因为推荐者要负连带责任。正是这样一种担保机制保证了教师队伍中少见低水平者，多见各领域的翘楚。这里仅举几例。

体育教授陈陵(1908~1998)，湖南湘阴人，1931年毕业于中央大学体育系，在武汉大学、浙江大学、中正大学、暨南大学任教。1948年任国立交通大学体育教授兼体育组主任，经薛学海、薛明剑向荣德生推荐，来私立江南大学任教授与体育部主任②。1952年转入江苏师范学院(即今苏州大学)。从1956年起任江苏省体委副主任，省体育总会副主席、南京体育学校校长、江苏省体工队训练科长等职。高尔泰曾在《寻找家园》一书中

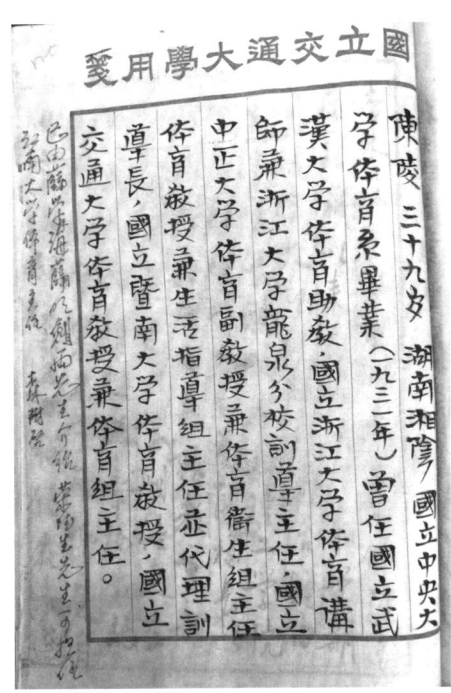

陈陵教授简历及推荐人信息

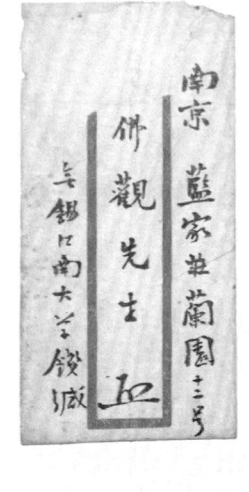
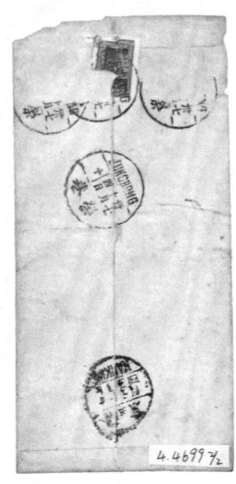

1948年10月4日从无锡荣巷寄给徐复观的信封,寄信人钱氏推测为钱穆

描述了他在江苏师范学院与陈陵的交集:

第一次(百米)比赛,我是穿着球鞋跑的,不知道有跑鞋那种东西,跑了个第四名,被体育系系主任陈陵看中,给了我一双钉子鞋,要我每天早上,提前一小时起来学跑,他来教我。除起跑冲刺变速跑以外,还要我练举重、跨栏、单杠双杠、跳高、跳远、负重越野等,寒暑假不许中断。这样一年以后,我得了一百二百两个第一,成绩破省记录,平全国记录。……陈陵先生说,这仅仅是开始。他要推荐我到市体委当专业运动员,受正规训练。③

---

①、②无锡市第一棉纺织厂:《江南大学一九四八年往来信件》,长期卷,目录号4。
③高尔泰:《寻找家园》,十月文艺出版社,2011年,第69页。

校董薛明剑推荐其女儿薛禹谷(1923~)任化工系助教。薛1945年毕业于浙江大学后在国立复旦大学任助教,1947年转江南大学,她高光时刻曾任中国科学院微生物研究所副所长。

屠仁溥(1925~2003),生于浙江湖州。1947年夏毕业于金陵大学化学工程系后,经校秘书长钱宝均推荐来江南大学化工系任助教。1950~1956年,任上海市申新公益纺织研究所研究人员。1956~1969年,任纺织工业部纺织科学研究院染化研究室整理组组长、工程师。1969~1979年,任湖北省沙市棉纺织印染厂车间副主任、技术科科长、沙市印染厂技术室主任、副总工程师。1979~1997年,任纺织工业部纺织科学研究院纺织研究所负责人、院副总工程师。

章臣樾,1922年生。大学毕业后经介绍来江南大学任助教,后在东南大学工作,主要研究方向为大型电站锅炉动态特性及其数学模型。作为锅炉领域泰斗,章臣樾独立完成多个国家自然科学基金会资助科研项目,获能源部科技进步二等奖,主编《锅炉动态特性及数学模型》。

三、纠结于北大与江大间的夏济安

夏济安(1916~1965),江苏吴县人,评论家。1934年进金陵大学、中央大学学习,1937年因全面抗战爆发转学光华大学英文系。毕业后相继在光华大学、西南联大、北京大学任教,与大其十岁的同事钱学熙来往密切。钱是无锡人,同私立江南大学文学院院长钱穆是同宗。钱穆邀请钱学熙帮忙主持英文系,钱学熙有意与夏济安、袁可嘉等一起赴无锡。是继续留在国立北京大学还是跳槽私立大学,夏济安为此很纠结,在写给弟弟夏志清信函中,可以看到他的举棋不定与左右徘徊。[①]

江南大学之事,尚未决定。钱学熙自己对于北大颇有些恋恋——他的升正教授的必然性,北大教授招牌之可以傲视乡里,他的想少管闲事,完成其自信可以教育西方人的批评著作,凡此都使他除非闯下大祸不能一下子决定脱离。袁可嘉是顶热心的一个,他说只要有副教授做(钱已答应这不成问题),他一个人都愿意去。我现在也不觉得江大有什么诱惑,除非冒铤而走险之心理,或者会去试一试。其实江大决不会造成什么事业……我如进江南,也不过是去混一阵,另图大举而已。现在还想不到有什么大举的时候,我想在北大暂住一下也不无妨,反正你可以相信得过我不会拿北大或任何地方作终老之想的。(P16-17,1947年12月13日)

从信函中可知,这次跳槽不是夏济安个人行为,而是他与钱学熙、袁可嘉两位同事的集体选择,只是3人去意有"温差"。26岁的袁可嘉诗人情怀,只要私立江南大学给他副教授待遇,他就投怀送抱;已是副教授的钱学熙当年41岁,对北京大学这个平台更为看重,不愿轻易放弃现有岗位;31岁的夏济安则依违于两者间,私立江南大学、北京大学都是他人生的一个驿站,他不希望在一个单位"从一而终"。

与历史悠久全国第一的北京大学相比,刚诞生的私立江南大学除了丰厚薪水外,对钱学熙、夏济安并没有多大吸引力。远在美国耶鲁大学求学的夏志清则建议哥哥到无锡工作,可以经常到上海看看父母。可夏济安对婚姻很恐惧,他害怕父母催婚。

你说北大的生活不死不活,我想我如果回到上海,这生活才真正的"死"了。母亲如此急切地要为我完婚,我只要同任何一个未婚女子有点来往,她都想促成好事,结果恐又恢复我的和尚生活,落得我一个女朋友都没有。在北平她管不着,我尚可暂时享受一点 irresponsibility[无责任]之乐,回到上海,sense of responsibility将束缚得我一点不能动作。你老是劝我到江南大学去,不知道到了江南,同父母常在一起,我的生活将变得大不自然。江南薪水即使比国立大学多一倍,但以上海生活程度之高,我也决不敢拿这些钱来养一个老婆。进了江南大学,不过是虚伪地同钱学熙研究文学批评,然后再仆仆风尘地常常跑到上海去买书听戏而已,这种生活未必有意义。(P22,1947年12月17日)

影响夏济安的还有钱学熙的决定。钱对北京大学更看重。

江南大学之事,钱学熙本人或将不就。因渠在北大的确尚稳固。功课也轻松,自可以耐心等两三年,完成他的著作,等送出洋,升正教授。我对于江南大学,无甚好感,但对北大则恶感甚深。半年后很想脱离,但不一定会去江南大学。江南大学如钱当主任,他有一套办英文系的计划,会把我累得很忙。如别人当主任,则诸事联络,更感困

---

① 王洞主编:《夏志清夏济安书信集》卷一,浙江人民出版社,2017年,第393页。本节引用此书者不再加注,只变换为仿宋并在文后附页码与写信日期。

难;再则许思园其人,听说成见深,脾气大,拘泥小节,自负不凡,很为难弄,我怕同他相处不下。(P37,1948年1月5日)

钱学熙(1906~1978)生于无锡阳山一个书香世家,他没有上过大学,地地道道自学成才。十来岁时,他随母亲来到苏州,就读桃坞中学,疯狂爱上了英语和英国文学。初中毕业后,因健康原因回老家休养自学,熟读各种中外文学经典,英语水平也突飞猛进。1932年,钱学熙夫妇到无锡城里开办了一所补习学校,一边教书,一边从事翻译工作,先后译过《韩非子》《明夷待访录》等传统经典。其间他编写的《英文文法原理》大受欢迎,多次再版。珍珠港事变后,他到上海光华大学教书,也就在那时,与刚留校任教的助教夏济安结识,成为同事和朋友。后因吴宓举荐,钱学熙得以被聘为西南联大外文系讲师,1943年8月份正式到岗。1945年秋天,夏济安从云南呈贡也来到昆明,转任西南联大外文系教员,教授大一英文,与钱学熙老友重逢。钱、夏共居一室,两人都是苏州桃坞中学校友,也曾在光华大学共事,又都来自江南,自然无话不谈。从《夏济安日记》可以看出,其往来最密切的就是钱学熙、卞之琳、齐良骥、顾寿观等人,总在一起聊天、郊游、聚餐,为大后方的清贫生活增添了不少乐趣。①

寒假期间,夏济安回到上海同父母相聚,他又改变主意,决定到江南大学工作。

上海生活,虽有什么缺点,但北大生活愈想愈厌恶。我自己已决定下学年必进江南大学,剩下的工作就是要去说服钱学熙。江南大学未必有前途,我根本没有想在那边久做。要我 settle down 捧一只饭碗,当在中国恢复和平和我结婚之后。最近几年总是浪荡。家里房屋扩大后,住住很舒服,可以使心思稍微集中些。一笔优厚的薪水现在认为也很需要,就是独身,也得要钱多才舒服。江南大学的薪水可以容许我到上海来阔一阔,不致像北平那样老在闹经济恐慌。(P44,1948年2月9日)

导致夏济安天平倒向私立江南大学除了高出一倍的薪水拉力外,还有他所在单位的推力。时北京大学全校有教授134人,副教授42人,临证教授20人,临证副教授4人,讲师75人,讲员39人,研究助教13人,助教210人,德籍教员3人,住院助理医师38人,总计578人。②夏济安当时在文学院西语系任讲员③,属于底层"青椒",生活压力较大。1947年12月30日,北大文理法三院讲助教联合会、工学院讲助联合会、农学院助教会、医学院本院各学科教职员福利会、职员会、北大医院住院医师会联名《致胡适函》，要求将"福利金马上发下来"，并"请立刻答允"。函说："薪津越来越赶不上物价"，教职员"已经到了无法生活的境地了"。"北大在政府心目中是全国最高的学府，校长也再三宣布还要把她办成世界第一流的大学，但……连别的院校早已发了的福利金都杳无消息，这真是一个遗憾"。"空着肚子喊学术研究，究竟是太理想的理想"。翌日上午，北大讲师助教推派代表五人谒胡适校长，为待遇问题请求自元月份起一律增加底薪30元，以解决生活之困难。胡氏答复可以考虑，将与各院处长商讨研究后再作决定。④

作为中国最高学府的北京大学，本让夏济安为之自豪，可经济窘境使他不再为之留恋，而私立江南大学丰厚的薪酬对他产生了更大的吸引力。

可到无锡实地考察后，夏济安对地处郊区的江南大学有了很负面的看法。

新年里到无锡去过一次，江南大学看过后给我的印象不甚佳。新造的房子四幢：一所大约及红楼一半大的大楼，两座学生宿舍，一座学生饭厅，地方似乎不大。单身先生可以住在梅园，但我想起乡居生活总觉得有点可怕，把先生学生放在乡下，用意似乎是让他们少接触物质引诱，可以专心研究。事实上不过增加他们的无聊，读书更提不起精神，一天到晚多半想的是如何 kill time，尤其是学生年轻力壮，精神无处用容易起风潮，更容易想出些游艺活动来瞎消遣，先生住得近，常常躲不开，给他们拉进去一块闹。此外有一部分更是整天找人聊天，多数人都是等着领薪水后进城：身在乡村，心在都市。我以前在呈贡住过，如果到江南大学来，这种经验会重复。人生本是无聊，在乡村则体会益切，乡村风景之美是给久住都市的人在旅行时欣赏的，久住乡村的人往往并不觉得。所以我看过江南大学之后，很不想去，但北大生活既然亦乏味，不妨换换试试。在无锡有几个 moments，我太怀念北京地方气象之宏大，无锡是个俗气的 upstart 小城，街道还不如苏州整齐，人可比苏州来得挤。我还没有说煞，这半年内如有别的更好

---

① 季进：《打捞历史的碎片：谁是钱学熙》，《新文学史料》2021年第1期。
② 王学珍等主编：《北京大学纪事(1898~1997)》，北京大学出版社，1998年，第362页。
③ 1946年底，北京大学西方语文学系有教授13人、副教授3人、讲师14人、讲员6人、研究助教1人、助教10人、兼职讲师1人。见王学珍郭建荣主编《北京大学史料》第四卷，北京大学出版社，2000年，第172页。
④ 王学珍等主编：《北京大学纪事(1898~1997)》，北京大学出版社，1998年，第363页。

的机会，我可能不去江大，大致北大是脱离定的了。郑之骧在光华教两班，还在中学兼课，因光华钱少，非兼不可。他暑后进江大可说已成定局。江大待遇其实并不好，我本月份在北大可拿的六百万，在江大则可有一千二百万，但同是荣家所办的纱厂待遇可以好得多。纱厂是用薪水乘生活指数的，上海生活指数近十万倍，如果薪水三百元，便有三千万了。上海有好些机关都是乘生活指数发薪的，有些私立中学教员专任月薪亦可在二千万元以上。(P54-55，1948年2月21日)

私立江南大学校园选址太湖之滨的后湾山，夏济安来考察时，尚未竣工，对这个校园，夏济安的看法与钱穆、刘家和完全相反。

对湖光山色，夏济安认为"乡村风景之美是给久住都市的人在旅行时欣赏的，久住乡村的人往往并不觉得"。夏济安更喜欢住在城市里，对听戏、看电影等文化消费乐此不疲。全面抗战期间，夏济安曾在云南呈贡一学校工作，乡下生活的单调无聊让他记忆犹新。对无锡这个小城市，他印象也比较负面。考察下来，他感觉私立江南大学薪酬1200万元，高出北大一倍，也没有多少吸引力了。

对江南大学，夏济安有很多不满意，可他在北京大学也不如意。夏志清还是希望哥哥到无锡，换一个新环境。

决定脱离北大，甚好，没有更好的机会，还是劝钱学熙同进江南大学。北大的教授，学问如此恶劣，受他们委屈，犯勿着，相信江大英文系可以办得很好。离上海近，小学时旅行无锡，给我印象很好。(P62，1948年3月6日)

虽然北京大学西语系一些教授让夏济安心里很不舒服，可私立江南大学内斗也很厉害。杨荫渭已为许思园所不容，在夏济安看来，杨是一个与世无争的谦谦君子，许思园为人肯定有问题。钱锺书小说《围城》里空头哲学家褚慎明便是影射许思园这位乡党。[①]

北平确实已无可留恋。北方时局日非，今天报载营口失守，东北将不能守，平津将要受到可怕的压力。我暑假后决计南回。江南大学可能会进，假如没有更好的机会。我同钱学熙面谈结果，他已决计不去江南。据我所见所闻来判断，江南大学没有什么前途。许思园同杨荫渭现在大不和，杨君别的德性我们不大清楚，但他的"与人无忤"这点我们都可相信得过，许君偏把他恨如切骨，许君为人之难弄可想而知。钱学熙以为如果没有许思园他也许还肯去，有了许思园，他同他恐怕亦难相处得好。关于时局，他以为临要逃难时再说，如果不逃难，他还是安心留在北大。我反正预备漂泊，到江南大学去混一年再说，亦无不可。(P67，1948年2月29日)

在夏济安纠缠于北京大学与江南大学间时，东北战场形势大变，共产党由守转攻。一些学者决定南下。

东北大致已不能守，华北祸患，迫在眉睫。钱学熙亦已动逃难之念，北大且流传南迁杭州之谣(我看迁校不可能，将来顶多逃出几个巨头在南方和清华等成立联大而已)。江南大学杨荫渭与许思园之间，大有误会，钱学熙认为即使到南边去亦不能进江大，因为是非太多，怕左右为人难，再则主持非人，学校恐难维持久远。他又同我说起进广州中山大学之事了，我暂时决定，坐观其变，大致北大是脱离定了的，除非北大南迁。(P77，1948年3月18日)

江南大学在裁员减薪，杨荫渭与许思园不睦，已被辞(杨于四月初在沪结婚)，英文系闻将不办，我去仍可以去，但不过教普通英文，而且薪水将不复是国立学校的一倍，那亦没有什么意思。钱学熙的主任更成问题了。钱学熙很想逃难，但江南大学的事很使他灰心，他觉得很彷徨。(P91，1948年4月26日)

因害怕即将到来的战争，加之意识形态原因，一些学者谋求离开北方，钱学熙与夏济安的外在"推力"加重了，可此时江南大学的"吸引力"却大大下降，原因有四：其一杨荫渭因与许思园冲突加剧而离去；其二，英文系停办后，夏济安来江南大学，没有了专业英语，只能上公共英语，学术地位大大下降(江南研究院此时也停摆)；其三，无英文系主任位置，钱学熙更不愿去江南大学，夏济安没有了同伴；其四，北京大学提高老师待遇，与江南大学收入差距有所缩小。

考虑到北方战争的危险系数比南方高，家人还是希望夏济安先把江南大学当个临时停留处，夏志清转告哥哥：

父亲意思还是劝你返南，改就江南大学。北方不安宁，可是江大的prospect也不怎样 bright；这学期结束后你一定较去年有更多的考虑：北京的attachments较去年更强，

---

① 李洪岩：《钱锺书与近代学人》，百花文艺出版社，2007年，第71页。

是否能离开，还是问题。(P95，1948年5月16日)

纠结半年后，夏济安还是决定按兵不动，留在北大。

暑假我可能不回去，职业大致仍在北大。江南大学内部纠纷多，杨荫渭免职后，近来听说校长亦已易人，待遇亦不若以前那样的优厚，钱学熙和我都认为绝对去不得。(P116，1948年5月16日)

国共战争引发通货膨胀、交通阻断导致企业经营困难，荣氏集团利润直线下降，对私立江南大学投入大大减少，老师待遇不比从前。因建校匆忙，在首任校长人选上，江南大学校董会没时间精挑细选，临时"拉郎配"找来的章渊若，与校董关系一直理不顺。1948年5月章氏黯然离去，对学校声誉产生了不良影响。钱学熙与夏济安对江南大学的认知更趋负面，即使离开北大，他们也不会选择江南大学。

1948年12月2日，夏济安花了4个月薪水买了一张机票从北京飞往上海，后转赴香港、台湾，最后去美国，而钱学熙却留在北大。钱学熙之子钱绍武捐赠雕塑代表作和素描书画作品70余件给江南大学，2008年江南大学在校园内兴建了钱绍武艺术馆。

一个人选择"跳槽"，需要考虑多种因素，有经济待遇、工作环境、发展机会甚至还有子女教育、家属安排等。夏济安在北京大学与私立江南大学的"天平"上纠结了半年之久，最终却与私立江南大学擦肩而过，很大原因在于新生的江南大学办学不久就失去了光环：国共战争不断升级导致荣氏集团无力再给学校高投入，给教师高待遇；校主与代理人关系理不顺，不到一年校长挂冠而去；学校内部人际关系出现不协调，人际成本大大增加。

四、"教授市场"：几家欢乐几家愁

1948年4月编制的教职员数简表中，江南大学教授专任21人(其中各院系共同的4人，文学院9人，理工学院5人，农学院3人)，兼任教授10人(其中各院系共同的2人，文学院5人，理工学院3人，农学院0人)，副教授专任4人，兼任2人；讲师专任4人，助教12人。[①]专兼任正教授31人，副教授6人，讲师4人，因助教不授课，给学生们上课的多是教授。

新生的江南大学学生们之所以有"耳福"，能听到诸多大牛讲课，是因为校主非常

看重这些名教授,不惜重金把他们请来。而之所以能请到名师,也与存在一个进退自由的"教授市场"有关系,清华大学刘超博士对此有精辟的论述:

  大师乃大学之本,名师乃名校之源。进一步的研究表明,民国大学的崛起与其师资的流动紧密相关,大批名教授,尤其是曾留洋的少壮派教授的去留直接影响着民国大学的沉浮。抗战前中国高校规模非常有限,以1934年为例,教员7205人(教授2801人),有留学经历者3856人。相对于全国百余所高校,尤其是十余所名校来说,这一数量绝不算多,但为何这么多大学可以先后在短期内崛起呢?这乃与其师资的流动密切相关。如果说学生的转学制度对大学的发展具有重要意义的话,那么教师流动制度则更与其休戚相关。这一流动之所以能够长期存在而且发挥显著效应,与当时的社会制度密不可分。其中,尤其重要的是其宽松的民政制度。因无户口制度、单位制度,人才的流动便极为自由,成本亦低,这就使得整个知识界既有相对稳定的师资团队又有流动的名流群体,既有秩序又有活力,这也使学人之个体和群体均长期处于最佳状态。因此,于教师而言,一俟环境不佳即可尽速离开,来到新的较满意的环境中,借此可确保自己长期在较优良的环境中治学、教研(如吴宓、顾颉刚等在20余年间曾先后任教的大学都多达10余所);于学生而言,各校学子亦可师从多位名师,博采众长;知识界遂因此永葆活力,这无疑是"三赢"之举。②

  正是存在这种流动机制,民国时期教授们极少"从一而终",普遍隔三差五"转场",有从一个大学到另一个大学,有从大学到公司再回大学,有从大学到中学再到大学……这中间,有的是教授炒学校鱿鱼,有的则是学校炒教授鱿鱼,双方的张力倒逼大学对优秀教授要服务到位,也迫使教授们努力工作。合约短、高流动,"这种制度设计,一方面使得教授流动很自由,学校间争夺教授的空间较大;另一方面也让教授们神经有点紧张。或是因为教学水平不够,或是因为人际关系不好,或是其他种种原因,都有可能使得教授轻易失业"。③

  新中国成立后,中央人民政府各部委都要专业干部,秦柳方(秦含章二哥)通过乡党薛暮桥帮忙,让在南京大学任教的秦含章赴京工作。1949年底,政务院委任41岁的秦含

---

① 《私立江南大学大事记》,苏州大学藏私立江南大学档案,永11。
② 刘超:《中国大学的去向——基于民国大学史的观察》,《开放时代》2009年第1期。
③ 梁晨:《民国国立大学教师兼课研究——以北京大学、清华大学为例》,《南京大学学报》2011年第3期。

章担任食品工业部参事，人生跑道发生巨大改变。从大学教授转身为国家干部的秦含章曾题诗感喟："舌耕生涯艰苦，生活没有保障，年年等接聘书，不知转向为强。"①

其时公立与私立大学都设有专任教授、兼任教授及专兼任教授，各大学都有为数不少兼职教师，各大高校教师互相兼课较为普遍。1930年清华共有教师136名，其中专任教师99名，兼任教师37名，兼任教师占教师总数比例为27%。②从教员角度分析，兼课实际上名利双收，多数教员都有兼课动机。就名来说，大学教授能到他校兼课，表示"能叫座"，因此"北京各大学的名教授以兼任功课为光荣"。从利来说，兼课获利较厚。如吴宓在1929年上学期开始为北大上课，而该学期他在清华每周只有两次课，时间较充裕，每月他都能从北大第二院领取100元兼课月薪。"总之，不论出于什么目的和境遇，由于短暂的合约引发的流动性，使得教授们也有需要去他校兼职，以免在本校合约发生问题时没有去处，形成失业。合约制度对兼课现象的影响虽不明显，但可能更深刻。"③

计划经济时代，"教授市场"消失，教授们旱涝保收的同时，则是更多学生尤其是普通学校学生根本没有机会听到大牌教授讲课。④

言归私立江南大学，1948年7月21日，农学院院长韩雁门，教授钱清廉、牟宗三、王效三、王淑英、周葆儒、张镇谦、朱伯康、王庸，副教授兼文书组主任李絜，副教授兼注册组主任朱耀炳、体育讲师兼事务组主任王景泰，讲师孙湘，助教潘超霖程守源均遭解聘，解聘人数占所有教师数二分之一。

8月31日，聘张云谷、徐仲年、朱福炘、李景晟、吴大榕、何士芳、楼公凯、郭廷以、金善宝为教授。储元熹教授兼生活管理主任，李昌第为教授兼代面粉专修科主任。

有教授来了，有教授走了，几家欢乐几家愁。走的教授有多少是主动的，有多少是被动的，并不清楚。王庸教授则是被解聘的，对于他和牟宗三的离去，教务长唐君毅很不满，1948年7月18日他在日记中写道："校中有许多优良教师皆被停聘，甚觉不平，然亦无可奈何。"⑤王庸可以评为优良，还有以下证据——1948年5月19日，第二次校务会议议决，除原有教授代表三人外，兹遵照法规再增加6人，经票选结果计，王庸、李笠、钱清廉、周同庆、陆子芬、杨惟义6人得票最多当选。王庸是由文学院院长钱穆推荐进入江南大学的：

力生先生大鉴：

昨晚饱饫盛馔，闻学校历史教席尚有缺，老友王君庸(以中)历任南北各大学史学教职已十余年，其地理之学，尤为深湛，今年暨大解聘，因人事倾轧，其人静退，决不预闻政争，决不参加党派，此乃弟所深知也。王君亦无锡人，以老母在堂不能远游，弟拟介绍其来校，今年暂任历史讲席，俟将来高年级有地理课程，当请王君转任地理尤为出色当行。弟于赴滇期间，弟任课务亦拟请王君兼摄。王君学养胜弟，得请王君兼代，亦使弟放心耳。

又弟今秋即拟开始一项编纂工作，已约集相从者五人，不知学校拨弟房屋能否自成一院落，最好略为隔离，俾可便利弟此项工作之进行，否则在学校附近，能否由鼎力就近代弟觅一房屋，由弟租赁居之，弟盼能俟此事布置就绪再赴滇。若尊处有不便，亦盼即示弟，当再行设法。

遥想先生此数日忙迫万分，再以此私事相渎，惭歉之至，又文学院方面若尚有缺席，须给聘者，尝蒙示知，弟亦或可襄助物色也。匆此，即颂大安。

弟，钱穆，八月十九日。⑥

王庸，字以中，生于1900年。1914年进江苏省第二工业学校土木工程专科学习。1919年考入南京两江高等师范学校史地部，毕业后在无锡中、小学任教2年。1925年以优异成绩考取清华大学国学研究所研究生，亲受梁启超、王国维、陈寅恪等大师指导，深究史地之学，开始撰写《明代北方边防图籍录》《海防图籍录》。1928年毕业后留校任助教。两年后离校南归，在上海中国公学任讲师，认识了学生吴晗。1931年，由陈寅恪介绍出任北平图书馆编纂委员兼舆图部主任，撰成《中国地理图籍丛考》。1936年任浙江大学图书馆主任。两年之后，开始编写《中国地理学史》。全面抗日战争爆发后，由

---

① 杨丽凡：《含章可贞 秦含章传》，上海交通大学出版社，2013年，第68页。
② 陈育红：《民国大学教授兼课现象考察》，《民国档案》2013年第1期。
③ 梁晨：《民国国立大学教师兼课研究——以北京大学、清华大学为例》，《南京大学学报》2011年第3期。
④ 民国期间教师的高流动性、普遍兼课、转学制度都使名校与非名校间学生在本科阶段有往来通道，而现在本科阶段名校与非名校间固化严重。
⑤《唐君毅全集》卷32日记，九州出版社，2016年，第4页。
⑥ 无锡市第一棉纺织厂：《江南大学一九四八年往来信件》，长期卷，目录号4。

浙江赴内地，先后在湖南师范学院、云南大学、西南联合大学任历史系教授。1941年，因父亲逝世，从昆明奔丧回无锡，后在梅村吴风中学代课，以维生计。抗日战争胜利后，受聘中央图书馆上海办事处，整理书籍并编辑馆刊，同时在暨南大学兼任史地系教授。1947年，受聘任无锡江南大学教授兼图书馆主任。

王庸与钱穆都住在荣宅转盘楼上，不时有名家来到无锡同他交流。

"作为王以中先生的客人，郑振铎先生在小楼上住了一个星期，称赞我们这间房子像是图书馆里的小型阅览室，书选得很精。谢国桢教授来访王先生，对我们说：'这里远离闹市，有山有水，真是一个读书的好地方。'"[①]

被江南大学解聘后的王庸先在无锡一中学代课，1953年至南京大学任历史系教授。1954年调任北京图书馆研究员兼舆图组组长，并兼任中国科学院地理研究所研究员。与王庸关系密切的顾颉刚在1956年3月15日的日记中记载："昨日王以中毫无疾病，下班后晚饭，喝酒三杯，到宿舍号房付水电费，号房出言不逊，以中盛怒之下，心脏爆裂，立刻倒下，口吐白沫，小便大注，脉息绝矣。"号房说了什么，顾颉刚也记下了——该号房向以中云："你是国民党时代的王庸，来压迫我们工人阶级。"以中云："今天我不同你讲，明天到组织上谈。"言至此即倒下。顾颉刚感叹道："工人们拾得几个新名词，随便乱用，竟致杀一地理学人才，可恨孰甚！"[②]

王庸去世后，北京市副市长吴晗曾致信商务印书馆编辑部，助力出版老师作品。谭其骧写了一篇《追悼王庸先生》，赞美他是"中国地理学史这一学科的开创者，他的著作基本上奠定了这一学科的粗略规模；并且直到目前为止，他也是我国唯一的这方面的专家"。[③]

王庸是无锡糜巷桥人，他万万没有想到，2001年重新组建的江南大学新校址就选在他出生的村庄。可惜的是，新校园里没有留下他故居的一丝痕迹。

---

① 洪廷彦：《从成都到无锡》//无锡市政协编：《钱穆纪念文集》，上海人民出版社，1992年，第35页。
② 《顾颉刚日记》卷八，中华书局，2011年，第34页。
③ 夏晓虹、吴令华：《清华同学与学术传薪》，三联书店，1992年，第84页。

第三章
常态化挑战：物价飞涨与学潮云起

私立江南大学创建伊始，其在专业设置、课程安排、师生互动方面都走上了正轨，如果假以时日，这株幼苗也会长成一棵大树。可她生不逢时，内战升级导致物价飞涨民不聊生，高等教育系统中出现了"第二条战线"。"在党派动员学生的前提下，学生之间的政治分歧更加严重，各种校内外的激烈摩擦和斗争频繁发生。"①校园已失去了应有的宁静，正常办学难以为继。

第一节 办学特色有渊源

私立江南大学有鲜明的办学特色，她非常注重工程教育，在私立高校中，她是唯一创建时就办工学院的，这一切源于荣家的实力，也源于荣氏家族对实业救国的强调。全国第一个面粉专修科、第一个食品工程专业都与荣家的企业背景密切关联。办学特色也是知易行难，它源于在某一领域的长期积累、精心栽培。

一、创办工学院

经过报批、征地、通路通电通水、设计建筑、购买设备、招聘师资、招生排课、搭建架构、安排宿舍等一系列环节，私立江南大学终于呱呱落地。这是无锡有史以来第一所大学，也是当时江苏省唯一的一所综合性私立大学。

南京国民政府规定，有三个学院②才能为大学，1920年唐文治创办的无锡国学专科学校、1927年移至无锡的江苏省立教育学院严格说来都不能叫大学③。锡城第一所大学为荣德生所创建的私立江南大学，她是继中央大学、金陵大学、东吴大学后江苏省第四所综合性大学。

1947年10月27日下午3时在校会议室举行首次教授谈话会议，出席有蒋庭曜、韩雁门、王效三、杨晟、王庸、周葆儒、姚志英、张载人、郑学稼、陈机、杨惟义、乐幻智、唐君毅、徐璋本、陈陵、章鹏若、陆子芬、杨荫渭、朱耀炳、孙湘、倪则埙、张镇满，主席唐君毅教务长。会议决定教务会议教授代表每系一人：中文系李笠、外文系姚志英、史地系王庸、经济系朱伯庸、数理系张镇谦、化工系杨晟、机电系徐璋本、农艺系杨惟义、农业推广部章鹏若、农产制造系陈机。会议选出校务会议教授代表，文学院杨荫渭、理工学院倪则坝、农学院陈机。

10月27日，下午4时半，举行第一次教务会议。会议通过教务规则八种，并商定各院系课程应由各院院务会议商定后提交校务会议通过办理。11月3日，新生训练周结束，正式上课。尽管争分夺秒，但因准备环节太多，新生开学还是比一般学校推迟了40来天。

《办理宗旨与具体方针》为学校作了定位：

本校以砥砺德行，发扬文化，研究高深学术，培养专门人才为宗旨。

文学院暂设中国文学、外国语文、史地、经济各系，以培养智德，创造民族新文化为主旨。

理工学院暂设化工、电机、数理各系，以养成专门建设人才，发展国

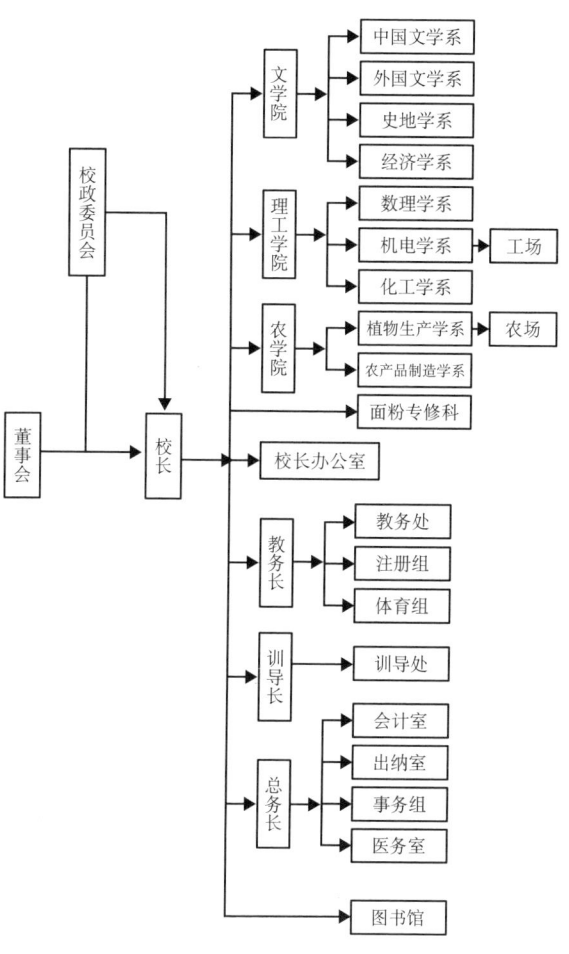

私立江南大学机构设置图 (1947.10~1949.7)

---

① 韩戍：《战后私立大学校长的治理困境——以朱经农执掌光华大学为例》，《安徽史学》2018年第5期。
② 这里的学院不同于现在的提法，而以文、理、工、农、医、商、法等学科门类而划分。
③ "高等教育"是指在中等教育基础上实施的专门教育，实施高等教育的机构被称为高等教育机构，包含大学、专科学校、职业教育学院、继续教育学院等多种类型。其中，大学是指实施高等教育的机构中那些综合性、多学科的、正规的高等学校，主要实施本科及本科以上层次的全日制高等教育。见张澜等：《"高等教育"和"大学"概念的界定与分析》，《辽宁高等教育研究》1995年第4期。

家生产为主旨。

农学院暂设农艺、农产制造两系，以改良农业、辅导农民、改造农村社会为主旨。

附设面粉专修科，以养成专才，发展生产为宗旨。

所有学术无论文理工农皆同等重视，以免不平均之发展，对于学生，不独注重其学识技能之进步，而于其品行、道德、及体育健康，皆尽心培养之。①

江南大学建校伊始便创办理工学院，而私立大学一开张就有工科，在全国很少见。

表3-1　　　　大学各学院或独立学院各科开办经费和每年经常费表②

院别或科别	开办费(元)	经常费(元)
文学院或文科	100000	80000
理学院或理科	200000	150000
法学院或法科	100000	80000
教育学院或教育科	100000	80000
农学院或农科	150000	150000
工学院或工科	300000	200000
商学院或商科	100000	80000
医学院或医科	200000	150000

注：凡性质相类之学院或科同时并设者，其开办费得酌减之，各学院或各科第一年之经常费，至少须各有额定数目三分之二。

表3-2　　　　　　　　1948年中国大学学院数量表

	国立大学(31所)	私立大学(22所)	合计(53所)
文学院	21	19	40
理学院	22	15	37
法学院	22	6	28
工学院	22	3	25
农学院	18	7	25
商学院	5	6	11
工商学院	1		1
法商学院	2		2
医学院	15	6	21
教育学院	4	3	7
文法学院	2	1	3
政治经济学院	1		1
管理学院	1		1
文理学院	4	1	5
理工学院	2	4	6
合计	142	71	213

资料来源：《第二次中国教育年鉴》，商务印书馆，1948年，第588~627页。

文学院、商学院开办费是10万元,每年经常费8万元,而工学院开办费是30万元,每年经常费20万元,工学院开办费与运行费都远高于文学院与商学院,一般私立大学承担不起,除教会大学与国立大学外,多不办工学院。国立大学中设立法学院、工学院、农学院的比例分别为71.1%、71%、58.1%;而私立大学同类比例则只有27.3%、13.6%、31.8%。③ 私立大同大学虽有工学院,也是在学校积累20多年后才开始增办。1947年诞生的3所私立大学,只有江南大学设理工学院,海南大学与珠海大学都未设工学院。

1947年,全国文类(文、法、商、教育)学生总数79472人,远大于实类(理工医农)学生数59673人,私立学校总计58156名学生中,文科学生占43409名,实类学生占14967名,其中法律类学生有19803名,而工科类学生只有4955名。④

江南大学化工系师生合影(1951)

① 《办理宗旨与具体方针》,江南大学档案馆,SLJD-3。
② 《大学规程》(1929年8月14日)//教育部参事处:《教育部法令汇编》第一辑,商务印书馆,1936年,第126页。
③ 胡建华:《现代中国大学制度的原点:50年代初期的大学改革》,南京师范大学出版社,2001年,第36页。
④ 《第二次中国教育年鉴》第十四编,教育统计,商务印书馆,1948年,第1402-1403页。

江南大学创办伊始便有机电工程与化学工程专业，这在私立大学历史上应是"异数"(严格讲，教会大学不算私立大学)。私立光华大学直到1946年，办学20余载，才呈请教育部设立电机、机械、化工、数理、生物五系。此时的教育部，由于私人关系，在校舍经费上对光华大学多有帮助。不过，对于教学水准上，却仍严加要求不予通融。教育部认为，光华刚刚在战后复校，理工科实验设备并不完善，只准恢复数理、生物二系，机械、电机、化工三系暂时不设，已招收学生须转入他校。[①]私立江南大学创校伊始便办工科，除了荣家"财大气粗"外，也与荣家发展实业，对工科人才极度渴望有关。

二、创办第一家面粉专修科

1948年3月22日，全国面粉工业联合会第二次代表大会在上海市商会大礼堂举行。西安、重庆、兰州、天津、昆明、青岛、太原、汉口，以及苏浙皖京沪等地代表200余人出席。董事长杜月笙任主席，致开幕词。[②]面粉工业是我国创办较早的一种工业，在我国轻工业中，仅次于纺织工业，居第二位。全国食面人口达70%，为了补救面粉工业技术人员的缺乏，并谋粉厂扩展和技术改进，会议初步决定创办"中国面粉工业专科学校"，以培养面粉工业之专门人才。

专科学校原定在沪设立，后因种种困难，拟附设在江南大学内，定名"江南大学面粉专修科"，修业期限定为三年，所有日常行政暨该科教职员之聘请，均由江大负责处理。粉联会则设置监理委员会，作为监督与决策之机构。1948年8月间，全国粉联会负责人与江南大学为开办面粉专修科举行座谈会，出席者有荣一心、顾惟精、周同庆、荣毅仁、荣鄂生、席德柄和袁国梁等，决定了下列数点：①学生方面，每学年除粉联会保送20名外，另由江大招收20名。保送人数如超出20名时，则由校方举行临时测验，以甄别程度。②凡保送学生之一切费用，由各保送厂自行负担。③专科主任由校方聘定之，经常费用则由校方编造预算送粉联会。

会议决定立即招生，各区保送之学生意外踊跃，达52名，超出原额32名。校方向社会招收20名学生时，投考的更是争先恐后，超过预定名额好多倍，足见各界人民和各厂对面粉专修科之重视及各厂需要该项人才之急迫。

关于校内一切情形,由常务理事荣毅仁书面详细函告粉联会。经费方面采取基金制,并以筹募实物为原则,计第四区公会认筹1万包,其余各区共同认筹5000包。筹集方法,则按各区产量分配。具体为西安区905包,重庆区513包,兰州区418包,上海区1万包,天津区1548包,昆明区52包,青岛区716包,太原区257包,汉口区961包。③基金之运用,全部委托荣毅仁负责处理。当时荣毅仁32岁,任上海茂新面粉公司总经理,茂新面粉在全国面粉行业地位举足轻重。

为办好面粉专修科,荣毅仁委派手下得力干将、茂新第二面粉厂厂长李昌弟为面粉专修科主任。留美归来的李昌弟,工作极其负责,帮助学生成长,"告诉同学们:你们读大学的目标不仅是要成为engineer(工程师),更应当成为miller(技师),强调要有动手能力。在大学实习期间,李老师和同学一同生活用餐,听取同学们对大学学习和实习的意见"。2014年5月12日上午,为庆祝李昌弟教授百岁华诞,30多位当年的学生欢聚一堂,感念他的教诲。

有关李昌弟在江南大学的情况,所见文献极少。1950年茂新二厂公私合营,严公然作为公方代表任厂长,李昌弟任副厂长,严公然对这位同僚非常敬佩:

李昌弟懂技术,有本领,文化水平高,但他在茂新没有一点股份。因为大企业不像小企业,并不给厂长股份,他的职位其实有点像现在的职业经理人。李昌弟是正规美国留学回来的,却很平易近人,看不出厂长的派头,看起来就是个普通知识分子,他跟工人、技术人员相处得蛮好,也不会因为跟荣毅仁有特别关系,就摆架子。他这么个私方厂长上下班没有汽车,黄包车也不坐,而是走路,连一部脚踏车都没有,就是摆个渡,过三里桥就走到家里去了。李昌弟到车间去,有事情都是从一楼直接跑到五六层楼,因为车间里的电梯是装货的,人不允许搭乘,他带头遵守规矩。

李昌弟敢负责任,敢担当。当时茂新二厂有一台500千瓦、全行业最大的电动机,由美利洋行从瑞士进口,每分钟转速大概是750转。这个大电动机从1926年进口以后,

---

① 《私立光华大学充实理学院》,《教育通讯》复刊第1卷第11期,1946年8月1日,第21页。
② 《全国面粉业联合会二次大会昨揭幕》,《人报》1948年3月23日。
③ 《报告事项》,上海市档案馆,S399-4-16,第20-22页。

装了就从来没有修理过，也没有做过清洁工作。合营以后，李昌弟提出建议，说电动机开了几十年了，要维修维修，不然要出事故。建议提出后，负责电动机启动的老电工反对厂长的提议。他反对也不是没有道理，这个机器几十年从来没有动过，为啥要动它？这台电动机的连接部分是靠电磁连接的，维修就要把它脱开，将里面的转子拆开来，转子抽出来就离开了定子，几吨重的转子里面全部是矽钢片和铜丝，这不是小东西，取出来做清洁工作，万一碰坏了怎么办？结果李昌弟不仅主持这个工作，而且亲自参与修理，直到最后恢复生产，全部他一个人来完成。电动机拆开后，里面的灰多得不得了，因为从1926年开始到1955年，有30年没动过了，连维护保养也没有做过。李昌弟把转子抽出来后，把里面的灰全部去掉、弄干净，再把它漆一漆，还把它装回去。电动机的两头有轴承要加油，也全都是李昌弟来弄。照道理讲，李昌弟当时已经不当厂长了，是个副厂长，还要担这个风险做什么呢？最初老工人也不赞成，维修出了问题怎么办？可事实上他不但提出这个问题，还亲自主持、参与修理，直到恢复。李昌弟确实是胆子大，他干就有把握，如果不是他这么负责，我肯定不敢做这个决断。当然我也相信他，要是别人我也不放心。他也蛮信任我，我跟他1950年就在一起打交道了，所以他愿意帮我一起挑担子。①

1956年荣氏企业公私合营，李昌弟上调北京出任粮食部直属科研设计院任工艺研究室主任，负责在全国调整粮食工业布局。为解决我国饲料加工工业落后局面，粮食部决定在部属无锡科研设计院成立饲料研究室，1965年李昌弟调任无锡科研设计所技术负责人，兼任饲料研究室主任。他带领一批中青年技术人员白手起家，攻克了一个个难关，取得了我国饲料工业工艺设备系列化、成套化的重大成果，李昌弟也荣获国务院"有特殊贡献专家"的称号，享受国务院特殊津贴。

因李昌弟厂务繁忙，一年后面粉科主任由孙时中接替。孙时中1921年出生，1943年毕业于中央大学，翌年考入美国租借法案中国工程师培训班，在爱立斯工厂（美国面粉设备制造厂）实习，1946年修读美国堪萨斯州立大学面粉系研究院硕士。孙时中的姑母是荣毅仁的大嫂，荣曾赞助孙的学业。孙1948年回国任无锡茂新第二面粉厂工程师，一年后任江南大学面粉专修科副教授、系主任，"把美国堪萨斯大学面粉工程系的课程作教材"。

1950年，孙时中调北京筹建东郊面粉厂并任副厂长，后任北京市粮油工业公司和北京市食品研究所高级工程师、副所长等职，1986年任中国粮油学会常务理事、中国粮油学会食品专业理事长，著作有《小麦制粉学》(商务印书馆，1951年)。

孙时中被抽调京城后，面粉科主任乃由校长沈立人兼任，茂新第一面粉厂成恒德讲授制粉方面课程，并特约中国面粉界权威李凤哕经常来校作专题讲座。

李凤哕(1901～1971)，面粉设备制造专家，是我国最早的面粉工业专家之一。抗日战争胜利后任无锡茂新面粉公司总工程师，先负责整修茂新二厂的制粉设备，继而负责茂新一厂的重建工作。其间，又应荣鸿元之聘，兼任上海鸿丰面粉厂工程师，并为荣氏上海建成面粉厂改进生产工艺。1953年，他受聘粮食部工作，被评为二级工程师。他经常来往于北京、天津、郑州、西安、合肥、上海等地指导面粉工业的新建、改造等技术工作，为发展面粉工业作出了贡献。

江南大学面粉专修科是稀有系科，在中国尚属初次创办，在世界上，也只有美国堪萨斯州立大学设面粉工程系。在课程设置上，江南大学面粉专修科借鉴堪萨斯州立大学的经验，并结合中国面粉厂实际需要，切合面粉工业之发展。

1950年面粉专业课程确定如下：

第一学年：上学期，投影几何、国文、小麦学、物理、物理实验、英文、微积分、化学、化学实验、社会发展史；下学期，制粉初步、国文、工程画、物理、物理实验、英文、微积分、化学、化学实验、社会发展史。

第二学年：上学期，工程力学、制粉学、工程经济、机动学、有机化学、机械画、制粉实习、新民主主义论；下学期，工程力学、机动学、工厂管理、制粉学、粉厂设计、制粉实习、有机化学、工程材料、普通会计、新民主主义论。

第三学年：上学期，电工学、制粉工程、热机学、仓储学、机械设计、粉品化学、粉品化学实验、发酵化学、粉麦病虫及实验、成本会计、政治经济学(选修)；下学期，营养化学、电工学、制粉工程、热机学、机械设计、仓储学、烘焙原理、政治经济学(选修)。

---

① 严公然：《随时代前行——严公然口述自传》，凤凰出版社，2017年，第166页。

给面粉专业学生开课的教授有成本会计专家沈立人、仓储专家于菊生、忻介六及成恒德(制粉学)，特约讲座有李凤哕和李昌弟。其他系开课教授有朱宝镛(发酵化学)、张泽垚(有机化学)、金宝光(电工学)、穆光照(粉品化学、营养化学)、王鸣岐和苗雨膏(粉麦病虫学)、金宝桢(工程力学)等十数位。①

忻介六是我国储粮害虫研究的先驱和奠基者之一，1929年毕业于日本东京高等师范学校，后求学日本京都帝国大学。1935年获德国罗斯托克大学森林昆虫生态学博士学位后赴英国，在英国大英博物馆研究叶蜂分类。回国后任教江西农业大学、四川大学和江南大学，曾任四川大学农学院植物保护系主任。

作为全国第一个"吃螃蟹"的专业，江南大学面粉专修科在课程设置、聘请名师方面，非常注重复合型人才培养，授课教师不少都富有实践经验，对面粉厂的各环节如小麦干燥、储藏、病虫害防治、流水线设计与保养都要求学生深入了解。作为"面粉大王"，荣家利用自身有利资源，为学生实习提供便利，强化学生动手能力。

第一学年中，开始灌输关于面粉方面的初步知识。当学生们对制粉过程有了初步认识后，在荣毅仁指示和擘画下，即利用第一次暑假至沪锡一带各面粉厂实习，使学生们能在实际工作中及时消化学所学理论知识。

江南大学面粉专业毕业师生合影(1952)

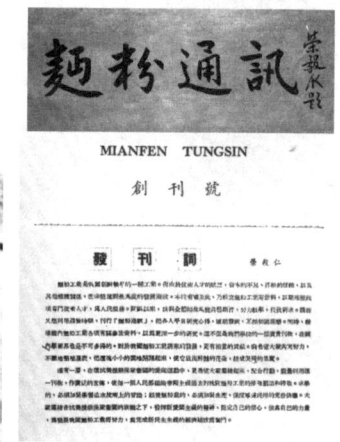

《面粉通讯》创刊号

1950年6月20日，学校函各面粉厂洽商本校面粉专修科一年级学生前往暑期实习事；函开源机器厂洽商本校面粉专修科二年级学生前往暑期实习事②。无锡开源机器厂是荣氏1948年创办的，该厂工程师吴正若、沈潜两位先生给实习学生指导。沈潜1942年于重庆沙坪坝中央大学机械工程系毕业后，为报效祖国，进兵工厂任技术员，制造炮弹。抗战胜利后奉召回中央大学任助教。1949年在无锡开源机器厂任工程师，后到险峰机床厂任总工程师，发展无心磨床、内圆磨床和轴承磨床三个系列的产品，后又研制成功重型外圆磨床和轧辊磨床，填补了国内空白。

本着促使中国面粉业同志与同学能获得理论与经验，在荣毅仁赞助、无锡市面粉业工会及技术工作者协会面粉组的大力支持，以及全体面粉专修科师生的积极努力下，创办了本校第一本全国发行的学术刊物《面粉通讯》，这也是国内第一本面粉技术刊物。虽然在创办过程中遇到许多困难，但最终还是出版了。刊物内容主要是有关面粉工业的理论知识、经验介绍、生产情况、统计资料、制粉实验、报道本校面粉专修科的情况、商讨关于解决制粉方面的疑难问题等。

三、功败垂成的江南研究院

新建的江南大学9个系中，文科占了4个：中文、史地、外语、经济。"预定的哲学系没有开办。"③哲学系因各种未知原因，没有与中文等专业同时起步，但设立了江南研究院，为哲学系成立做铺垫。

江南研究院"野心"很大，希望成为有全国影响的学术机构，其组织大纲与成员名单可以为证。

江南研究院组织大纲(草案)

一、宗旨：本院以促进高深研究，树立学术标准为宗旨。

二、研究部门：本院先设下列四个研究所【现(1)与(4)两研究所工作已开始，余两在筹备

---

① 《江南大学一九五一年年刊》，一九五一年七月出版，自印本。
② 《私立江南大学大事记》，苏州大学藏私立江南大学档案，永12。
③ 华晋吉：《江南大学创办前后片段回忆》(1962)，无锡市档案馆，F2-280-104。

中】(1)哲学研究所,(2)数学与理论物理研究所,(3)中国文艺研究所,(4)西洋文学研究所。

三、员额：本院设院长一人副院长二人,由本院董事会聘任之,本院第一研究所设专任研究员二人至四人,兼任研究员四人至十人(兼任支薪额最高为专任二分之一,通常为五分之一,特约研究员国内外各若干人,由院长聘任之,凡支薪给之研究员每次任期俱为一年)。每一研究所设所长一人,由各所研究员(专任及兼任)互相推选,提请院长聘任之,每一研究所得设置副研究员助理员各若干人。研究员资格须相当于大学正教授,副研究员资格须相当于副教授。本院置秘书处处理日常行政,设中文外文秘书各一人,编辑一人,由院长聘任之,秘书处得设事务员若干人。

(四)研究成绩：本院研究员在每半年须缴研究成绩一次,由院长递交董事会。

(五)本院与江南大学之关系：本院在学术研究方面,当谋与江南大学获取联系,尤其对大学高年级生与研究生之指导,可由本院各研究所多尽责任。

(六)出版：本院每一研究所拟出季刊一种,丛书若干种,在开创时期拟先出江南研究院集刊。

(七)经费：本院各研究所经费由本院董事会指拨,主要开支为薪给图书印刷费。①

江南研究院由无锡人许思园(1907~1971)负责,许思园的祖父是近代外交官许珏,姑祖父是近代著名数学家华蘅芳。许思园9岁在城中公园多寿楼举办书法展,16岁时,考入上海大同大学,同学中有施蛰存、傅雷等。施蛰存后来回忆,思园"读书甚博,过目不忘,又能冥想深思,在大学时已有哲学家风度"。20岁时许思园便写成英文著作《人性与人之使命》,此书问世后,得到许多中外学林硕彦高度称赏,印度大诗人泰戈尔评价说："作者文字有深湛之智慧,足以启示多数读者明了人生之真谛。"②这部文学化的哲学著作至今仍有影响,2019年华中科技大学出版社将其译成中文出版。

从1933年起,许思园游学欧美12年,获巴黎大学博士学位。留学期间,从头开始学习理论物理学和数学,1942年写就《相对论驳议》(以法文本出版,另有英文译本),为此受爱因斯坦之邀,赴其寓所长谈。回国后,许思园在中央大学担任教授。1947年他来到私立江南大学,任哲学所所长并负责江南研究院工作③。

许思园学贯中西,兼通文理,交游广泛,他为江南研究院挖来了不少牛气冲天的名角，表3-3这份支薪名单便可见证。

表3-3　　　　　江南研究院职员名单(凡本院职员不在本院支薪者不列入此名单)④

职别	姓名	学历	经历	著述	款额(元)
代理院务	许思园	法国巴黎大学博士	国立北平研究院名誉通信员，曾任国立中央大学教授	哲学	188
研究员	朱光潜	法国司脱拉斯堡大学博士	国立北京大学外文系主任，代理文学院院长，曾任武汉大学教授	哲学	40
研究员	吴宓	哈佛大学硕士	国立武汉大学外文系主任，曾任清华大学外文系主任，清华大学研究部主任。	文学	40
研究员	宗白华	德国柏林大学毕业	国立中央大学教授，曾任中央大学哲学系主任	文学	40
研究员	施蛰存		国立暨南大学教授	文艺	40
研究员	贺麟	哈佛大学博士	国立北京大学教授，代理哲学系主任，兼北京大学训导长，曾任清华大学教授	哲学	40
研究员	钱学熙		国立北京大学外国文学研究部导师，曾任光华大学、北京大学等校副教授	西洋	40
研究员	罗大冈	巴黎大学博士	国立南开大学教授	文学	40
研究员	卞之琳	北京大学文学士，英国牛津大学	国立南开大学教授	文学	40
研究员	熊十力		国立北京大学教授	哲学	40
研究员	景昌极	南京高等师范毕业	国立安徽大学教授，曾任中央大学、浙江大学、武汉大学教授	哲学	40
书记	盛能力				40
勤工	杨炳银				25
勤工	唐宇文				25
杂费					100

无锡市第一棉纺织厂档案：《江南大学教师名单、薪津指数计算标准、聘书等文件》，永久卷，目录号7，序号1.

江南研究院研究员除上述外校大腕外，还有几位校内的：唐君毅、牟宗三、杨荫

---

①无锡市第一棉纺织厂：《江南大学公益中学关于校舍分配、家具购置、经费开支的文件及第一次校董事会议记录》，1947年，永久卷，目录号8。
②许思园：《中西文化回眸》，华东师范大学出版社，1997年，第176页。
③1949年私立江南大学中文史地专业停招后，许思园转山东大学历史系。1957年被划为"右派"，1964年教学任务被停止后，他经常为企业翻译工程、机械方面的外文资料，1974年病逝于曲阜。
④在北大，待遇最高的教授，其底薪也不过630元。依照改革币制后的公教人员待遇调整办法，630元底薪者只能拿到125个金圆，外加研究费20金圆，兼课约40金圆(兼课每人最多不过四小时，而且有许多教授并不一定有课兼)，合计不过185金圆。

渭等。①

可变化比计划快。1948年6月5日，教务长也是江南研究院哲学研究所研究员的唐君毅在日记中记载："顾校长归来，知所提成立哲系等事，校主不积极，下年大政方针亦未定，我所提诸案皆被等闲视之。盖校主太忙而不懂教育也。"②

唐君毅对江南大学哲学系的诞生有着许多期待，但国共内战彻底打乱了校主荣氏集团的阵脚，学校开始面临经费困境，江南研究院虎头蛇尾成为必然。

命运多蹇的许思园也被时代遗忘，1997年他的遗作汇编成《中西文化回眸》面世，华东师大王家范教授在"跋"中曾发出这样感叹："现读先生遗文，与梁(漱溟)、熊(十力)、冯(友兰)诸家参照，更觉同一应乎时代之潮流，继绝学，开新境，而亦各有独自的情韵，相得掩映。惜哉前述诸贤近年应因缘和合之会而终得名震遐迩，思园先生却仍孤寂无闻。"③

第二节 课堂内外的知识传播

大学的主体是教师与学生，一所好的大学应当营造一种氛围：让教师科研育人都认真对待，让学生积极向上。私立江南大学聘请了一批名师、良师，也培养了一批优秀学生。课堂是师生共同的场域，良师通过教学激发学生的求知欲望，获得发展的乐趣；好的大学，师生在课堂之外也有频繁的良性互动。

一、教师的规定动作

如果说科研是教师的自选动作，做与不做、做多做少有自由裁量权的话，那授课则是每个教师的规定动作。

江南大学规定了教师工作量，院长训导长周课时3，系主任周课时6，一般教师不管职称高低，周课时9。但实际上，有超工作量的，有工作量不够的，从1948年下半年工作量统计中可见，杨晟教授一周上15课时，超了6课时，郭守纯教授一周上了2节课，因是农学院院长，比应授少1课时，工作量缺口较多的是唐至中实授3课时，但应授为9课时，缺了6课时。

表3-4　　　　　　　　1948年下半年工作量统计

姓名	应授时数	实授时数	增减
李吉行	9	7	-2
蒋庭曜	6	7	1
郑学弢	9	10	1
唐至中	9	3	-6
李笠	6	6	0
冯振	6	6	0
钱穆	3	3	0
郭量宇	9	3	-6
楼公凯	9	9	0
张云谷	6	6	0
杨荫渭	9	9	1
姚志英	9	11	2
沈制平	9	9	1
张载人	9	13	4
唐君毅	9	8	-1
储元熹	0	3	3
王文元	3	6	3
陈机	9	11	2
胡立猷	9	9	0
夏炎德	6	6	0
金圣一	9	9	0
陆子芬	9	10	1
周怀衡	6	8	2
朱正元	9	12	3
吴大榕	6	8	2
周广周	9	8	-1
杨晟	9	15	6
李景晟	6	9	3
杨惟义	9	11	2
金善宝	6	6	0
郭守纯	3	2	-1
李昌弟	6	3	-3
陈陵	9	7	-2
唐璜	9	9	0
罗聚源	9	9	0

资料来源：无锡市第一棉纺织厂《江南大学教授人员名册及薪津表》，1947年，永久，目录号6。

上课之外，一些教师还要批改作业，当时重视国文与英文表达，学生不分文理，每周写一次英文作文，每两周就要写一次汉语作文。

---

① 江南研究院职员名单(凡本院职员不在本院支薪者不列入此名单)，无锡市第一棉纺织厂档案：《江南大学教师名单、薪津指数计算标准、聘书等文件》，永久卷，目录号7，序号1。
② 《唐君毅全集》卷32日记，九州出版社，2016年，第1页。
③ 许思园：《中西文化回眸》，华东师范大学出版社，1997年，第181页。

表3-5　　　　　教员任课时数表(1947年度第二学期)

教员姓名	名称	任课	每周时数	实习时数	备注
陈陵教授	体育	文1-4；理1-4；农1-2；女1-2；补习学校1		12	兼课外活动在内，兼体育卫生组主任
李笠教授(专兼任)	国文	文1	4		至少每二周作文一次
		理工4	4		
唐至中讲师	国文	理2	4		至少每二周作文一次
		文2	4		
李吉行教授(专兼任)	国文	文3	4		至少每二周作文一次
		理3	4		
蒋庭曜教授(兼任)	国文	文4	4		至少每二周作文一次
郑学弢讲师	国文	理工1	4		至少每二周作文一次
		农1	3		
王效三教授	国文	农2	3		至少每二周作文一次
		补习班	3		
王淑英教授	英文读本	文1			
	英文	补习班			
	英文作文	文1			每周作文
钱穆教授	中国通史	文院	3		文学院院长
王庸教授	中国通史	理工学院(数理系必修 其他系选修)	3		兼图书馆主任
王文元(特约教授)	中国地理总论	史地系必修，其他文科选修	2		兼训导长
	地理	补习班	2		
张镇谦教授	微积分学	理工1	4		
	微积分学	理工3	4		
陆子芬教授(专兼任)	微积分学	理工2	4		
	微积分学	理工4	4		
孙湘讲师	数学	文选	3		
	数学	经济系	3		
金圣一副教授	工程画	机电系		6	
	工程画	化工系		6	
	数学	补习班	4		
周同庆教授(专兼任)	物理学	理工1	3	3	
	物理学	理工3	3	3	
徐璋本教授(专兼任)	物理学	理工2	3	3	
	物理学	理工4	3	3	
	工场实习	机电系		4	
	工场实习	化工系		4	
杨荫渭教授	英文散文选读	外文系	4		
沈制平副教授(专兼)	英文读本	理工1	4		
	英文读本	文2	4		
	英文作文	理工1		1	每周作文
程修龄教授(专兼任)	英文读本	文3	4		

续表

教员姓名	名称	任课	每周时数	实习时数	备注
	英文读本	理工3	4		
	英文作文	理工3		1	每周作文
姚志英副教授	英文文法	文1	2		
	英文文法	文2	2		
	英文文法	理工1	2		
	英文文法	理工2	2		
	英文作文	文2		1	每周作文
张载人副教授	英文读本	农1	4		
	英文读本	农2	4		
	英文作文	农1、2		1	每周作文
周葆儒(专兼任)	英文读本	理工2	4		
	英文文法	文3	2		
	英文作文	理工2		1	每周作文
	英文作文	文3		1	每周作文
钱清廉教授	政治学	文选	3		
	英文文法	农1、2理工3	2		原分3班现合1班
	英文	补习班	2		
朱伯康(专兼任)	三民主义	全校	1		
	经济学	文选	3		
	公民	补习班	1		
唐君毅教授	哲学概论	文1	2		兼教务长
	学术文	补习班	2		
牟宗三教授	哲学概论	文2	2		
	理则学	文1	2		
	理则学	文2	2		
倪则埙教授	化学	农产	4	3	
	化学	机电			
杨晟教授	化学	化工	4	3	
	化学	数理农艺	3	3	
	化学	补习班	3		
杨惟义教授	生物学	文选	2	3	
	昆虫学	农1	2	3	
	昆虫学	农2	2	3	
陈机教授	植物学	农1	2	3	
	植物学	农2	2	3	
	地质学	农院	3		
韩雁门教授	农学概论	农院	2		兼农院院长
朱耀炳副教授	农场实习	农1		3	兼注册组主任
	农场实习	农2		3	
吴锷讲师	物理	补习班	3		
沈吟梅讲师	作文	补习班		2	每周作文批改

资料来源：无锡市第一棉纺织厂《江南大学关于人事安排裁减人员的报告》，1948年，永久，目录号3。

在数字化管理中，课时数量容易控制，课程质量不易衡量。当年教授讲课水平也高低不一，但优秀负责的老师还是多见。1947年进入江南大学史地系的刘家和回忆：

钱(穆)先生在讲授中国通史课时从来不看讲义，他戴着一副高度近视眼镜，边讲课，边在讲台上踱步，我也听得聚精会神。忽然感觉钱先生在向我示意什么，原来钱先生看到四周的学生都在记笔记，唯独我一个人没有记。先生在示意我记笔记，但是我还是没有记。后来钱先生叫助教收大家做的笔记去批改，我就根据讲义编了一个交了上去。没想到钱先生叫我去他那里，亲自问我为什么不记笔记。我回答说怕记笔记分神，跟不上先生的思路。他说："不记笔记你都能记得吗？"我回答说能，还请求先生现场考我。先生问了几道问题，我都回答上了。他说："你现在记得，以后保证还会记得么？"我回答不上来了。钱先生告诫我说，记笔记并不是记他已经研究出来的东西，而是记他现在正在研究的，最新的东西。几十年后，我去台湾拜谒了钱先生的故居素书楼。在钱先生的铜像前毕恭毕敬地三鞠躬，每鞠一下躬，便在心里说一声，"钱先生，您讲的我还记得"。

唐君毅先生教过我哲学概论和伦理学，给我打开了了解西方思想的窗户。刚开始听哲学概论时，对大量的西方哲学词汇都无所知，颇有腾云驾雾之感；但是，并非什么都听不懂，也能感到他在辨析前代哲学家思想时所流露出来的哲学智慧，使我的好奇心逐渐向一个更深的层次发展。

当时唐君毅先生的妹妹唐至中先生，教我大一国文。至中先生的国文课讲得很精彩。我还记得她给我们讲的《礼记·乐记》一课，将礼乐关系讲得很透彻，让我终生难忘。她讲的《史记·淮阴侯列传》也让我铭记至今。至中先生将韩信的性格与得失成败分析得丝丝入扣，栩栩如生，我们听得也是津津有味。她对学生非常亲切和蔼，到他们家去问问题，就如向自己的家长问问题一样无所顾虑。问了问题适逢用饭时间，他们就留用饭；饭后有时他们会去湖山之间一些胜地散步，也带着我们同行。一边走，一边谈，从哲学到文学无所不及。许多难懂的哲学问题，就是在饭桌上、散步间慢慢弄懂的。

君毅先生很爱讲黑格尔辩证法，我为其精深所震动，但也时常不懂，至中先生往往在这时候帮忙。她知道我还懂得一些老庄,就常引老庄给我解说,使我感到了中外思想之间还有一条通道。直到现在,我见到黑格尔的书,只要有时间,看不懂也愿意硬着头皮看下去,多年来一直如此。君毅先生还有一句话使我难忘:要学哲学,不能用常识来思考,要用逻辑来思考。

牟宗三先生教过我们逻辑学,讲的基本是西方的古典逻辑,但也偶尔夹讲一些因明学和墨家逻辑。这门课在开始听时也很陌生,不过因其内在联系清晰而紧密,我自己也有一些数学方面的推理训练,认真听下去就不觉得有困难。而且,我发现它和我很喜欢的几何学是同一个路数,是一种西方人所习用而我们中国人不常用的思考方法。几十年来,我不断地读西方哲学的书,也不断地复习逻辑。用这种方法帮助自己克服在学西方哲学中遇到的许多困难,也逐渐提高了自己的思维能力。

冯振先生教过我文字学,他实际是教我们读《说文解字》。先讲《说文叙》,再讲部首,然后再一个字一个字地往下讲。冯先生让我知道了段玉裁、王念孙、王引之等清儒在文字训诂研究上的丰硕成果。从前跟老师学古文时,就听老师解字不时引用《说文》,也稍稍翻看过此书,觉得有趣,但不知入门途径。

冯先生上课,时常辨二徐之误,出入段、王而时有发挥。当时《说文解字》虽然没有讲完,但是由此我知道了,要在文字音韵之学上打好基础,不能不多学段、王。几十年来,我始终不敢忘记这门不能忘记的学问,基本上采取了"学而时习之"的方法,段、王就成了我随时请教的老师。有趣的是,冯先生讲课带广西口音,可是有些字的古音用他的口音读正好,记得他讲"见母"的见字,与现在普通话读音不同,而恰好符合古音。冯先生启发了我多年总爱从听方言中印证古音的习惯。我不才,不能成为文字学专家,但也稍知用以读好先秦、两汉及清儒之书,实皆拜冯先生循循善诱之所赐。几十年来,我和《说文》《尔雅》等书结了不解之缘,如非在特殊情况下,读古书遇到问题,不查阅这些书籍,心里就总过不去。

我还从束世澂先生学商周史。束先生精通商周文献,钻研甲骨经文,自己还收藏有一些甲骨片。束先生还是一位有名的老中医,非常博雅。记得我在他的指导下根据春秋三传写过一篇《春秋五霸论》,竟蒙先生嘉奖,至今记忆犹新。我对先秦史的影响也深深受益于束先生。①

1947年求学江南大学，以后担任无锡轻工学院党委书记的钱慈明最怀念金善宝教授。金老师是国际著名的小麦专家，他在我们农产品加工专业讲授的"作物学"，是他最熟悉的一门课，但他一点也不因此而有半点松懈马虎。课余时间他常常深入我们学生中间，了解我们的学习情况和要求，然后针对我们的实际情况，认真备课，工工整整地写好讲稿。金老师上课时却又不需要看讲稿，一本《作物学》教材，他讲起来如数家珍，娓娓动听，教学效果极佳。他精湛的学识、高超的授课艺术使我们学生叹为观止。②

当时江南大学教师上课时注重突出重点，讲清概念，介绍解决问题的方法以及学习的方法，很注意对学生的智能培养。除了教科书之外，教师往往还指定好几本主要参考书，要学生阅读理解。学生光看教科书和背教学内容，是过不了考试关的；还要好好消化，融会贯通，才能掌握知识，取得较好的成绩。这种教法有利于学生扩大知识面，打下了牢固的基础。此外，教师是有目的、有计划地引导学生，把学习方法交给学生，以此来调动学生学习的兴趣和积极性，产生要解决问题的愿望、信心和决心，促使学生能够通过学习，自己去思考、分析问题，从而获得新的知识。《礼记·学记》说："引而不发，跃如也。"当时江南大学有不少教师在这方面的确做得较好。

学生做实验绝不是由教师手把手地来做。教师讲清实验原理、注意事项、实验要求后，一切都要求学生自己动手。实验药品有不少要学生自己配制，一些实验装置也要学生自己去领器材后自己装配。这样的实验，可以说是真正的实验，非但验证了原理、机理、概念，巩固了学习知识，学生自己的动手能力也大大加强。学生实验报告写错的，教师决不允许涂涂改改，而是要求学生重写。如此时间长了，学生也习惯了，实验报告写错了，就自觉重写，从而养成了严谨认真的好习惯。③

二、学生的必修与选修

1938年9月，国民政府教育部召开了第一次课程会议，规定各学院课目表。文、理学院必修课目如下：

表3-6　　　　　　　　　　　文理学院必修课目

	课目	学分	备注
文、理	三民主义	4	
文、理	伦理学	3	
文、理	国文	6	至少每两周需交作文一次
文、理	外国文	6	至少每两周需交作文一次
文、理	中国通史	6	注重文化之发展
文	世界通史	6	注重各国文化发展及各国与中国的关系
文	哲学概论	4	
文	理则学	3	
文	科学概论、普通数学、普通物理学、普通化学、普通生物学、普通心理学、普通地质学、地学通论(选习一种)	6	
文、理	社会科学概论、法学概论、政治学、经济学、社会学(选习一种)	6	
理	普通物理学、普通化学、普通生物学、普通心理学、普通地质学、地学通论(选习两种)		
理	普通数学、微积分学(选习一种)		

资料来源：李国钧、王炳照主编：《中国教育制度史》(第七卷)，山东教育出版社，2000年，第187-188页。

以总学分132分计算，共同必修课目再加上必修课目，就占50%左右。文学院各系共同必修课：一年级全年有三民主义(每周2节课，以下仅标数字)、国文(3)、英文(5)、中国通史(3)、哲学概论(2)、体育(2)；二年级全年世界通史(3)、体育(2)，半年伦理学(3)。英语系必修：一年级全年有英语语音学(2)、英诗选读(3)、地学通论或普通地质(两门任选一)(3)；二年级全年有英文散文选读(3)、英国文学史(3)、小说选读(4)、经济学(3)、中国散文选(3)。经济学系必修：一年级全年有普通数学(3)、经济学(3)、政治学(3)；二年级有货币银行学(3)、财政学(3)、统计学(3)、会计学(3)、西洋经济史(3)。史地系必修：一年级全年有地学通论(3)、经济学(3)；二年级全年有中国近世史(3)、中国文化史(3)、中国史学名著选读(3)、中国散文选读(3)，半年有中国地理概论(3)、地学通论(3)。

①刘川生主编：《讲述·北京师范大学大师名家口述》，光明日报出版社，2012年，第207~210页。
②钱慈明：《回忆江南大学》//江南大学校友会1947~1952老校友分会编：《老校友回忆录》，内刊，2017年，第88页。
③钱慈明：《我记忆中的江南大学》//《江南大学五十年——1947~1952校友纪念文集》，自印本，1997年，第39-40页。

检阅当年学生成绩册，学生所选课程大同小异。如文学院中国文学系李赐成绩纪念册(62号)记载：一年级全年课程有国文、英文、英文文法、英文作文、中国通史、理则学、哲学概论、政治学、三民主义。第一学期有生物学。二年级全年有世界通史、伦理学、中国文学史、文字学、文选及习作、读书指导、英诗选读。第三学期有社会学，第四学期有文学概论、诗史。

中国文学系陆颖华成绩纪念册(72号)记载：一年级全年课程有国文、英文、英文文法、英文作文、中国通史、理则学、哲学概论、数学、经济学、三民主义。二年级全年有世界通史、伦理学、中国文学史、文字学、文选及习作、读书指导、英诗选读，第三学期有社会学，第四学期有文学概论、诗史。陆颖华与李赐为同班同学。一年级李赐选的是政治学，而陆颖华选的是数学、经济学；二年级两人完全相同。

经济学系徐巽华(99号)，1947年入学，他所修课程：一年级全年课程有国文、英文、英文文法、英文作文、中国通史、理则学、哲学概论、数学、经济学、三民主义。二年级全年有世界通史、伦理学、西洋经济史、经济地理、会计学。第三学期有社会学，第四学期有货币银行学。三年级第一学期有管理学概论、统计学、材料管理、运输管理、工程经济、工业心理学、成本会计、电工初步。一二年级徐所修课程同文学专业差异不大。①

必修课里，国文、历史、英文课量较大，要求较多，1947年考入史地系的刘家和，半个世纪后还清晰记得当年的授课老师：

两年中所修的一般必修课有：大一国文，授课老师为唐至中先生。大一英文，其中又细分为：英文课文(3学分)，授课老师为沈制平先生；英文文法(2学分)，老师为姚志英先生(用英语讲)；英文作文(2学分)，老师为姚志英先生(一周作文、一周讲评，如此轮转)。因文科学生必须选修一门理科课程，我选了微积分，老师孙湘先生，用英汉双语讲。以上是基础必修课，其中使我最感受益的是唐先生讲的国文和姚先生讲的英文法。

我所修史地专业必修课有：中国通史，老师为钱穆先生。西洋通史，老师为谢兆熊先生。中国近代史，老师为郭量宇(廷以)先生。西洋近代史，老师还是谢先生。商周史，老师是束天民(世澄)先生。秦汉史，老师为钱穆先生。地理学概论，老师为王文元先生。

在专业必修课中,使我受益最大且深的是钱先生的两门课,其次是束先生的商周史。

文科学生一般必选课有,哲学概论,老师为唐君毅先生(我还选修了唐先生开的伦理学)。理则学(即逻辑学),老师为牟宗三先生。这两位老师的课都唤醒了我对哲学与逻辑终身学习的兴趣。

文科学生一般选修课很多,我选修了文字学,老师为冯振先生(其实此课是系统地讲《说文解字》,从序讲到部首,再按分部逐个讲字),这门课也激起我一生对文字、音韵、训诂的兴趣。此外,我还选修了钱清廉先生开的政治学,主要参考书是加纳的《政治科学与政府》,胡立猷先生开的经济学(讲课大纲用英文,讲课用中文),主要参考书为马歇尔的《经济学》;以上两种参考书都是西方最常用的教本,所以原文、中译本均有。我选这两门课,主要是为了初步了解西方政治经济体制,以便更好地理解西方历史。

我还选修了先后由冯振先生和诸祖耿先生讲授的中国文学史,学了这门课就更加感到中国文、史两学之间的深层关系。此外还旁听过中文系李笠先生和朱东润先生所讲的修辞赏析与文论的课,上课时尽情享受,期终又无考试负担,何乐不为?因为选修的课程量大面广,我不可能追求门门高分。我所热切追求的是:求知欲的尽可能地满足,同时学术境界的尽量拓开,这是治学方法的精进之道。②

刘家和的大学成绩单证明他的回忆无误:第一学期,8门课,国文82分,英文65分,中国通史76分,理则学76分,哲学概论74分,数学74分,政治学82分,三民主义80分;第二学期,除此之外,还增加一门,中国地理概论78分;第三学期8门课,世界通史80分,经济学63分,中国文学史74分,文字学89分,中国近世史75分,西洋近世史80分,地理通论80分;第四学期补考伦理学80分,秦汉史80分,商周史87分,中国地理概论81分。③

钱穆、唐君毅、牟宗三、郭廷以都去世多年,可他们的著作依旧畅销不衰;冯振、王庸、朱东润、诸祖耿、谢兆熊、钱清廉、胡立猷、李笠等,还不时为学界所提及。刘

---

① 《私立江南大学学生成绩簿》,苏州大学藏私立江南大学档案,长39。
② 刘家和:《春风化雨忆江南》//江南大学校友会1947~1952老校友分会编:《老校友回忆录》,内刊,2017年,第73页。
③ 《私立江南大学学生成绩簿》,苏州大学藏私立江南大学档案,长39。

家和在私立江南大学所遇到的老师阵容何等"豪华"。当然这些大神不少是兼职教授,如郭廷以、冯振、李笠等,私立江南大学地处沪宁中间的无锡,因交通便利、酬金较高,吸引了一批名师"走穴"。

1928年出生的刘家和,以后任教北京师范大学历史系,成为世界中古史研究权威,耄耋之年仍发表学术论文,出版学术专著,其学术生命周期之长,学术生命力之旺盛让人叹为观止。

三、教授与学生的互动

民国年代的江南大学教授与学生有较多互动,除了每周都要给学生上课,教授们还要在许多场合"露脸"。这里列举1948年3个月中教授参与的事项:①

4月15日,函聘唐君毅、王文元、陆仁寿、钱穆、顾惟精、韩雁门、许雍圻为本校勤工助学委员会委员。

6月9日,举行国文科教授会议,出席者李吉行、李笠、王效三、唐至中,郑学弢,唐君毅,讨论国文考试事宜。命题由李吉行、李笠负责。

同日,举行英文科教授会议,出席者周葆儒、钱穆、姚志英、杨荫渭、沈制平、王淑英、张载人、唐君毅,讨论英文考试事宜。命题由程修龄、王淑英负责。

6月10日,聘唐君毅、王文元、陆仁寿、钱穆、顾惟精、韩雁门、钱宝钧、乐幻智、杨惟义、倪则埙、蒋庭曜为本校第二届招生委员会委员。

6月11日晚7时,在大礼堂举行全校国语讲演竞赛,由顾副校长、唐君毅教务长、王文元训导长、钱穆院长、陆仁寿总务长等分任评判。竞赛结果叶智修第一,王瞿第二,韩锦棠(女)第三。发奖金奖状。

6月14日上午10时,在大礼堂举行全校国文考试竞赛,全体学生均往参加,试卷由李笠、李吉行、蒋庭曜等教授评阅。考试内容为作文及翻译(文言译白话)。国文总考成绩作国文成绩三分之一计算。

6月18日下午7时,在大礼堂举行全校学生英语讲演比赛。由王文元训导长任主席,教授王淑英、倪则埙、钱清廉、姚志英、杨荫渭等分任评判。前五名分别是:周光熙、

师生合影

毛子淇、乐匍、王友英、陈学烽。

6月21日上午10时至12时，在大礼堂举行英文考试竞赛，全体学生均参加。试卷请程修龄、王淑英、钱清廉、杨荫渭等教授评阅。英文总考成绩作英文成绩五分之一计算。

6月28日至7月2日，期末考试，各班学生均集中大礼堂考试，由唐君毅教务长及监试委员各科教授到场监考。

6月29日，公布国文及英文考试竞赛成绩优良的学生名单，国文：第一刘家和、第二李赐、第三黄先纬、第四王国忠、第五周光熙。英文：第一周光熙、第二陆必成、第三诸均安、第四陈学烽、第五王培智。奖金第一名500万元，第二名400万元，第三名300万元，第四名200万元，第五名100万元。

---

① 《私立江南大学大事记》，苏州大学藏私立江南大学档案，永11。

7月1日下午4时,在会议室举行学生壁报竞赛评判,请唐君毅教务长、钱穆院长、韩雁门院长分任评判,结果《春潮》第一,《世纪风》《晨曦》并列第二。分别发给奖金。

7月2日1947学年度第二学期结束;暑假开始。

7月15日,聘周同庆、王文元、杨惟义、陈机、陆子芬、倪则埙、李笠、杨晟、李吉行、周怀衡、钱穆、程修龄为本校1948年度新生入学考试命题委员。

全校国文、英文每年都要统考,命题、阅卷都由教授委员会担当;月考与期末考都统一在大礼堂进行,由教授们来监考。学校还有学术讲演周,由教授给全校学生开讲座。

学校非常重视拓宽学生视野,"本期设学术讲演一课,目的在使各系同学对于人生文化及各科学之关系有普遍之认识,主讲教授皆特别准备,然后宣讲,不必与各系同学所习之专门科目有密切之关系,然皆可开益同学之智慧识见,各同学务须准时专心听讲,不得无故缺席为要"。①

表3-6　　　　　　　　1948年上半年学术演讲周②

	时间	演讲人	演讲题目
1	3月8日	教务长唐君毅教授	学术演讲之意义及讲题范围
2	3月15日	文学院长钱穆教授	文化与人生
3	3月22日	牟宗三教授	中国文化对于人类的价值
4	4月12日	理工学院院长顾惟精教授	人生之价值与意义及修养之方、应事之道
5	4月26日	王文元训导长	地理与人生
6	5月3日	文学院长钱穆教授	中国文化之精神
7	5月10日	杨惟义教授	夏令卫生之理论与实际
8	5月17日	王效三教授	略述儒家思想所解决的及未解决的几个问题
9	5月24日	农学院长韩雁门教授	中国农业机械化的先决问题
10	5月31日	陈机教授	生物种族之进化与退化
11	6月7日	教务长唐君毅教授	乐观与悲观

第三节 不平静的校园

私立江南大学1947年开张，适逢国共激战。地处国统区的大学校园也失去了平静。通货膨胀，物价飞涨，在生存线上挣扎的民众承担着内战恶果，部分学生在地下党动员下，议政参政，投身革命洪流，校园里的政治分化使师生在"选边站"中，走向不同的阵营。

一、生源多来自长三角

私立江南大学虽面向全国招生，但因当时没有全国统考，各校单独招生，江南大学只在无锡设考点，限于交通条件与战争对交通的破坏，决定了生源多来自无锡及周边。第一届学生219人，其中江苏185人、浙江13人、安徽9人、江西2人、四川1人、山东1人、河南1人、广西1人、南京3人、上海3人。③

第二届招生报名于1948年8月4日开始，6日截止。报名地点：无锡学前街省立无锡师范。报名手续：填缴报名单，学籍证件，二寸半身照片四张，报名及试卷费50万元。8月10日与11日，新生入学考试。考试地点：无锡学前街省立无锡师范及县立中学。10日上午8时至10时，考数学甲与乙，10时半至12时半，考国文(须用毛笔)；下午2时半至4时半考公民中外史地或公民中外历史；11日第一场物理或理化；第二场英文；第三场考化学、中外地理、生物。8月28日录取新生发榜，正、备取共296名。当年对1201名报考生源有一个数据分析，其中文学院485人(中国文学系84人、外国语文系70人、史地学系66人、经济学系265人)，农学院214人(农艺学系96人、农产制造学系118人)，理工学院502人(数理学系22人、化学工程学系157人、机电学系253人、面粉专修科70人)。统计考生籍贯，其中江苏819人(无锡282人、武进91人、宜兴69人、江阴6人、吴县55人、常熟33人、镇江24人、溧阳16人、金坛13人、江都12人、靖江12人、徐州11人、昆山10人、铜山7人、泰兴7人、崇明6人、南通6人、江浦6人、丹阳5人、松江5人、嘉定5人、余兴化

---

① 《教务处布告第58号》(1948年4月7日)，苏州大学藏私立江南大学档案，长13.
② 据私立江南大学大事记整理。
③ 《私立江南大学第三十六学年第一学期新生统计表》，苏州大学藏私立江南大学档案，长9。这是1948年5月4日上报材料的数据，因部分同学休学或除名，人数比入学时有减少。

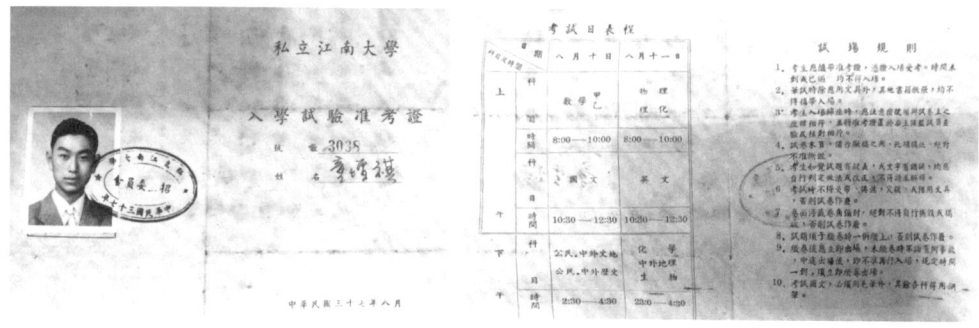

学生合影

童增祺的准考证

等29县50余人），外省籍382人，计浙江122人、安徽78人、江西45人、上海38人、河南21人、南京14人、河南12人、广东12人、四川9人、山东8人、河北7人、福建7人、湖北6人、辽宁4人、云南2人、山西2人、北平2人、广西1人、天津1人、贵州1人。①

"学生来源，大多是无锡人，以来自县中、县女中、辅仁中学的居多。苏州、江

表3-7　　　　　　　　　　学生人数统计表

类别	一年级	女	二年级	女
总计	227	26	158	29
中国文学系	14	4	8	4
外国文学系	17	3	19	6
史地学系	12	2	10	3
经济学系	46	6	38	9
数理学系	9	1	2	
机电学系	35		41	1
化工学系	27	1	26	1
农艺学系	27	5	15	4
农产制造学系	18	4	28	1
面粉专修科	48			

阴、宜兴、常州、上海、南京有一批。少数来自浙江、安徽、苏北。"② 笔者检阅无锡辅仁中学1948年毕业册，该届毕业生108人，据不全面统计，未上学的20人，上江南大学的22人(其中面粉专修科者6人)，上其他大学的58人(其中东吴大学8人，中央大学8人，交通大学4人，金陵大学3人，大同大学4人，北京大学2人，复旦大学2人等)。③

生源流失也是私立大学经常遇到的问题，而战乱使这一问题更严重。1947年10月刚开学时填报学生数为242人，1948年5月4日学生数降为219人，14人退学，其中学业成绩过劣7人，第二学期未注册6人，学校操行成绩均劣1人，转学他校1人。还有因病休学9人。④ 不到两年，学生人数再降为158人。⑤

1948学年度第一学期计440人，1948年11月23日，已注册学生总数438人，第二学期计363人。内转学者计14人⑥，休学者计18人，不明者计44人，保留学额者1人。共计77人。学生流失为何这样多，有学业跟不上的，有家庭困难缴不起学费的，有转考其他大学的，有投身革命的，有因参加政治运动被学校开除的，有因病休学的……钱慈明"所

---

①《江大录取新生　日内登报揭晓》,《江苏民报》1948年8月28日。时南京市为直辖市，不属江苏。
②王国忠：《王国忠文集·我的一生》，今日中国出版社，2009年，第238页。
③《艰难岁月——纪念辅仁中学48届同学毕业50周年》，自印本，1999年，无锡市图书馆藏。考入江大名单：本科的有杨少和、张张衡、王之骅、冯绍松、许士颐、许志浩、沈介平、邱善垲、金沧粟、林连发、秦镇九、钱振声、殷福棠、郭家榕、陶伯楚、薛汉民。面粉专修科有王志楠、吴嘉禄、陆锡华、周博仁、秦耀海、席德清。
④、⑤《学校情况调查》，苏州大学藏私立江南大学档案，永6。
⑥笔者认识的北京大学中文系陆颖华老师就是江南大学二年级考入南京大学转学生，以后在北京大学读研与任教。当时高校学生可以报考其他大学二年级、三年级。

在的农产品制造专业，一年级有30个同学，经逐年淘汰分流，加上1949年部分同学投身革命，到1951年毕业时，只有十三四人了。当时的淘汰分流是指学生跟不上学习留级了，或觉得自己实在跟不上，就自己离开学校，或有些成绩特别好的，出去报考入国立大学学习"。①因实行学分制，共同课多，学生转专业易，各班级学生人数变化也较大。

二、不断攀高的学费

抗战胜利，中华民族结束了百年屈辱，并成为联合国安理会五大常任理事国之一，但随之而来的内战，却使国家元气大伤，饱经战乱的民众不得不承担战争成本，物价飞涨，民不聊生。校园内政治抗争此起彼伏。

学杂费每一学期一个样。1947年10月，江南大学第一学期每生学费120万元，杂费25万元，宿费25万元，储备费10万元。②仅3个多月费用就翻了几倍，第二学期学费，550万元；杂费，100万元；宿费，100万元；储备费，50万元；化学实验费，60万元；物理、动物、植物、生物实验费，30万元。③江南大学学杂费与上海同类相比差不多，光华、大夏等一般私立大学，学杂费共640万元，大同、震旦两校学杂费700万元，教会大学学杂费700万元，一般独立学院学杂费640万元。④

学费高昂祸及中小学，无锡"私校高中400万元，初中340万元，小学高级160万元，低级80万元；县校小学高级90万元；低级80万元"。⑤

物价如脱缰之马，学校难以正常运转。"清华一个月的经常费只有三亿多，但今年二月份的电费就超过了五亿。校医室随便粉刷一下，就是六七千万元，若全校修补油漆，就非三四亿不可，这还只就目前的物价说，过几天就又不知该多少了。现在清华共有学生2500人，宿舍成问题，床也成问题，本年起要换双层床，这一项也要一二十亿。"⑥

为抑制扶摇直上的物价，1948年8月18日，病急乱投医的南京国民政府下了一道经济处置法，实行币制改革，主要内容为：第一，以金圆券取代法币，法币须在11月20日前兑换为金圆券，金圆券1元折合法币300万元；第二，禁止黄金、白银和外币的流通、买卖或持有，所有个人和法人拥有之黄金、白银和外币，应于9月30日前兑换为金圆券，违者一律没收并予惩处；第三，严格管制物价，以8月19日价格为准，不得议价，实施仓库检查并登记，从严惩处囤积居奇者。蒋介石想通过这剂强心针挽救濒临崩溃的经济。

当局还在各重要经济区域设立经济管制督导员，其中经济、金融中心上海区最为关键，督导员为央行总裁俞鸿钧，由太子蒋经国协助。蒋经国以经济副督导员身份，带领他一手组建的经济勘建大队来到上海。

在"八一九"限价防线未破时，蒋经国很能迷惑人，被一些媒体赞为"蒋青天"。10月8日，他由申新第三纺织厂郑翔德、谈家桢两厂长陪同来到江南大学参观，并在大礼堂对学生简短训话，"你们学生要好好读书，不要管国家大事。国家大事由学生管，国家就完了"。在场的蒋凌械记得最牢的是这句话。⑦晚上8点20分蒋离校，见到这位38岁的"蒋太子"，师生们心情激动的极少。

蒋经国来到江南大学前，新生刚刚报到，学校刚刚乔迁。收费标准为学费60元、杂费10元、宿费5元、储备费5元，合计80元金元，另化学实验费10元、物理、生物等实验费，每门各5元。⑧10月1日继续办理旧生入学手续。新旧学生达480人，教职员工82人。4日举行开学暨新校舍落成典礼。由顾惟精副校长主持并致辞。副董事长荣德生、校政委员会主任荣一心代表郑翔德、校董薛明剑、教务长周同庆、训导长王文元相继讲话。荣副董事长谆谆教导学生："学以致用，不必好高骛远；学习要细嚼缓咽，食而能化；将来做事亦力戒好大喜功，宜脚踏实地，从头做起。这样自会有所成就。"

蒋经国来到江南大学后19天，学校举行一周年纪念，地方媒体曾以《万方多难，弦歌不辍》为题进行报道：

---

① 钱慈明：《我记忆中的江南大学》//《江南大学五十年——1947~1952校友纪念文集》，自印本，1997年，第41页。
② 《中国国民党中央执行委员会青年部全国专科以上学校概况调查表》(1947年)，苏州大学藏私立江南大学档案，永6。这一数据与当时媒体报道有一点差距："江大的学生，本学期要缴学杂费一百九十万元，比上海的有些私立大学，还算便宜，膳食费则每月须三十万元，比市价着实便宜。"(《私立江南大学举行开学典礼》，《江苏民报》1947年10月28日。)
③ 《私立江南大学校政会议记录》//上海大学、江南大学《乐农史料》整理研究小组选编：《荣德生与企业经营管理》下，上海古籍出版社，2003年，第665页。
④ 《本市各级学校决定收费标准》，《申报》1948年2月17日，第2张第6版。
⑤ 《学校喊苦，家属发跳》，《人报》1948年2月21日。
⑥ 《平津国立院校，校长相聚诉穷》，《人报》1948年2月21日。
⑦ 2018年1月3日上午对蒋凌械的采访，地点上海陆家浜8号线地铁口蒋宅。
⑧ 《江大学费》，苏州大学藏私立江南大学档案，长26。

在连天阴雨中，沉闷苦涩的气氛紧紧包围了大地，昨天(27日)上午九时半，忽然透露一线阳光，空气忽然开朗，湖山好像浴后，显出格外静洁的样子，在一幅美丽的画图中，矗立太湖西管社山顶头的江南大学，在这时候正举行着一周年纪念典礼，象征着蓬勃活跃新生的万千气象，七十多位教授和职员，四百二十九个新青年以及校董会校政会来宾代表们，济济一堂。校长顾惟精(心一)报告立校纪念经过，校董薛明剑训辞，希望学校要在安定中求进步，要以罗滨逊漂流的精神求生存。校政会副主任委员乐幻智，叙述了许多创校的艰苦历史和未来的理想与希望，对每一个教师每个学生，寄予重大的期望。在掌声不绝中，学生领略当局寄重望之殷切，惟有致力学业才能对得住学校，对得起国家，而不辜负这盛大的校庆纪念。

来宾们都自认为江大之友，华晋吉先生用很轻松的语调演说，他以为惟有照荣一心先生办学的一心一德精神，校长心一贯注的办学，学校与学生的前途，一定成功，博得热烈彩声。十一时上海市国术社表演技艺，下午校内各种球类比赛，入晚放映电影，热闹的情绪打破了湖滨的沉寂，大家对于这最高学府奠定基础，一致赞叹，同时对未来建设和发展，也同样感到有无穷的希望。

在万方多难的今日，湖滨有一所安乐愉快情调的学官，还在弦歌不辍，还在庆祝立校，不得不感佩创校者的伟大和主持者的苦心，赞助者的热忱。①

蒋介石企图以行政手段限制市场价格的政策无异缘木求鱼，没多久大坝垮塌，物价高涨，抢购成风，"抢购风卷起之后，商店货物相继失踪，由日用必需品绝迹起，渐至祸延各种无关紧要物品，索性连死人棺材也都在抢购之列，蔚为旷古奇观"。②无锡"国学专科学校，昨日因柴米不继，几至断炊，并一度被迫停课，缘该校学生，多来自远道，由学生组织伙食团，自办伙食，而由学校加以协助，日来购买柴米，至为困难，该校当局，日前向县政府交涉，配得食米三十石，但至昨日仍未领到，而存米业已食尽，该校学生顿起恐慌，群向教务长冯振、总务长蒋若渠要饭吃，学校墙上，贴满标语，嗣经校方设法将配米领到，始恢复常态云"。③

10月26日起，北大学生停课五天，组成北大学生争温饱委员会。师大教授会决请假5天，支援北大教授请假。宣言中说："国府薪津冻结，衣食无从，虽作育之有心，奈饥寒之难御，天乎人乎，天何使我至于此极也。"④

在北大，待遇最高的教授，其底薪也不过六百三十元。依照改革币制后的公教人员待遇调整办法，六百三十元底薪者只能拿到一百二十五个金圆，外加研究费二十金圆，兼课约四十金圆(兼课每人最多不过四小时，而且有许多教授并不一定有课兼)，合计不过一百八十五金圆。九月份配给面到现在尚未领到，十月份的遥遥无期，还不知要等到何时何日？在面粉由八金圆跃进到七十金圆一袋的情形下，一般的物价也跟着跳了六倍以上，三轮车夫每日卖劲蹬能赚十个金圆，北平私立中学的教员每月可以拿八袋面粉，而大学教授们的薪水却冻结在固定的数目上面，绞尽心血脑汁，一个月拿到这一点钱，事实上早已不够一家三口的最起码生活了！楼邦彦先生在某一次的讲演会上曾说，四口之家最低的要求，每人每天半斤米，一个月六十斤米，这就需要一百二三十元了；求最少的营养，每人每天一两肉，一个月也需一百多元，单这两项要求已经超过一个月二百元薪水所能供给的了。事实上很多的教授，早已吃不起米，不消说更吃不起肉了。譬如像韩寿萱先生家里，已经天天是窝窝头和白菜了。韩先生苦笑着说，他去年从美国回来还带着有一千多元美金，现在这点积蓄早已贴家用贴光了。以后再拿什么往下贴，他也不知道。再如教育系主任留德的专家张天麟先生家里，也早就是小米粥和窝窝头。张先生患有骨髓炎不能走路，不少的薪水要花在三轮车上。大多数的教授，如著名的经济学者樊弘先生，如考古学权威向达先生，差不多每星期都得向学校借钱，几乎将下一个月的薪水都透支光了。有些教授除了自己，还寄钱养活在南方的母亲，像胡世华先生一个人拿钱两个开支，只好把自己最心爱的书都卖光。还有些教授为了节省甚至不坐车，每天走一个多小时的路到学校里上课。如果家有八九口的，那就更不堪设想。

拿最高薪津的教授们已如是之惨，那些薪津更低的讲师助教工警等，其情形当然更惨。教授停课的消息传出以后，讲助会立刻响应，从二十六日起停课五天，工警随之向学校要求每人先借一百元，以救目前之急。同学们为了表示支援，也决意罢课五天。于是停

---

①《万方多难，弦歌不辍 江大校庆速写》，《锡报》1948年10月28日。
②王鹰：《从抢购风说到自讨苦吃》，《锡报》1948年10月26日。
③《国专食米恐慌，昨日一度停课》，《锡报》1948年10月28日。
④《北大教授集会检讨生活问题》，《锡报》1948年10月28日。

教停课的野火，随饥饿的北风，四处蔓延。由北平到天津到唐山，由大学研究院到市立各中学各小学，由国立到私立院校，包括北大、清华、师大、燕大、辅仁、华北学院、东北铁院、艺专、南开、北洋、唐山交大，以及平市各市立中学，几乎全华北所有的教育机关，在两天之内完全停顿。在停课的期内，各大学的学生像北大、清华、燕京等，都纷纷组织了争温饱委员会，进一步向员工向市民向广大的社会，展开具体的访问，在这次访问里，更清楚的知道，今天古城里的人们，究竟是过着怎样的一种生活。……

饥饿也把同学给逼倒了，学校门口的小馆子和小食摊，全都冷清清的。宿舍的门口，出让的条子突然增多，而征求却几乎看不见。有一同学愿意以一百金圆忍痛出售他过冬必用的皮袍，在他出让的条子上附有一首诗，最后一句是："买者身上暖，卖者肚内酸。"馒头膳团的人已逐渐减少，吃丝糕的经济膳团，虽一再扩充，还是人满为患，有很多同学补不进来。有时在上课时，未吃早点的同学肚子突隆隆作响，即面有菜色的教授也不禁随之叹息。①

1948年8月19日，米价为金圆券19.6元一石，11月涨到了500元，1949年2月中旬涨到9300元。物价一天几变，到1949年2月下旬第四学期江南大学规定，学费改缴实物，本学期应缴各费如下：学费白米三石，杂费一石(包括体育费图书费医药费等)，宿费五斗，膳费二石五斗(以每月五斗计算，由本校代收，仍交由学生膳食团处理，有余发还)。以上共计白米七石，分两期缴纳，概以隔日白粳门售市价为凭。②

为使贫寒学生能完成学业，每学期学校设置清寒奖学金30名，其中全免费10名，半免费20名。极优秀学生学校还予奖励，1948年9月2日，教务会议决定对第一学年学业成绩列入甲等的乐匋与胡家琥分别发给奖金1000万元与800万元。③乐匋与胡家琥都是理工学院机电专业的，平均分82分。只是1000万元奖金合金圆券不到4元，购买力极有限。

"抗战胜利时，法币的发行额是1.5亿元，到后来，成十倍的印刷、抛向市场，到1947年年中，已发行40亿元，物价也跟着'闻风起舞'，恶性膨胀。当时上海有一个形象的描写：按法币100元可购买的物品计，1940年可买一头猪，1943年为一只鸡，1945年为一条鱼，1946年为一个鸡蛋，1947年为小半盒火柴。尽管大多数无锡人民和青年学生，此时对共产党的方针、政策没有什么认识，但蒋介石政府'气数已尽'的说法已在社会上广泛流传。"1947年10月考入江南大学的王国忠说:"进入县中高三,我的思想也急剧变化。变化的原因不是因为接触共产党,而是社会现实的教育。我由一个欢欣鼓舞地欢迎重庆'中央政府'回来到对这个政府彻底失望,就是高三这一年。"④"辛亥以来,学生群体的动向虽然不能决定政治斗争的成败,却影响和反映了人心向背,显示了社会变动的方向与矛盾起伏规律,成为政治生活中最活跃最激进的因素。"⑤1948年6月20日《纽约时报》一篇发自中国的专稿中,就已透露了如下信息:"据与北平各大学有关系的中美人士估计,北平一万多大学生一年前约有半数倾向共产党,这个比例到今年暑期已增加到70%。教授中亦很多赞成共产党。有大部分教授本来稍倾向政府的,现在亦憎恶政府,已准备接受共产主义。"⑥

著名史学家许倬云,1948年毕业于无锡辅仁中学,其同班同学不少考进江南大学,"我们那时候大多数的学生是左派的,很多人到了高二变成地下党了……那个时候左倾是一种时髦"。⑦许倬云受家庭影响,"在学校不肯跟相信共产党的一派人走,被他们排斥在外面。有一群功课差的同学,我帮他们补补功课,他们会保护我,那段时间不算长,大概不到一年。不过事隔多年,现在回去大家恩怨全泯,当年和我对头的、保护我的,现在都无所谓了。那段时间同学的感情,起先很和谐,后来分化,我心里确实很难过"。⑧

三、学潮澎湃与校园政治化

"与之前相比,20世纪前半期中国政治和社会出现的一个明显变化是学生群体开始作为一股强大的政治力量兴起,学生运动(或'学潮')在整个社会的激进化过程中起到了至关重要的作用。而同时,各政党又在学生中进行动员或直接发展组织力量,使得近

---

① 《饥饿的野火》,《观察》第五卷第十一期(1948年10月)。
② 《江南大学校务委员会议第一次会议记录》(1949年2月18日),苏州大学藏私立江南大学档案,永9。
③ 《卅六年度第八次教务会议》(1948年9月2日),江南大学档案馆,SLJD-2。
④ 王国忠:《王国忠文集·我的一生》,今日中国出版社,2009年,第765页。
⑤ 桑兵:《晚清学堂学生与社会变迁》,学林出版社,1995年,第3页。
⑥ 莫如俭:《中国留美学生政治意见测验统计》,原载《观察》4卷20期(1948年7月17日)。
⑦ 《许倬云谈话录》,广西师范大学出版社,2010年,第39页。
⑧ 《家事、国事、天下事——许倬云院士一生回顾》,"中央"研究院近代史研究所研究专刊,2010年,第55页。江南大学图书馆藏。

代中国的学运与政争又紧密地粘连在一起。探讨近代中国的教育史和大学史,学生运动是其中重要的内容。"①

1947年夏私立江南大学筹办,同年8月份,中共上海地下党组织派遣中共党员薛禹谷(原复旦大学助教,校董薛明剑之女)来校应聘,任化工系助教。9月11日录取第一届新生发榜,正取、备取共328人。中共党员陈秉基奉上海地下党组织指派,考进江大,成为学生中第一名中共党员。薛禹谷与陈秉基分属于不同组织系统,横向互不联系。陈秉基主要在学校活动,薛禹谷主要通过其父亲薛明剑做以荣德生为代表的无锡工商界上层的统战工作。

陈秉基原名陈海耕,1945年加入中共,1946年考入上海大同大学,1947年,因领导学生进行"反饥饿,反内战"运动被开除。组织决定他改名陈秉基,考进江南大学农学院农艺系,与王国忠同班。王国忠一直记得大学国文课,中文系郑学韬老师"第一课和同学见面时,先是在黑板上完完整整写下了毛泽东的词《沁园春·雪》,随后作了讲解。

校董薛明剑与家人,地下党员薛禹谷(左一)在江南大学任助教

郑老师如何讲解的,我已记不得,但我是第一次读到这么气势宏伟、傲视二千多年历史的词,心底受到震动。东坡的《念奴娇·赤壁怀古》在中学学过,'大江东去,浪淘尽,千古风流人物'句,已觉得下笔不凡,而毛泽东词的末句'俱往矣,数风流人物,还看今朝',更觉得比东坡进了一步,高了一层,吞吐中呈现出一股英雄气概。我完完整整抄在笔记本上"。②

陈秉基到江大后,一方面认真读书,在同学和老师心目中树立好学生的形象;另一方面利用一切机会接触师生,了解他们,关心他们,帮助同学解决实际困难。他团结几名进步同学,成立伙食委员会,由学生自己管理伙食,在物价飞涨、物资奇缺的情况下,努力办好同学伙食,改善大家的生活。

1948年初,南京、上海等地掀起抗议港英当局迫害九龙同胞的抗暴运动。在陈秉基等人策划、领导下,江大同学在1月15日晚举行全校大会,"1月16日,为抗议英国制造九龙事件,学生罢课3天并组成抗暴团,学生自治会主席叶智修任总指挥,部分学生到各校宣传演讲,其他学校学生因临近期末考试,不愿参加这次游行。17日上午我校200多学生进城示威游行,进西门到南门,走新生路经圆通路折县前街走中正路,走胜利门,过吉祥桥折黄泥桥,一直由通惠路北栅口至火车站,沿途高喊口号,并集唱该团自行编制的抗暴歌曲。至下午十二时三刻始行整队返校。游行前,派出标语组,在无锡城内外各交通要道张贴抗暴标语及巨幅文告;并派三位代表至县府请愿,县府同意派警察随队负责游行保卫工作。下午通电全国,要求政府收回香港、九龙"。③

2月5日,寒假开始。在假期,陈秉基通过学生自治会学生代表组织发动无锡大、中学校学生开展劝募助学金运动,组织学生走上街头,宣传、劝募助学金,帮助部分贫困学生解决升学困难。这两次运动,大大激发了学生的爱国热情和对国民党政权的不满情绪,提高了他们的政治觉悟。通过实际斗争考察和锻炼,陈秉基在江大同学中发展了两名共产党员。经上级党组织批准,于1948年3月初正式建立了中共江大地下党支部。第一届支部成

---

① 蒋宝麟:《民国时期中央大学的学术与政治(1927~1949)》,南京大学出版社,2016年,第7页。
② 王国忠:《王国忠文集·我的一生》,今日中国出版社,2009年,第774页。
③ 《江大学生大游行》,《人报》1948年1月18日。

员是陈秉基、唐叔勤、钱拙。支部书记陈秉基，唐叔勤为组织委员，钱拙为宣传委员。支部成立地点是荣巷江大校舍后面的横山脚下，宣布支部成立的上级领导人是范文贤。

陈秉基把有关中国共产党的期刊和文件带给积极分子读。"读这些文件是非常危险的，无论如何不能带到宿舍里。一个绝妙的办法是：江大校区后门外是一片广阔的农田、荒丘和坟冢，晚饭后我们常在那儿散步。有的坟冢盖有墓墙，我们就把这类东西放在墓墙里面。受陈的影响，我也铁了心，在壁报上写文章时，用了个笔名：石焚。用意很浅，宁可玉石俱焚，也会革命到底。"①积极分子之一的王国忠在后期的回忆中写道。

江大成立之初，几名进步同学牵头成立了"骆驼歌咏团"，演唱进步歌曲。党支部成立后，歌咏团的活动同党的工作紧密结合在一起。1948年5月24日，骆驼歌咏团的30个同学步行10多里，到城北江苏省教育学院参加由地下党组织的大中学生纪念南京"五二零惨案"一周年营火晚会。

在月光之下，一批学生聚在草地上，生起了熊熊的火，尽情地歌唱、舞蹈。雄壮的、悲凉的歌曲，一支一支的过去了。突然会场起了骚动。"你们为什么要唱共产党的歌？""谁叫你们唱《我们是灯塔》？"四处起了质询和喊打之声。

原来江大歌咏团唱了一支名叫《我们是灯塔》的歌，引起了社院苏北同学的不满，他们说套用共产党党歌的调子，是共产党的歌，江大歌咏团为什么要唱共产党的歌？谁指使唱这种歌？在他们的眼光中，江大参加营火会的同学都成了"危险分子"。虽经江大同学的一再解释、申辩，说明这支歌的来源，同时说明唱这支歌并没有什么目的，选这支歌的动机，完全是为艺术而艺术，并非有意在替什么主义宣传，根本不以为唱这支歌就犯了什么天大的罪过，更不能以此来断定他们的"思想有问题"。但是苏北同学们总不了解这些话，又经过社院主持营火会的歌咏团的百般调解也无结果。百多个苏北同学包围着三十个客人，并且还打算通知宪警捉拿这批"危险分子"。从明月的上升，一直到午夜，江大同学都陷在重重包围和叫嚣、质询、责难的纷扰里。后来夜更深了，包围者渐渐散去，江大同学才从草地移到会客室里，等待天明。②

整整一夜大家坐以达旦，沉着而平静。后来知道，教育学院支部动员了不少进步同学守卫在会议室周围，以防不测。③天亮后学生到火车站旁，坐无锡到宜兴的汽车在梅园下车,再从梅园走到学校。④

在校内,学校党支部建立了许多适合青年特点的社团组织,如读书会、歌咏团、诗歌朗诵会、墙报等。他们还成立了江大新闻社作为党的外围组织,还办了Bridge(桥)图书馆,将一些进步书籍如中共在香港定期出版的《群众》杂志等供党员和进步同学阅读,以提高这些同学的政治觉悟。同时,学校党支部还十分注重学生自治会的"组阁"。每学期开学时,他们就事先在进步学生中进行酝酿,以争取更多社团组织和中间群众投赞成票。因此,学生自治会的领导权始终掌握在地下党员和进步学生手里,保证了党支部对学生运动的领导,直至无锡解放。

"原上草社",是当时江南大学进步学生组织的社团之一,其负责人是该校经济系47级学生、后担任学生自治会主席的江之光。在"原上草社"编的这份《五四特辑》墙报上,共有《从五四谈到江大》《五四!在前进!》和《祛除苟安》等3篇短文。这3篇短文,文笔犀利,观点鲜明。文章联系"五四"运动以来29年的历史,俯瞰当今祖国原野,"烽火在燎燃,大风暴正在颠簸,黑暗依然在迷漫,人民在颠沛流离,沉浸在痛苦里"。呼吁同学们:"本着五四精神,不要沉寂,不要苟安,要肩负我们学生的责任。不用怕,凭着我们合力的奋斗,自然会披荆斩棘地被我们杀开一条血路,打破所有阻碍我们前进的难关!"《五四特辑》墙报贴出几天后,有个叫王瞿的进步学生将它从墙上揭下,一直很好珍藏着。1998年,王瞿将这件革命文物捐赠给原无锡革命陈列馆。

5月26日,学校接无锡县长徐渊若电:"共匪最近又在各地鼓动学潮并早经派遣其职业学生渗入我各大中学校,伺机蠢动以期达到扰乱社会秩序阴谋。贵校亦为彼等工作对象,混迹其间,本府有鉴于此,为防制学潮之发生,用特电请贵校密切注意并与本府情报组经常取得联系联络,如贵校认为有由本府酌派人员负秘密驻校协助防止时,本府自可照办。"主持工作的江南大学副校长顾惟精回电拒绝:"本校现仅有一年级生,分子纯粹,近以学期

---

①、③王国忠:《王国忠文集·我的一生》,今日中国出版社,2009年,第774页。
②本刊特约记者:《两个学府间的悲喜剧》,《大学评论》1948年第1期。该报道有倾向性,《我们是灯塔》被视作"红色歌曲",如果说不是众人皆知,也是多数歌唱者的共识。苏北为共产党解放区,地主被打倒,苏北同学主要指苏北地主子弟。
④2018年1月3日上午对蒋凌械的采访,地点上海陆家浜8号线地铁口蒋宅。

钱穆长子钱拙(后排右二)同弟妹、母亲在一起(1961)

即将结束,各生潜心学业,预备大考。校内秩序安定,暂时似无派兵驻校协助之必要。"①

在政府压力下,在学潮中表现突出的钱拙、凌永定被校方劝退。数理学系钱拙是钱穆之子,苏州中学毕业,口才文才皆好,办壁报、唱歌、演话剧、朗诵诗歌,他都能"露一手"。

与儿子追求进步相反,受蒋介石几次"约饭"的钱穆相当保守,他在云南大学兼课时,"闻一多尤跋扈,公开在报纸上骂余为冥顽不灵。……凡联大左倾诸教授,几无不视余为公敌"。②钱穆始终是蒋介石的铁粉,他在"江南大学初上课,忘其为何事,学生欲结队赴京请愿。此等学生皆初自中学来,即已如此意气嚣张,诚不可解。余任文学院长职,集大会尽力劝诫,意气稍戢,但终不肯已,乃改派小队赴京,学校仍照常上课。然此后学校风潮终于时起,盖群认为不闹事,即落伍,为可耻。风气已成,一时甚难化解"。③

这是钱穆在《师友杂忆》中的记述,这本小书在内地出版后曾一纸风行,但激进的儿子与保守的父亲到底有怎样的冲突与对抗,钱穆书中一字未提。他写了很多江南大学的人与事,却回避了同在一个校园的儿子钱拙,也许有难言之隐,让这位著名历史学家只能选择性记忆。

与钱穆持相同立场的教授还有他的江南大学同事唐君毅、牟宗三、谢兆熊、郭廷以等。1948年6月11日,唐在日记里记载:"夜开国语演讲竞赛会,知一般学生思想之肤浅、流俗。觉无法改正之苦。"④1949年春,钱孙卿反复规劝钱穆留下来,迎接解放。钱穆反驳说:"吾叔日常好谈论古文辞,不知共军先后文告,亦有丝毫开国气象否。"⑤

虽当局一次又一次给学校发文,要严惩共党分子,可校方执行有难度。到无锡解放前夕,江大党支部先后发展了15名江大学生和1名公益中学学生入党,其中有6名女性。此外,还有4名同学在其他地方入党后,把关系转到江大。

物以类聚,人以群分,在进步学生集聚时,反对派也在抱团。"平常阅读的小说、诗歌,也可说是学生'站队'的一种方式,最直接表现学生自觉不自觉'站队'的阵地是壁报。唐叔勤、冯秉敏、蒋寿英、蒋秋芝、钟艺青办了'春潮'壁报。特点是政论性文章较多,旗帜鲜明,我也参与其事,江之光、李赐、王瞿等办了一个文艺性壁报'原上草',以散文、杂文、诗歌为主,追求民主、自由的进步倾向也十分明显。张钟寅等人也办了个壁报,以国民党《中央日报》的观点为观点,引起同学们的注意,进步力量及其反面力量都在第一学期逐步形成。"⑥

张钟寅时年24岁,江苏江阴人,南菁中学毕业,1924年考入理工学院机电系。第一学期得学分26分,平均成绩69.56分。⑦"此人老练、阅历深,年龄比我们大七八岁,敢于亮出自己的特务身份。进步同学都知道他是国民党派进来的人。""这个人也非草包

---

①《函电往来》,苏州大学藏私立江南大学档案,永10。
②郑素芬:《钱穆教学研究》,台北市立教育大学硕士学位论文,2013年,31页。
③钱穆:《八十忆双亲·师友杂忆》,生活·读书·新知三联书店,1998年,第272页。
④《唐君毅全集》,卷32日记,九州出版社,2016年,第2页。
⑤钱穆:《八十忆双亲·师友杂忆》,生活·读书·新知三联书店,1998年,第274页。
⑥王国忠:《王国忠文集·我的一生》,今日中国出版社,2009年,第238页。
⑦时教师给分严,如徐柏年,18岁,省立苏州中学毕业,吴县人。理工学院机电系,平均分67分。钱拙,17岁,省立苏州中学毕业。第一学期得学分26分,平均成绩69.5分。

一个,一手毛笔字写得很好,肚子里也有点墨水,《红楼梦》《秋海棠》《江湖奇侠传》《雷雨》《在人间》,都可读一点。"①

在争夺话语权、争夺民心方面,国民党支持者处于下风。江南大学里面,进步学生因人多势众,得到地下党正确指导,控制了学生会、膳食团等组织。膳食团团长由王国忠这位积极分子担任。长期的战争带来粮油极度紧张,为解决吃饭问题,众多学校学生成立膳食团自办伙食。

江阴来的谢乐仁同学任膳食团副团长,聘请两名同学担任会计、出纳,两名同学任保管,两名同学任"采购",五六名同学任"监厨",把厨房一切活动抓在膳食团手里。"采购"任务是每天带厨工到荣巷购买当天副食品,都是天不亮就步行去荣巷,计算着一天荤素花色的搭配,尽量使伙食有变化,很辛苦,尤其是刮风下雨天,"采购"人员没有一次不淋成落汤鸡的。"监厨"工作是从"保管"那里领出一天用的米、油之类,交给厨房,进行监督。同学们当时一个月伙食费是五斗米,以当天米价折算钱,避免恶性通货膨胀带来贬值。收到钱后怎样立即买好米、油盐之类,是团长、副团长的职责。好在无锡是著名米市,三里桥一带,米行少说也有几十家,同学家长、亲戚中不乏或经营米行或在米行中任职的,容易买到价钱公道的好米。三四百同学每天用米数量可观,所以每个月进城买米,总是在后湾山下的农家雇用一两条船进城。买好米和其他副食品回到厨房旁边的码头,一般都已天黑,组织厨工搬入仓库,一切就绪,早已半夜三更,宿舍里早已熄灯就寝。不过,由于膳食团直接操作,学生伙食明显改善,一般每周还可以加一次"大荤"(一大块红烧肉,或一条大鱼)。

通过办伙食、办晚会等各种有益的活动,在学生中,地下党占据了主导地位,国民党的影响越来越边缘化。

---

① 王国忠:《王国忠文集·我的一生》,今日中国出版社,2009年,第238页。

第四章
社会大变革：惊天动地

私立江南大学所存在的5年，经历了两个不同政权、两种不同治理模式。这场翻天覆地的大变革，是一次社会阶层的重新洗牌，是利益的大调整。众多高校在伤筋动骨中适应新的时代，少数高校连适应新时代的机会也不存在。

第一节 政权更替后的治理架构

1949年的政权更替，给私立江南大学带来巨大冲击，部分核心成员离开大陆，学校董事会、管理层不得不重组，史地、外语、中文、经济这四个文科专业被取消，工会、团委、学生会这些新型组织纷纷成立，荣家对学校的控制权被严重削弱。人们怀着不同的心情来适应这一崭新的时代。

一、校董会改组

上学期因淮海战役影响，长三角各高校都提前放假。冬去春来，新学期开始，1949年2月28日上午，江南大学举行学业始业式，全校师生参加，由校务委员会主任荣毅仁担任仪式主席，领导行礼后，即席致辞，希望学校在安定中求进步，学生应认清当前环境，惟有致力学业，敦品励行，前途无限光明。教务长沈立人致辞，认为复兴新中国之责任完全寄托在今日之青年，青年为国致用之准备。本校应从新做起，养成真实读书风气……12时礼成，荣主委巡视全校，指示赶建运动场，发展体育，并积极实施工场实验各项。[①]3月12日上午10时，国父逝世纪念仪式在学校大礼堂举行，会后植树，农学院学生全体参加，荣毅仁主委亲植龙柏一株。这种在全国学校持续20多年的纪念仪式，此为最后一次。11点在学校会议室召开第三次校务委员会议，出席钱孙卿、荣毅仁、沈立人、王文元、顾惟精、郭守纯、钱穆、陆仁寿，列席华晋吉、许雍圻、陈陵。主席荣毅仁，记录张宾侯。

此时，离共产党发动渡江战役只有40天，江南大学的教授们心态不一，有的对共产党不了解，忐忑不安；有的不满于国民党腐败统治，向往新政权；有的则不认同共产党理念，准备跑路。黎明前，大家都很谨慎，不轻易公开自己的政治站位。史地系主任王文元兼任训导长，这一职位让他与进步学生产生冲撞，1949年3月，他也辞去了训导长职务。

4月9日上午10点，在本校会议室召开第三次校务委员会议，出席荣毅仁、沈立人、顾惟精、郭守纯、陆仁寿，列席华晋吉、许雍圻、陈陵。主席荣毅仁。通过华晋吉为本会秘书的决议。

文学院院长钱穆缺席了这次校务委员会议，4月4日他乘春假(清明节前后放春假)与唐君毅一起离开无锡去上海，7日乘船南下广州。行色匆匆之际，钱穆未回苏州藕园与妻儿告别。与他选择相同的还有史地系兼职教授郭廷以等。

4月20日，教授会召开会议，给荣毅仁去函，提出几大要求：

荣毅仁、沈立人：

敬启者，兹以时局日趋紧张，经济情形日趋紊乱，同人等惴惴不安，于4月20日下午二时在本校会议室举行全体教授临时谈话会，商讨结果提出下列数事，奉达钧会时机迫切，予以裁夺。

一、请速确定应变计划，包括应变机构之组织，应变经费之准备，应变物资如粮食燃料等之购储，交通工具之增添与保管等，盖以军事威胁迫于眉睫，本校行政由校务委员会负责，主任委员经常在沪，副主任委员亦有时离锡赴沪，万一事变突来，京沪交通阻隔，如不早为之计划，不特全校一切之措施受停顿而全体员工之生活安全亦将不堪设想。

二、请将现行发薪办法加以修正。每月初按上月底指数发薪，全月恃本月指数发，有时即随时依该指数从速补足月薪全额，请按指数发表时，当天上海银圆价之平均数折成银圆或迳发银圆，若发现钞时则按当时银圆与全圆券之比值发放，盖近三次发薪均用划线支票，同人等取支票到手时，均以未能当日兑款而商店拒收，未便购买物品，致较发表指数时，贬值达百分之五十以上。

三、请将现行待遇予以调整。同人等月薪之基数(包括研究费办公费等)过去系照国校同等级者增加百分之五十计算，近月币值贬落，该基数似已不能适合，依国校教授待遇，即以研究费办公费而言，已增至教授88元，副教授78元，讲师68元，助教50元为基数，办公费则院处长各98元，系主任69元为基数，发薪日期大抵提前数日，一齐发放，

---

① 《江大昨举行始业式 荣主委勉学生努力》，《江苏民报》1949年3月1日。

敢请依照此比例加以调整，庶符同人等接受聘书时本校教授待遇，至少高于国校教授同等百分之五十诺言，专此，

谨请校务委员会主任荣毅仁沈立人先生 钧鉴
江南大学教授会 1949年4月20日启①

荣毅仁接函后给江南大学几位院长与总务长陆仁寿、代教导长陈陵、主任会计许雍圻回函，要求准备一个月存粮以应急。至于待遇问题等时局稳定后才研讨。

沈立人、顾惟精、郭守纯、陆仁寿、陈陵、许雍圻：

谨启者，顷接21日大函，详悉一切，本当即日到校面聆教益，只以杂务交集，校中经济亦急待筹措，未克于日内到锡为憾，方今国事如斯，亦只能静以观变，事实如此，非敢强言镇定也。下列诸点并请即日示知为幸。

一、教授同事同学工友决定留校离校者请分别调查清楚以备统筹；二、校中现存日用生活必需品尚有若干，应再添备者若干，以一个月为标准；三、同学膳食嘱即自行准备一月之粮，以免临渴掘井；四、女生宿舍即嘱华盖监工严催营造厂，赶速完工，急需于月内交屋，以备必要时各院同人集中之用。

一俟经济调度妥当，当再到锡面商，校中任何集体意见均盼随时赐知，俾便参考。毅仁职责所在，自不敢不追随诸君子之后也。诸同学并盼转告继续安心上课为本，专此布复。

荣毅仁 1949年4月21日②

4月21日，中国人民解放军发动渡江战役，无锡国民党军警从学校周边集中到城里，原住荣巷、梅园大部分教职员眷属，均迁至校本部后湾山，住在教学大楼。23日，无锡解放。24日停课，学生自治会发动同学进城欢迎解放军入城。25日，因受战争波及，无锡与上海联系中断③，学校向申茂新办事处取到现钞1000万元，全体员工每人平均分发6万元，备作零用。26日，照常上课，教职员眷属开始分别迁回荣巷、梅园。这次政权更替，无锡未遭战火破坏，工厂学校都未受到冲击，只有2名解放军战士因不懂用电，触电身亡。④

无锡解放后两天，中国人民解放军华东军区无锡市军事管制委员会(简称市军管会)奉华东军区司令部政治部令，对无锡实行军事管制。26日，苏南人民行政公署成立，管文蔚任主任，刘季平、陈国栋任副主任。行署设在无锡市，历史上一直是县级建制的无

锡由此地位大幅上升，成为省会所在地。因与苏南行署在同一城市，私立江南大学受到政府更多关注。

苏南区是江苏建省前一个重要行政区域，全区辖镇江、苏州、常州、松江四个专区及无锡、苏州两个苏南直辖市，共27个县，两个专署属市(镇江市、常州市)。

30日，私立江南大学接中国人民解放军无锡市军事管制委员会教字第二十号命令："决定私立学校在军管时期统归本会文教部管理；各校应即依下列各项作成书面报告：该校简史、该校办理宗旨与具体方针、该校董事会组成概况及校董名册、该校行政组织与学级编制概况、该校课程实施概况、该校基金概况经费来源与收支概况、各级学生在籍数与实有数统计、教职员花名册、校产校舍校具清册、图书仪器及其他设备清册。"

5月2日，苏南行政公署及无锡市军事管制委员会特派军代表吴锷、沙荣生进驻私立江南大学。

吴锷(1919～2011)，原籍江苏省海安县。农民出身。抗日战争时期，历尽艰辛，由家乡徒步到昆明，1940年考入西南联大物理系，1947年来江南大学担任物理助教，辅导学生物理课并指导物理实验。吴一直要求进步，1948年底，他回家乡度寒假，就地参加解放军。无锡解放，他随部队到无锡。

5月3日下午1时，全校教职员应无锡市军管会邀请，赴无锡师范附小礼堂参加中等以上学校教职员座谈会。12时半校车从后湾山开出，在梅园、荣巷两处停靠，教职员工至西门下车，穿过城门，跨过前西溪、后西溪、束带河，步行至会场。下午学生停课。

4日，解放后第一个青年节，全校放假。上午在学校大礼堂举行纪念会，公益中学、化新中学和军管会文教部部长汪海粟前来参加。下午学生宣传队进城，同其他学校同学一起在城中公园，成群环列成队，扭着秧歌大合唱，《永远跟着共产党走》和《团结就是力量》的歌声此起彼落，为解放而欢呼。晚间举行联欢晚会。6日，中国人民解放军文工队来校表演，自下午1时起各课暂停。

---

① 《教授会信函》，苏州大学藏私立江南大学档案，永14。
② 《荣毅仁信函》，苏州大学藏私立江南大学档案，永14。
③ 上海解放是1949年5月27日。
④ 汪春劼：《地方治理变迁——基于20世纪无锡的分析》，社会科学文献出版社，2012年，第177页。

6月8日，为庆祝上海解放，学校停课一天。下午4时教职员工与学生携带标语和各式花灯乘专车3辆前往市区，参加全市提灯游行。11日，第16周学术演讲，苏南行署刘季平副主任到校讲话，就江大前途、学费、改造教育三个问题作了详细阐述，历时2小时，坚定了学校领导的办学决心和师生员工对学校前途的信心。继由校董钱孙卿演讲。

宜将剩勇追穷寇，解放军向福建两广不断推进，"当党仍将主要注意力集中于巩固军事上的胜利与稳定社会秩序这两大任务时，教育政策是温和的，新的教育纲领尚待拟定。这就给了华中大学这类私立教会学校一个暂时的自我维持和生存的机会"。①马敏对华中大学的分析也适用于江南大学，时政府对私立学校仍行维持之策。

政权更替后，私立江南大学董事会发生了巨大分化。董事长吴稚晖追随蒋介石去了台湾，副董事长戴季陶见大势已去，在1949年2月11日自杀"殉党"，董事中钮永建随"考试院"撤迁台北，荣鸿元、荣鸿三、荣尔仁、章渊若移民境外。13名董事中(荣一心飞机失事)有7位不与新生的人民政权合作，这给校方带来了"污点"，校董会改组成为必然。

新政权发布了《华东区私立高等学校校董会组织暂行纲要》(1949)，对教会大学和私立大学董事会作出新的规定。《华东区私立高等学校校董会组织暂行纲要》要求②：

校董会由热心民主主义教育事业或办理教育事业有经验人士组成之，但现职主管教育机关人员不得充任。校董会以七至十七人组成之，并互推主席一人，总理会务，必要时得设副主席一至二人，或常务校董若干人襄助主席办理会务。

校董会职权包括：1.办理学校立案手续。2.任免校(院)长及副校(院)长。3.筹划经费，保管资产与审核预决算。4.制定校(院)务方针，审查核准校(院)长的工作总结报告。

7月，江南大学校董会改组名单宣布，由荣德生任董事长，钱孙卿、荣毅仁任副董事长，吴中一、汪君良、陈品三、秦德芳、荣鄂生、郑翔德和顾毓琇七人为董事。同两年前创校时的董事会名单相比，仅留荣德生和顾毓琇2张老面孔。除死亡与移民的8位董事外，李国伟、秉志脱离董事会，薛明剑因是立法委员，同宋美龄有私交，这在新社会都成为甩不掉的"包袱"，他知趣地自我边缘化，尽管他的弟弟是孙冶方——共产党内著名经济专家。新增加的6位董事(吴中一、汪君良、陈品三、荣鄂生、秦德芳、郑翔德)仅是荣氏企业骨干人物，在社会上缺少知名度。

表4-1　　　　　江南大学董事会名单(1949.7~1952.7)

	年龄	毕业学校	职务	备注
荣德生	74		茂新面粉公司总经理	副董事长
荣毅仁	31	圣约翰大学	茂新二厂经理	荣德生四子
钱孙卿	62		无锡县商会主席	
吴中一	35	英国波尔登大学	申新九厂协理	吴昆生之子
汪君良	41	北京工业大学	民生实业公司财务顾问	
陈品三	59	私塾	申新九厂协理	
荣鄂生	59	两江优级师范学堂	申新六厂经理	
秦德芳	38	英国波尔登大学	申新二厂五厂管理处协理	荣尔仁代表
郑翔德	45	无锡工商中学	申新三厂厂长	
顾毓瑔	44	康奈尔大学机械工程博士	全国经济委员会副秘书长	中央工业试验所所长

重组后的董事会最大的变化是没有了国民党党政要员，没有了中央级别的"保护伞"。虽然荣德生与钱孙卿在1950年当选苏南行署副主任，但这个副省级高位是党执行统战政策的产物。在新时代，私立江南大学与中央政府的关系大大弱化了。

二、取消文理专业引发的风波

新校董会为与旧董事会切割，开始对学校专业进行调整。

1949年6月17日，按要求呈送无锡市军管会文教部本校课程纲要一份。下午2时召开教务校务联系会议。出席金圣一、陆仁寿、沈立人、李笠、顾惟精、王文元、李景晟、秦含章、郭守纯、张云谷，主席沈立人，列席许雍圻、陈陵。决定分荣巷、梅园、校本部设三个教师学习小组，每周至少学习2小时。各区召集人，荣巷为顾惟精院长，梅园为郭守纯院长，校本部为沈立人副主委。

向校董会建议增改本校各学院系课程案。理工学院改为工学院，设电、机、化工、土木四系；农学院设农产制造、动物生产、植物生产三系；文学院改设管理学院，设工业管理、财务管理、运销管理三系。与之前相比，工学院增加机械、土木两系，农学院

---

① 马敏：《艰难的蜕变——解放前后的华中大学与韦卓民》//章开沅等编：《中西文化与教会大学》，湖北教育出版社，1991年，第326页。
②《华东区私立高等学校校董会组织暂行纲要》，上海市档案馆，Q243-1436，第25页。

院系也有增加。专业调整符合新政府意旨,重工轻文,文学院取消,原有四系都不存,同时不存的还有理工学院的数理学系。这次改革动了文理学院教授的"奶酪",引起激烈反弹。

7月1日教授会召开,24人参加。当时开会按程序行事,有人提案还有人附议,再付会议表决。讨论事项有:

朱正元先生提:关于本校院系调整拟先确定原则如下:文学院与理学院数理系归并为文理学院,改设文史地、数理、管理三系。至各系应否分组及具体实施办法,由本会推定研究小组提下次全体大会讨论。

沈立人先生提:取消各院组织,以系为单位重行调整本校各学系。李笠先生提:调整各学系,在合并组织文理学院并增设管理学院之原则下研究具体办法。

决议:(一)第一、二、三案合并研究。(二)推沈立人、朱正元、吴大榕、郭守纯、秦含章、李笠、王文元七位先生组织研究小组(召集人沈立人),根据上列提案并参酌助教会及同学意见商拟方案,送校董会参考,如有必要时,再召开全体会议。

郭守纯先生提,建议校董会尽先充实原有各系设备,如需增设新学系应先确定该系设备费用,郑重办理。决议通过。①

由沈立人、朱正元、吴大榕、郭守纯、秦含章、李笠、王文元七位教授组成的研究小组2日在梅园开会,会议纪要如下:

教授会研究小组研究意见记录

时间:7月2日 地点:梅园

一、原则:

①在依据学校公布之改制办法之前提下设法顾及各方学生志愿。

②在不过重增加校方经济负担之前提下尽量维持原有院系。

③尽量维持大学之体制与精神。

④院系性质相近者得合并办理。

二、办法 院系分配如下:

①文理学院(a)语文系(包括中外文二系)(b)史地系(c)数理系

②工学院(a)电机系(b)机械系(c)化工系(d)土木系(暂缓招生)
③农学院(a)农产制造系(b)植物生产系(c)动物生产系(暂缓招生)
④管理学院(a)工业管理系(b)财务管理系(暂缓招生)运销管理系(暂缓招生)
⑤面粉专修科(照旧)②

教授会研究小组的决议推翻了校方的调整方案,依旧保留文理学院,新增的管理学院也只有原先的工业管理系。校方没有接受教授们的意见,教授会又连开几次会议,进行杯葛。

24日,数理系与史地系代表给董事会写信,表达意见③:

设实用院系即工农及管理三院来说,与大学之体制与精神,有违并将贻本校非一完全大学,乃一工商专科学校之讥,实际上本校文学院及数理系之一部分同学仍愿继续学文理者,与无锡一班有志于精研文理、为本校争光荣之青年皆将因此而摒之于门外,殊为可惜,更无论矣。荣府不惜巨资创办江南大学,如因此次改革而造成未办一完全大学,仅办一专科学校之结果,岂不更为可惜。

弟等为此再三研究,得一比较妥当之办法,即将文学院改为文理学院,为节约经费计,内中暂设二系,即一面将国文英文史地三系并为一系,名文史地系,一面将理工学院之数学系移入此院,再将经济系改为管理学院或管理专修科,原有之理工院改为工学院,若然则理论与实用学科双方兼顾而特置重于实用科学,既不失为一完全大学,又能适合时势之需要。在经费方面较之取消文理所增亦有限,因即不办文理学院而文理教授必须聘请也。区区愚见未知果属安当与否。尚祈垂察,如开董事会研讨此问题,复希代为提供参考是幸,再者此问题已在校务与教务会议通过,弟等似不当再另发意见,惟以此问题与荣府创办大学之旨及江大前途皆大有关系,故敢破例补陈鄙意,此点并希亮察,敬祝教安!

教授兼史地系主任 王文元
数理系教授 朱正元 八月廿日

---

① 《教授会记录撮要》,上海市档案馆,Q193-1-1571。
② 《江南大学向校董会报告校务请拨经费派员实习等函件》(1952年),上海市档案馆,Q193-1-1571,第287页。
③ 《教授会记录撮要》,上海市档案馆,Q193-1-1571。

25日，诸祖耿、周怀衡、沈志平、李笠、朱正元、郑学弢、王文元、朱东润、费大强、阚仲元、许彦生、万迪生、谢兆熊、陆子芬、束天民、姚志英、程毓秀、罗聚源、张云谷19位文理学科教授与副教授联名给校务委员会主任委员荣毅仁上书，要求保留文理学院，上书从办学宗旨、学校经费、学校行政、社会观感、学生人数等方面有理有据地剖析取消文理学院的弊端。(上书全文见附录1)①

校董会接受教授们的意见，保留了语文与数理两个专业(中文与外文并为语文)，唯有史地专业取消。校主荣毅仁原在上海圣约翰大学经济系就读，后转历史系，拿的是历史学学士学位，为何学校先要取消史地系？笔者虽尚未找到直接相关的资料，但不揣冒昧，或与出走江南大学的钱穆有关。

1949年4月，百万解放军渡过长江后，南进势如破竹，在广州的国民党政权还企图进行最后一搏。此际，大学教授跳出来，力挺奄奄一息国民党政权的惟有钱穆与张其昀。5月16日，顾颉刚在日记中感叹道："钱穆与张其昀在广州参加反共组织，有演讲，此君亦参加政治矣。"② 1949年8月14日毛泽东发表的那篇题名为《丢掉幻想准备斗争》的著名新华社社论中点了3个文人的名字，钱穆的大名赫然在列：

"对于这些新式的大小知识分子，帝国主义及其走狗中国的反动政府，只能控制其中的一部分人，到了最后，只能控制其中的极少数人，例如胡适、傅斯年、钱穆之类，其他都不能控制了，他们走到了它的反面。"③

钱穆作为江南大学首任文学院院长，荣家把其当大牌供奉，4个月前他还在学校授课，现在却成了新政权钦点的"反动文人"，这对他在江南大学的同事和学生，乃至对校方都是极大震动。钱穆由昔日座上客、名牌教授，转眼间成了荣家与江南大学的"负资产"与历史包袱，史地系也跟着倒霉，第一个被取消。该系学生有的留在学校转到管理学系，有的转考其他大学，前文提到的刘家和就是先转学南京大学，再转学辅仁大学。④

1949年8月11日学校发布的招生广告上还有语文系，只是报考人数极少，达到合格线的都未到两位数。

表4-2　　　　　　　　　　1949年度各系科新生成绩统计

系科	报考人数	科目种数	300分以上者	200分以上者	170分以上者	160分以上者	130分以上者	合计
语文	12	5	0	1	1	1	6	9
管理	80	5	4	19	5	3	15	51
数理	6	6	1	4	1			6
电机	70	6	13	32	4			50
机械	86	6	15	31	3			52
化工	77	6	8	35				50
植产	25	6	7	9	4			22
农产	62	6	11	29				40
面粉	85	6	11	24	5	3		47
合计	523	6						327

(上海市档案馆：《江南大学向校董会报告校务请拨经费派员实习等函件》，Q193-1-1554)

9月份学校又进行了第二次招生，可还是缺少生源，"语文系仍无法设立"。⑤在这种形势下，想保留学校文学院的教授们也只得接受现实，时不我与也。

9月28日，校董会根据校务委员会沈立人副主委建议，为适应新中国建设需要，决定撤销学院建制，调整系科。即增设工业管理系，将原经济、中文、外文、史地系学生转入工业管理系或转学；将原植物生产系改为农艺系。后经呈准改设为"七系一科"，即工业管理系、数理系、机械工程系、电机工程系、化学工程系、农艺系、农产制造系(1950年改为食品工业系)及面粉专修科(1951年并入食品工业系)。

1949年下半年，刚建立不到两年的江南大学实行改院设系，学校向上级汇报时如是解释："自解放以后，深感过去的院系课程颇不合实际，需要为适应环境，大量培植工农建国人才起见，经将原有文、农、理工三院课程分别调整，取消院名，改设7学系1专科。"汇报也谈到这次决策很匆忙，"这一措施未经过缜密考虑，征求师生意见，数度协

① 《江大教师关于系科重设致荣毅仁函》，上海市档案馆，Q193-1-1571。
② 《顾颉刚日记》，第六卷，台湾联经出版公司，2007年，第458页。
③ 《毛泽东选集》，第四卷，人民出版社，1966年，第1422页。
④ 《丽泽忆往：刘家和口述史》，商务印书馆，2021年，第118页。
⑤ 《沈立人给荣毅仁函》，上海市档案馆，Q193-1-1554。

商后呈奉核准施行。"

撤院设系调整专业，不仅意味着学校层级减少，三位院长职位的取消，部分学生要转系转校，更主要的是学校教学目标的改变，由通才变为专才，"各系课程完全专才教育，并着重生产教育，以期造成实用人才"。①

如何看待文史专业这个非实用学科，学界历来有不同认知。1912年，蔡元培担任教育总长时曾立下规矩：大学以文理为中心。民国年间规定，文学院+理学院+第三个学院就可以成为大学。文理学院缺一，再多的学科也不能成为大学，只能成为学院。②1928年，31岁的罗家伦担任清华校长之初就提出清华大学办学理念："我们的发展应先以文理为中心，再把文理的成就，滋长其他的部门。文理两学院，本应当是大学的中心，文哲是人类心灵能发挥得最机动最弥漫的部分。"他感叹：大家"不知纯粹科学是应用科学之基础。注重应用科学而不注重纯粹科学便是饮无源之水"。③

私立江南大学这次专业调整，既有学校与文学院院长钱穆"切割"从而自保的一面，也与当时政府的政策导向有关，以苏联的专才教育取代西式的通才教育。1950年江南大学制定的发展计划及重点也强调此点："本校总的培养目标在依据新民主主义思想教育及共同纲领之规定，培养一群勤劳勇敢，既有文化和技术又有政治觉悟，学用一致的真正能为人民服务的专门有用人才。对于工农各系科都针对这个目标同等重视平均发展，以求达到为国储材的目的。"④

其后又根据华东教育部1951年6月7日的指示，本校组织大纲第一章总则第二条应更改为：本校遵照中国人民政治协商会议共同纲领的规定以理论与实际一致的教育方法，培养具有高深文化水平掌握现代科学的成就和技术，全心全意为人民服务的高级工农建设人才为任务。⑤而1947年学校创建时大纲第二条写道："本校以砥砺德行、发扬文化、研究高深学术、养成专门人才为宗旨。"⑥

三、话语权的分散

"一九四九年在中国大地上发生的，并不只是一个政权代替了另一个政权、一种政治力量代替了另一种政治力量，而且是一场中华民族历史上前所未有的社会大变革。"⑦

4月23日，无锡解放，私立江南大学翻开了新篇。地方政府开始参与学校管理，但这时基层政权尚处于建立阶段，对学校的管理还提不上议事日程。

10月1日，中央人民政府成立，它成为中国历史的一个转折点。为庆祝新中国诞生，学校与全国已解放区域一样，放假3天。2号上午8时，无锡市各界庆祝中华人民共和国中央人民政府成立及保卫世界和平大会在皇后大戏院(即今胜利门广场和平电影院)举行。会议开始，主席团率领全体代表冒雨步行到城中公园多寿楼前，举行升旗仪式，这是五星红旗在锡城大地上第一次升起。升旗结束后，代表返至原处继续开会。

刚成立才两年的私立江南大学特地选出20名同学组成火炬长跑队，队长冯锡章背负江南大学致中央人民政府的贺词，当天早上7时半，准时从学校出发，到锡宜、锡苏两公路分路处，燃着火炬，开始整队起跑。经过德新桥、西门桥，进入西门、复兴路、中正路时，市民们发出了共鸣的欢呼，11时抵达皇后大剧院会场，呈交大会主席团。这是江大同学向中央人民政府表示崇高敬意的礼物，也是庆祝大会上一个出色的节目。

10月4日，全校师生员工欢欣鼓舞参加无锡市庆祝新中国成立大游行。陈陵教授、唐璜老师主持游行，他俩都来自体育专业，列队方面很在行。学校备船驶往城中，晚10时返校。5日，停课一日。6日，中秋节放假一天。

为了这次国庆游行，各单位早早做了精心准备，制作了各式各样精美花灯，可前几次游行都碰到降雨，花灯无缘与市民见面。在群众要求下，政府决定10月9日下午，举行一次提灯大游行，让那些琳琅满目的花灯大放光彩。

下午3时，来自苏南区级、锡市各党政军机关部队及锡市各界参加游行的3万来人纷纷向西门内外集合，当时西门内外都有公共体育场，一在城内(现锦绣花园小区)，一在城外(现自来水公司)。游行队伍一路上敲锣打鼓，红旗飞扬，各队搬出自己精心制作的

---

① 《一九四九年上学期总结报告》，江南大学档案馆，SLJD-4。
② 汤计瑶：《人文学科退居边缘，人文学者应走出"偏见"》，《文汇报》2016年12月16日。
③ 刘超：《中国大学的去向——基于民国大学史的观察》，《开放时代》2009年第1期。
④ 《一九五0年度私立江南大学概况表》(1950年12月22日填表)，苏州大学藏私立江南大学档案，永15。
⑤ 《私立江南大学组织大纲》(1951年10月24日通过)，江南大学档案馆，SLJD-5。
⑥ 《私立江南大学组织大纲》//《荣德生与兴学育才》，上海古籍出版社，2003年，第597页。
⑦ 金冲及：《1949年：中国的社会大变革》//中国社会科学院近代史研究所编：《划时代的历史转折——"1949年的中国"国际学术讨论会论文集》，四川人民出版社，2002年，第9页。

参加国庆游行的学生(1949)

花灯交相辉映，异彩纷呈。江南大学学生也不甘落后，赴城区参加晚上提灯庆祝游行，由校车接送。

国庆庆典后，新政权基础已稳，对学校关注度大大上升。10月14日，学校呈报苏南行政公署本校第一次教务会议记录。21日，呈报苏南行政公署本校现任教职员登记表及新聘教师详历表。同日，本校在职教职员学习委员会成立，推定张勋新为主任委员，当日召开第一次会议，分推各组正副组长，规定学习内容为政协三文件。

中国人民政治协商会议第一届全体会议1949年9月21日至30日在北京举行，共有各民主党派、人民团体和无党派民主人士等单位代表(含候补代表)662人，其中全国工商界(正式代表15人，候补代表2人)，他们是陈叔通、盛丕华、李范一、李烛尘、简玉阶、包达三、姬伯雄、周苍柏、俞寰澄、张绚伯、吴羹梅、巩天民、荣德生、王新元、刘一峰。

中国人民政治协商会议第一届全体会议代行全国人民代表大会职权，代表们具有较高政治地位。荣德生不仅是政协代表，而且在这次会议上还当选为第一届全国政协委员，时委员总数才180人，工商界只有几个指标，无锡市只有他1人。因身体原因，荣德生在家休养，未赴京出席这次政协会议。

荣德生时为江南大学董事长，他当选全国政协委员，应当是学校一件极其荣光的政治事件，可学校与地方政府对此都表现淡然。只是《苏南日报》与《文汇报》记者对其进行了专访。①荣德生住在无锡城里，自任江南大学董事长后，他再也没有来过后湾山校园。

1949年12月25日，学校奉教育处通知，填报各科教学纲要表。翌年1月7日，苏南教育处通知，报送本学期教职员工作考成报告。24日，全体教职员在职学习，个人总结每人两份，送学习委员会一份，一份送苏南行署教育处。学校大事记也表明政府这只看得见的手对学校控制增强。

作为一所私立大学，本来出资方有着强大的话语权，但新政权强调人民当家作主，强调社会改造，资方对企业对学校的控制权被不断稀释。

11月4日，奉苏南行政公署指令，核定荣毅仁、沈立人、诸祖耿、顾惟精、张泽垚、朱正元、吴锷和学生代表杨钧泰、马天元为校务委员会委员。荣毅仁为主任委员，沈立人为副主任委员。同时核准由诸祖耿、沈立人、杨晟、吴功贤、张勋新、杨倩志和学生代表徐柏年组成学生生活辅导委员，诸祖耿为主任委员。生活辅导的职能类似国民政府时代的训导处，当今的学生工作部。诸祖耿成为这次机构变更中的"新星"。

这次机构改革，大大削弱了校主荣毅仁的权力，导致其管理学校积极性受挫，直到12月19日他才到校向学生作报告，这距他上次来学校已过半年。荣毅仁回校后，拖延一个月的第一次校务委员会议召开，9位校务委员都出席，华晋吉、陆仁寿、许雍圻列席，华是上届校务会议秘书，陆是学校总务长，许是学校财务总监，这3人是荣毅仁得力助手。20日上午10时半，本校教授会、讲助会、职员会、工友会在111教室举行欢迎荣主任莅校大会。

与之前相比，新政权下私立江南大学的管理有几大变化，一是委员会制取代以前的独任制，一把手权力大大缩水；二是权力分散，设立各种常设性委员会，权力不再集中；三是群众参与，教师与学生代表进入班子"掺沙子"，且年轻学生被政府列为重要依靠对象，在学校事务上有相当大话语权。

---

① 《荣德生畅谈对人民政协感想》，《苏南日报》1949年9月26日；黄裳：《荣德生访问记》，《文汇报》1949年10月17日。

表4-3　　　　　　　各种委员会各单位代表名额表①

区别	教授	讲助	职员	学生	工友
校委	4	2	1	3	1
精简节约委员	1	1	1	2	1
评议委员	1	1	2	1	1
经费稽核委员	3	2	1	2	1
学习委员	4	2	1	0	0
预算委员				2	

(评议委员教员代表共十人，管一数一化一电一机一植一产一面一语一普通科目一；学生代表共八人，管一数一化一电一机一植一产一面一)

1950年新学期开始，学校设置了各种委员会。3月13日，教授会，讲助会，学生会，职员会，工友会分别推选下列各委会代表：校委、精简节约委员，经费稽核委员，评议委员，学习委员。评委会规程第二条规定，各该会推派代表避免行政人员；各部门主管人员不得当选评议委员，这一规定使权力更趋分散化平面化。

新中国建立后，为强调学生管理学校，在高校建立了三大政治组织。

第一是团组织。1949年4月11日，中国新民主主义青年团第一次全国代表大会在北平召开，中国新民主主义青年团正式成立。5月17日，中国新民主主义青年团江南大学支部成立，支部书记钱舜娟，首批团员举行入团宣誓仪式，但当时团组织与党组织仍处于秘密状态。直到11月13日，江大、公益、化新三校中国新民主主义青年团支部公开建团，在江大礼堂联合举行58名新团员入团宣誓。

第二是学生会。1948年2月24日，江南大学首届学生自治会成立，学生自治会主席叶智修。同时成立系科学生代表会，主席蒋凌棫。这两大组织采取直接选举方式，为进步学生控制。共产党执政后加强了对学生组织的管理，学生会实行间接选举，候选人提名由上级掌握。自11月14日开始筹备改选学生会，经学习动员、总结意见和提案，选出系级代表，由代表会提名执委候选人，展开竞选，在22日正式普选出17个执委，23日又互推蒋凌棫、潘志洪为正副主席。同时推定出席无锡市学代会代表14人。1950年1月27日第八次校务委员会议上，学生会提请更改校医案与裁减女生辅导会案，两案都获通过，随即华汝明、黄淑兰两名职员在学生要求下被解聘。

第三是党支部公开。1947年江南大学创建时，上海地下党组织分别派遣中共党员薛禹谷来校应聘，任化工系助教；派党员陈秉基考进江大。薛禹谷与陈秉基分属不同组织系统，横向互不联系。到无锡解放前夕，处于秘密状态的江大党支部先后发展了15名江大学生和1名公益中学学生入党。1949年12月，中共无锡市委副书记谢克东到校召开党员大会，党组织宣布公开。工业管理专业邓鸿勋担任中共江南大学支部书记，时党员全是年轻学生[②]。学校负责人沈立人在校务活动中常说："教职员中没有党员，学生中却有一个党支部。江南大学是私立大学，必须遵从党的领导。任何重大决策和活动，他都和校务委员会成员一起，会同党支部、工会、学生会的领导成员反复磋商，以统一步伐，团结凝聚，达到预期的效果。"[③]

除学生会外，学校还有教授会、讲助会、职员会、工友会这几个社团。教授会是民国时期高校普遍设立的组织，保证教授治校，而其他几个社团都是新生事物。

四、管理层几次重组

私立江南大学自成立以来，管理层的动荡就没有消停过。1949年前动荡的根源主要在于校主与校长、"监军"的权力边界不清，导致学校建立两年中三次"换帅"，学校CEO先是章渊若，再是顾惟精，后为沈立人。1949年后，动荡的根源多因学校经费出现的危机与校主的权威受到削弱及挑战。

1949年11月至1950年7月，江南大学管理机构为校务委员会，主任委员：荣毅仁，副主任委员：沈立人，委员：诸祖耿、顾惟精、张泽垚、朱正元、吴锷、杨钧泰、蒋凌械。7名委员中，诸祖耿、顾惟精、张泽垚、朱正元4人既是教授，又担任系主任等职务，吴锷这位助教是政府的联络员，杨钧泰、蒋凌械是学生代表(1950年1月，马天元取

---

① 《各委员会名额表》，苏州大学藏私立江南大学档案，长27。
② 教工中原有两个地下党员薛禹谷与吴锷分别于1949年8月与1950年6月调离，时大学中教职工党员极少，1953年6月统计，上海交通大学22名党员，学生党员21人，职工党员1人；复旦大学31名党员，教师党员2人，学生党员25人，职工党员3人，工友党员1人；同济大学12名党员中，教师党员1人，学生党员10人，职工党员1人；华东华工学院7名党员都是学生。参见上海市档案馆：《中共上海市高校委员会及高校团委关于上海市高等学校年党团员人数统计表》，A26-2-225。
③ 胡锺京：《忆江大校长沈立人先生》//江南大学校友会1947~1952老校友分会编：《老校友回忆录》，内刊，2017年，第11页。

代蒋凌械)。

因权力分散无人负责,导致学校出现了几次风波,引发主管部门苏南行署教育处不满,他们不好更换荣毅仁的主任职务,便增设了第二副主任委员,并规定第一副主委负责经费筹划、设备充实、对外代表事宜。第二副主委朱正元商承第一副主委办理对内一切校务,如此安排使沈立人不再有校内事务管理权,也使荣毅仁没有了在校内的代理人,引发荣毅仁反弹。其后双方妥协,重组管理层,荣毅仁不再担任主任委员,由沈立人担任,那些反对沈立人的教职员工全部解聘。

1950年7月政务院对校务委员会的构成与职能下文规定:

第二十六条,大学在校长领导下,设校务委员会,由校长、副校长、教务长、副教务长、总务长、图书馆长、各院(大学中的学院)院长、各系主任、工会代表四人至六人及学生会代表二人组成之,校长为当然主席。校务委员会职权如下:审查各系及各教研室教学计划、研究计划及工作报告;通过预算和决算;通过各种重要制度及规章;议决有关学生重大奖惩事项;议决全校重大兴革事项。①

没有学生代表、工会代表参加的校务委员会不符中央最新文件规定,需要重组。1950年8月1日,校董会决定在新校务委员会未成立前,组织临时校务协商委员会,聘沈立人为主任委员,朱正元为副主任委员。由各系主任、教导长、总务长以及讲师助教代表一人,职员代表一人,学生代表一人为委员。11月,朱正元辞职,由毕仲翰接任。

9月29日,苏南行政公署教人字414文批准江大临时校务协商委员会名单:沈立人兼主任委员,朱正元兼副主任委员,委员为庄智焕(教务长)、陆仁寿(总务长)、毕仲翰、张泽垚、夏彦儒、朱宝镛、郭守纯、闻诗、夏宗辉、孙时中(各系科主任)、罗聚源(讲助会主席)、黄书意(职员学习委员会组长教职员学习委员会主席)及薛汉民(学生)等15人。

后经协商并经苏南行政公署批准:校务协商委员会由沈立人(主委)、毕仲翰(副主委)、庄焕智、张泽垚、夏宗辉、朱宝镛、夏彦儒、郭守纯、金圣一、金宝光、郭会邦、程瀛章、张震旦、叶尚瑾、沈祖洪、朱祖培、陶奕镇(学生)、邓鸿勋(学生)、蒋凌械(学生)19人组成。②

"查一九四九年度下学期,江大因经济状况不佳,校方行政一度陷入紊乱状态,嗣于一九五〇年度上学期成立校务协商委员会,开展江大维持与改造工作,略著成效。近来江大情况已渐次基本好转。由于校务协商委员会系一临时过渡机构,对于校务行政工作推动极不便利,而主任委员职权又不能随意拟定,以致变成人人负责人人不能负责情形,于搞好江大前途颇有影响,为使江大行政进行顺利,拟准予将学校制度改为校长制,以便由校长单一负责领导,同时成立校务委员会作为校方行政决策机构,共策校方行政进行,以免使校政推动方面发生阻碍,是否可行,敬祈鉴核批示。"③ 1951年2月2日,学校董事会呈请苏南行署教育处,要求改换领导体制。

当时各高校设置的校政委员会在实际运转过程中并不流畅,不得不改为校长制,只是这种校长制并非校长负责制,校长权力受到校务委员会制衡,是一种民主与集中相结合的民主集中制。

1951年4月12日,私立江南大学校董会按照中央教育部颁布的高等学校规程,呈准教育部,学校领导体制改为校长制,经华东教育部核准并经转报中央教育部备案,聘沈立人为校长,并兼任新组建的校务委员会主任委员。

4月26日,举行校长、新任校务委员会委员及学生会执行委员就职典礼,全校师生员工600余人参加。申新三厂、茂新面粉公司、开源机器厂、公立(苏南)文教学院、工会、学生会、团支部、各系级的锦旗,一面接着一面,挂满了主席台。沈立人校长在会上发表就职演说,他说:"校长制是一人负责制,正如每一机关每一部门都有一个负责人一样,是建筑在我们一定的政治基础上,与批评、自我批评相结合。"校务委员会主任委员为校长沈立人,委员有:正副教导长骆美轮和胡锺京,系主任金圣一(数理系)、夏彦儒(机械系)、金宝光(电机系)、朱宝镛(食品工业系)、郭守纯(植产系)、夏宗辉(工业管理系),总务长陆仁寿,图书馆主任诸祖荫,工会代表6人张泽垚(兼化工系主任)、毕仲翰、罗聚源、许冠仁、黄书意、章善宝,学生会代表黄菖年、邓鸿勋共19人。

---

①《高等学校暂行规程》(1950年7月28日政务院第43次政务会议批准)//高等教育部办公厅编:《高等教育文献法令汇编》(1949-1952),1958年2月,第55页。
②时金陵大学校委会由19位委员组成:校长1人,教授会代表9人,讲师助教会代表3人,职员会代表3人,学生会代表3人。校委会委员人选通过民主选举的方式产生。校长为校委会的当然委员和主席。可见,江南大学校务协商委员会组成属于"标配"。
③《私立江南大学董事会呈苏南行署文教处函》,上海市档案馆,Q193-1-1555,第14页。

校长制要求校长有能力负起责任，也要求分层负责。可沈立人能力并不突出，学校行政还是出现了"肠梗阻"：

我校于本学期奉令改行校长制，这是行政制度上一个极大的改革，因为我校的实际情况实在必须实行明确的民主集中制，可以扫除人人负责人人不负责的情况。全校师生员工无不为这个制度的确立而兴奋庆幸。目前所感觉困难的就是大部分的问题都要送给校长来做决定，而在问题发生之前以及发生的过程，校长并不是完全处处都能事先明了的，所以问题一来就必须先从各方面去了解一下，等到了解真相彻底之后，始能将问题作一个合理的解决，这样各方面去了解之后，就难免要耽搁些时间(半天或一二天)，而且无形中也就犯上了辛辛苦苦的事务主义了，同时因为没有能在问题发生之前晓得问题之将要发生，所以就不能事先来解决问题或减少问题，分析其原因，虽然是由于机构较大，事情较为繁杂，但是最大的原因还是由于汇报制度的没有确立以及分层负责制的不够健全，所以下学期起预备尽全力来加强汇报制度和分层负责制。①

1950年3月，在上海成立华东军政委员会教育部，江南大学领导关系为华东教育部与苏南行政公署②。为加强管理，取得上下密切联系，及时了解工作情况，解决问题，华东军政委员会教育部决定建立报告制度。1950年5月，下发了相关通知，要求各校定期上交综合报告、总结报告、专题报告三种报告。综合报告要求：(1)每两月一次，全年六次，从五月份开始按期报告，五月以前如有重要问题可一并写入。(2)内容力求简明扼要，一般不超过两千字，其中应包括工作动态、重大问题及其症结所在与解决办法、主要经验、工作意见等。(3)为了把报告问题处理得更恰当，每一报告希由负责同志亲自动手或翻阅。总结报告要求：(1)每年将所属各种教育工作，作全面性总结报告一次(以6月及12月之上半年为限)。(2)总结报告以五千字为限，如有情况必须说明者，可作附件随送。(3)统计数字力求准确。专题报告没有具体时间要求，凡重要会议、专题总结、典型经验及临时发生或处理的重大问题，均可随时作专题报告。③

一仆两主，常让江南大学无所适从。"我校地处无锡，有问题须请示领导上时，常有问教育部时说是先去与苏南教育处谈，问教育处时又说是先与教育部谈一下。教育处与教育部所布置下来的工作，有时候两方面有不能一致的情形，例如这次暑期教育部通知我校有关的教师应当领导学生下厂实习,而教育处通知我校专任教师应当全体参加暑期教育研究会,因此学校行政上处理时就有困难。"④

江南大学从建立到撤销的5年,董事长换了2个(吴稚晖与荣德生),校主换了2个(荣一心、荣毅仁),校长换了3个(章渊若、顾惟精、沈立人),教务长换了8个(唐君毅、周同庆、郭守纯、沈立人、毕仲翰、庄智焕、骆美轮、金圣一),至于校务委员会委员更换更频繁,这种管理层动荡影响了学校发展。

美国教育学家卡扎米亚斯曾说过这样一段很有见地的话:"所有社会,在民族危机和重大事变之后都有过重大教育改组的尝试。"⑤20世纪的中国也不例外。中华人民共和国建立之后,当时的社会、政治、经济等都发生了"天翻地覆"的变化,文化教育领域亦然。只是这种转变并非一蹴而就。在无锡,从1949年4月解放到1951年底显然属于一个过渡时期。当党仍将主要注意力集中于巩固军事上的胜利与稳定社会秩序这两大任务时,教育政策是温和的,新的教育纲领尚有待拟定。这就给了私立江南大学一个暂时自我维持与生存的机会。然而,这种机会毕竟是短暂的,随着新政权的巩固及治国方针的确立,私立江南大学脱胎换骨的日子就为期不远了。

第二节 时代变动后的教师与专业

1950年代初,私立江南大学教师依旧保留着高流动性,学校人事权开始受到政府主管部门切割,教师们流动时要更多考虑政治影响。因币值不稳定,教师收入以大米数量为参照系。1950年农产制造学系更名食品工业系,这在全国是第一家;同年,管理系更名工业管理系,全国当时也只有私立江南大学有此专业。

---

①《私立江南大学1950年度第二学期工作总结》,江苏省档案馆,I29-1-3-30,第35页。
②《1950年私立江南大学概况》,苏州大学藏私立江南大学档案,永15。
③《解放后与人民政府教育部门有关政治课程及政治教师之聘任及与各大学来往文件》,1950年5月10日,上海市档案馆,Q244-1-153。
④《私立江南大学1950年度第二学期工作总结》,江苏省档案馆,I29-1-3-30,第36页。
⑤[美]卡扎米亚斯著、福建师范大学教育系等合译:《教育的传统与变革》,文化教育出版社,1981年,第85页。

一、教师的高流动性

1949年新政权建立后，教师聘任仍按惯性运作着，保持着高流动性，每年更换比例较高。9月23日，新聘汤心济、毕仲翰、蒋涤旧、郭会邦、周恩久、樊映川、闻诗为教授。聘张泽垚教授兼化工系主任，朱宝镛教授兼农产制造系主任。吴玉麟、王鸣歧兼任教授。而教授陆子芬、周怀衡、杨惟义、秦含章，兼任教授吴大榕、张云谷、李昌第、李景晟未应聘。

未应聘教授，除了校方、个人原因，还有时代因素。中央大学农化系教授秦含章在给江南大学负责人沈立人的私函中讲述了他不能续聘的政治考虑。

立人先生道席：

八月五日惠教收悉，兹有数端敬启如下：

(一)公立大学目下注重普及工作，以群众运动为中心课题，私立大学不受政治影响，尽可依照理想向提高学术水准方向努力，故江南大学今后应尽量严格组织，精炼教材，聘请国内第一流学者或专家常川驻校执教。

(二)中大在七月二十日起，分五批发出各教授聘书，弟以多年关系同仁一再鼓励，在第一批少数聘书中，并被校方约定仍主讲农产制造等课程，自后接到七月二十七日江大油印通函，内中第一条即规定专任教授必须常川驻校，不在别校兼课，当时曾向各方商量离开中大专在江大一事，均异口同声向弟责问："国民党时代多年在校执教，共产党来了，则突然离去，此种不合作态度是何用意。"鄙人实难应对，加以京锡相距已远，车费(火车人力车)伙食等用费甚大，因此对于专任兼任均无法考虑，不得不抛开理想与兴趣，暂时脱离湖山胜地与家乡，将来如有需要再设法追随。

(三)万一理想之新主任不易请到或应有人马不能在开学前配齐，弟为减少台座之困难计，拟推荐刘同圻先生暂时出任农制系主任或代理该系系主任半年，以后弟再设法摆脱此间工作而举家返乡生产运动，重为冯妇，以求农制系设置计划之实现。……

秦含章1949年8月8日①

秦含章在私立江南大学任教虽只有几个月，但恰逢政权鼎革，为慎重起见，他还决定留在中央大学(1949年8月更名为南京大学)。

1949年12月，江南大学共有19位教授：顾惟精、胡立猷、周恩久、张泽垚、陈陵、汤心济、樊映川、朱东润、程瀛章、张勷新、吴功贤、诸祖耿、金圣一、毕仲翰、郭守纯、郭会邦、闻诗、蒋涤旧、夏彦儒。

1950年3月调查有专任教授26人，兼任教授7人。他们是管理系夏宗辉、胡立猷、汤心济、周恩久、庄智焕(兼)，数理系朱正元、金圣一、闻诗、樊映川，电机系顾惟精、毕仲翰、吴玉麟(兼)、秦宏济(兼)，机械系教授夏彦儒、郭会邦、殷源充，化工系教授张泽垚、程瀛章、杨晟、张震旦，植物生产系郭守纯、张勷新、吴功贤、蒋涤旧、苗雨膏、王鸣歧(兼)、邵子民(兼)，农产制造系朱宝铺、朱雄(兼)、陈陶心(兼)，共同课程教授诸祖耿、陈陵、朱东润。

1950年8月1日，给续聘教师缮发正式聘书，计教导长庄智焕、总务长陆仁寿、管理系主任夏宗辉、电机系主任金宝光、机械系主任夏彦儒、化工系主任张泽垚、植产系主任郭守纯、农产系主任朱宝铺。专任教授周恩久、毕仲翰、郭会邦、胡立猷、程瀛章、张震旦、蒋涤旧、张勷新、苗雨膏、陈陶心。教授兼注册组主任金圣一，副教授兼图书馆主任诸祖荫。兼任教授王鸣歧、邵子民、朱勉均。

增聘沈祖洪、朱祖培为政治教师，余衡之为体育主任，胡锺京为管理系教授，高昌运为语文教授②，周修齐、王守泰、金宝桢、顾毓珍、吴大榕为兼任教授。

上述三个时间段的统计反映教授没有"铁饭碗"，流动率相当高。

在教师聘任上也开始发生权力位移，1949年8月14日，校方呈报苏南行政公署本校第一批拟续聘教授名单。上级主管部门对教授招聘有审批权，校方人事权被大大稀释。"过去聘请教师，多由学校负责人单独主持，往偏重情谊，不能顾到人才。本学期采取民主作风，招聘教师均授校系科主任负责。因此罗致国内著名教授颇多，如樊映川、张泽垚、闻诗、毕仲翰等。本学期教授真容非常整齐，获得同学爱戴。"③ 1950年上半年，学校向上级主管部门的总结证示，校主丧失了教授招聘权。

---

① 《秦含章给沈立人函》，上海市档案馆，Q193-1-1571。
② 高昌运(1909~1967)，钱锺书的姻亲，1928年考入北京大学，后在英国爱丁堡大学获文学硕士学位，1938年与钱基博、钱锺书父子同在湖南国立蓝田师范学院任教。
③ 《一九四九年上学期总结报告》，江南大学档案馆，SLJD-3。

但每年教授更替都在假期进行，并且"季节性"很强，动手太慢学校就较被动。1949年12月20日，学校呈送苏南行政公署本校下学期续聘教职员名单全份，请鉴核示遵，但政府办事效率不高，半个月都没有回复。1950年1月6日，着急的校方只得"呈苏南行署为本校即待办理教职员续聘手续请迅赐示遵"。

到1951年上半年，学校基本上没有人事权，"各校人事调动应当绝对服从组织分配，这是已往领导上通知在案的事情，但是现在仍然有部分学校私自在向我校个别教师进行接洽调动的情况"。①对那些不守规矩的学校，私立江南大学的总结如此吐槽。

二、教师收入调查

1949年底统计，全校除专任教师57人、兼任教师13人、职员22人外，还有工友56人。工友不纳入学校编制。②下表信息显示，兼任教授按时计酬，教授工资分档，最高600元，最低440元，600元居多。副教授在360～500元间。讲师在240～280元间。助教工资在100～150元间。助教不上课③，上课以教授为主。

表4-4　　　　　　　江南大学三十八学年度教师名单

姓名	年龄	籍贯	级别	担任课程	给薪（元）
沈立人	53	浙江嵊县	教授兼教务长兼管理系主任	管理学概论成本会计六小时	600.00
顾惟精	63	江苏无锡	教授兼电机系主任	电工初步直流电机六小时	600.00
周惠久	44	辽宁	教授兼机电系主任	热工学机械设计原理九小时	
张泽垚	56	江西鄱阳	教授兼化工系主任	工业化学分析九小时	600.00
朱正元	49	江苏南京	教授兼数理系主任	物理十三小时	600.00
朱宝镛	44	浙江海盐	教授兼农产系主任		600.00
郭守纯	61	广东潮阳	教授兼植产系主任	农学概论畜牧学六小时	600.00
孙时中	29	江苏无锡	教授兼面粉专修科主任	面粉工业四小时	
诸祖耿	52	江苏无锡	教授兼辅导委员会主任委员	国文三小时	600.00
陈陵	41	湖南湘阴	教授兼体育组主任		500.00
金圣一	36	江苏吴江	教授兼注册组主任	数学七小时	400.00
胡立猷	55	江苏无锡	教授	经理会计银行货币十二小时	600.00
吴功贤	36	江苏南京	教授	动植物八小时	600.00
汤心济	47	江苏武进	教授	公司理财材料运输管理八小时	600.00

续表

姓名	年龄	籍贯	级别	担任课程	给薪(元)
朱东润	55	江苏泰兴	教授	国文八小时	600.00
蒋涤旧	49	江苏泰兴	教授	土壤遗传生物统计十一小时	600.00
樊映川	50	安徽舒城	教授	数学十三小时	600.00
闻诗	50	浙江温岭	教授	物理九小时	600.00
毕仲翰	53	安徽寿县	教授	电子原理电子学六小时	520.00
郭会邦	42	江苏江阴	教授	应用力学测量水力学十二小时	440.00
周恩久	44	吉林方正	教授	统计工程经理工厂会计九小时	520.00
苗雨膏		河南雎县	兼任教授	普通昆虫害虫防治六小时	每小时四元八角
杨晟	43	江苏南京	教授	化学、分析化学十三小时	460.00
蒋庭曜	53	江苏武进	兼任教授	国文五小时	每小时四元五角
吴玉麟	63	江苏无锡	兼任教授	交流电路四小时	每小时五元
王鸣歧	44	河南滑县	兼任教授	植物病理四小时	每小时五元
邵子民	50	江苏武进	兼任教授	麦作学三小时	每小时五元
顾复			兼任教授	作物通论四小时小麦学三小时	每小时五元
陈陶心	52	福建	兼任教授	发酵工业三小时	每小时五元
陆仁寿	47	江苏无锡	副教授兼总务长		500.00
诸祖荫	45		副教授兼图书馆主任		400.00
张勋新	39	浙江镇海	副教授兼农场主任	果树生理农场实习四小时	400.00
姚志英	48	江苏南汇	副教授	英文九小时	460.00
张载人	39	浙江绍兴	副教授	英文九小时	360.00
苏明山			兼任副教授	数学四小时	每小时四元五角
夏宗辉	36	浙江镇海	兼任副教授	心理学六小时	每小时四元五角
程瀛章	61				
沈制平	47	江苏无锡	兼任副教授	英文四小时	每小时四元二角
管懋贤	31	浙江上虞	讲师		280.00
唐瑛	38	上海	体育讲师		300.00
罗聚源	35	江西吉水	讲师	物理十一小时	220.00
方友鹤	54	江苏无锡	讲师	投影几何工程画机械图八小时	260.00
殷力农	41	江苏宜兴	兼任讲师	普通园艺三小时	每小时四元
程毓秀	31	江苏宜兴	兼任讲师	数学四小时	每小时四元
陶煜镇			讲师	机动学蒸汽机八小时	240.00
万迪生	29	湖北汉口	助教	数学	150.00
许冠仁		江苏无锡	助教	物理	150.00
吴锷	31	江苏如皋	助教	物理五小时物理实验	150.00
许彦生	33	江苏无锡	助教	物理	130.00
阚仲元	28	安徽合肥	助教	物理	150.00

①《私立江南大学1950年度第二学期工作总结》，江南大学档案馆，SLJD-3。
②《一九四九年上学期总结报告》，江南大学档案馆，SLJD-3。
③1951年上半年开始，因教师不够，允许助教给学生上课。

续表

姓名	年龄	籍贯	级别	担任课程	给薪(元)
叶尚瑾	28	天津	助教	植产	140.00
顾 文	24	浙江嘉兴	助教	动植物	130.00
黄惟一	29	江西浮梁	助教	植产	130.00
陈湘荃	28	福建福州	助教	动植物	120.00
何新章	31	浙江诸暨	助教	数理	140.00
屠仁溥	27	浙江吴兴	助教	化工	120.00
杨倩志	25	江苏江阴	助教	化工	120.00
柳志祥	26	四川巴县	助教	电工	120.00
章臣樾	28	江苏江阴	助教	电机机械	120.00
吴世燕	23	江苏无锡	助教	管理	120.00
夏 晴	23	江苏武进	助教	管理	140.00
朱青山	37	江苏靖江	助教	体育	100.00

1950年通过《私立江南大学教员聘任待遇暂行规定》[①]，其中专任教员之每月薪俸，高级职称没有变化，助教与讲师有所提高，这符合新政权缩小差距的导向。

至于行政人员工资明显低于教师群体，最高的是医务卫生组主任400元、会计室主任360元，更多的在100～200元间，最低70元。

表4-5　　　　　江南大学聘任教师待遇表　　　　　（单位：元）

	教授	副教授	讲师	助教
第一级	600	460	340	220
第二级	560	430	310	200
第三级	520	400	280	180
第四级	480	370	260	170
第五级	440	340	240	160
第六级	410	310	220	150
第七级	380	280	200	140

表4-6　　　　江南大学三十八学年度职员名单给薪表　　　　（单位：元）

姓名	年龄	籍贯	职别	给薪
许雍圻	38	江苏无锡	会计室主任	360
华汝明	57	江苏无锡	医务卫生组主任	400
吴叔犟	42	江苏武进	出纳组主任	260
杨涵生	40	江苏无锡	事务组主任	240
薛佩瑾	37	江苏涟水	教务员	240

续表

姓名	年龄	籍贯	职别	给薪
张宾侯	45	江苏宜兴	文牍员	200
李芍秋	28	江苏无锡	会计员	180
黄遵夏	37	江苏无锡	教务员	150
钱莹生	36	江苏无锡	事务员	160
宋玉森	48	江苏盐城	图书馆办事员	150
高荣良	35	江苏无锡	事务员	110
浦维吾	34	江苏无锡	保管室办事员	140
边绍良	26	江苏无锡	图书馆办事员	95
许世鋆	21	江苏无锡	教务室办事员	150
丁舜华	27	浙江桐乡	护士	140
黄淑兰	30	江苏徐州	辅导组女生指导员	120
孙文彦	58	江苏无锡	辅导组办事员	130
李锡赓	42	江苏无锡	辅导组及出版组书记	90
单鹤龄	34	江苏无锡	文书组出版组书记	120
黄书意	25	广东揭阳	出版组书记	70
邵达三	24	江苏武进	农场助理员	100

教授虽属高薪群体，可处在政权更替的特殊时期，加之家庭人口多，负担重，他们的生活并不宽裕。

1949年12月初，苏南行政公署教育处派员来校调查各教职员经济状况，以便报告北京全国教育行政会议作为参考资料等。12月8日，教职工填了经济状况调查表，部分老师填写比较详细，也许担心依此定成分，每个人填表时不管收入多少，都填没有积蓄或入不敷出。

胡立猷教授，收入合米六石七斗，支出，家眷人口，妻子，55岁，长女，24岁，次女，21岁，长子，18岁，次子，16岁；伙食费，四担；衣着费，二担；房租水电费，暂由校方供给；子女教育费，一担；医药费一担；杂支费二担，合计十担。现衣着医药费未支，杂支不到二担。

顾惟精，白米六石八斗。供给六人，支出合计六石三斗。

朱东润，月薪约六石七斗，宅中余屋出租约五斗，隙地种植约三斗，合计约七石五

---

①《私立江南大学教员聘任待遇暂行规定》，苏州大学藏私立江南大学档案，长16。

斗。妻及子女六人共七人，其中一子已成家，用费不计。伙食费，本人六斗，家属在原籍自炊，每人约五斗，六人三石，共三石六斗；衣着费，平均每月约一石二斗；子女教育费，平均每月约一石。杂支费，本人杂支约一石，家属约一石。共八石八斗。不足之数由尽量节省及变卖衣物，以资弥补。又女一人患结核性腹膜炎，辍学在家，医言当注射链霉素，现亦无力治疗。

诸祖耿，教授兼生辅会主委，收入合米六石七斗。妻一，子六，女一，本人住校，三子上中学，三子上小学，妻女在家。

金圣一，教授兼注册主任，五石七斗米。

毕仲翰，电机系教授，六石三斗。

郭守纯，教授兼植物生产系主任，白米六石七斗。

闻诗，教授，全家九人，薪水白米每月六石七斗，田产年可收白米十石。年可收九十石白米，家中九人，支出伙食费白米一年五十四石，衣着费白米九石，子女教育费白米二十石，医药费白米五石，杂支费白米五石，共计支出白米九十三石。

张载人，副教授，每月底薪360元，折基数151元，合米五石四斗。

诸祖荫，副教授兼图书馆主任。家眷人口，父，妻，子五，女三，共计十口。月薪五石四斗，子薪津二石，伙食费，四石七斗，本人伙食七斗，家中伙食四石。衣着费，一石，每人仅得一斗，够添鞋袜之用，尚谈不到添制衣服；房租水电费，一石三斗，无锡房租特昂，水费亦贵。子女教育费，五斗，四个中学，一个小学。杂支费，七斗。合计八石二斗。家中人口过多，父亲年迈，不能生产，子女年幼，多数尚在求学，已是开支浩大。上学期收支尚能平衡，本学期校中裁员减薪，本人收入减少近两石，故每月负债。

助教张汝仁，三石六斗，支出三石六斗。[①]

与私立小学教师相比，江南大学教授是高收入。"根据经济较为发达、民众生活较为富庶的苏州市的一份调查材料，当时该市私立小学教师平均待遇为每月8.5斗米，最低待遇为每月1.5斗米。"[②]另据南京市社会服务处在1950年初对私立小学教师生活的调查，除教会主办的或有强有力的董事会支持的学校外，一般私立小学教师的待遇很低。

办校成绩较好、规模较大的22所私立小学,教员每月平均收入为6斗米;成绩较差、规模较小的31所私立学校,教员每月平均收入为3斗米,最低的仅为1斗米。在商业较发达的第1区,9所私立小学教师每月平均收入水平是7斗米,但有4所学校教师收入达不到平均标准。[③]

以米作为工薪单位,是过渡时期的非常之策,1949年4月,中国人民解放军北平市军事管制委员会文化接管委员会(主任周扬)下发了《北平专科以上学校教职员工警薪给暂行标准(草案)》,对薪给数额(为每月多少斤小米)作出规定。大学校长:月薪小米1300斤至1500斤;专科学校校长或独立学院院长:月薪小米1000斤至1300斤;教授、副教授:月薪小米800至1300斤;讲师、教员、助教:月薪小米400至850斤;职员:月薪小米250至750斤,工警180至450斤,学徒工120至180斤。[④]北方以小米为单位,南方则以大米为单位。

三、别无分店的工业管理系

私立江南大学创建时共有3院9系,其中文学院下设中文、史地、外文、经管4系。1949年9月28日,学校撤销学院建制,调整系科,即增设工业管理系,将原经济、中文、外文、史地系学生转入工业管理系或转到其他学校。流行的私立江南大学介绍中这种表述并不精确,查阅招生简章,1949年为管理系,1950年底改名工业管理系。其上报的改名申请上写道:

本校管理系的任务系在共同纲领上的教育政策下,培养工业管理工程技术人才,在民主管理及负责制的基础上,厘订各项必需课程,关于工厂生产计划、经济核算各项定额工作,改善操作方法,发挥生产组织基本效用,提高劳动生产率,灌输生产工程必需技术,使所培养人员必须具有工程与管理的基本学识,顺利的参加工业建设并搞好生产工作。本校自有管理系以来,课程实施均系按照上述原则进行,为当初系名太简化,不

---

① 《教职员调查》,苏州大学藏私立江南大学档案,长17。
② 《私立小学的维持与改造》,江苏省档案馆,7014-2-825。
③ 关于小学教师及学生的调查报告》,南京市档案馆,5064-2-69。
④ 陈明远:《知识分子与人民币时代》,文汇出版社,2006年,第32页。

够明确，拟改为工业管理系。①

部分大学设有管理学院，但设工业管理系，当时只有私立江南大学，这要归功于校长沈立人。沈立人长期关注成本研究，熟悉工业管理。"解放前，按照管理工程的模式，首先在交大建立了第一个工业管理系；后又在城固为西北工学院建立了第二个；解放后，前两个工管系先后裁撤，他便在江大建立了该系，并以原交大部分师资以及第一、二届毕业生为骨干，任命夏宗辉教授为系主任，积极开展教学，为培养工业管理人才，作出了应有的贡献。"②

工业管理系的教学任务，是灌输自然科学与社会科学的基本技术知识，结合工程原理与管理学识，以谋生产技术的改进，培植在工业化建设计划下，担任发展生产、减低成本的专门人才，使整个生产工作以最低代价，获得最大之生产效果。

配合上述的基本任务，要培植下列各项人才：①生产计划与生产管理工作；②经济核算工作；③制定生产技术定额工作；④生产设备之设计及人力配合之有效运用工作；⑤有技术性的工厂管理工作；⑥工业统计工作；⑦生产成本核算工作。

课程方面，除共同修读的政治课外，工程学课有：微积分、物理、物理实验、工程化学、工程画、工程材料、工程力学、电机工程、电工实习、机械工程、工具机和机工实习；管理方面课程有：工业管理概论、会计、成本会计、统计学、组织学、心理学、工业心理学、生理学、动作研究、工作法研究、工时研究、工程经济、工作估值、工资制度、财务分析、品质管制、生产管理、材料管理、工厂安全及卫生、人事管理、经济核算和工厂保全。

通过上述各课程的相互联系，使根据生产工作之不同要求，在改良设备、布置工作环境、制定工作程序后，研究动作经济，改进操作方法，测定工作时间，俾厘定生产技术定额与规格，制定生产计划，结合奖工制度，正确地组织劳动力，使劳动力得有效发挥，以提高劳动生产率，保证成品品质，并减低生产成本。

---

① 华东军政委员会教育部：《关于同意苏南文教处转报私立江南大学植物生产与管理两系改为农艺系及工业管理系由》(1951年2月26日)，国务院教育部办公厅档案：98-1950-Y-17-0092。
② 胡锺京：《忆江大校长沈立人先生》//江南大学校友会1947~1952老校友分会编：《老校友回忆录》，内刊，2017年，第11页。

工业管理学是一门工程技术和社会科学的交叉学科(边缘学科),培养既有扎实的自然科学基础又有人文精神素养,既懂应用技术又会科学管理的高端人才。工业管理系所开设的课程,涉及学科非常多,很有挑战性,私立江南大学设置工业管理专业,在1950年代初是很有前瞻性的,它填补国内系科空白,走在全国前列。

据1951年6月的资料统计分析,全校7个系1个专修科,学生509人,其中工业管理系134人,占26%。在全校历届毕业生中,工管系学生均占较大比重。1951年全校毕业生共107人,其中工管系36人,占1/3。时农学院与工学院学生也有转到工业管理学系的。当国家在大力建设工业、发展生产的过程中,对工业管理人才和生产计划人才的需要是非常迫切的,学生就业很抢手。

江南大学工业管理系1953级全体同学留影

私立江南大学工业管理系1951年毕业级师生合影,前左2起:金行仁、沈立人、胡立猷、骆美轮、夏宗辉、陆仁寿、胡锺京、吴世燕、夏晴(1951.4.21,三民摄,顾群涛藏)

师资方面,工业管理学系有沈立人、夏宗辉、胡立猷、周恩久、胡锺京、吴予达、汤心济、陆仁寿、蔡溥、吴世燕、夏晴等。

1950年3月,对工业管理系老师的任课情况曾有一个统计。

夏宗辉,教授兼系主任,到校年月,1949年8月,底薪500元。

上学期工作,普通心理学三小时,工业心理学三小时,管理学概论二小时(兼职,4.5元)。

本学期工作,管理学概论三小时,工厂实习三小时,工程材料三小时,工时研究三小时,工厂管理学三小时。

胡立猷,教授,到校年月,1948年8月,底薪600元。

上学期工作，经济学三小时，会计学(一)(二)各三小时，银行货币三小时。

本学期工作，经济学三小时，普通会计二小时，会计学二班各二小时。

汤心济，教授，到校年月，1949年8月，底薪600元。

上学期工作，公司理财二小时，材料管理三小时，运输管理三小时。

本学期工作，企业组织三小时，行政管理二小时，契约法规二小时，计划经济二小时。

周恩久，教授，到校年月，1949年8月，底薪520元。

上学期工作，统计学三小时，工程经济二班各二小时，工厂会计二小时。

本学期工作，统计学二小时，成本会计三小时，工程经济二小时，工厂会计二小时。

庄智焕，兼任教授，到校年月，1950年3月，

上学期工作

本学期工作，工业化计划四小时。

陆仁寿，副教授兼总务长，到校年月，1947年12月，底薪500元。

上学期工作

本学期工作，经济地理二小时。

吴世燕，助教，到校年月，1949年8月，底薪120元。

上学期工作，会计(一)(二)，成本会计，统计，工厂会计。

本学期工作，会计(一)(二)，成本会计，统计，工厂会计，普通会计。

夏晴，助教，到校年月，1949年8月，底薪120元。

上学期工作，管理学概论，心理学，工业心理学，工程经济(一)(二)。

本学期工作，管理学概论，工程经济，工时研究，工厂管理。

名师一：夏宗辉(1917～2003)，1939年毕业于复旦大学土木系。1939～1946年历任上海美灵登工艺厂协理、上海华商银色汽车公司秘书、上海联业汽车公司附属厂厂长，在企业经过7年实战训练，积累了丰富管理经验。1946年他在交通大学工业管理系任副教授，1949在江南大学任兼职副教授，主讲心理学，每周6课时，1950年转江南大学，任工业管理系主任。1952年后历任上海财经学院教授兼工业经济系副主任、上海科学技

术大学教授。1962年6月在上海科学技术情报研究所工作，历任国外文献室主任、文献馆馆长、情报研究所学术委员会副主任、研究生导师等职。

名师二：胡立猷(1895～1977)，无锡人。1918年毕业于燕京大学经济系，之后赴美留学，获密歇根大学经济学硕士学位。回国后曾任京汉铁路局会计课长，后任教北京大学，主讲会计学。1933年受聘为交通大学北平铁道管理学院首席教授。全面抗战爆发后，学校迁贵州，任铁道管理系主任。1942年任交通大学重庆总校教授。抗战结束后，随校复员上海。1949年任教江南大学。胡喜欢订杂志，知识面广。1952年在上海财经学院、上海社会科学院等处工作。

名师三：汤心济(1901～1977)，江苏武进人。1921～1925年先后就读南京金陵大学理学院和上海东吴大学法科。1926年受交通部公派赴美留学。在锡拉丘兹大学(Syracuse-University)商科本科毕业后，入研究生院攻读交通、市政、企业管理专业。1929年获该校管理学硕士学位。同年赴英国，就读英国伦敦大学研究生院经济系。1931年初回国后，在交通大学任讲师，讲授交通管理、企业管理等课程。1933年2月至上海暨南大学任商学院教授，兼管理系主任，同时在上海复旦大学兼任教授。全面抗战爆发后，随南京铁道部(后并入交通部)内迁重庆。1943年至资源委员会国外贸易事务所任职，1949年9月来江南大学工作。1950年夏筹建江南大学科学图书出版社，兼任出版社主任秘书。1952年调至南京工学院(今东南大学)任机械系教授，开设企业管理、动力经济学等课程。1957年调至校图书馆西文编目部工作。

名师四：胡锺京(1916～？)，1936年毕业于苏州东吴大学经济系。历任江南铁路局学习站长、陆海空运输总司令部上尉调度员、湘桂铁路线区司令部少校参谋、铁路运输总司令部中校参谋以及第十、十一战区长官司令部少将外事处长和保定绥靖公署少将参议。1947年初，在国立北平铁道管理学院任教。1950年在江南大学任教授、副教务长，1952年调任上海财经学院教授。1955～1976年，学习改造。他好诗词，晚年有《妙哉楼诗存》问世。

四、全国首创食品工业系

该系前身为农产制造系,系务始由农学院院长代理。1949年春,聘秦含章为系主任。暑假后改聘同济大学教授朱宝镛兼系主任。"朱宝镛考虑农产制造系方向不明,便想筹办食品工业系,于是他向上海益民食品厂朱雄厂长请教如何办食品工业系的问题。朱雄把他的母校美国麻省理工学院食品工程系的一套教学计划送给朱,商量后两人都认为有条件办食品工业系。朱宝镛的设想得到学校与苏南行署支持,1950年冬,奉中央教育部批准,并征得轻工业部同意,改为食品工业系,这在全国各大学中实属首创。"[①]根据朱宝镛30多年后的追忆,臧晨光所述并不准确。

要理解江南大学食品专业的缘起,必须要了解当时的大气候。1949年后,全面向苏联学习,机构林立,政务院设立35个部委,其中就有食品工业部[②],当时又强调部门办学,各部委都跑马圈地,办自己行业的学校与专业。江南大学利用自身农产制造系的基础,想同新设的食品工业部搭上关系,这一点在申报书讲得很明晰:

解放后大学课程务必求其能配合人民政府之教育政策,高等学校的领导关系在东北及华北地区已逐渐改为双重领导,教育部及文教处仅责各种学科的方针政策与计划制度方面的领导。至于经常的业务教育与日常行政则由政府各有关部门领导,以便与实际业务更加紧的联系,藉以分工合作,培养能担任经济建设之专门技术人才。对于农产制造系最密切者,莫过于食品工业部,自应获得该部之领导,互相联系方能使理论与实际完全一致,故现有之农产制造系似应放弃旧名改称为食品工业系,以求名实相符,不特在领导上可与其他工业有一明显之区别,即在课程及设备上亦易于集中人力物力而收事半功倍之效。[①](建议书全文见本书附录2)

私立江南大学之所以能抢抓先机,最早成立食品专业,推测同秦含章有一定关联,

[①] 臧晨光编:《朱宝镛与发酵教育事业》,中国轻工业出版社,1992年,第54页。
[②] 1949年10月,政务院设立食品工业部,杨立三任部长。1950年12月,根据中央人民政府委员会第十次会议决定,食品工业部并入轻工业部,其所辖工作业务粮食部分由粮食部管理,渔业部分由农业部管理。1956年5月,根据第一届全国人民代表大会常务委员会第四十次会议决定,撤销地方工业部,增设中华人民共和国食品工业部,管理原地方工业部管理的食品工业及原来由轻工业部管理的食品行业(包括制盐和烟草工业),李烛尘任部长。1958年2月,根据第一届全国人民代表大会第五次会议决定,食品工业部和轻工业部合并为轻工业部。

江南大学食品工业系三四年级师生合影(1951.1.16)

在中央大学与江南大学任教的秦含章于1949年转换"跑道",弃教从政,在食品工业部工作,从而为南京大学与江南大学成立食品专业提供了方便。[①]笔者认为朱宝镛不是食品工业系的提出者,而是有力执行者,功不可没。

食品工业系的教学计划,朱宝镛原来考虑参照美国麻省理工学院食品工程系四年制的课程结合自己的认知初步拟定,后又借鉴了莫斯科食品工业学院的模式。麻省的专业面较广,莫斯科的专业分得很细。朱宝镛认为,根据本校现有师资条件和实验设备,不可能划分几个专业,还是从实际出发,吸收两个计划的优点,重点开几门专业课,让学生学得宽一些,今后到社会上就业的适应性可以广一些。根据这一指导思想,决定开设如下专业课和专业基础课程:发酵、制糖、食品(罐头食品为主)、油脂、化工原理、食品分析、应用微生物学和有机化学等。朱宝镛凭过去在上海和抗战时期所结交的一些关系，先后聘请了一批知名教授和有关专业工程师来校兼课。他们是朱雄(上海益民食品厂厂长)、陈骑声(大夏大学教授)、沈学源(原中央大学教授)、顾毓珍(同济大学教授)、苏元复(华东化工学院教授)和李颖川(大同大学教授)。③

按照轻工业部食品工业处的意见，该系以发酵、制糖、粮谷加工为今后发展重点。

除政治讲座、微积分、物理、普通化学、有机化学、定性分析、定量分析、微生物学、电工、机工、化工机械、营养化学等基本课程外，另设有专业课程：①制糖：甘蔗制糖、甜菜制糖、制糖原料、糖品分析、淀粉工业等；②发酵：发酵化学、发酵工业、特种发酵工业等；③粮谷加工：面粉工业、谷类加工、仓储学、烘焙原理等。除专业课程外，再开有专题讲座，如油脂、罐藏、干藏、制茶、糖果等。

课程设计方面有四个特点：①专业化和通用化相结合。食品工业系作为一个专业从农产制造系中独立出来，以体现其专业化。而在食品专业中却体现了广泛的适应性，使学生毕业后既有食品专业基础知识，也能广泛适应食品工业中各种行业需要。②理论和实践教育相结合。在学校进行系统理论教育的同时，非常重视学生的动手能力，除在学校实验室进行实验外，朱宝镛还利用他的声望，想方设法联系工厂为学生安排实习，使学生增加感性知识，以巩固理论知识。③学工和学农相结合。农产制造系改为食品工业系后仍设置一定的农产品知识课程，使学生了解食品原料方面知识。④技术和管理相结合。设置工厂管理、成本会计等课程，使学生掌握最基本的管理知识。③

1952年院系调整时，私立江南大学食品工业系(含面粉专修科)与南京大学农学院食品工业系、浙江大学农学院的农业化学系、武汉大学农学院园艺系的农产加工组和农学院农业化学系的农产制品组以及复旦大学农学院农业化学系下的一小部分食品相关专业组建南京工学院食品工业系。1958年迁至无锡，成立无锡轻工学院。私立江南大学食品

---

① 有说第一家食品工业系为南京大学，查南京大学的25次校务会议记录，1950年9月22日决定将农化系分为土壤系和食品工业系。私立江南大学临时校务协商委员会第二次会议于1950年8月31日决定农产制造系改为食品工业系，10月27日上报请求核准，12月10日获批复。
② 臧晨光编：《朱宝镛与发酵教育事业》，中国轻工业出版社，1992年，第54页。
③ 食品工业系北京部分校友：《尊师重教 师生情深》//上海大学、江南大学《乐农史料》整理研究小组编：《荣德生与兴学育才》下，上海古籍出版社，2003年，第798页。

专业集中一批名师：

名师一：朱宝镛(1906~1995)，浙江海盐人，祖辈曾出过状元，父亲朱怡伯是秀才。朱出生在河南信阳父亲当差任上，1910年随父母迁居上海，1913年在外祖父家发蒙，1914年入上海中西书院附小，1916年在家由塾师教授古文，同时在教会夜校学习英文。1919年入上海澄衷中学预科，1921年春考入上海南洋中学，1922年跳级进入东吴大学附中初三，1924年高中毕业。1925年4月东渡日本，在横滨高等工业学校应用化学科学习，1930年毕业后进入大阪大学酿造科学习。1932年夏离开日本，9月动身赴法国求学，1933年下半年进入巴斯德学院，期间曾去德国弗赖堡大学(Frieburg University)读暑期德文班。1935年转到比利时发酵工业学院，1936年毕业，获生化工程师学衔。1936年底应聘到烟台张裕葡萄酒厂任工程师兼厂长。1937年9月因全面抗战爆发回到上海，在东南医学院任生物化学教授。1938年到陕西西北联大工学院化工系任教，1939年参与创办西康技艺专科学校，任化工系教授。1940年任四川铭贤农工专科学校化工系酿造组教授，1942年到四川乐山中央技艺专科学校任农产制造科主任，1943年任四川大学农学院农化系教授，1944年还曾短期在重庆中央大学农化系任教授。1947年应聘同济大学理学院化学系任教授，1949年9月开始在无锡江南大学兼课并任农产制造系主任。1950年转入江南大学，将农产制造系改为食品工业系。1952年院系调整，食品工业系并入南京工学院，朱宝镛任建院筹备委员会委员，建立发酵工程学专业并任发酵工业教研室主任、食品工业系主任，讲授酿酒工艺学。1958年参与筹建无锡轻工业学院并被任命为该院副院长，任此职直到1983年。长期担任无锡轻工业学院学术委员会主席和学位委员会主席，1989年退休。①

名师二：顾毓珍(1907~1968)，无锡人，1921年至1927年，在清华中学部及大学部就读。1927年赴美麻省理工学院留学，1932年获化学工程科学博士学位。1930年发起成立中国化学工程学会，成为该学会创始人之一，长期担任该学会书记工作。1932~1949年，历任南京、重庆、北平的中央工业试验所技正、代所长、所长。1949年后受聘同济大学任化学系教授，讲授化工原理和工业化学课程，同时兼任复旦大学、沪江大学、江南大学等校教授。在江南大学开设油脂工业课，每周3课时，每课时6元。1952年后在华东化工学院任教。

名师三：朱雄，上海宝山人，1910年生。金陵大学农科毕业，美国奥立冈大学农学硕士。归国后任福建协和大学农学系教授，致力于研究蔬果加工、柑橘改良等。1941年任成都金陵大学农学院园艺系教授，1943年兼任农学院柑橘改良研究会委员。抗战胜利后在上海成立园艺公司，任吴淞万盛酱园经理、上海益民食品厂厂长。1950年兼任江南大学教授，上学期开设罐藏学讲座三小时实验三小时，下学期开设食品工业专题讲座，每周3节课，每时6元。②

名师四：陈騊声(1899～1992)，福建福州人，祖父和父亲都是前清举人。1922年国立北京工业大学应用化学科毕业后在山东溥益糖厂酒精厂当了5年工程师。1927～1930年任京师大学、中央大学讲师，劳动大学副教授。1930～1932年任实业部南京中央工业试验所酿造研究室主任、研究专员、技正。1932～1934年在美国路易斯安那大学学习，获理学硕士学位，后到美国威斯康星大学研究院进修发酵化学一学期。从美国学成归来，即被上海中国酒精厂高薪聘为总化学师。厂方为高级技术与管理人员提供优渥生活条件，陈騊声居住的别墅，便位于今上海世博洲际酒店的别墅群内。1937～1949年在大夏、沪江、圣约翰、暨南各大学兼任教授。1950年3月受老友朱宝镛之邀，任江南大学农产制造系教授，开设发酵、特种发酵工业两门课，每周讲4节课，带6课时实习，月薪600元。1953年至1982年任上海第一地方工业局、上海轻工业研究所、上海工业微生物研究所技术顾问，复旦大学、上海第一医学院兼任教授。1982～1985年任上海科技大学生物工程系主任、教授。

陈騊声多才多艺，擅丹青，喜诗词，他不仅会管理懂技术，还著述丰富，专著达22种，前期有《世界各国之糖业》(商务印书馆，1928)、《发酵工业》(中华书局，1935)、《农业制造》(中华书局，1935)、《酒精》(商务印书馆，1936)、《制糖工业及糖品分析法(大学丛书)》(商务印书馆，1938)、《酿造学总论(上下册)(大学丛书)》(商务印书馆，1941)、《酿造学分论(上下册)(大学丛书)》(商务印书馆，1941)、《酿造学实验》(商务印书

---

① 臧晨光编：《朱宝镛与发酵教育事业》，中国轻工业出版社，1992年。
② 《私立江南大学教职员名册(1949～1951)》，江南大学档案馆，SLJD-2。

馆，1953)、《高等酿造学(上下册)》(商务印书馆，1953)，等等。

名师五：沈学源(1909～1985)，浙江德清人。1926年考入上海南洋大学预科，1927～1931年在日本金泽市高等学校理科学习，1932年考入日本九州帝国大学攻读农业化学，1934年毕业进入大学研究院，专攻农产制造学。1935年6月回国后任江西省农学院农化组组长、技师。次年8月，调任国立中央大学农化系教授。在中大讲授过"微生物学""农产制造学""油脂工艺学""粮食加工工艺学""工业发酵"等课程。他编写出版有《酒精工艺学》《制粉工艺学》《配合饲料工艺学》等著作。他精通日语、英语，也懂得德语和俄语。1942年起，历任重庆上川工业公司农化厂厂长、中国粮食工业公司农化厂总工程师、上海诚义油厂厂长等职。1950年，任上海水产学院教授兼无锡江南大学教授。1952年8月，任南京工学院教授。1958年6月，任无锡轻工业学院教授、粮油工程系主任。

庄晚芳，1909年生，福建惠安人，国立中央大学农艺系毕业，协和大学教授，祁门茶业改良场场长，1949年后任教复旦大学，在江南大学兼课。

罗泽里，苏石，葡萄牙籍。他们都毕业于圣芳济大学，分任沙利文面包部部长与糖业部部长，均曾受邀来江南大学食品工业系开设专题讲座。

第五章
互信缺失：乱成一锅粥

1950年上半年，私立江南大学因风波不断变得引人注目：学生抱团拒缴学费；老师薪俸拖欠难以度日；荣氏企业岌岌可危，校主虽以断臂求生方式给学校"输血"，可互信的缺失导致各方难以共度时艰；骨干教师解聘虽有利于局势稳定，却是以牺牲学校的办学质量为代价。

第一节 学校经济基础动摇

私立江南大学经费来源于荣氏集团捐资，而时局更替导致荣氏集团多数骨干移民境外，留在内地的荣氏企业因经济、政治等多重因素叠加，经营极为困难，学校因缺少资金难以正常运转。在极端艰难的情况下，刚过而立之年执掌荣氏企业的荣毅仁想方设法给私立江南大学"输血"。

一、跑路的资本

1948年10月27日，久雨放晴，私立江南大学迎来了一周岁生日，师生们与来宾在刚启用的新校园欢聚一堂，庆祝大会后举行了国术表演和各种球类比赛，晚上放映电影。美中不足的是，学校灵魂人物荣一心未能按约定来校，其演讲稿由申三厂长郑翔德代读，荣一心同诸多有产者一样，此时正忙于寻找资本转移的通道。

大概早在1948年11月，随着经济的崩溃和共产党向南京和上海的步步逼近，失魂落魄似的逃窜已经开始。一些显赫的政界要人和富商大贾，携带着他们的家眷，纷纷夺路而去。看到那些到达香港、台湾、广州、澳门、汕头和桂林的人们，就像读一本《中国名人录》。其中有王云五、蒋鼎文、李石曾以及宋子文和孔祥熙的家庭。在11月，大概有31000人通过基隆和台北机场来到了台湾，仅仅在这个月的一个星期中，就有50000人逃到了香港。接着在以后的几个月里，这个数字就直线上升。国民党政府对撤退也做过安排。12月1日，曾经通知各级官员可以预借两个月的工资，作为遣散他们家眷的经费，但是本人必须坚守工作。在上海，由于开出的船只早已被全部预订，所以在12月初，轮船招商局就宣布这个月没有多余的保留票了。结果，上海的不动产价格暴跌50%，因为在逃跑之前，老板们都急着要把能带的全带走。有些东西一时找不到买主，也只好拜托给外国人，当然主要是苏联人和捷克斯洛伐克人，请求用他们的名义帮助看管这些财产。因此，在金圆券改革的末尾，上海已经弥漫了悲观、失望和失败主义的情绪。①

同官员、文人跑路不同，企业家们因涉及机器、原材料、市场、厂房、仓库等事宜，移民时面临着更多难题，由是他们的财产转移起步更早。

在1948年春，申新集团一号人物荣鸿元开始作迁厂准备，除拆迁申一、申六、申七等厂机件运往香港、台湾外，荣鸿元还于香港设立大元纱厂，纱厂于8月开工生产，拥有纱锭2.5万锭。由吴昆生管理的申新九厂所订购的美国机器改运香港，吴昆生在香港创办纬伦纱厂，拥有纱锭近4万锭。申新一厂订购的外国机器和3万多纱锭，也改运香港，与美商在港合办南洋纱厂，装机2.5万纱锭。1949年2月，荣鸿元把上海鸿丰二厂出售，除偿还部分债务外，资金全部留存香港。②

申新企业系统另外的主要管理人荣尔仁也在准备迁厂事宜。申新二、五厂拆迁1.8万枚纱锭运往广州，与广东实业公司共建广州第二纺织厂，1948年7月开始正式生产。荣研仁(荣德生第五子)负责天元实业公司国外部，他在泰国与泰国政府及泰商联合开办纱厂。③申四、福五系统，也利用订购的机器在香港设立了九龙纱厂，拥有纱锭2.5万枚。申新企业在香港设立纱厂的纱锭数达到11.36万枚，"抽逃资金达1000万美元以上"。④

1948年冬，许多有身份有地位的人面临走还是留的选择，一些大学教授聚众商讨，意见不能统一。在这一问题上，荣德生与几个儿子之间也发生了不可调和的矛盾。

荣德生大儿荣伟仁早逝，遗孀带着子女移民香港；二儿荣尔仁、三儿荣一心、五儿荣研仁都主张转移资产到境外；六儿荣纪仁已自杀；七儿荣鸿仁22岁，尚未成家立业，只有他和哥哥荣毅仁(荣德生第四子)愿意与父亲一起留在内地。

除了考虑有大量土地、厂房等不动产无法转移外，荣德生与共产党之间历史上也没

---

① 易劳逸：《毁灭的种子》，江苏人民出版社，2014年，第179页。
② 李占才、张凝：《荣毅仁的父辈》，河南人民出版社，1993年，第287页。
③ 李占才：《十字路口：走还是留——民族资本家在1949》，山西人民出版社，2009年，第19页。
④ 中共上海市委统战部等：《中国资本主义工商业的社会主义改造(上海卷)》(下)，中共党史出版社，1993年，第1193页。

有什么恩怨,他"对国民党已经失望,对共产党提出的'发展生产、劳资两利'方针报以希望,期望政权更替之后,未来能在无锡开设更多工厂,发展地方经济,服务家乡人民"。①综合各种考虑,有着强烈家国情怀的荣德生认为选择留下绝对比跑路境外要好。

12月2日,荣德生从无锡回到上海。"但闻公司中人一片离沪声,非香港即台湾或竟出国,纷纷攘攘,终日惶惶,几若大祸临头,并劝余去港。余力加劝阻,坚持镇定。'余非但决不离沪,并决不离乡,希望大家也万勿离国他往!'但言者谆谆,听者藐藐,仅宋汉章太太与李国伟老太太均听余言而中止。"②

荣尔仁、荣一心、荣研仁向来对父亲很敬重,可这次他们与父亲观点完全对立,相互间发生了激烈争执,大家都动了情绪。

3日,荣德生从家中去公司总部,想见久未谋面、刚释放归来的大侄荣鸿元,可鸿元已在几天前飞台湾。在总部,"忽闻申三有拆锭二万运往台湾设厂之说,余初不置信,旋得悉确有其事,并拟乘余在沪,定初七(7日)装箱起运,余遂即日赶返无锡。至厂,果见正在拆运。余大加申斥,不准移动,已拆卸者装上,已下船者搬回。余表示决心留在祖国,生平未尝为非作恶,焉用逃往国外!当时虽有人劝余,政局不稳定,宜审慎考虑,为自己打算者,余不听"。③在荣德生阻挡下,申新三厂拆装上船的机器重新搬回厂房。

当时媒体公开报道了荣德生的人生选择:"时局紧张,人心不安之际,工业南迁之气甚嚣尘上,京宁沪沿线各厂准备南迁者甚多。惟工业巨子荣德生则坚决反对,认为搬迁结果,生产力量不但遭受打击,且原料人工诸问题,亦甚严重。本来申新厂方正准备以二万锭迁台设厂,经荣先生一再阻止,已打消此意。"④

正当荣氏父子间为走还是留闹得不可开交时,突传噩耗,12月21日,为海外公司选址事,荣一心由上海去香港,不幸因飞机失事遇难,终年36岁。24日,私立江南大学下半旗并全体素食哀悼荣一心主委。28日下午2时,学生自治会举行荣一心先生追悼会,全场四壁满悬挽联花圈,典礼于庄严肃穆中开始,校董代表薛明剑、副校长顾惟精、来宾荣汉成和全体师生参加,十分隆重。学生自治会主席李赐主持,全体静默志哀,继献花圈,请祭文,末由薛明剑报告荣一心先生生平事迹,语极沉痛,全场情绪异常悲伤。

江南大学运转费用是申新几个工厂共同负担的。1948年底，申新总公司负责人荣鸿元、荣鸿三先后去了香港，并未指定国内负责人。申一厂负责人王云程去了香港，申新六厂经理荣鄂生未离沪，继续主持。申新七厂厂长荣锡忠勉为维持，但业务在总公司，总公司无人负责，他自然更难应付。申新九厂经理吴昆生等均去香港，由副经理陈品三、厂长吴士槐负责，这个大厂在经理携资出走后，运行困难。⑤大房系统(注：申新一厂、七厂、九厂属于大房)跑路香港后，江南大学经费多由二房系统支撑，申新三厂承担比例大大增加。

1949年初，荣尔仁、荣毅仁、唐熊源、郑翔德等在上海开会决定，自1949年2月份起，江南大学经费作如下之比例分配：

表5-1　　　　　　　荣氏二房承担江南大学经费分配表

部分	基数	百分比	折合米数(石)
申三	9000	37.5	321.75
申二五	9000	37.5	321.75
申四	1000	4.2	35.75
申九	2000	8.3	71.5
面粉公会	3000	12.5	107.25
合计	24000	100	858

此外，福新每月贴补500个上海单位⑥；申二五以9000个基数乘3.5升折米315石计算。⑦

二、岌岌可危的荣氏集团

一方面因资本"跑路"导致给江南大学"供血"的荣氏企业大量减少(如申一与申七)，另一方面则是留在内地的荣氏企业经营陷入困境。

---

① 周孜正：《易代之际 荣德生的人生选择》，《中国民商》2007年第1期。
② 荣德生：《乐农自订行年纪事》，上海古籍出版社，2001年，第215页。
③ 荣德生：《乐农自订行年纪事》，上海古籍出版社，2001年，第215页。
④ 《荣德生反对工厂南迁》，《商报》1948年12月11日。
⑤ 上海社会科学院经济研究所编：《荣氏企业史料》下，上海人民出版社，1980年，第677-678页。
⑥ 折实单位是以一定种类和数量的实物价格总额组成的保值计价单位。1949年春首先在天津实行，以后逐步推广到京、沪、汉、宁、苏、杭等地。各地组成折实单位的实物和数量不完全一样，但都以当地标准的人民生活必需品为依据。如天津的折实单位由一斤通粉、一斤玉米油、一尺五福布组成；上海的折实单位由中等白粳米一升、12磅龙头细布一尺、本厂生油一两及普通煤球一斤组成。分别按其前一日市场价格计算折实牌价。
⑦ 《给炳勋函》，上海市档案馆，Q193-1-2059，第13页。

1949年由于小麦来源稀少，加上资金短缺，茂新一厂开工仅4个月，用麦2402万斤；二厂2至6月停车，仅在7月以后到年底开车87天，用麦2718万斤。①至1949年8月底止，茂新面粉公司共欠客户栈单各号面粉161947包，欠银行1535万余元。从1949年至1950年共亏蚀面粉25万包之多。②

申新三厂在业务报告中说："本公司……截至解放之日，共欠客户棉纱3649件，其中欠国民党政府银行2326.15件，加以解放前南运棉布迄今无交代，因此在此时期中，原料缺乏，资金短绌……种种困难，挟以俱来。"③

为减少支出，职员们纷纷减薪。1949年5月上旬，每元底薪从米8升减为6升，同时资方召集厂主任以上高级职员谈话，谓工资高，工人可能有意见，倡议减薪，以自愿为原则，不是硬性规定。后议决处长以上打七折，主任一级七七折或八折，多数打八五折，也有些主任不打折扣。打折扣的全厂共22人，从原底薪11897.68元，减至9307.22元，此为解放后职员第一次减薪。但一月后再降薪，6月下旬，每元底薪从米6升减为4.96升，同时按中纺减薪办法，工资200元以上职员中第二次减薪(仅限厂内，其他收花处职员不在内)，200元以下不动。201～300元的六五折，301～450元的五五折，451及其以上的四五折。时共有67人减薪，从原底薪22986.2元减至18796.45元。④

荣氏企业陷入困境，既有内因，更重要的是外因。"内地解放初期，由于帝国主义对我国实行经济封锁政策，我国棉纺织厂所用原棉，大部分仰给于外棉的渠道被阻，原棉供应一时显得不足；又由于广大人民群众在国民党反动统治的压迫和剥削下，购买力日益削弱，一时难以复原，成品销路呆滞；加之荣氏企业在此以前购买地产及大量资金向外转移、遭国民党当局敲诈勒索大笔可观钱财，以及投机失败亏损巨额资产等原因，造成经济枯竭，流动资金短出，几乎到了'两手空空'的局面。这就不可避免地在建国初期的经济改组过程中，会遇到巨大的困难。"⑤

企业不景气的同时，国家财政也非常困难。1950年1月5日起，中央政府开始向民间发行一亿份"折实公债"，市值等于二兆二千亿人民币，超过当时全国货币发行量一半。公债推销主要对象是"大中小城市的工商业者、城乡殷实富户和富有的退职文武官吏"，同时"城市工人、职员、学生、公教人员和自由职业者，爱护祖国，向不后人，在自愿原则下，亦欢迎其购买，不分配固定额数"。⑥向新政权积极靠拢的荣德生代表无锡申新第三纺织厂、茂新面粉厂、天元麻毛棉纺织厂、开源机器厂认购胜利公债13万份，以及个人认购2万份，共计15份，占全市十分之一。⑦然而在交钱时发生意外——1950年2月6日，国民党空军对上海大轰炸，杨树浦电厂遭毁灭性破坏，纱厂无法开工，企业不能盈利却要支付维护成本。荣氏父子根本兑现不了原先认购公债时的承诺。到了春节前(1950年春节为2月17日)，申新居然发不出工人工资。等着厂里发薪水过年的工人不明真相，以为荣家故意克扣工钱，劳资关系十分紧张。一天，申新六厂一群女工把荣家包围了。荣毅仁正在外面办事没有回来，久等不回的女工饿着肚子，大吵大闹，闯进了荣毅仁家，挤在客厅里，有的坐在地板上，有的要搬荣家东西，宣称拿不到工资就不离开。荣毅仁吓得不敢回家，他想起陈毅说的"有什么困难人民政府会帮忙"，就跑到政协副秘书长盛康年家里。盛康年马上按程序向潘汉年副市长汇报，潘再向陈毅汇报。陈毅觉得这样闹不是解决问题的办法，派干部到荣家向工人做劝解工作，才平息了一场风波。⑧

1950年旧历年后，中共中央决定抽紧银根，对资产阶级"四路进兵"：一是"收税"，二是"收公债款"，三是"发放工人工资而且不准关厂"，四是"公营企业现金一律存入国家银行而且不准向私营银行和私营企业贷款"。

以上海为例，中财委下达给上海市政府的任务是在1950年3月份，连同公债与税收，必须筹集3000亿元人民币，同时必须将以往欠缴税款一并补齐。"经济已百孔千疮，收公债纳税款涉及国家全局利益不得动摇，可是税务局长报告补税增税的款子收不

---

① 宗菊如主编：《中国民族工业首户——荣氏家族无锡创业史料》，世界华人出版社，2003年，第387页。
② 无锡编纂组：《荣氏在无锡企业的社会主义改造》，《中国资本主义工商业的社会主义改造》(江苏卷)下，中共党史出版社，1992年，第21页。
③ 无锡编纂组：《荣氏在无锡企业的社会主义改造》，《中国资本主义工商业的社会主义改造》(江苏卷)下，中共党史出版社，1992年，第21页。
④ 《申新职员减薪情况》，无锡市第一棉纺织厂档案馆，《党》64永8。
⑤ 宗菊如主编：《中国民族工业首户——荣氏家族无锡创业史料》，世界华人出版社，2003年，第44页。
⑥ 《中央人民政府政务院关于发行一九五零年第一期人民胜利折实公债的指示》，《人民日报》1949年12月31日。
⑦ 《荣德生代表申新等四厂认购胜利公债十五万份》，《苏南日报》1950年2月1日。本月上旬公债牌价，每份19139元。唐君远的丽新、协新等厂共购得3.2万份公债，与荣氏相比差距较大。
⑧ 陈重伊：《荣氏家族》，团结出版社，2005年，第207-208页。

上来，资本家赖账的、哭穷的、自杀的都有。大企业家刘鸿生来信诉说：公债买了十几万份，现要交款，还要纳税、补税、发工资，存货卖不动，资金没法周转，干脆把全部企业交给国家算了，办不下去了。陈毅问刘需要贷款多少才能维持，答曰：200亿。陈毅应允加以考虑。但其他成千上万企业的困难怎么办？资本家被索薪的工人包围，就说：'我的钱都缴税买公债给政府拿去了，你们找政府去要好了。'有的店关门停业，门外写'关店大拍卖，为了交公债'。有的职工拿不到工资就分厂分店，甚至发生了抢糕饼铺、游行请愿的事件。"①

荣毅仁也周转不灵，他在交过税款后，却拿不出钱来缴付认购公债。由于刘与荣都是重点统战对象，为此上海市政府研究后，高价收购了荣毅仁仓库里存放的纺织设备和一些旅馆用品，才帮他解决了困难。②

"最近几个月以来，特别是从三月份起，若干地方的若干私营工商业显然是处在一种十分困难的状态中，尤以上海为甚。上海自春节以来，几乎每天都有私营行庄的停业，工厂商店倒闭、搁浅、停工、减产的事情，有些工厂商店的资方，竟一走了事，失业工人人数，骤然增加，现在已达十五万人左右。"③"全国失业的工人超过百万。经济问题已经影响到社会的安定。"④

荣氏经营的天元麻纺厂到1949年底负债达71万元(折合新人民币，下同)，甚至职工伙食也朝筹暮措。1950年春，厂方有人认为"开厂不如卖厂"，擅自决定将全部机器设备拆迁河南省新乡市(实际是卖厂)，荣德生知道后，加以拒绝，最后由市人民法院调解，由企业赔款20万元了结，更使企业雪上加霜。⑤

1950年茂新面粉公司共用麦2841万斤，其中一厂1086万斤，二厂1755万斤，分别为1949年的45.2%和64.5%。因生产下降，负债增多，全年共亏损336866万元(旧人民币)，拖欠职工薪津31678万元(旧人民币)，职工生活困难。⑥

2月28日，申新三厂厂长郑翔德致函无锡市工商局："本厂1949年度业务情况，由于花纱米价格不正常，亏蚀之巨。幸承钧局之扶助，方能勉渡难关。由于过去数月中，未能达到所产成品可与原料及上缴相平衡，故亏蚀数字与日俱增。截至目前为止，尚欠无锡人民银行86500个折实单位，上海花纱布公司棉纱1000件，建中贸易公司棉纱220件之巨，而厂中存棉已尽，仅赖建中公司借棉维持，故本厂情况相当可虑，拟向中国人民银行无锡支行申请：延期偿还到期的86500个折实单位的贷款；加借新贷款一万五千元，以克服目前困难。"并要求市工商局迅速转函至无锡支行，准予申新三厂申请(据统计从解放至1950年初，我厂流动资产负债数字最高达141.50万元，为无锡市企业负债之最)。⑦

3月份后，申新三厂因缺乏原料也缺乏流动资本，"从每周开工六天六夜(12班)降到五天五夜(10班)，最后又降到四天四夜(8班)，仍维持不了，甚至一夜达到库存棉花不够一天使用的程度。工人们经常站在申新桥上焦急地观看着有无棉船摇来。工人的工资到期发不出，伙食也是朝筹暮措。资本家在外欠债高达三十九万元，每天拆息最少要十件二十支纱，占到总成本的十分之一。申三的情况弄得像资本家说的那样，这个千疮百孔的烂摊子，已经到了无法维持的山穷水尽地步了"。⑧

为渡过难关，5月16日，全厂124名职员又纷纷自动减薪，如资方代理人兼厂长郑翔德、谈家桢从原薪519.88元减为219.88元，谈仁熙级职员从原薪331.36元减为150.36元，范荣泉等值班长一级干部从月薪160元减为89.02元，职员总减薪额占原月薪50%左右。这样，经过劳资双方努力后，全厂仅工资支出一项一月就节省14万元。⑨

解放后企业劳资关系发生根本变化，工人翻身，资方心有余悸，他们一是不敢放手开展经营管理，二是不顾企业财经贫乏状况，在经济上盲目迁就部分工人，决定由工厂出资，免费供应工人每人一天三餐，早餐有四菜，中晚两餐各有两荤两素一汤，"杀鸡取蛋"，使企业经济更加困难。不久，中共苏南区党委书记陈丕显、无锡市副市长包厚昌等领导同志察觉此问题后，曾数次到申新三厂向职工做报告，指出在目前困难时期，

---

① 刘统：《战上海》，上海人民出版社，2018年，第250页。
② 高建国：《拆下肋骨当火把——顾准全传》，上海文艺出版社，2000年，第310页。
③ 孙晓村：《对于目前私营工商业问题应有的认识》，《苏南日报》1950年5月18日。
④ 董志凯主编：《1949~1952中国经济分析》，中国社会科学出版社，1996年，第158页。
⑤ 无锡编纂组：《荣氏在无锡企业的社会主义改造》，《中国资本主义工商业的社会主义改造》(江苏卷)下，中共党史出版社，1992年，第21页。
⑥ 钱江编：《无锡市第一棉纺厂七十年发展大事记(1919~1989)》(1990)，无锡一棉纺织集团有限公司档案室藏。
⑦ 《无锡市第一棉纺织厂厂史》，1983年3月编，未刊稿，无锡一棉纺织集团有限公司档案室藏，第84页。
⑧ 《无锡市第一棉纺织厂厂史》，1964年编，刊印本，无锡一棉纺织集团有限公司档案室藏，第198-199页。
⑨ 《无锡市第一棉纺织厂厂史》，1983年3月编，未刊稿，无锡一棉纺织集团有限公司档案室藏，第85页。

不能杀鸡取蛋，要职工确立母鸡生蛋思想，节衣缩食。

荣氏企业的困难并非经营不当，而与当时经济恶化相关。"停厂歇业、解雇减工的现象相当严重。据不完全统计，全苏南(1950年)1月至6月，共报歇商店3000余户，约占全苏南商店的3%，工厂一度停工的500余家，约占全苏南工厂的19%。"①无锡"第一次经济萎缩发生于1950年春，仅3月、4月两个月申请报歇的工商户即达1200家。次年春，又发生第二次经济萎缩，情况更严重。据对棉纺等7个主要行业的调查，正常开工的厂家仅占1/4，即使开工的处境也很艰难，如协新毛纺织厂，靠卖柴油、木材等厂内积存物资维持生产；商业从3月至4月中旬，申请报歇的有266户，擅自停业的达435户"。②

三、学校经费断崖式下降

"经费是一切事业的基础"，③因私立江南大学经费主要依赖于申新集团支持，企业自身难保之际，学校必然面临"无米下锅"的困境。当时荣家拥有两所私立大学，一是无锡的江南大学，一是上海西康路的"中国纺织工学院"，这两所大学的费用在荣氏大房出走海外后，都由荣氏二房承担。中国纺织工学院每月支出需6404.6个上海单位，其中董事会承担5004.6个上海单位，学费收入600个上海单位，同业工会补助800个上海单位。④1950年5月15日，该校上书荣德生等高层，反映经费困难。

德生董事长、尔仁、毅仁、鄂生、品三在沪董事诸位先生钧鉴：

近来经费情形极为困难，各部分负责同志艰于应付，彷徨无计。……查七厂派费，本学期分文未付，一厂派费自十一月份起停付，六厂派费自十月份起，仅认15万个折储单位(约合原数八折)减付，最近亦有一月份起或将停付之表示。……近闻七厂已经停工，其名下所欠之半年经费究竟是否成为画饼，一、六厂等又或迟迟不汇或不全付，或将停付，更是促向困境。⑤

上述几家欠费工厂属于大房荣鸿元系统，企业核心层都移民境外，留沪工厂因资金与管理原因，风雨飘摇。二房系统下属工厂也摇摇欲坠，完不成给江南大学的经费任务。

申新二五厂，1950年2~4月旧欠经费白米945石，减已付86石，净859石，计17420.52万元；申新九厂(注，申九属大房，但独立性较高)，1949年及1950年1~4月旧欠经费共计16件计7088万元；申新三厂，1950年2～7月旧欠经费白米315石乘6等于1890石(每石为202800)，38329.2万元减已付14700万元，为23629.2万元。申九末一笔收账为1949年11月15日计1200万元，合米190.476石；申四1950年11月23日1000万元，折米37.037石；福新1950年1月23日500万元，折米40.816石，申二、五至4月14日，止于二至四月间，计3月10日40石，4月14日60万石，共计2230万。⑥

一方面企业欠江南大学经费，另一方面则是企业身陷泥潭，仍想方设法为学校提供支持。如江南大学从申新三厂领取经费：1949年4月24日至12月31日为16129390元；1950年1月1日至12月31日为412271186元。⑦

学校举步维艰时，政府对私立大学新开的地产税与房捐加大了学校负担。如荣家承办的中国纺织工学院支出薪工4349.6单位，办公费715，讲义费50，购置200；特别费230；捐税800(其中地产税430，房捐350，印花税20)；其他60，合计6404.6单位。⑧

申新系统自身周转不灵，虽给学校提供难能可贵的经费支持，但这笔经费离学校正常运转还有较大差距，企业与学校日子都很艰难，都不知道能撑多久。员工人心浮动，企业管理者满面愁容，当然压力最大的是荣氏集团"接棒者"荣毅仁。

荣宗敬、荣德生兄弟白手起家，打造了一个庞大商业帝国。荣宗敬1938年病逝后，这个商业帝国由两房几派实力掌控，大房荣鸿元控制申新一厂、六厂、七厂与九厂，老臣王禹卿领导福新面粉集团，二房次子荣尔仁控制申新二厂、五厂，三子荣一心掌管申新三厂，申新四厂由二房大女婿李国伟管理，茂新面粉公司由二房四子荣毅仁打理。在荣鸿元、王禹卿、荣尔仁等移民境外，荣一心、荣纪仁英年早逝，荣德生年高体弱时，

---

① 马一行：《关于苏南财经工作的报告》(1950年9月7日)//中共江苏省委党史工作委员会编：《苏南行政区》，中共党史出版社，1993年，第265页。
② 包厚昌口述：《无锡解放初期国民经济的恢复和发展》//无锡市政协编：《无锡工业企业发展亲历记》(1949~2019)第一册，凤凰出版社，2021年，第169页。
③ 苏云峰：《私立海南大学》，"中央"研究院近代史所研究专刊(61)，1990年，第81页。
④ 《中国纺织工学院每月收支概算表》，上海市档案馆，Q193-1-1266。
⑤ 私立中国纺织工学院函》，上海市档案馆，Q193-1-411，第2页。
⑥ 《给炳勋函》，上海市档案馆，Q193-1-2059，第13页。
⑦ 薛毅明、冯祖祺：《申新三厂五反检举材料》偷字第6号//钱江编：《无锡市第一棉纺厂七十年发展事记(1919~1989)》，1990年，第57页，未刊稿，无锡市方志馆藏。
⑧ 《中国纺织工学院每月收支概算表》(1950年5月15日编制)，上海市档案馆，Q193-1-1266，第5页。

荣家在上海、无锡两地企业的领导重担落在了34岁的"少帅"荣毅仁身上。

荣毅仁接手了一块烫手山芋。"1950年4月底,申七厂因逃港资金较多,解放后又乏人管理,首先停工疏散,合丰厂也同时停工。其他各厂除一厂较好外,资金都周转不灵。当时七个单位的总流动资产,折合20支纱计7886件,总流动负债折合20支纱计36312件。流动负债超过流动资产28435件。其中欠花纱布公司13620件,欠人民银行约4800件,欠私人行庄约1340件,其中欠债尤以九厂为甚。各厂普遍欠发工资和代办米,六厂曾一度停工。全国最大的申新九厂,竟因付不出电费,致停工数天,原棉供应已经到了热锅等生米的情况。有些厂晚上开工,下午才拆到头寸,购进棉花。"①

为收拾这个烂摊子,在政府支持下,5月8日改组成立上海申新纺织厂总管理处,所属申一、二、五、六、七、九厂、合丰、裕中凡八个企业,集中管理,统一经营。由荣毅仁为总经理,吴中一、汪君良为副总经理。

时集团负债很多,"每月支息约30亿元",荣毅仁想断尾求生,把申七卖掉还债,可是"政府方面对这点不加考虑,现在方允研究。按裕中本身债务约欠纱1500件,申六欠纱约2千件。裕中得出售,该两厂债务都可解决。合丰出售后,申二的债务也可解决。申七出售后,除该厂本身债务解决外,还可有余。如此,我申新各厂旧欠可得一总解决。各方对本人这个思想的看法,虽各有不同,但本人认定,惟有售产抵偿所欠政府的债务,方可解决事业的困难,以求今后的发展,奠定将来的基础,于公于私都是对的"。②

第二节 校方与师生间的冲突

中共建政之初,因经济基础剧变,一些中产阶级收入锐减,无力支付学费,可缺少学费这块收入,学校无法正常运转。在市场萧条、劳资两难情况下,为学费事,校方与学生讨价还价,一让再让;为收学费,师长对学生苦口婆心,唇干舌焦,这一幕实在办学者的意料之外。

一、学费缴付困难的多重原因

"新中国建立后,中国共产党没收了官僚资本,进行了土地改革,官僚资本和地主经济基础被摧毁或在瓦解中,民族工商业曾一度遇到困难,无法对私立学校大力资助。学生家长中多半是地主或工商业者,他们对政府政策了解不多,加以匪特造谣破坏,使其产生疑虑彷徨,不让子弟上学。旧的办学方针,不能适合当前建设发展需要,学生感到前途渺茫等等。当时,学生锐减,学校经济困难,多数难以维持。如西南地区,解放以后,私立高校学生减少三分之二。多数私立学校师资缺乏,设备简陋,无法满足需要,更无法适应新时期的各种需要。这种状况在西南、华东一些历史较短、规模较小的专科学校更为严重。即使像上海一些私立大学,问题也很多。上海大夏大学商学院除会计课外,无可选读的课程。上海大同大学理工学院教授全部由交通大学和同济大学二校教授兼任。大夏大学兼任教师占全校教师总数的80%强。"③郝维谦主编的《高等教育史》对1950年初私立大学的生态作了上述全方位描述,只是学生不上学并非都是家长多虑,而是利益重构,家中收入来源突然断绝。

具体到私立江南大学,学校经费70%来自荣氏企业支持,30%为学杂费,可本应正常缴纳的学杂费在1949年后出现了严重拖欠。学生欠费主要原因也与大环境有关。

其一天灾。苏南地区"1949年7月水灾、风灾接踵而至,被淹田地达540余万亩,其中除384万余亩经抢救或补种尚有三五成收成之外,仍有160余万亩颗粒无收;入秋以后,很多高地(约536万亩)又遭旱灾、蝗害,以致秋收歉收。1950年因气候失调,雨水过多,夏收仅五成左右。……去秋水灾、风灾,殃及18个县,计海塘缺口148处,江堤决口353处,内圩破决者,仅高淳一县即有90余处。灾情较重者有南汇、川沙、宝山、吴江、常熟、江阴、扬中、高淳等8县,合计当时淹死4 500余人,灾民达42万余人,其中倾家荡产者10万余人。……个别地区少数灾民曾有一度吃草根、野菜、麸皮度命"。④私

---

① 《申新各厂改善经营方法》(1950年9月),上海市档案馆,A4-1-8-35。
② 荣毅仁:《售产抵债,以求今后发展》//上海大学、江南大学《乐农史料》整理研究小组选编:《荣德生与企业经营管理》下,上海古籍出版社,2003年,第1282页。
③ 郝维谦主编:《高等教育史》,海南出版社,2000年,第39页。
④ 陈丕显:《关于苏南农村生产、救灾、征粮等工作情况的报告》(1950年5月28日)//中共江苏省委党史工作委员会编:《苏南行政区》,中共党史出版社,1993年,第205~207页。

立江南大学学生多来源于长三角,严重天灾必影响学生的家庭经济。

其二战争负担。"解放初期,因大军过境,前线急需,曾在农村就地借粮7000多万斤,经苏南第一次各界人民代表会议讨论,一致认为战争尚未结束,仍须大力支前,为此决议此项借粮除为了照顾贫苦农民与困难户,分别归还全部或一部外,其余不再归还。现在已经拨还了2743万斤,约当于借粮总数39%,贫农中农一般对此反映良好,只是有些地主与个别富农,对此表示不满,说这是政府'失信于民'。"①

其三物价飞涨。人民解放军渡江后向国统区推进,军费开支巨大,当时物资供应有限,无奈中增加货币发行量。"1948年12月到1949年12月,人民币发行额从185亿元增加到3万亿元,增长160多倍。""这样的通货膨胀的速度是过去解放区未曾有过的,是空前大规模的胜利进军中出现的特殊的暂时现象。但是,不管是由于何种原因,只要通货膨胀,物价也就必然上涨。加上其他一些具体原因,1949年到1950年初,发生了四次物价大波动。"②"从1949年6月20日起到7月底上海米价继续狂涨了四倍,纱价则上涨一倍,人民币贬值的压力向外扩散到华东、华北、中南、华南。"③"到11月底,一石米的价格已涨到40万元人民币,为七月份的五倍多。上海市政府曾经在一天之内向市场抛售大米991万斤,仍无济于事。"④上海市销售物价指数,1949年8月下旬为100,9月下旬为113.28(以下都以下旬计),10月170.68,11月504.12,12月519.64;1950年1月696.72,2月921.7,3月867.12,4月737,5月702.1,6月779.96,7月827.33,8月839.85,9月851.37,10月886.99,11月882.17,12月855.2。⑤

其四,生产关系大变革。民国时期,能上私立大学的学生,工农子弟较少。以下是1952年江南大学207名毕业生家庭成分的统计:产业工人0人,其他工人3人,职员63人,革命军人4人,工商业户42人,小土地出租者2人,出租房子的2人,地主兼工商业的9人,资本家21人,手工业者小商贩4人,自由职业16人,贫雇农0人,富裕中农1人,富农1人,中农4人,地主22人,其他13人。⑥大学中工农子弟少,当时在全国具有普遍性,"工农出身的大学生比例1952-1953学年度为20.46%,1953-1954学年度21.94%"。⑦私立江南大学学生多来源于"剥削阶层",而新社会,"不允许雇工,借贷关系停止,农村生产关系打乱"。⑧在旧已去、新未立的转型期中,许多学生家庭收入"亮起了红灯"。

解放后，我的经济来源断绝了。因为农村进行土地改革后，我们家的土地全部被分给农民。老祖父与大姑从博望老家逃到南京，居住在解放前购买的一栋房屋里，靠三姑一人的工资来支撑。父亲解放前和友人合伙开的一家印刷厂，也因经营不善而倒闭了。只好失业在家。只有继母林惠在船板巷小学教书，靠她微薄的工资维持生计。没有能力解决我大学昂贵的学费。⑨

各种因素叠加，使许多学生负担不起学费。1949年夏，中文系学生李赐转学北京大学，其欠费未缴，学校未给他成绩单。"唐至中、郑学毁两老师代我缴了八斗米的学费才开到成绩单(8月8日)"，李赐1949年日记反映当时经济的困境。"(8月29日)今天郑先生给我兑了一万元来，他的经济情况是那么坏，还给我兑将够一月的伙食费来。""(10月18日)郑先生今天又来了一封信，他又给我兑了一万元来，解决了我下月的伙食。他父亲把仅有的几亩地送给了佃户，得了十二担糙米。"⑩

在众多学生筹集学费困难的同时，部分学生因经济与政治考量离校，导致生源大减。1948学年度第一学期，私立江南大学学生计440人，第二学期计363人。内转学者计14人，休学者计18人，不明者计44人，保留学额者1人，共计77人。1949年上半年，学生流失率接近20%，如此高的流失率原因较多，除经济困难使一部分学生无力承担学杂费而辍学外，新开的各种培训学校更是给招生市场巨大冲击。

1949年到1950年，在向国统区大推进中，共产党大力吸纳年轻人作为新鲜血液，设置各种干部学校。这些学校不分科系，不收学费宿费，膳食由学校供给，几个月就能毕

---

① 陈丕显：《关于苏南农村生产、救灾、征粮等工作情况的报告》(1950年5月28日)//中共江苏省委党史工作委员会编：《苏南行政区》，中共党史出版社，1993年，第207页。
② 薛暮桥、吴凯泰：《新中国成立前后稳定物价的斗争》，《经济研究》1985年第3期。
③ 郭今吾主编：《当今中国商业》，中国社会科学出版社，1987年，23页。
④ 林蕴晖、范守信：《凯歌行进的时期》，河南人民出版社，1989年，第87页。
⑤ 《上海市销售物价指数》，上海市档案馆，S30-4-168。
⑥ 《苏南区高等学校毕业生一般情况统计表》，江苏省档案馆，7014-002-0799。
⑦ 国家统计局编：《伟大的十年——中华人民共和国经济和文化建设成就的统计》，人民出版社，1959年，第167页。
⑧ 陈丕显：《关于苏南农村生产、救灾、征粮等工作情况的报告》(1950年5月28日)//中共江苏省委党史工作委员会编：《苏南行政区》，中共党史出版社，1993年，第207页。
⑨ 张京晖：《六十述怀》，《江南大学老校友通讯》2009年第1期。
⑩ 李赐：《李赐日记》，《江南大学老校友通讯》2009年第1期。

业，期满后，成绩合格者，由学校介绍工作，于是有一点文化的青年都趋之若鹜。1949年6月10日，苏南公学入学考试在无锡举行，参加考试者达10510人。8时考试国文，作文题为"目前物价波动之我见"，下午考试史地与政治常识。投考者百分之七十为学生，其他为职员、教员、商人、工人，大多来自上海苏州宜兴嘉定昆山镇江各地。第三野战军军政干校，报名者也逾三千。①

1949年5月初，解放区的华中大学进驻无锡荣巷，1950年该校迁至常熟。在无锡办学3届，约10个月，培训干部5000多人。第一届学员1100多人，第二届1100多人。5月27日，开招第三届，苏南公学在苏南日报上连续六天登报招生，招生名额2000名，报名者10410人，扩招至5000人，实际到苏中学习人数为2300人。7月15日，苏南公学在荣巷公益中学举行首届开学典礼，到会教职工及学员5000多人，苏南区党委书记陈丕显、苏南行署副主任刘季平(管文蔚主任因病未能到会)、区党委组织部长赵明新、宣传部长汪海粟等到会。②

公益中学原是荣德生所办私立学校，与公益铁工厂连在一起。1947年10月到1948年7月，公益铁工厂是江南大学临时校址。无锡解放初期，此地成为共产党干部培训处，开学典礼上，冠盖云集。

1949年8月11日私立江南大学在《苏南日报》发表招生广告：

一、招生院系：语文系、管理系、数理系、化工系、电机系、机械系、植物生产系、农产制造系一年级新生及二三年级插班生；面粉专修科一年级新生，以面粉业公会或面粉厂保送者为限；二、报名手续，填缴报名单，学籍证件，二寸半身照片四张，报名费(按当日牌价，上海以三个折储单位计，无锡以二个折储单位计)。三、报名日期，八月十五、十六日。四、报名地点：无锡学前街省立师范或上海建国西路二九六号公益工商研究所。五、考试日期：八月二十日。六、考试地点：无锡后湾山本校、上海小沙渡路新闸路口二八一号中国纺织染工学院。③

可与前两年相比，这次报考人数大幅下降，无锡180余人，上海350余人。20日在锡、沪两地同时举行新生入学考试。

因报考人数只有523人，不得不降低录取线，语文、管理两专业合格分数线为130分，面粉专业160分，其余专业170分，与前两届相比，分数线降低不少。可合格生源还是太少，9月21日学校又进行了第二次招考，97人报考，录取数理、植产两系56人。④

因生源少，大学招生"吃不饱"现象在全国都呈普遍性，1949年8月南京大学招生计划为2 000人，由于当时战火未熄，生源有限，实际入学新生939人。⑤山东大学1949年计划招生500名，仅录取375名，只完成招生任务的75%。1950年计划招生800名，实际录取"正式生"420名以及为填补未报到空缺的"备取生"129名，两项合计不足招生任务70%，且正式生的录取标准为41.5分，备取生则为36分。⑥

国立大学有金字招牌、学费少并有"人民助学金"，招生都出现困难，私立大学则难上加难。1948年秋，光华大学有1742名学生，1949年已减至976名，1950年则减到780名。⑦私立海南大学，1947年11月开学时学生400余人，1948年度第一学期，只有300余人注册，第二学期(指1949年春)减至233人，骤减原因为学生经济来源断绝，无法缴纳学费人数增加所致。1950年2月注册者仅350人，一方面新生入学者极少，另一方面则旧生退学者太多。学生人数过少，自然影响学校收入，因学生学杂费约占其全年经费32%。⑧

1949年9月新学期开始前，华中大学校长韦卓民曾估计学生注册人数应为430至460人，其中新生应占150至170人，因参加入学考试学生人数约等于去年的三分之一，结果证明估计过高了。学生人数锐减原因很多，如因交通困难无法回校、因参加政治活动和革命工作不愿回校、国立学校名望更大前途更有保证等，但最主要还是经济原因。教会大学一般收费较高，解放后由于物价暂时上涨，普通群众生活非常紧张，无法缴纳高昂学费。虽然解放后华中大学学杂费总数只有原来的85%，但很多学生仍支付不起，教师们不得不通过募捐帮助贫困学生。⑨生源减少带来学费减少，更使包括江南大学在内诸多私立大学雪上加霜。

---

① 《苏南二万青年投考苏公等校》，《苏南日报》1949年6月11日。
② 陈应华：《苏南公学在无锡》，《无锡革命史料选辑》第十一辑，第61页。
③ 《私立江南大学招生广告》，《苏南日报》1949年8月11日。
④ 《沈立人给荣毅仁函》(1950年9月26日)，上海市档案馆，Q193-1-1554，第299页。
⑤ 王德滋主编：《南京大学百年史》，南京大学出版社，2002年，第299页。
⑥ 翟广顺：《山东(青岛)大学史(1929-1958)》，中国海洋大学出版社，2021年，第407页。
⑦ 尤敦明：《纪念六三校庆贯彻学代会精神》，《光华大学25周年纪念特刊》，第22页。
⑧ 苏云峰：《私立海南大学(1947~1950)》，"中央"研究院近代史研究所研究专刊(61)，1990年，第98页。
⑨ 马敏：《艰难的蜕变——解放前后的华中大学与韦卓民》//章开沅等编：《中西文化与教会大学》，湖北教育出版社，1991年，第326页。

二、为学杂费校方与学生博弈

1949年2月21日，江南大学规定本学期学费白米三石；杂费一石(包括体育费图书费医药费等)；宿费五斗；膳费二石五斗(以每月五斗计算，由本校代收，仍交由学生膳食团处理，有余发还)。以上共计白米七石，分两期缴纳，概以隔日白粳门售市价为凭。

非常时期，粮食成为硬通货。①9月新学期，学费仍同上学期为四石五斗。但因经济困难，学生不能接受。"学费问题，经同学要求，为谋合理负担，请于入学时先缴一石五斗，其余俟八方代表(校董、学校、教授、讲助、学生、家长、职员、工友)组织经费预算研究会商讨决定已勉予接受。将来校董代表，拟请推定，以利会商。"②9月19日，沈立人给荣毅仁去函汇报学生要求，政权鼎革后，学生地位大大提高。

11月4日，成立由教授、学生共同参与的校务委员会，荣毅仁为正，沈立人为副。11月19日下午12时半，召开学费研究会议，由校董会副董事长钱孙卿主席，参加者有沈立人、郭守纯、顾惟精、杨经生、杨钧泰、蒋凌械、许雍圻、顾文、谢锡南，列席华晋吉。

沈立人：此次学费问题经呈奉苏南行署指令核示，征收学费可参考上海私立大学收费标准。本校校董会津贴分经常费、设备费两项，本学期设备费约美金两万元，合米3 500石，经常费津贴规定18 000个上海折实单位，约合每月400石，半年共为2 400石，两项合计为6 000石米，学校经常费开支每月1 011石，员工月薪约占60%左右。如照原定的旧标准，校可收入2 500石，两抵尚不足1 000多石，希望同学能体谅校方困难，本合作精神商讨决定。

钱孙卿：本人拟将校董会情形报告一下：现在工厂岌岌可危，经济困难，因此学校经济颇不稳定；同学困难情形很明了，但望各方照

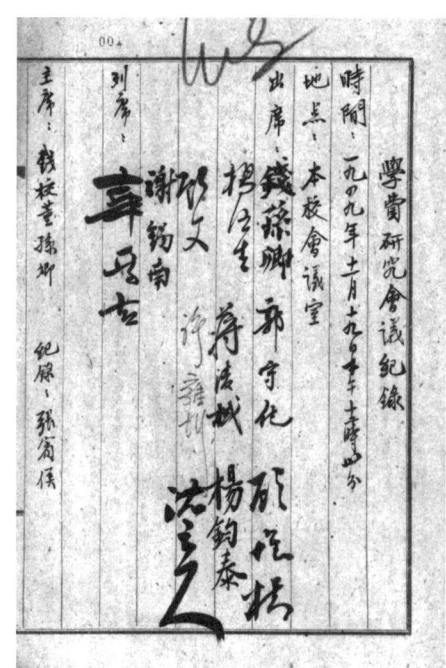

江南大学学费研究会议记录(1949.11.19)

顾困难合作解决；现在国立大学一般情形均在自给自足方式下，本校校董会筹措2400石经费已极感不易，此点应请各方谅解。

杨钧泰同学：原定收费标准，同学负担不起，希望校中精简节约，校董会多筹津贴。

郭守纯先生：学校要永久下去，希望同学要搞坦白，有力负担者，应尽力负担，困难者应设法照顾。

顾文先生：同学困难应照顾，校中困难亦应顾到，似应采取一折衷办法，参考私立大学收费情形合理解决。

华晋吉先生：本人以列席资格参加，承主席批示报告校董会情形各项。本校与荣氏事业有密切关联，在解放前，荣氏致力文化事业，非常苦心，一般看法以为荣氏有盈余之资力办学，其实是一心志愿，并非事业有赢余而来办学；荣氏事业中包括各个情形并非全为荣氏股份；本校经费来源有二，一心先生生前个人收入尽量运用，经常费虽为各厂负担，但极感勉强，解放后事业萎缩，影响学校经费，现在所能负担者仅三二五厂，但各厂职工会曾经检讨负担本校经费问题，目前是真实困难，校董会已尽极大努力。

主席提议，拟参照上海各私立大学收费标准略予减低本校学杂费为四石米，当否请予决案。

杨钧泰蒋凌械两同学表示，对于四石标准难以接受，商讨了4个小时无结果。③

这次会议长达4个多小时，但留存的会议记录很"精干"，根本闻不到会场内学生与校方攻守的"火药味"。1887年出生的钱孙卿长期担任无锡商会会长，屹立地方三十年，是荣家的政治代言人④，跟三教九流都打过交道，他能言善辩，折冲樽俎，当这位年过花甲的老人面对年轻的学生代表时，却大有"秀才遇着兵"之势。

30日，校方呈请苏南行政公署核定本学期学生收费标准，希望借助政府力量让学生接受，但政府也未给明确态度。12月5日，沈立人副主委为洽询学费事宜赴苏南行署教

---

① 宋云彬日记曾记，1949年8月16日，发本月上半月薪水，小米520斤，每斤173元，折合人民币89960元。小米价1950年1月升为每斤840元，5月为1060元(宋云彬：《红尘冷眼》，山西人民出版社，2002年，第151~193页)。
② 《沈立人给荣毅仁函》，上海市档案馆，Q193-1-1571，第280页。
③ 《私立江南大学学费研究会议记录》，苏州大学藏私立江南大学档案，长26。
④ 汪春劼：《无锡：一座江南水城的百年回望》(增订版)，同济大学出版社，2021年，第250页。

育处，寻求解决办法，无功而返。

12月19日，荣毅仁主委到校，并召开第一次校务委员会议，这也是他自无锡解放以来第一次来校。平时他人在上海，通过沈立人遥控校政。24日，通函学生家长本校本学期学杂宿费经第一次校务委员会议决议，改收三石五斗，希望能得到家长配合。在这次会议上，"荣毅仁主委提出，同学中无力缴清学费者，由同学会发动互助运动，以有力者帮助无力者，这是尊重学生的自尊心，旧欠部分也希望同学会把它弄清楚"。①让家境好的同学帮助家境差的同学交学费，没有可行性。学费从1949年春季的四石五斗退至四石，再改为三石五斗，校方一让再让。

因经费困难，员工工资也开始在原有基数上再打九折。每基数一元乘0.9个无锡折实单位为本校暂时底薪标准，自1949年12月份实行。底薪300元及以下者基数计算办法：

$60+(S-60)\times 3/10+20$

$60+(S-60)\times 3/10+20\times(600-S)/300$

式中，S代表底薪，按此算式，底薪300元者，其数为152，600元者，基数为222。②

1950年1月7日，召开第二次校务委员会议，荣毅仁缺席。会计主任许雍圻报告，本学期学费应缴900石，现仅收到210石。决定维持第一次会议议决案，限本月16日前一律缴清，逾期不缴，不得参加大考，并以自动放弃学籍论。扩充本学期清寒助学金，"申请困难补助同学由学会组织评议会，采取自报公议方式，并实地调查家庭经济状况，因此许多不十分困难的同学，放弃了申请，设法缴纳，60余位困难同学得到助学金，解决了困难。另有少数同学则获得个别教授的奖学金(如沈立人、孙时中、郭学民三先生均设有奖学金名额)"。③

1月8日上午9时，召开第三次校务委员会议。下学期学费原规定为四石米，现改为90个无锡折实单位，计学费68个单位，杂费17个单位，宿费5个单位③。

在教育界一片哀鸿情形下，政府也意识到了问题的严重性，1950年2月24日召开了苏南教育代表大会，苏南行署副主任刘季平谈到了三方面困难：④

应该承认，有不少学校，特别是私立学校、农村小学，在经费方面是有困难的，在教师和学生的生活上是相当贫苦的。

但也应该承认,在我们苏南,经过100多年来帝国主义的侵略与掠夺,经过了几十年来军阀官僚土豪劣绅买办国民党的压榨与摧残,已经元气大伤,又加去年水灾、旱灾、虫灾、匪特破坏,城乡生产一时尚未完全恢复和发展,群众生活也是相当困苦的。

也应该承认,我们苏南人民政府仅仅才成立10个月,中央人民政府仅仅才成立5个月,华东军政委员会才成立1个多月,国内外敌人还用尽各种阴谋诡计进行破坏。解放台湾、海南、西藏的军事任务,恢复与发展生产的经济建设任务,还非常艰巨。所以国家财政虽然已有一个刻苦自励的正确方针和英明措施,却也还是极其困难的。

当时不仅私立高校难以为继,私立小学也朝不保夕,苏南地区"失业教师据统计不下三四万人"⑤,如何解决困难,政府手中无米,希望私立学校师生勒紧裤带,"私立小学设法增收节支。当时各地一个较普遍做法,是组织师生从事种植蔬菜瓜果、蓄养牲畜、削制竹筷、编织草包竹篮、打草鞋、摇麻绳等简单劳动,以劳动所得帮助学校艰难维持"。⑥

对私立学校的困难,政府爱莫能助。1950年6月初政务院总理周恩来在讲话中提道:"今天私立学校处于困难的境地,以前它们的经济来源大都依靠军阀、官僚资产阶级,现在没有了,学田土改时也分了。这些困难,政府应该照顾。私立学校问题怎样解决,教育部要考虑。这也是学校自身的事。现在,国家经济处在恢复过程中,大家要多想办法,度过这一二年。"⑦同时段,苏南行署教育处副处长陶白也在机关报上发文指出:"以私立学校来说,它的生存的社会基础,已经起了根本的变化。要使依靠旧社会的基础而生存的私立学校,在新社会里,还能继续生存下去,就必须面对生产,面向人民群

---

① 《江大校务委员会会议记录》(1949年),上海市档案馆,Q193-1-1550,第3页。
② 《江大校务委员会会议记录》(1949年),上海市档案馆,Q193-1-1550,第10页。
③ 《私立江南大学一九四九年度上学期总结报告》,江南大学档案馆,SLJD-4。
④ 刘季平:《为建设苏南的教育而奋斗》(1950年3月2日)//中共江苏省委党史工作委员会编:《苏南行政区》,中央党史出版社,1993年,第163页。
⑤ 《一九五〇年上学期教育工作综合报告》,江苏省档案馆,7014-1-86。
⑥ 无锡县志编纂委员会:《无锡县志》,上海社会科学院出版社,1994年,第832页。
⑦ 周恩来:《在全国高等教育会议上讲话》,《周恩来选集》下卷,人民出版社,1984年,第20页。此际公立高校经费有保障,如山东大学1949年6月2日至12月底收入10亿1127万8072元,支出9亿8909万3599元,其中"俸给费"占比为64%。国立山东大学工作总结(一九四九年十月底到一九五〇年三月)》,载《山东大学校史资料》第6期,1983年11月。

众,才有可能。"①如何面对生产,如何面向人民群众,并没有一套切实可行的方案。

三、教师工资"打白条"

1950年3月6日,新学期开始选课注册,可缴费者依旧寥寥,陈账未清又挂新账,学校更加困难。3月8日,召开教职员工座谈会,就本校经费紧缩问题交换意见。沈立人转达校董荣尔仁的意见:"现在上海各厂已停止,京沪线上仅申三开工,沪厂现发维持费,校董会过去津贴学校津费八百石,实难负担,从本学期起,每月只能津贴四百石,希望能共体时艰。"②校董会经费从每月800石降为400石,减少一半,校财政无法正常运转,领导层又在10日召开全体教职员工举行座谈会,商讨本校经费问题,除了过苦日子再也找不到办法。

11日,召开第九次校务委员会会议。决定免费种类分为全免、半免、免三分之一、免四分之一四种。全免名额为学生总数的6%;半免名额为学生总数的12%;免三分之一的名额为学生总数的18%;免四分之一名额为学生总数的24%。免费条件以清贫为主,但学业成绩及平时操行亦为审核标准。免费评议委员推诸祖耿、金圣一、陈陵、杨晟、唐璜、罗聚源、薛佩瑾、黄书意、杨锡荣、谢锡南、马天元(管理)、任初兴(电机)、薛汉民(面粉)、刘国华(植产)、赵正清(农艺)、卢康媛(数理)、华湘翰(化学)、陆文华(机械)、蒋凌械(学生会)担任之,诸祖耿为召集人。

12日,召开第十次校务委员会会议。因本学期学生人数锐减,校董会经费困难,每月津贴又减至400石,决定凡学生一时无力缴清学杂费者准于注册前先缴34个折实单位,其欠缴部分须有切实保证必须于四月底(30单位)及五月底前(30单位)分两期缴清。决议校董会重行改组,呈请苏南行署准予增加校委名额为15人。正副主任委员、教务长、辅导主任四人为当然委员,教授代表四人,讲助代表二人,学生代表三人,职员代表一人,工友代表一人。"本校委会为了讨论人事问题,就发生了很大的冲突。"③困难与矛盾,导致开学伊始,沈副主委分函校委会各委员辞职。14日上午9时教授会举行紧急会议,一致决议挽留沈副主委。下午2时各单位代表举行联席会议,商讨挽留沈副主委问题。15日上午9时各单位代表汤心济等10人会同前往苏南行署教育处报告,由陶白副处长接见，转请各代表挽留沈副主委即日返校主持。

3月16日下午6时，教授会代表汤心济、夏宗辉、金圣一、朱正元(因病未行)，讲助会代表万迪生、熊振平、·学生代表蒋德舆等6人赴沪向荣毅仁主委报告，请挽留沈副主委，职员会工友会特托代表们代呈挽留函各二件。经过几天工作，沈立人妥协了，继续维持这个烂摊子。21日，沈立人副主委从上海回校主持校务。

3月24日上午9时，举行教职员工座谈会，参加者多是系主任，有夏彦儒、许雍圻、张泽垚、谢锡南、罗聚源、郭守纯、沈立人、夏宗辉、陆仁寿、金圣一，主席沈立人。④沈立人报告：

一、今日就本校经费紧张问题，邀请大家交换意见。学费由入学至23日止，共20437单位，支付二月份月薪12814单位，电费812单位，水费488单位，汽车修理178单位，药品170单位，垫付设备费691单位及其他零星杂支，收支相抵尚存5284单位。

二、3月4日，校董会曾有400石津贴之表示，返沪后经与荣主委洽商，建议办法为设备费视经济情况或多或少，经常费办公费以学费抵充，尽量节省，时余款充实设备，月薪由校董会负责筹划，在此整个社会经济困难之时，希望各位同仁体念时艰，配合校董会经济实情，酌予适当减低。

三、现经本人与会计室草拟一新计算办法，65元以下，原薪不动；66~100元，九折；101~200元八折；200~300元七折；301~600元六折，依此计算，100元底薪原支83单位，现改支80单位；300元底薪原支137单位，现支122单位；600元底薪原支200单位，现支160单位。该项计算标准提供大家参考，并非正式决定。

夏彦儒先生，照现在新标准计算，机械系教授表示同意。

罗聚源先生，讲助方面意见一致，先请评定助教底薪再谈减薪；学校经费困难是事实，但应先紧缩各项办公费。讲师助教底薪较低，虽然减薪时对他们有"优惠"，但他

---

① 陶白：《我们的努力方向》，《苏南日报》1950年6月6日。
② 《教职员工座谈会》，苏州大学藏私立江南大学档案，永24。荣尔仁1949年春跑路香港，经过工作回上海，1950年夏又出走境外。
③ 《私立江南大学一九四九年度第二学期工作总结》，江南大学档案馆，SLJD-4。
④ 《谈话会纪录》，苏州大学藏私立江南大学档案，永24。

们还是一致抵制校方要求。

25日上午9时，召开第11次校务委员会议。参加者朱正元、张泽垚、吴锷、顾惟精、诸祖耿、沈立人、杨钧泰。主席沈立人。主席报告，截至24日，学生报到人数共436名，注册人数191名，尚有295名同学未办理注册手续，为便利同学起见，准照常上课。

前已述及，处在新旧转型期，经济极端困难，学生缴不起学费在全国具有普遍性，"中华中学到目前为止，学生数差不多减了一半，缴纳学费只达标准数的百分之三十，要求减免的学生倒有百分之五十，这情况当然是困难的。但由于师生的共同努力，他们的预算支出，从上学期331石米减至181石米，收支接近了平衡。"①媒体宣传无锡私立中华中学这样的典型，也是希望各方都能以此为榜样，节衣缩食。

4月10日，校委朱正元、张泽垚、吴锷、邓鸿勋、蒋德舆等赴沪，访荣毅仁主委，协商校务。13日，第12次校务会议在上海康平路荣宅举行，朱正元、张泽垚、吴锷、顾惟精、诸祖耿、沈立人、蒋德舆、邓鸿勋参加，主席荣毅仁，仍在寻求收缴学费办法。

21日下午5时许，本校学生在梅园与农民为梅子采摘发生互殴事件，引起政府与社会关注。22日上午10时，在会议室召开座谈会研讨打架事，参加者有沈立人、顾惟精、朱正元、张泽垚、吴锷、诸祖耿、蒋德舆、邓鸿勋、陆仁寿、许涤旧、罗聚源、薛佩瑾、谢锡南、毕仲翰。

25日上午，教授召开全体会议，各课暂停。因两个月工资"打白条"，老师们无心授课，停教事件带来大的震荡。

私立江南大学初创时，其月薪比一般大学高50%以上，吸引了一批优秀老师加盟。1948年2月，夏济安在北京大学外文系任讲员，薪资每月600万元，而他如调入江南大学，可拿1200万元月薪。②同期私立光华大学专任教授月薪约1000万元，六七两月增至2000万元，但尚不及国立大学的三分之一。③可1949年后因企业不景气，教师月薪按七五折发放，这使得其收入要低于已加薪的公立大学教师，引发不满。1950年春，因经费危机，学校不得不拖欠教职工薪酬两三个月，这让诸多等米下锅的教职工开始抱团索薪。④

教师停教影响很大，荣毅仁不得不赶到无锡平息工潮。26日，荣毅仁主委抵锡，晚7时沈立人及教授代表朱正元、毕仲翰、张泽垚、蒋涤旧及学生代表前往荣宅协商校务。荣毅仁住在城里,未来学校,让代表转告他的意见。一、关于经费问题:上次所谈七千万元之款现除已汇下部分外,余数亦已在陆续筹措,即可办妥汇下;另外五六两月已各有一千万元补助经费可以决定;今后预算在预算确定社会事业经费后,即可将江大部分告知校方。二、关于学生与农民互殴事件,应迅速予以处理,对于为首鼓动之学生应即以惩罚。三、关于行政问题请由沈立人先生及校政委员会各委员,会同教授会、讲助会、职员会、学生会、工友会各方代表研究决定办法。

5月2日,兹以本校经济来源受阻,业经4月27日临时校务委员会议决,在校教职员每人分发面粉一袋,暂资维持。该项面粉业已运校,即可配发。现再加发每人膳米三斗,请即携袋前来领取。两项价款俟以后发薪时扣缴。

5月4日,青年节放假一天。适逢东北工学院来此招人,部分学生酝酿转学东北。学生会代表去沪,与华东教育部及东北招聘团接洽无结果,学生情绪不安定。学生会去函教育处,请陶处长来校报告予以指示。政府见私立江南大学将被拆散,事情闹大了,要校方赶快来商议办法。5月6日,学生会以社团名义致信荣毅仁,限他5天内来学校报告经费解决办法:

亲爱的荣主委:

  上次你到无锡来,我们正热切的期望着你能来江大,但是太失望了,你竟没有来,然而无论如何你是我们学校负责人,你早晚终能来校,是吗?学校情形已到如此地步,经济如此困难,教授饿了肚子教书,同学缴费百分率已达百分之七十以上,实为京沪各区缴费大学之冠,江大师生可说已尽了最大努力,然而学校呢,行政搞得如此纷乱,学校日趋动荡不安之中。早不知夕,所以我们希望你能到这一所你办的大学里来,大家商讨如何搞好学校,我们想新民主主义下的教育工作者思想是前进的,是走群众路线的,不抱孤立主义偏向的,我们要师生员工在一起搞好学校。你是主任委员,该起带头

---

① 《认真协助私立学校克服困难》,《苏南日报》1950年3月30日。
② 王洞主编:《夏志清夏济安书信集》卷一,浙江人民出版社,2017年,第55页。
③ 《光华大学复校后第二次校董会议》(1948年7月20日),《私立光华大学有关校董会方面的文件及校董会会议记录》,华东师范大学档案馆,K82-2-7-16。
④ 当时私立大学欠薪较普遍,顾颉刚1950年6月30日日记所载,他兼职的"诚明(文学院)以捐款不到,薪水打七折,欠薪已三月,震旦(大学)则因地价税及房捐之重,欠薪已两月"《顾颉刚日记》第六卷第652页)。

作用，是不是？现在由同学全体大会的意见，以诚恳的心盼你在五日内能来江大听你的报告学校今后的途径，一切的一切均等待你指示——学校的创办人当然有他办学校的目的，有他的态度与观点的，否则堂堂国家大学教育难道就在拖延与敷衍搪塞中毁灭掉吗？荣主委是前进的，我们相信决不会如此的，是吗？我们以十二万分热烈的心期待着五日内能在江大和你见面并望早日给复音。①

收到学生会这封站在道德制高点的信函，荣毅仁如何思考，不得而知，5天内他并没有去江南大学，学生对此情绪更大了。荣毅仁对师生也有看法，不再来学校。②

第三节 教师派系与内讧

1950年夏，私立江南大学有教师70来人，③其中资历最老的也不到3年，多数人来江大工作，几个月到一年不等，原本没有历史上的恩恩怨怨，可"由于教授先生们平时分住梅园、荣巷两处，就形成了两派，荣巷派人以顾惟精、杨晟等为首，毕仲翰、诸祖耿等辅之；梅园派以农学院院长郭守纯为代表，朱正元等辅助奔走。另外也有中立派如金宝光、王守泰、吴大榕等"④。派系斗争，给学校管理带来了诸多麻烦。

一、一个多月的夺权

1950年春，因经费问题，江南大学动荡不安。4月21日学生与农民发生群殴，5月初，学生又要集体出走东北工学院，一次又一次给领导找事，这让政府主管部门对原有的江大领导班子有看法，希望通过换人来解决问题。要立新，先要破旧。

5月8日上午8时，沈副主委偕同毕仲翰、张泽垚、顾惟精、诸祖耿、蒋涤旧、陆仁寿、万迪生、熊振平及学生代表蒋德舆、邓鸿勋前往教育处见陶处长报告校务。9日，苏南行署教育处派陈科长等4人来校了解情况并协助推进校务。上午9时起停课，陶处长来校在大礼堂讲话，就学生去东北问题、江大改造问题阐发详尽。⑤

讲话内容：一、同学去东北问题。政府对私立学校是维持的原则，与维持的原则达到改造的方针。江大是有大前途的，我们要贯彻这个方针。上次东北招聘团到江大

住梅园的江大老师合影

来招考江大同学,是错误的,招聘团到无锡,我们没有知道,是沈主委在校长会议上报告后知道的。这不是维持方针,而是拆台方式。江大是民族资本家办的,我们要坚决维持下去。当然同学到东北去,我们不阻止,青年有个人完全的自由,但是招聘团的做法有研究,如有人来责问我们,如何答复,我们坚决执行政府的方针,我们反对招聘团这种作风方针。江大代表团在上海遇到教育处的代表,这是很巧的,因此江大同学见到招聘团上午答应,下午就不答应,以为这是教育处在反对,在阻止。我们是没法申辩的。

江大本身改造问题。一部分同学热情要到东北去,是有原因的,主要的是对江大前途没有信

---

① 《私立江南大学学生会致荣毅仁函》(1950年5月6日),上海市档案馆,Q193-1-1554。
② 直到1952年私立江南大学撤销,荣毅仁也未来学校,其间学校一些重大节点,如建校3周年纪念、第一届学生毕业等,他都发来贺词。因处理校务,他也回到无锡几次,但都在城里开会,不来学校。多年后,荣毅仁开始与部分学生有较密切的互动。
③ 据《私立江南大学1950年10月份综合报告》,学校专任教师72人,内专任教授22人,兼任教授14人,专任副教授4人,兼任副教授4人,专任讲师2人,兼任讲师1人,政治教师2人,助教23人。职员23人,技工8人,工友50人,学生561人。1950年3月统计,专任教授25人,兼任教授7人。
④ 华晋吉:《荣氏私立江南大学筹创始末概述》,无锡市档案馆,F2-280-104。
⑤ 《教育处陶处长5月9日来校谈话记录》(1950年5月9日),苏州大学藏私立江南大学档案,永4。

江大教师留影，一排左起：胡立猷 李笠 顾惟精 沈立人 郭守纯 陈陵等，二排左起：张勋新 陆仁寿 倪则埙 王文元 金宝桢等，三排左起：诸祖耿 朱东润 王鸣岐 束世澂 吴大榕 金圣一等，四排左起：朱正元 郑学弢 苗雨青 唐璜 诸祖荫 张泽 沈制平 张震旦等

心，要到有希望地方去。青年们愿向好的方面发展，这一点，我们很了解，我们希望同学安心学习，不要浪费光阴，应该努力改造，使安心在这里学习，就是说江大本身上要改造。听到同学在外面谈到江大前途而流泪，这表示对学校很爱护。江大全体师生员工要共同努力，这个努力不仅是同学的希望，也是政府的希望。

江大目前困难是有的，在经费的困难，是和全国经费的困难是分不开的，民族资本家今天有困难，这是一方面；另一方面目前政治情况好转，但仍有若干困难，江大是有条件的，首先是荣主委表示决心，要办下去，这是任何私立学校没有的条件。同时江大设备确是比较便利的，江大先天条件很好，江大教师们有决心，这是不容易的。

目前有缺点。在行政领导上不是强有力的，学校经费问题没有精确预算，政治思想教育没有搞通，生产节约没有展开，组织不够健全，教师任劳任怨是很好的，但内部团结欠差，不是全心全意为学校，而仍有争执。在同学思想方面，是有研究的，同学有些是灰心失望，师生精诚合作，只作空话，是没有用的。

总的方面贯彻政治思想教育，展开生产节约，行政组织要健全起来，教导处必须健全起来，我们愿意在短时期内协助解决。各种组织要发生行政作用，不是形式问题；要订立精细预算，每一笔钱要用得值得，同学教师加强团结，精密订出预算，克服经费困难，希望教师要同甘共苦，办好学校，必须有信心，同学亦要如此，大家要有主人翁的思想；目前迫切需要解决的问题是学费问题，希望在本星期内解决，设法简单化。90单位已经缴过的可不再有问题，不必谈了。下学期学费提早解决，至迟放假以前要决定，希发动教师互助，上海各校已在发动，有力量同学希望快缴，迅速解决这个问题。基本的一环如何来加强行政，我们决定来协助解决。

陶处长所言代表政府观点，对江南大学要维持，对学生转学不赞成。下午全校各系师生分别展开小组讨论。陶处长虽提到学校经费困难和全国的经费困难是分不开的，但江南大学比起其他私立学校更艰难，"因为经费来源，完全恃校董会贴补，一旦来源受阻，困难之深自不待言"。①

10日，上午停课，由沈副主委传达苏南校长会议上管文蔚主任之报告。下午师生员工各单位代表会议并成立校政检讨程序委员会。

此期间，嗷嗷待哺的教授们以团体与个人名义给荣毅仁与沈立人去信去电，要求尽快发薪。11日，机械系主任夏彦儒给沈立人去信，急如星火：②

立人先生：

全校的教授都快饿死了，都等到您兑现，我自己早已不能买小菜，今天午饭就无米下锅，您有什么办法没有？

假如您不敢擅专借办救济，可否请向祈校务委员会提出讨论？

11日上午，教授会讲助会职员会学生会工友会及校政检讨程序委员会分别举行会议。下午1时半举行全体师生员工校政检讨大会，教育处4人均出席，陈科长并报告，展

---

① 《私立江南大学1949年度第二学期工作总结》(1950)，江南大学档案馆，SLJD-3。
② 《夏彦儒致沈立人函》，上海市档案馆，Q193-1-1550，第151页。

开批评与自我批评之意义与作用。大会至6时许结束。对农场与总务处批评较多。这次检讨大会上，朱东润教授担任主炮手，他在回忆录中比较真实地讲述了过程：

  教授会主席宣布开会，接下来由我提出江南大学的问题，要求学校当局负责检讨。我没有刘季平处长那样的才具，也没有占据五六小时的欲望，因此在不到两小时的时间内把问题全部提出。我说过后，也有学生继续发言。最后由沈位①检讨。他说："我是一个病人，浑身是病，诸位都是最好的医师，给我指出各项症状，我一定要好好考虑，好好治疗，决不辜负诸位医师的诊断。"②

  这次检讨大会实际上是对学校负责人沈立人的一次批斗大会，5个小时里，除朱东润做了近2小时主报告外，诸多师生登台发言，"会场情绪甚为恶劣，肆意谩骂，已越出检讨范围之外"③。

  对这次很伤感情的会议，学校在给上级主管部门的报告中稍有提及："经过五月十一日的检讨大会，全校行政部门展开了批评与自我批评。当时发生了若干偏向，但大体说来是有收获的。"④

  5月间，苏南行署教育处把工作重点放在江南大学整顿上，为削弱沈立人权力，苏南行政公署采取了架空策略，让沈立人为校务委员会第一副主任委员，朱正元为第二副主任委员。第一副主委负责经费筹划、设备充实、对外代表事宜，第二副主委商承第一副主委办理对内一切校务。如此安排使沈立人不再有校内事务管理权，也使荣毅仁没有了在校内的代理人。此外，主管部门还将原教务处与学生生活辅导委员会合并，成立教导处，由毕仲翰、诸祖耿兼任正、副教导长，教导长负责教务，副教导长商承教导长办理辅导事宜。并聘陈陵兼任教导处生活辅导组主任，吴锷兼任学习辅导组主任，熊振平副主任，杨倩志兼任女生辅导员。这一切人事安排都未同校务委员会主任委员荣毅仁商量。

  16日上午8时半，全体校务委员在大礼堂举行就职典礼。教育处陈科长出席并讲话。⑤

  沈立人讲话：江大万岁。

  朱正元讲话：去年数理系要停办，兄弟以为数理是各科学的基础，赢得校董会的同意，继续办下去，谬承任系主任职务。因身体太差，能力薄弱，要辞去校委职务，但未获通过，现在并要担任第二副主委，这觉得实不敢负此重任，以后经各方面数次敦劝，思想上起了斗争。斗争了一夜,我已身体很弱,一旦生病,家庭负担如何支持,但是因我不做影响毕先生不做,这是十分不安的。经过激烈的思想斗争,我决定愿担任此职。江南两字太伟大了,全中国人都羡慕这江南,地球不灭,江大永存。我继续高喊江大万岁。

毕仲翰先生:本人来江大六月十六天,天天做梦,没有梦到今天要挑这样重的担子。这一周来是我最难过的日子,我烦闷头痛,天天有人到我屋子里来,我无限难受。今天是我有生以来最难过的日子,或许有人不了解我,我没有能力负此重任,能达到大家的希望,我一答应必定使大家失望,但舆论压力迫使人没有自由。经过多次思想斗争,有什么方法做好工作呢?我考虑要走,但因没钱走不了,种种思想不能解决,我向团体投降了。这是经过情形。今后工作推动问题——教导工作是繁重的。一、健全教导机构,本校在教务上已有组织,在辅导上是形式的,希望增加生活辅导或学习辅导来加强领导。二、做事民主集中,把大家意见集中到教导处再提校务会。

张泽垚、诸祖耿、熊振平、蒋德奥、邓鸿勋都表态。

来宾讲话:

教育处陈科长,今天第二次代表教育处讲话,我很高兴,江大在这一星期有很大变化。在就职典礼上大家是决心办好学校,这是应当大大庆祝的。江大有困难有办法有希望,只要大家努力,一定可以克服的。

朱东润先生:在以前我想新校委会流产呢难产呢?教育处很关心我们江大,在整个的教育上有其地位。我们对新校委会的希望,要老实不能玩手段,决定的努力去办,对同学不需要纸面化,应把各人痛苦,各负责人都想到。

面对各种纠缠不清的矛盾,朱正元与毕仲翰在讲话中都表达了不想出山但又不得不出山的痛苦心情。而朱东润作为一名被政府青睐的新秀,很想有所作为,"经过这次大会,江南大学起了一次突变。教授会改组,由农学院的蒋涤旧、理学院的张泽垚和我

---

① 朱东润在回忆录中,涉及江南大学人事,只有沈立人与朱正元未用真名,而用沈位与朱燮元替代。
② 《朱东润自传》,人民文学出版社,2009年,第342页。
③ 《金圣一给荣毅仁函》,上海市档案馆,Q193-1-1555,第155~158页。
④ 《私立江南大学一九四九年度第二学期工作总结》,江南大学档案馆,SLJD-4。
⑤ 《新校务委员就职讲话》,苏州大学藏私立江南大学档案,永4。

担任理事。三位理事互推，蒋涤旧为主席，我为文书，张为干事。学生会成立了，职工会也成立了，最后经过教授会的同意，成立了师生员工联席会议，由我担任联席会议主席。正是程咬金到瓦岗寨，我成了江南大学的造反头头，但基础是异常薄弱的。我没有教师的支持，也没有学生和员工的支持"。①得不到师生支持，朱东润还能上位，这得力于学校主管部门文教处的赏识，文教处派陈科长驻校主持检讨大会与行政改组。会议发言中，学校负责人沈立人不可能只喊了"江大万岁"，他的发言只记录了4个字，其中的厚此薄彼，大有深意。

16日，教育处为照顾本校经费艰困，惠借2000折实单位发放欠薪，该款约期6月16日前归还。18日发放五月份维持费，专任教职员每人15万元，兼任教师每人10万元，工友15万元，农场练习生5万元。②兼任教师钟点费按九折计算；专任教师钟点费照八折计算，专兼任教师每学期都按五个月计薪。

18日下午，召开第15次校委会议。组织农场清算团，由各单位(教授会讲助会职员会学生会工友会)代表1人及校务委员会代表2人共7人组织之，教授会代表为朱东润，校委代表为熊振平、邓鸿勋，熊为召集人；组织总务处会计室调查研究组，由经费审核委员会、评议委员会各推代表2人，校委代表1人共5人组织之，蒋德舆同学为本会代表并为召集人。时正处土地改革运动开始时，朱东润希望通过对农场的查账，找到对手的"软肋"。

20日，上午8时半召开各系主任教导长谈话会，商讨催缴学费问题。参加的有毕仲翰、张泽垚、诸祖耿，列席有胡立猷、夏彦儒、郭守纯，主席朱正元。③

原则：学费不减低，经济困难同学用免费办法救济。

理由：一、本学期学费一点不比其他学校高，如上海大同是138单位，3月7日到9日，折储牌价约合75无锡单位，本校只收68单位。二、这一学期为什么需要四石，因本校原定四石，上学期为照顾同学困难，减为实收三石半，这一学期不能援例，经校委会议决定改为90单位。3月9日合三石九斗，5月19日合三石四斗八升，已较四石低得多。三、已缴费同学何必定要减低，学校经济困难，同学有力量的应出力。四、免费名额已扩充为24%，分为四等，或可再分细些，以期普及。五、学费问题延不解决，影响至大，同学不能注册，考试期不能决定，办公实验停顿，教职员月薪发不出，教职员工月薪打折扣，同学不肯牺牲小我，令人灰心，荣主委一再表示不能减低学费，下学期学费问题不能并为一谈。

办法：全系师生座谈，说明支持理由；申请免费额可以变通；师生座谈会上自报公议时，结论交免费评议会；谈话结果分交教导处及学生会；开会时间今天政治课后。

21日无锡市人民政府市长顾风来校视察，这也是中共建政后地方主要官员第一次到江南大学视察，此时市长来江南大学，有为学校新班子站台的寓意。

22日，下午各系师生分别召开谈话会，协商学费问题。因通货膨胀，迟缴学费的同学占了便宜，按时缴费的同学吃了亏，他们要求给他们退款，更使问题复杂化。

26日停课，各学生学习小组进行免费自报公议并请全体教师参加协助。为争夺有限的减免指标，学生间也吵来吵去，摆不平。

6月9日上午8时，召开第20次校委会议，决定限本月19日前缴清欠费完成注册。以前各学期欠费应责令分期缴清，在未缴清前，凡是以证明其学籍之文件一概不发。公布本学期免费生名单，计免费学生139名中，全免46人(免37000元左右)，免五分之四者16人，免五分之三者18人，免五分之二者38人，免五分之一者16人，免二分之一者2人，免三分之一者1人，免十分之三者1人，免24个单位者1人。因僧多粥少，学生减免名单一直吵吵不休，摆不平搞不定，新班子上台后把这个难题破解了。

19日下午2时，教职员工举行联席座谈会商讨欠薪问题。21日上午10时停课二小时，举行全校教职工联合大会，朱东润主持，69人参加，大会通过决议，推选朱东润、杨晟、方友鹤、熊振平、唐璜5人前往上海索薪，并由这5人代表全校员工前往(华东局)教育部及(苏南行署)教育处上访；决定给荣毅仁发电报与快邮索薪，文稿由诸祖耿张泽垚全权办理；限校董会6月底发清6月份以前欠薪，期考开始前发清7月薪津；如校董会不能在规定时间发清时，得用短期期票抵付，其期票之限期授权五代表临时斟酌决定之；6月底如不能发清6月以前欠薪时即向社会控诉；大考前不发清7月薪时即不举行大考。[4]

---

[1]《朱东润自传》，人民文学出版社，2009年，第342页。
[2] 1951年上海市物价，大米每斤1200元；1万元可以买8斤多大米。
[3]《谈话会议记录》(1950年5月20日)，苏州大学藏私立江南大学档案，永24。
[4]《私立江南大学教职员工联合大会》，上海市档案馆，Q193-1-1554，第126-127页。

在荣毅仁为经费东奔西走时，新上台的部分班子成员没有给荣毅仁解决问题的时间，而是不断施压。22日，教职员工会致电北京荣主委，发清欠薪，荣毅仁当时正在北京列席全国第一届政协第二次会议。27日，教职员工代表朱东润、杨晟、方友鹤、熊振平、唐璜5人前往上海索薪。下午3时召集教导长总务长及各系主任座谈，商讨有关教职员考绩及薪给问题。28日，本日校委会议例会，因人数未齐，举行座谈，就学费问题交换意见。这次"闹事"，吴锷与杨晟冲在前面。对此，金圣一在给同学兼老友荣毅仁的信中有描述：

毅仁学兄大鉴：

久未通音，顷悉台驾已返沪，沿途辛劳，殊以为念。迳启者，本学期校中迭生事故，几常处于动荡之中。首有沈立人先生之愤然辞职，幸经大部教授之一致挽留，未酿巨变，不料吴锷及杨晟二人，一则暗中作祟，一则无理取闹，专权横行，一意推行倒沈运动，借校中欠薪之口号，诱引一部分同仁之同情，再推言校董会对于学校不负责，沈先生不能力争，并借沈先生对于学生会中一部学生之恶感，激发学潮，于是有五月间之检讨大会，会场情绪甚为恶劣，肆意谩骂，已越出检讨范围之外，嗣后即改组校务委员会，增添副主任委员一人及教导实行合一，吴锷亦藉此得为学习辅导组主任（此组改组后新设），该组业务应为改造学生思想及辅导学生在业务及政治上之学习，然渠对于本份工作并无成绩表现，专意干涉旁人之事，并且一味讨好学生，以便为其利用。

最近因暑假将届，又发动学生对某某等恶意攻击，以作解聘之理由。最奇者有些教授，授课之学生对渠并无任何批评而被不相关之学生骂得体无完肤；另一方面渠自己及同党之人，被学生批评者即隐讳不言，司马昭之心，不言可知矣。目下大部同仁对于此二人莫不痛心疾首，然亦有少数不逞之徒，甘心为虎作伥，真是惟恐江大不乱。

近来朱正元先生因能持正义，亦屡受攻击。即如弟等因与吾兄有些关系，亦被视为眼中钉，真是"吴杨不去，江大多事"，顷悉沈先生已决定下学期不来校，谅吾兄亦已知悉矣。如此下去，将无人敢担任学校之行政，除非渠等同党，然恐亦非兄等之愿也。弟忝在知己故，敢直言奉阅。专此，即颂大安。

金圣一　6月30日①

7月7日，召开第27次校委会议。朱正元主持，报告下学期学费问题在沪与荣主委接洽，据荣主委表示，本学期学费68个单位中，下学期可减掉8个单位，杂宿费可减掉2个单位，校董会已决定每月津贴由5月份的11000增至18000个上海折实单位，这些消息都是利好，可部分师生却很激进。学生会提议延期大考以便解决本校重大问题案，决议：此项重大问题超出本会权力范围，急需荣主委克日来校负责解决，万一荣主委不能如期来校致影响期考时，全校校委引咎辞职。下午2时在大礼堂举行员工座谈，由赴沪代表传达在沪经过。②

8日下午2时，各单位(教授会讲助会职员会学生会工友会)举行代表联席会议，经决请电请荣主委来校解决校务。

10日，电机系三年级同学发告同学书，主张延期大考，先行解决学校重大问题。当天，吴锷、杨钧泰以学生会代表名义，赴沪要求荣主委来校协商校务。"在本学期最后一次校委会议中，仍发生意见，校中各方面意见又极复杂，因而更激励了此次学生要求延期大考的风波。各方口头都是搞好江大，实际行动往往不能配合，问题就趋复杂。"③

11日，苏南行署教育处邀集本校各校委举行会议，商讨本校问题。12日，呈苏南行署教育处准予展期归还借款。上午10时召开校委座谈会，12时散会。下午3时续开，商讨大考问题，4时召集各室长及小组长会议，劝导学生大考。因荣毅仁不来，校委辞职，但未获苏南教育处批准。学生提出用总结方式代替大考，也未获准。

13日，上午10时举行教师座谈会，就劝导学生大考事项商讨办法。下午1时半各系主任劝导各系同学大考，由于学生坚持先解决学校欠发教职员月薪而后考试，故未举行学期考试。15日开始暑假。

民国时代学生罢考很常见，但在新社会私立江南大学学生通过罢考来表达利益诉求，"开解放以来违背政府法令不举行考试之先例，影响校誉颇深"④，校主荣毅仁当然受到了政府的批评与压力。

---

① 《金圣一给荣毅仁函》，上海市档案馆，Q193-1-1555，第155-158页。
② 江南大学江大校务委员会会议记录及各种规章制度》，1949年，上海市档案馆，Q193-1-1550，第25页。
③、④《私立江南大学一九四九年度第二学期工作总结》，江南大学档案馆，SLJD-4。

从3月开学到7月放假，一学期中学校从管理层到教师到学生都围绕着缴费、欠薪而博弈，开了无数会，做了无数工作，浪费诸多人力，结果却很不如意，这些都反映在学校给主管部门苏南行署教育处的报告中(全文见书后附录3)：①

本校历史较短，基础未固，一切尚待充实，近因校董会经费艰困，校内各种设施，暂时无法展开，形成学生心理不满，同时学生对学校要求过高，依赖心重，对目前情况，未能彻底认清，只强调自己困难，不照顾到学校困难，本学期来，学生情绪经常波动，始终不能安定，以致连续发生许多问题。……

所有问题总根源都在学校财政出现危机，导致师生都不能安心于教学，生源减少与学生抱团拖欠学费更加剧学校财政短绌。为此校方还是想断尾求生，裁专业裁师生，但阻力不小。

本校校董会鉴于经费艰困，力难负担目前校中开支，本学期来已积欠员工月薪两月，约计三万四千余无锡折实单位，影响员工生活，引起情绪不安，使学校未能步入正轨，同时本校各系科学生人数，除一年级外，其他二三年级多则十余人，少只一人，学校负担过重，故拟就现有七系一科中，自下学期一年起，择其性质课程相同之系科，酌于合并，以节经费，而徐图充实。并为考虑本校在新民主主义教育上所负担之任务起见，亦有精简现有系科之必要。此经校董会提出后，各方反映不良，意见极难一致，但校董会限于经费，势在必行，时机迫促，即待协商解决。

7月30日，教育处在苏南行政公署召开江大问题协商会议。荣毅仁回锡参加，与会还有沈立人、朱正元副主委、系主任夏宗辉、夏彦儒、朱宝镛、郭守纯、张泽垚，总务长陆仁寿，学生代表杨钧泰、陶奕镇出席，列席旁听者：金行仁等，教育处陶白副处长主持。杨钧泰在组织安排下，准备了长篇发言稿，对校政提出批评(全文见书后附录4)。

陶处长，荣主委，各位先生各位同学：

今天是一个很难得的机会，陶处长荣主委沈先生各位教授及同学全都在座，尤其荣主委在百忙之中抽空来锡和大家见面，更是难得的。乘此机会，我有一些意见发表在这。许多意见很早我们就想和荣主委谈的，但因为荣主委很忙，没有得到机会。现在我以学生的立场，对学校的过去作一个客观的检讨，以便计划将来解决学校问题。首先我要声明的，这是对事不对人的。在报告中，对于荣先生我是以校董的身份来看，对于沈先生是以学校实际负责人的身份来看。

江大创办至今有三年，三年来江大始终没有搞好，经我们纯客观地分析已往，所以没有搞好的原因，我们得到的结论是在人事上面而不在经济上……

按理来说，江大是能办好的。因为江大有很多优越的条件。如校董是最热心社会事业的荣先生；江大是以工农为主，以工厂为基础的大学；学校设立在工商业发达的无锡，校舍建筑在最合理想的教育环境——太湖边上；教授很多是国内闻名的学者；同学们读书情绪很好及全校师生对学校的爱护心极高；江大有许多优越条件，所以是应该可以办好的。

杨钧泰认为学校办不好根源在于用人不当。笔者在第二章也对学校主要负责人做过梳理与分析，指出私立江南大学自始至终没有一位优秀校长，但杨的结论也有以偏概全嫌疑。荣氏企业身陷困境，使江南大学财政亮起红灯，这也是学校陷入混乱与内耗的重要因素。杨钧泰在发言中罗列沈立人校长诸多缺点，其讲话有项庄舞剑意在沛公之意。

最后我要表明，学生是最单纯的，唯一的希望就是学校能办好，今天我的讲话是综合同学们宝贵真诚坦白的意见，对沈先生善意的批评，这是为了学校，为了沈先生的改造，其中或有不正确处，请沈先生不客气的给予纠正、解释和答复。②

这次会议组织方借学生之口，表达对学校管理混乱的不满，以敲打荣毅仁，让自身有可下的台阶，但他们还是很不情愿地接受荣毅仁的条件，维持其代理人沈立人的地位，教师聘任权由荣毅仁控制的校董会掌握，让那些与沈立人过不去的教师走人。

会上，荣毅仁主委表示：一、他不再担任校务委员会主任委员，由沈立人全权处理校务，他以校董身份协助校务；二、校董会每月补贴经费18000个上海折实单位，这是在工厂赔本状况下拿出来的，不可以增加；三、不与学校行政上合作的教师不予续聘；下学期聘书，先由校董会发草聘。确定下学期薪给减低二五折，其他办公费用等亦紧缩。苏南行署文教处之所以妥协，当事人朱东润回忆录记载：

① 《私立江南大学一九四九年度第二学期工作总结》，江南大学档案馆，SLJD-4。
② 《杨钧泰同学在苏南行政公署、校董荣先生召开之座谈会上报告全文》，上海市档案馆，Q193-1-1554，第202~204页。

7月30日,主任委员自上海回到无锡,31日他到苏南教育处,和刘季平处长讨论江南大学的解决办法。

刘季平处长立即接见,陶白副处长也出席。

主任委员说:"目前江南大学已经成为僵局,解决的办法有三条路可走。"

刘处长问:"哪三条呢?"

主任委员说:"第一条路是立即停办。"

刘处长说:"把一所好好的大学停办,是政策不允许可的。请问第二条。"

主任委员说:"第二条路是由苏南教育处接办。"

刘季平处长沉吟了一下,他估计到解放初期的经济情况,负担不了一所大学的开支,因此说:"那么第三条呢?"

主任委员说:"既然苏南教育处不准备接办,那么就完全交由我办。"

苏南教育处接受了他的要求和早已准备好的方案。①

朱东润所述不够准确,刘季平职位虽是文化教育处处长,但他是苏南行署副主任兼文化教育处处长,相当于副省级。此时文化教育处要与荣毅仁合作还有两个因素:一是不久前(1950年6月),荣在北京受到毛泽东和周恩来接见,说明他不是打倒目标而是中央高层统战对象;二是刚召开的全国高教工作会议,明确提出对私立大学采取维持与改造并举的方针。

"大学的治理体制与经费来源互为表里,经费来源决定校内的权力格局和治理体制。"②没有资金承办江南大学的苏南行署只得妥协。

二、元气大伤的解聘

为稳定校政,荣毅仁行壮士断腕之举,结束顾惟精、诸祖耿、朱东润、杨晟、吴锷、熊振平、汤心济、陈陵、范兆伦、唐璜、朱青山的聘任,这11位被辞退者有6位教授(顾惟精、朱东润、杨晟、诸祖耿、汤心济、陈陵),5人是讲师助教,他们多住在荣巷。吴锷这位助教还是政府与学校的联络员,教育处也未能保住他的位置。

时江南大学教授不到20人,解聘如此多优秀老师,江南大学元气大伤。得知此事时,学校正在放暑假,学生们无法在校园中表达不满,只能以学生会名义致信校董抗议。

最敬爱的校董们:

顷于文书组获知钧会下学期拟停聘教师顾惟精等十一人,然其中大部分教师系学识经验丰富,在学术界及教育界占有崇高地位,教书热心,办事负责,而钧会未能设法挽留,反拟停聘,实为江大莫大损失。又有少数教师才能较差,教育不负责,办事不尽职,全校同学遵照规定,经各小组评议得出总结意见,拟请校方下学期停聘,曾将各教员列表交沈副主委亲收,但未见采纳。本会为求学校更充实及维护学校利益计,故对钧会如是处置人事问题,认为有重新郑重考虑之必要,同时对于已停聘及应停聘而未停聘之教师,钧会谅必有相当之原因。沈副主任是否曾将同学们之总结意见提供钧会参考,为此恳请钧会将各教师停聘之理由及应停聘而未停聘之理由,以及具体事实赐告,俾本会转告同学,藉以明瞭事实真相,并望多多采纳同学客观之意见,使良莠有别,真理昭彰,江大幸甚,同学幸甚。

即颂 时绥

私立江南大学:学生联合会 谨启 八月四日③

顾惟精曾任理工学院院长、主持工作的副校长等职,是学校元老级人物,他与几位教授联名上书苏南行署教育处(苏南教育处也将此信转给江南大学董事会),据理力争,从程序上指出辞退违规。

敬呈者:

惟精等于本年七月卅一日接到本校会计室通知,内开"曾奉校董会七月卅日指示,台端本学期月薪截至七月底止,即行全部核发清讫,并须于发薪前将移交手续办竣。等因奉此。相应通知即请查照,办理后至鄙室结算月薪为荷"云云。按此次通知,除顾惟精、诸祖耿、朱东润、杨晟、吴锷、熊振平六人同时接到外,尚有汤心济、陈陵、范兆伦、唐璜、朱青山等五人亦曾接到此次通知,显然为解聘之表示。惟精等对于此种表示,有下列五点请求钧处指示。

---

① 《朱东润自传》,人民文学出版社,2009年,第343-344页。
② 严海建:《蒋梦麟与全面抗战时期北京大学的变局》,《中山大学学报》2022年第3期。
③ 《学生会呈校董会函》,上海市档案馆,Q193-1-1555,第4-6页。

(一) 此次解聘十一人中有顾惟精、诸祖耿、朱东润、杨晟、吴锷、熊振平六人，此六人曾由校务委员会议通过续聘并由正副主任委员具名呈请钧处核定，在校务委员会未奉批示之际，忽然由校董会于七月卅一日通知此六人办理移交，显然解聘无疑。此次措施论理校方已无提出之余地，是否钧处对此六人未予同意之所致？应请指示者一。

(二) 遵照政府法令，人事进退应由校务委员会决定。此次解聘之十一人，除顾惟精等六人已如上述外，余汤心济、陈陵、范兆伦、唐璜、朱青山五人虽未经校方呈请核定，但亦未提出校务委员会讨论，不知此次校方于七月卅一日通知解聘根据何在？校务委员会为奉钧处核定之合法最高领导机构，在未奉令解散或改组以前，自应有权处理人事进退问题，而校方悍然不顾法定手续擅行解聘，显系违反政府法令，究应如何纠正？应请指示者二。

(三) 查校方此次解聘十一人，据其通知，为奉校董会指示。校董会不通过校务委员会，是否有权直接处理教授讲助之进退？应请指示者三。

(四) 校董会曾否向钧处立案？此次校董会发出指示根据第几次董事会议，出席者何人，议决案何在？据惟精等所了解，解放后校董会久已解体，年余以来从未集会，此种滥用名义之行为是否应予纠正？应请指示者四。

(五) 进一步说，再谈此次解聘之标准。惟精等六人不称职乎，不负责任乎，思想上有问题乎？事实之根据何在？惟精等无任惶惑，此次措施对整个苏南教育之前途影响如何？请指示者五。

一年以来，钧处对提高人民文化水平，培养国家建设人才，肃清封建买办法西斯主义思想，不遗余力，尤于江大之维持改造，如何民主，如何公开，一再强调，昭然在人耳目。钧处对于此次校方之措施定能予以具体之指示，用特具呈，静候批示。此呈苏南行政公署教育处。

具呈人：江南大学教授 顾惟精 诸祖耿 朱东润 杨晟

一九五〇、八、五①

四位教授从规章制度入手，强调教授解聘权不在久不运作的董事会，而在校务委员会，学校做法违背了校规，上级主管部门要主持公道，纠正学校错误。苏南行署教育处接四位教授申诉后,不正面回复这次辞退有没有违规,只说这次辞退非政府行为,政府没有责任。

几天后顾惟精给荣毅仁去函,认为校董会行为不合规,声明不接受辞退书。

毅仁先生:

本校一九五〇年度人事问题,曾由校务委员会通过一部分名单,继续聘任,台端以主委名义与副主委联署呈请苏南行政公署教育处核定在案。惟精、祖耿、东润、晟四人均在此项名单。七月三十一日,惟精等人接到会计室通知,略谓"曾奉校董会七月三十一日指示"云云,玩其词句,殆有停聘之意。查惟精等四人既经台端备文呈请核定,校董会忽然有此相反之指示,不知根据何在,当即询问苏南行政公署教育处,据教育处称,此项人事进退,非教育处所决定。又,校董会之职权,除筹划经费,提出学校之主持人之人选,呈请政府核准外,无权直接处理校内行政如人事进退等问题。今会计室根据校董会指示所发之通知,显系滥用职权,未便认可。关于上列意见,计有五点,惟精等四人已联名呈教育处请求指示,在未奉明文认为此项措施系属合法以前,对于校董会此种非法之措施,碍难接受。特此郑重声明。 敬礼

顾惟精 朱东润 诸祖耿 杨晟
一九五〇、八、一一②

被辞退老师极为不满,他们的上诉与抗议,都解决不了问题,最终不得不另觅新东家。1989年,91岁的诸祖耿在其自订年谱中,对1950年只记载了六件大事:"一月二十日,中共江南大学党支部公开。由春到夏,展开与校长荣毅仁的斗争。八月,离江南大学,任苏南文化教育学院中国语文教育系课。后又任文史研究班课。九月七日为李根源印泉先生作《安宁温泉过年诗》序。十二月一日,给钱穆信,劝其回来。是年,参加工会,作《秧歌引》。"③ 40多年过去了,荣毅仁也成为党和国家领导人,可诸祖耿还把当年与荣毅仁的斗争作为人生中里程碑性事件来强调,可见此事对他影响极大。

---

① 《给校董会函》,上海市档案馆,Q193-1-1555,第2-3页。
② 《给荣毅仁函》,上海市档案馆,Q193-1-1555,第4~6页。
③ 诸祖耿:《雪龛自订年谱》,《文教资料》1999年第6期。

杨晟教授也算私立江南大学元老，1950年元旦曾写信给荣毅仁，信中既有对校政的观察与分析，也有他对办学的思考与期望，从这篇长信中(见文后附录5)，可以看到一位年轻化工教授专业外的才情。杨晟教授教学认真负责，也有才气，可最终因卷入派系纷争而让人生多了阴影。

辞退顾惟精等教师，虽有利于稳定校政，但对根基尚浅的江南大学来说，是师资力量一大损失。据1950年10月统计，全校有专任教师72人，内专任教授22人，兼任教授14人，专任副教授4人，兼任副教授4人，专任讲师2人，兼任讲师1人，政治教师2人，助教23人。职员23人，技工8人，工友50人，学生561人。[①]这与1950年3月统计，全校有专任教授26人相比有所下降。1950年下半年，学生由三个年级增加到四个年级，教授数量没有增多反是减少。

三、困境中的艰难维持

1950年5月8日，山穷水尽的荣氏企业改组成立上海申新纺织厂总管理处，荣毅仁为总经理，这对34岁的荣毅仁既是一个巨大挑战，也是一个机遇，他拥有了搏击长空的平台。千头万绪中，他设法为江南大学经费找到一个可靠通道。18日，他以江南大学校务委员会主任委员的名义给申新管理委员会呈请：[②]

敬呈者：

江南大学成立至今不过三年，正在萌芽，基础未固。在苏南为独立最高学府，亦苏南高级人材之唯一源泉，政府对此极为重视。在社会方面，江南大学乃唯一民族资本创立之学府，故江大在政治方面有极大潜力，在社会方面有绝佳口碑，与申新各事业有不能分离之密切关系。江大收入，一为学生学费，一为申新津贴。支出方面，一为教职员工友(专兼教授五三人，讲助廿五人，职员廿一人，工友五六人)薪工，二为办公费，三为设备费。薪工月需16000无锡单位，占总收入百分之七十，办公费占百分之三十。设备费几全付缺如。学费收入，现有学生四六五人，内减费者四之一，缴费者三五〇人，每人一学期90无锡单位，总数31500单位，全数作办公费用有余，添补设备、教职工友薪工可减至13000无锡单位，此项支出别无来源，故请自本年二月份起，月拨江大12000

上海折实单位，暂济眉急，以慰渴望不足之数，徐图补救。谨上管理委员会。

随函他还附送了《江南大学经费(精简节约后)概算书》与《江南大学一九五〇年春季收支概算表》。

《江南大学经费(精简节约后)概算书》③

(1)经费来源

江南大学创办迄今，瞬将三年。过去经费，由上海申新二厂、五厂、九厂、宝鸡四厂、无锡申新三厂、面粉业同业公会(因合办面粉专修科)按期拨款支持逐步进行，规模粗具，惟设备仍极缺乏，下学期又有四年级学生瞬将毕业，各系设备初步充实亦属刻不容缓。现当申新总管理处成立之始，在政府充实民族工业及倡导文化教育之号召下，必能一本过去创办江大之初衷，在经费上予以更大的支援，将学校预算，列入社会事业费项下，以求江大之继续维持及发扬光大。

(2)本学期经费预算

至目前止教职员工支薪实况如下：

甲：照一月份薪给标准，及本学期授课钟点数，预计每月薪工17 229无锡单位，现精简节约以支薪额分别予以折扣，则所需总数为14 157无锡单位，较老标准已节减3 072无锡单位。目下三月份薪工尚欠发一部分，四五月全欠，照上例折扣标准，发清五月底止薪工，须25 114无锡单位，若至七月止须53 428无锡单位。

乙：上学期薪工以外之经常费实际支出，每月计米230石，合无锡单位6 000个，本学期精简节约减省支出，拟按照薪工减折办法以七折计算，则每月应为4 200无锡单位。

丙：每月办公费如以4 200单位，薪工如以14 157单位估计，则每月最低之预算须18 357单位。

丁：本学期垫付810单位设备费，应付未付约530单位，至学期结束止紧急设备4 100单位(合3 500万元)，合计须5 440单位。

本学期至七月底止，实际应拨之数为92 390无锡单位，此系精简节约后之数目，本

---

① 《私立江南大学1950年10月份综合报告》，上海市档案馆，Q193-1-1556，第43页。
② 《管理委员会第八次会议讨论事项》，上海市档案馆，Q193-1-1571。
③ 《江南大学经费(精简节约后)概算书》，上海市档案馆，Q193-1-1571。

学期必须支出,不能再减(另详附表)。

(3)下年度经费预算

下年度增添四年级,参照本学期经费标准,假定预算如下:

甲:每月经常费:

教职员工薪资18629(本学期14157单位,下学期加4472单位)经常费(薪工除外)每月5040单位(以本学期4200单位加20%计算)。

乙:全年各系设备费45400万元(充实各系设备包括添设之四年级在内)。

丙:临时设备费:因增添四年级,员生突加,估计临时设备费如下:修理员生宿舍约4000万,增添简单办公厅(改做教室)约10000万,增加家具约8000万,添设电灯焊线约1000万,合计共23000万。

丁:学分费之估计:假定学生以500人计算,除免除24%外,实得380人,每人收学杂宿费约80单位,估计30400单位。

(4)人事关系

甲:本校现有管理、数理、电机、机械、化工、植产、农产、面粉八系科,本学期每系三班(数理系面粉科仅二班),共22班,每班以20学分计应得440学分时间,下学期增添四年级八班,应得160学分时间,全校共计30班。

乙:本学期学生数为400人,下学期估计500人。

丙:本学期教职员工数:

表5-2　　　　　　　　　　教职员工数量表

	教授副教授	讲师	助教	职员	工友	农场工友
专任	32	3	23	24	48	10
兼任	17	3				

以上员工合计160人。附注:

教员人数因学生较少,而系数较多,故人数不能过少。职员人数一般大学规定,学生200人以上为职员28人,递增100人加职员8人,故目下人数,已属精简。本校除校本部以外,另有二三院教职员宿舍,地点分散,故所用工友为48人。

丁:下年度因增设四年级,须行增加教职员工之数目及每月所增之薪工如下:

表5-3　　　　　　　　　增加教职工数及每月所增薪资表

	教授副教授	讲师	助教	职员	工友	技工
估计人数	15	1	10	5	6	5
假定薪工单位	160	108	93	99	44	55
共计	2400	108	930	495	264	275
每月增加4422单位						

表5-4　　　　　　　　　江南大学一九五〇年春季收支概算表[①]

收支项目	单位数	支出项目	单位数
已收各费		本学期薪资数	84942
学费	11667	本学期办公等费	25200
杂费	9307	本学期设备费	5440
宿费	2118	已付810单位	
预计续收学杂费	6000	已付530单位	
小计	27092	已付4,100单位	
校董会拨款	92390	垫付农场购回款	3904
合计	119482	合计	119482

　　借助申新总管理处，荣毅仁为江南大学找到了稳定财源。申新1950年春夏之交见底后，开始了爬坡，以后情况虽有好转，但企业如同人一样：病来如山倒，病去如抽丝，恢复起来还待时日，不过企业外部环境开始改善。6月份，全国税务会议召开，对整个税收指标作了下降性调整。毛泽东和党中央明确纠偏：今后不再"四面出击"了，上海工商界的私营企业家，在减税中得到了政府给的"油水"，重又笑逐颜开。[②] 1950年6月，荣毅仁在北京受到毛泽东和周恩来接见，表明他已被新政权接受，成为政治上可依靠的对象。荣毅仁给江南大学经费找到途径后，经费到位还要有一个过程，可在这个阶段，江南大学部分教工等不及了，他们开始"造反"。

　　1950年8月1日，校董会重新夺回"发球权"，前两个学期都因学费问题闹得鸡犬不宁，浪费大量人力，影响学校正常教学、运转与形象。新学期开学前，学校就给所有学生家长发函，期望以大局为重。

①《江南大学一九五〇年春季收支概算表》，上海市档案馆，Q193-1-1571。
②高建国：《拆下肋骨当火把——顾准全传》，上海文艺出版社，2000年，第313页。

贵家长台鉴：

敬启者，本校创立倏经二载，迄今已进入第四学年，规模粗具，大学体制于焉完成。回溯本校创办人苦心发轫，为国储材之志，略可告慰于社会。夫培养青年责任綦重，其成功条件学校教育固属重要，而父兄之督教与夫同学自身之努力关系尤大，必学校与家庭密切联系相互辅导，庶收事半功倍之效。今届开学之际，特将本校最近情况奉陈如次，幸祈垂詧。

（一）年来社会经济普遍困难，本校情形当亦不能例外，因之学校一切设施受经费影响未能尽合乎理想，诸同学爱校心切，要求不免过高，对于学校行政亦有未能谅解之处而有求全之责，致上学期发生延期大考之举。在诸同学此种表示因为爱护学校而发，但学校考试为政府法令所规定不容违背。校务艰巨，其有关经费方面又非咄嗟可以解决。青年易犯急躁病，往往遇事不择手段急欲达到目的，此种心理亟应纠正，故本校全体教师暨政府当局为再三劝导，终未为同学接受，开解放以来违背政府法令不举行考试之先例，影响校誉颇深，本学期开学后，应即补行考试以图补救而资考核之成绩。

（二）本校校董会虽在经费艰困之情形下，为继续维护教育事业仍勉力维持，每月筹款贴补一万八千个上海折实单位，实属已尽最大努力，较之一般私立学校纯以学费收入维持者相去不可道里计。在此环境困难之下，惟有精简节约，例如限制用水用电禁用电热器，少用校工，提倡自己劳动，紧缩办公用费，均须师生团结共同克服困难，本校始有前途。

（三）为照顾同学困难，本校宿杂学费每学期皆在递减。过去缴纳四石五斗米，前学期减为四石而实缴三石五斗，上学期改为九十个无锡折实单位，亦不足四石米之值。本学期上海各校仍维持上学期标准而本校叫减为七十五个无锡折实单位即一百二十个上海单位(学费九十六个，宿杂费二十四个)，折米已不足三石，而且低于京沪杭各私立大学学费之平均数(约一百七十个单位)，实已一减再减，同时减免名额上学期即已扩充至百分之廿四。本校照顾清寒同学惟力是视，亦已极尽。绵薄学费收入，实在不能再予减低，以免严重影响学校之维持。此节当为贵家长所鉴谅。

（四）再本校设备虽经历年购置尚待充实，各实验室仪器药品每学期耗损颇巨，以前实验费仅收应收之十分之一，纯为照顾同学负担，本学期不得不酌予增加以资维持，但所收费用仍较其他各校为低。亦望予以谅解为幸。

(五) 更有言者学校以学业及纪律为重。同学来校自须勤奋学业,遵守纪律,师生团结打成一片,学校始能于安定中求进步而发扬光大。本校上学期始终未能安定,忽而聚众与乡民互殴,忽而大批要求转学东北,忽而不遵时考试造成纷乱,弁髦法纪,视学校规章若具文,不特虚糜岁月,学业无成,抑且贻本校负误人子弟之责,有背办学之旨,实不胜采,采国家亦何贵乎有此等学校而年费巨款以培植之耶,同学意见欢迎反映,但亦不能强制学校必须采纳,此种观念亦属偏差,亟应纠正。贵家长惠予合作交相督勉,俾诸同学学成有用之材,为他日国家社会效力建设工作,则本校尽其应负之职责,当亦为贵家长所乐与观成也,敬布微悃诸祈。

私立江南大学谨启 一九五〇年九月五日①

考虑到学生缴费困难,学校再次降低学费标准。即使这样,仍有部分同学未注册报到。1947年开学报到时学生数为242人,至大四时仅有78名。

表5-5　　1950年度私立江南大学学生人数统计表(第一学期,1950年12月22日填)

	总计	女生	一年级	二年级	三年级	四年级
	561	60	228	172	83	78
管理系	147	35	44	31	30	37
数理系	11	1	11		35	
电机系	88		30	30	10	18
机械系	63		33	30		
化工系	59	9	24	26		9
植物生产系	44	8	28	16		
食品工业系	61	7	24	15	8	14
面粉专修科	88		34	24	30	

为减少开支,"配合经费预算,学生人数过少的系级如数理二、三;机械三、四;植产三四;化工三,每级多则六七人,少仅一二人,在精简原则下,予以转学或借读他校,此项原则经提出协商会议讨论决定后,已分向各校院进行洽商,先后获得之江、东吴、南通等院校同意"。② 此外,学校还压缩办公费用,精简员工,"办公费用从四千余单位减低到三千单位等。精简职员5人,工友7人,每人发给遣散费三个月"。③

① 《江南大学江大校务委员会会议记录及各种规章制度》,上海市档案馆,Q193-1-1550,第28页。
②、③《私立江南大学1950年8月份综合报告》(1951年),上海市档案馆,Q193-1-1556,第36页。

荣毅仁千方百计让学校的经费列入申新预算，从而有了稳定保障，申新企业经营虽有所好转，但仍未恢复元气，还会出现经费拖欠，沈立人不时就向荣毅仁呼救。①

毅仁吾兄大鉴：

申三八月份贴补经费，目前只领到四千单位，日前曾向谈厂长解释，请予协助，渠表示须至沪了解情况后再付清。因此，连九月份上期在内，已结欠款12 000个单位，上海总管理处九月份上期经费，应付5 500单位，但扣除代垫大笔仪器费用余万元，实不足二千万元，弟意大笔费用应在一千单位设备费项下支付，现又在经常费中扣抵，弟曾担保按期发薪，安定教职员工生活，但处境如此，实感为难。

部分未续聘教师，仍占居荣巷宿舍，用各种方法对学校行政责难，无适当办法处置。嗣与教育处商讨，拟请他们进革大学习，澄清他们思想，但须由校津贴三个月学习费，预算需2000多万元，在此情形下，亦等于培植人才，弟不揣冒昧已应之教育处如此办理，尚祈赐予鉴谅。

沈立人，1950年9月16日

11月16日发薪后，校中日常开支无款，应付至为困难，查申新三厂八九两月份尚短拨九千个上海单位，经数度洽催，均因厂方经费困难，未能照拨，此事如何办理，敬请裁夺。

沈立人，1950年11月17日

惟目前所最感困难者乃经费问题，兹分别陈述于后。

一、按照中央公布薪津折实单位应比照五月份米价之差价发给米价补贴费，核算全校教职员工十、十一两月份应发米价贴补共为1110余万元。校中工会方面已根据政府公告一再地向弟严正交涉，至祈吾兄设法解决。

二、本年暑期解聘教授杨晟朱东润陈陵唐璜吴锷等五人，所借之学习费旅杂费等1099万余元。经最近校务协商会议议决，请校董会贴补以往暂付，又朱东润陈陵唐璜三解聘教员因职业问题尚未解决，经会同教育处方面决定，为照顾他们的生活起见，唐璜再维持三个月原薪，朱东润陈陵再维持三个月半薪(以后不再照顾了)，共需款589万余元，校中自预算决定以后，经费已极度紧缩，此种额外贴补款项实在无从开支，故不得不再向校董会申请补贴,以上解聘教员之学习旅杂费与生活维持费合计1688万余元,亦请吾兄设法汇下为祷。

本学期申新三厂所差学校之九千个单位,虽已于上月拨付,但付款时却被扣去上学期所借的2 000万元,故此次实际领到者只剩5 000个单位了,查所扣除的两千万元是在上学期吾兄赴京出席政协会议时,因校中经费万分困难,弟与尔仁兄洽商后所借的,本学期校中经费情况,现已艰苦至如此程度,若再扣去两千万元,自更觉捉襟见肘困苦万状矣,还乞吾兄与三厂方面商酌,务恳将该项两千万元暂予缓扣,仍赐发还为祷。

以上三项经费问题中最感迫切困难,亟待解决者,至于七月份欠薪问题,前已函陈,不再重赘。

沈立人,1950年11月30日②

校中今日发放十二月份上期薪,前借三厂一千万元,业已扣还,发薪已不够,乃商请三厂担保向上海银行借得二千万元,始能发清月薪。目前校中库存无几,需款孔急,务请迅赐筹拨三千万元汇下以资应付。

沈立人,1950年12月15日③

拆东墙补西墙,在荣毅仁努力下,学校经费总算未出现严重拖欠。1950年度第一学期(自1950年8月1日至1951年1月31日止)收支情况:"江南大学——校董会补助款664 167 200元,占总收入57.2%,学杂费收入304 609 991元,占总收入26.2%,支出方面经常费、薪资、办公购置等项724 122 344元,占总支出63.2%,设备费122 617 559元,占10.6%,特别费(包括暑期员工解雇费及米贴差额金暨抗美援朝及同学参干等项费用)72 047 110元,占6.2%。"与江南大学校董会不懈努力相反,"苏州美专解放后,校董会虽在名义上仍然存在,但在经济上未能负起责任,对于学校毫无补助"。④

在企业经营有起色后,荣毅仁给江南大学的经费开始不断增加。1951年3月,"本学

---

① 《沈立人给荣毅仁函》,苏州大学藏私立江南大学档案,长28。
② 《沈立人给荣毅仁信》(1950年11月30日),上海市档案馆,Q193-1-1554,第278页。
③ 《沈立人给荣毅仁信》(1950年12月15日),上海市档案馆,Q193-1-1554,第288页。
④ 《苏南区私立高等学校经费情况调查报告》,江苏省档案馆,7014-002-0872。

期由于课程需要，教师略有增聘，同时学生人数较上学期减少五六十人，在学校经济尚未能自给自足的时候，更加深了困难，经向校董会商请增拨经费后，从每月18 000个上海折实单位增至22 000个单位。此外又另拨设备费一亿元，分配各系科添购目前必需设备。"①本月3日补发给教职工1950年7月份的欠薪。

5月上报的《私立江南大学经济情况说明》中，谈到了学校经费全部来自荣氏集团的支持，政府与社会都未助一臂之力。

(三)校董会筹措经费情况

校董会贴补本校之经常费，本学期核定按月补助22 000个上海折实单位，其来源为申新纺织公司总管理处负担11/19，计共12 737个上海折实单位；无锡申新第三纺织公司负8/19，共计9 263个上海折实单位，其他经核定之设备费及建筑费等项补贴，均照此比例分担。

(四)本校经费除校董会外，其他方面并无补助。

(五)学校本身对经费困难的估计，并准备如何克服？

本学期经常费收入概算适可平衡，惟设备方面尚无着落，希望政府能予补助。现经校董会同意，将本校原有之107匹柴油旧引擎出售，抵充设备费，在未售出之前，已由校董会垫拨7 000万元抵用。

(六)今年希望政府补助多少才能维持现状，根据现有设备能否增招学生？

本学期收入概算适可平衡及设备费方面拟出售旧柴油引擎抵用。

本学期拟兴建学生宿舍一座，计三层楼六开间宽，预计可容纳床位200只左右。建筑费用校董会已应允先行拨付22 000个上海折实单位。

设备费方面，本学期根据各系科开列数字，共需五亿五千万元左右外，现因筹款困难，经与各系商洽，就紧要之设备而重新计算，拟请政府能补助2亿~3亿元。

(七)目前员工待遇情况及其平均工资数

本校于1950年度第一学期开始时，因经费来源拮据，薪资减低，概照七五折计算。本学期除照顾工友生活改支九折外，教职员仍照上学期发薪标准计算，目前员工待遇如下(概以上海折实单位)：

表5-6　　　　　　　　　江南大学教职员待遇表　　　　　　　　(单位：元)

职别	实支最高	实支最低	共支	人数	平均工资数
教员	240	139	7409	35	211.68
助教	139	113	3296	28	117.71
职员	185	97	2892	22	131.45
技工	100	65	543	6	90.5
工友	74	42	2841	46	61.76
练习生及管理员	52	20	289	10	28.9

(教员包括教授副教授讲师及教师，练习生及管理员包括农场及工场练习生及实验室管理员)

本校兼任教员之钟点费及专任教员超出应授时数外之超钟点费，每月每小时支17.28-25.92上海折实单位，每一学期以五个月计算。本校兼任教员共计18人。②

荣毅仁的申新总管理处虽竭尽全力，可私立江南大学尚处创建阶段，基建尚未全部完成，设备也未添齐，在保证人头费前提下，申新计划把一台发电机出售，帮助学校购买实验设备。

1951年8月起，荣氏集团又提高经费投入，每月经费追加为29 000个上海折实单位(原为24600单位)，其中申三付9 000单位，无锡天元付3000单位，其余17 000单位由上海申新纺织厂总管理处承担(上学期每个月补助14 242个单位)。③本月起，教职员工月薪由七五折改按八五折发放，这样比一般大专学校的待遇来讲，也算差不多了。④

在给私立江南大学"供血"过程中，无锡申新三厂发挥了相当大作用。除常规经费外，申新还提供了额外支持：

江南大学在申新三厂支取按月规定经费以外之款项见表5-7。

---

① 《私立江南大学1951年3月份综合报告》，上海市档案馆，Q193-1-1556，第56页。
② 《私立江南大学经济情况说明》，江苏省档案馆，7014-002-0872。
③ 《沈立人给荣毅仁信》(1951年5月26日)，上海市档案馆，Q193-1-1571，第16页。
④ 《私立江南大学1951年度第一学期综合报告》，上海市档案馆，Q193-1-1556，第75页。

表5-7　　　　　　　申新三厂支付江南大学额外经费表　　　　　（单位：元）

时间	项目	费用
1951年1月24日	付江大修码头费	2000000
1951年1月31日	付江大米贴、时事学习等特别费	232666650
1951年4月12日	付江大车胎特别费	12630000
1951年6月21日	付江大建筑男生宿舍预交补助费	22556498
		60453148

(《申新纺织厂总管理处关于江南大学要求增加经常费文件》，1951年，上海市档案馆，Q193-1-2059，第4页)

　　荣家在提供学校经费同时，每年都为困难同学提供学费减免。1951年3月，申请同学超过应评名额47名，评定结果，全免47人，免4/5的27人，3/5的35人，2/5的19人，1/5的18人。此外教职员直系亲属全免8人，许显谟公宗祠子弟全免9人，综合全免78人，占全校学生总人数的1/4。①

---

① 《私立江南大学1951年3月份综合报告》，上海市档案馆，Q193-1-1556，第57页。

第六章
感受迥异：两种教学模式大转换

新中国成立后，外交政策一边倒，以苏联为师，苏式教学模式取代美式教学模式。为确立新的意识形态，大量会议、不间断的时事学习影响了正常教学。随着大学统一招生、统一分配、统一教学计划，国家对高校的控制大大加强。经历两种不同校园生态的师生，对此变迁"体感"各异，可除了适应时代的要求，个人与机构都别无选择。

第一节 师生革命日常化

1949年的政权更替，绝非普通的改朝换代，而是天翻地覆的社会大改造。意识形态鲜明的中国共产党以强大的政治动员塑造新人。"私立大学较之过去的一个显著变化，那就是学校日常革命化。对于各种政治运动，大学必须积极响应、表态乃至积极参加。"[①]许多师生因此都经历了从不适应到适应的过程。

一、突然升温的政治学习

在严酷的革命战争岁月，政治教育必须先行，中国共产党也正是依靠政治教育这一生命线推动革命取得成功，这些都决定了新中国成立后将革命进行到底的共产党把思想政治教育由全党推及全国，高校更不会例外。

对旧大学，对旧知识分子，新政权强调改造，而政治学习是改造的重要抓手。无锡解放后不久，苏南行政公署就发布了学校教育工作的指示，要求通过学习发现积极分子。

为了使各地通过学习运动逐渐形成一个改造旧教育建设新教育的中坚力量，各地在动员和领导教育人员学习中应同时掌握下列组织任务：一、首先注意发现和培养积极学习的带头分子和模范人物，并以他们为骨干逐渐建立经常的学习制度和学习组织；二、从现在起，就开始注意发现和培养改造学校的带头分子，帮助他们塑造新榜样，并以他们为骨干，有计划地逐步展开初步改造工作；三、选择有正义感，有威信，可以改造的老教师，多加帮助，使能对今后教育改造工作起有力的倡导作用。[②]

1949年暑假，江南大学除选调一部分教育人员赴苏州参加暑期教育研究会集中学习外，其他在职教师普遍开展暑期自学运动，要求教师们认真学习党的路线与方针，给老师推荐了阅读资料,必读书籍有:毛泽东的著作《论人民民主专政》《目前形势与我们的任务》《新民主主义论》《中国革命与中国共产党》《在延安文艺座谈会上的讲话》。选读书籍有:陈伯达的《人民公敌蒋介石》《四大家族》;薛暮桥的《政治经济学》;叶蠖生的《中国历史读本》;解放社编写的《社会发展史略》。还要求老师们开展对目前教育一般改进意见的调查研究;对现所服务学校改进意见的调查研究。③

10月24日,校方呈报苏南行政公署本校教授周恩久、汤心济学习总结。一周后又呈报苏南行政公署本校教师暑期自学成绩报告。

11月1日,奉苏南行政公署教育处关于学习人民大宪章和进行国际主义教育的指示。全校教职员,共分九组开展学习,每周二五下午六时半至八时半讨论两次。人民大宪章是指《中国人民政治协商会议共同纲领》,国际主义则是指"一边倒"的反美亲苏。因沙俄侵华的历史,当时不少人对这种外交大转变不能理解,报纸上发表了大量相关文章进行解释。如:"现在日本投降了,中长路为何还共管呢?"原因是:"为了便于中苏两国共同反日和防日再起,为了便于和在侵略者进行战争时,苏联运输军队连结旅顺军港及加强中苏两国经济联系,所以才有共管中长路的协定,这也是很合理且必要的,中国人民有了苏联的合作,就不怕任何侵略势力再来第二个'九一八',因为有了直通苏境的中长路的旅顺军港的防守,有世界上最强大的苏联红军与我并肩作战,任何侵略均将被粉碎。"④

民国年间党义(时称三民主义)老师所拥有的"船票"注定登不上新时代航轮,政治课老师大换血。而新时代开设政治课最大的困难在于缺少合格教师,为应急,政府要求一些干部去大中学校兼课。"为加强学生政治教育,党政机关干部有一定理论修养、斗争经验与相当文化水平的,特别是宣传教育部门和青年工作部门的同志,应尽可能抽时间兼授政治课,一面加强学校思想领导,一面有意识培养政治教师与助教,仅无锡一市

---

① 韩戍:《时代变动下的私立大学:光华大学研究(1925~1951)》,华东师范大学博士学位论文,2016年,第236页。
②《苏南行政公署关于目前学校教育工作的指示》,《苏南日报》1949年6月30日。
③《关于发动教师暑期自学的指示》(1949年7月12日),江苏省档案馆,623-08-28。
④ 毛梓桥:《中苏共管中长路,为了什么?》,一边倒学习讨论之四十九,《苏南日报》1949年10月31日。

到中等以上学校兼课的干部即达二十二人,其中个别的虽然有些勉强,但解决了一些问题。"除此还"设政治助教,为协助兼课教师领导小组讨论、课外学习及检查成绩、吸收反映而设,同时也是培养政治教师"。①

1949年11月12日起,对全校学生开设政治课,由中共苏南区党委宣传部部长汪海粟主讲,每周六下午进行。汪海粟(1912～1993),同济大学工学院电工机械系毕业,25岁参加革命,后曾出任南京工学院首任院长、江苏省副省长等职。

"汪海粟部长兼授政治课,以社会发展史为讲授内容,以大课方式进行,但因为汪部长工作繁忙,一学年仅上了约二十余小时,以致社会发展史未曾教完。同时,同学中成分不好的多有单纯的技术观点,因此每次开讲,常不足半数,故效果很差。"② 1951年2月23日江南大学在上呈的政治课报告上如实写道。

新政权建立后,政治课内容就发生了巨大变化,以前大学开设的党义(或称三民主义)撤销,江南大学招生科目中,政治取代以前的公民,当时的招考信息可作佐证。

1948年8月10日与11日,新生入学考试。考试地点:无锡学前街省立无锡师范及县立中学。10日上午8时至10时,考数学甲与乙;10时半至12时半,考国文(须用毛笔);下午2时半至4时半,考公民中外史地或公民中外历史;11日第一场物理或理化,第二场英文,第三场考化学、中外地理、生物。

1950年8月6日,1950学年度招生在锡、沪、宁、杭四地报名开始,7日截止。报名人数:无锡149人,上海519人,南京122人,杭州23人,共计813人。报名费1万元。各考场为:上海在大同大学,南京在南京大学,杭州在浙江大学,无锡在江苏省无锡师范学校。9日数学8:00～9:50,英语10:00～11:50,国文1:30～3:20,政治3:30～5:20;10日,物理8:00～9:50,史地10:00～11:50,化学1:30～3:20。共录取新生350名。

这种课程改革在全国带有普遍性,如南京大学首先废除了国民党时期设立的"党义""公民""军事训练"等课程与教材,停开了文、法学院有关系科中某些显然与新民主主义相悖的课程,增设了"民主主义论""社会发展史""政治经济学""中国革命问题"等马列主义理论课,作为公共必修课,从政治着眼,"把旧本质的课程改变成新本质的课程"。③

1950年7月31日，沈立人、朱宝庸、夏宗辉、夏彦儒、陆仁寿、张勔新、郭会邦、张汝仁、叶尚瑾、朱青山等私立江南大学教师赴苏州报到，参加第二届苏南暑期教育研究会，这次政治学习持续了一个多月，直到9月10日才结束。

　　思想学习又与当时正展开的土地改革同步，校务协商委员会通过的1950年度上学期校务实施大纲明文规定："开展全校师生土改反封建学习为本学期中心工作和维持改造学校的基本环节。"要求"各级政治课一律教土地改革问题，其他课程相机配合，并须运用各种方式，通过各种活动，激发学生情绪，提高学生兴趣，彻底打通土改思想。政治课教学时间，采一般分散重点集中原则，其他课程时间的支配为便利土改教学适当加以调整"。④

　　"土改教育具体步骤是土地法大纲、刘主任动员报告、刘少奇报告、饶主席报告、陈伯达地主罪恶的解释，'三五章参考资料'、五辑封建罪恶、二辑光明远景。"⑤这种紧跟时事、以学习文件与领导人报告为主的政治教育，学生抬头率不高。"在学习过程中，最初几天同学学习情趣很低，新同学希望早日上课，老同学对学习无信心，认为不足重视，因此存在着自由散漫现象。经过刘主任的报告，各位工作同志及教师们的检查督促，同学们学习情绪普遍提高，各小组发言热烈，经过反复的漫谈讨论，明确维持与改造学校的思想，自觉到责任的艰巨与光荣，从而树立共同负责的决心。"⑥

　　1950年10月上旬，美军越过三八线，新生的政权在全国开始大规模政治动员，爱国教育地位迅速上升，土改教育降温。

二、压倒一切的时事教育

　　1950年11月15日，江南大学召开了校务委员会扩大会议，研讨时事教育问题。

①苏南人民行政公署教育处，《政治教育报告》，江苏省档案馆，3070-81-0090。
②沈立人：《关于修习政治课程问题的请示》(呈华东军政部教育部文教处 1951年2月23日)，江南大学档案馆，SLJD4-20。
③王德滋主编：《南京大学百年史》，南京大学出版社，2002年，第299页。
④《私立江南大学1950年度上学期校务实施大纲》(1950年10月11日)，苏州大学藏私立江南大学档案，永15。
⑤《私立江南大学校务会议纪录》(1949年)，上海市档案馆，Q193-1-1550，第37页。饶主席指华东军政委员会主席饶漱石。
⑥《私立江南大学一九五〇年九月份综合报告》，上海市档案馆，Q193-1-1556，第40页。

甲、报告事项：

主席报告：今天本拟讨论预算问题，但有比预算更重大的问题待讨论，故举行扩大会议，请全体教授、工筹会、学生会及青年团代表大家出席。

今天讨论的是时事教育问题，也就是关系国家存亡问题，我们要讨论认清楚时局做思想准备，预定时间一个月，请各位参加意见。我想把两天来时事教育会议所听到的报告请庄先生传达一下。

庄(智焕)教导长报告：刘主任在第一天时事教育会议上作了详尽的报告，我现在简单的报导如下：美国侵略朝鲜已到我国边境，飞机屡次扫射杀伤我国人，同时侵略台湾。从缴获美帝及南朝鲜李承晚等的文件来看，美帝有更大阴谋企图，要进一步侵略中国控制世界。现全国发动抗美援朝卫国保家的运动，每个中国人要有认识，不是惹火上身，而是大火已上身如何扑灭问题。

朝鲜是我国邻居，受日帝国主义侵占奴役数十年，解放建国不过两年，全国尚未统一。我们为正义感，为了唇亡齿寒不能不理，同时援朝要与解放台湾结合着。

侵朝是美帝第一步，侵略中国与世界的准备，可由历史证明。现在要制止侵略不许他发展，许多人都害怕美国人，怕这运动发起会引起世界大战。我们这个运动要使美帝知难而退。假如美帝果真引起大战，我们也不怕，因为世界和平阵营力量比帝国主义力量大，苏联、中国、各新民主主义国家连同朝鲜、菲律宾、越南共有二千万陆军，美帝能作战的只有十个师。他们想建立三百万陆军，但即使赶快动员也不能在短期内达目的。原子弹不能解决战争。美帝国内建军因主观及经验主义不重视陆军，故只有海军空军，现在动员陆军不可能。我们和平阵营将欧亚两洲联合一起，他们美帝国主义要包围捆紧我们不可能。它战线很长运输困难，专家估计每一兵要有七吨半运输力，如动员多则帝国主义的船舶不够供应，而且帝国主义者都已腐朽，所以即使发动大战也是要失败的。我们要阻止战争，如果美帝疯狂发动战争，我们也有力量战败他。

战争初期我们可能有困难但不会长，人民解放军力量是向上发展的，可从历史证明。我们这运动是要和平，但我们也不怕战争。现在和过去的二战时不同，美帝要取巧不可能。我们保卫和平阻止战争，如果有战争，美帝必定失败，也将是帝国主义者彻底的失败。最低限度是欧亚非三大洲的解放，也可能是全世界人民的解放。

夏(宗辉)代副教导长报告：昨天陶处长在会上报告如何在各级学校进行时事教育问题，现简单报告如下：

(一)土改教育与时事教育的结合这学期土改教育是必要的，时事教育也是必要的，时事教育准备有一个月，在思想工作准备要认清时局真相，发扬爱国英雄主义。

(二)具体问题：(1)要懂得美帝是中国的敌人。(2)树立仇视敌人的态度，惧美心理要纠正。(3)使同学晓得我们一定可以胜利，虽有困难可以克服。

(三)教育方法：(1)教育内容问题。(2)方法要深刻，要多样化，课程精简，除上课外可采取不同的竞赛。(3)时事教育应有系统的来进行，各行政负责人自己先树立研究风气，尽量与时事结合。

(四)领导问题：(1)在校长或校委会的统一领导下，订立进行计划，希望民主集中不要过分民主过分集中，建立健全组织。(2)城市中小学校集中地区应建立时事教育研究会。(3)校委会配合工会、学生会、青年团各单位力量进行时事教育。

(五)建立汇报制度：在进行中每一阶段的进展或困难情况经常汇报教育处。

(六)如何进行并贯彻时事教育问题：(1)教师不要放松减低效力。(2)土改教育中有把农村中办法搬来引用，我们要引以为戒，须因地制宜视实际情况妥为运用。

最后陶(白)处长总结：总的要求使课外活动每天保证一小时半学习时事(每星期总的时数要在十二至十四小时)。(1)减少同学负担。(2)增加历史课程，减少其他课程，减少原则为：甲、不影响同学健康。乙、减少课程须确能减少同学负担。丙、其他课程相机配合时事教育。丁、期考月考延期举行，至时事教育告段落时与时事教育一并举行考试。戊、教职员工在职学习每天要有二小时学习，以时事学习为中心问题。

乙、讨论事项：

本校时事教育如何展开案

决议：(1)推请沈主委、庄教导长、夏代副教导长、政治教师刘天民先生、工筹会主席张泽垚先生、学生会主席蒋德奥同学、青年团支部书记尤新同学共七人组织时事教育委员会，负责计划推动与检查等工作。(2)关于停课问题与时事教育委员会向政府请示后拟具实施办法公布施行。①

沈立人在给荣毅仁的汇报上也谈到时事教育处于压倒一切的地位：

江大从上周开始已积极展开时事学习，全校师生共分四十六个小组，每组均由系主任或教授负责领导，为集中同学们的情绪起见，特决定每星期一二三四下午暂时停课，以便专心学习时事，除分组讨论外，并已聘请苏南各文教首长来校作专题讲演，借以提高同学认识。希望最近能请到刘季平主任来校，为大家作一个总结报告，至于学习时期原定为三星期，但因根据政府指示，一切的一切都应当以时事学习为主，而本校的情况对于技术业务观点似尚觉不易打破，故学习时段可能再有酌量的延长，一般地讲来，本学期校中情形已臻安定。本期预算亦于前次校协会议中通过。②

关于江南大学时事学习的内容及过程，《私立江南大学一九五○年度第一学期时事学习及抗美援朝保家卫国运动思想总结报告》曾作如下表述：

第一周，星期一(11月20日下午)：苏南日报馆副总编辑马建同志做动员报告内容：(1)朝鲜形势。(2)认识美国。(3)我们的任务。星期二(11月21日下午)：分组进行讨论。教师也分散到各组去帮助学习，反映了一些问题和情况(讨论马建同志动员报告)。(1)苏联为什么不出兵。(2)对世界保卫和平运动，一部分同学认为是民主阵营畏惧无力的表示，其他部分同学也没有深刻认识这个运动的作用。(3)对美帝仇视不够。(4)美帝不好，苏联也好不了多少，以东北机器不还、帝俄割地来实其说。(5)有些教师纯技术观点，竟而在小组上表示不要学习及加重业务课的事情(化工系主任开完时事教育研究会回校后即对同学宣布，我到城里开会，误了你们的课可在午饭后加一小时来补)。(6)少数同学拒绝参加时事学习，少一部分同学采取敷衍态度。星期三(11月22日下午)：高昌运先生(本校国文教授)讲美帝侵华简史。星期四(11月23日下午)：蒋涤旧先生(本校植物生产系教授)讲"从反动遗传学观点上看美帝种族歧视和阶级歧视"。

第二周，根据上周一般情况的分析，一方面由于基本观点思想方法的没有确立，容易纠缠在表面现象上，这一点非长时间教育不能收效，另一方面，好多问题都从对苏联世界人民力量和美帝没有正确的认识而起。因此我们在这一周，就首先加强揭露美帝真相和对人民力量认识等这方面的教育。星期一(11月27日下午)：无锡市委会宣传部长陈野萍同志报告,中心内容为人民是有足够击败敌人的力量和时政学习的重要性。星期二(11月28日下午):小组讨论中心为人民力量加时事学习重要性两方面。星期三(11月29日下午):大组漫谈,中心为对时事学习的意见、政治学习与业务课的关系等。星期四(11月30日下午):朱宝镛先生(本校食品工业系主任)讲"所谓美国"。本周一般情况:(1)多数教师未能动起来,表现在不参加指导小组、不参加听报告,不但不减轻业务学习,有些反而加重或进行考试甚至在小组上表示不同意时事学习等等。(2)有部分同学提出不要时事学习,理由是:业务课荒废了,如何补偿,出了钞票,不是学这个的。要学政治可以到革命大学去。技术可以脱离政治等等,人数虽不多,但这种论调是指导了落后思想,致听报告有三分之一不到。学习不成为要求,小组讨论也开不好,不易展开,甚至整个学习有坚持不下去的趋势。(3)学习中的问题仍纠缠在"美国就没有一点好,苏联这些那些事情也不好"。

第三周,一面加强组织,在委员会下设六个大队,以系主任为队长,建立汇报制度,组织教师研究会了解同学思想情况,分析提出的问题,一面加强对其他学校的联系,交流经验并动员各校工会、学生会一起来搞,因了解小组讨论,大家本钱不足,不易坚持,所以还着重多组织大报告。星期一(12月4日下午):夏煦工程师(第四批留美回国学生)报告"美国最近概况"。星期二(12月5日下午):夏彦儒先生(本校机械系主任)、胡锺京先生(本校工管系教授)讲"美军暴行及对时事学习的看法"。星期三(12月6日下午):张焕庭先生(文教学院教授)讲"文教学院时事教育开展情况"。星期四(12月7日下午):汪海粟部长(苏南区委宣传部长)报告"我的革命前后及对时政学习的意见"。

收获:由于不断地克服一切困难障碍,大力坚持时事学习,使得大部分同学在对美帝、世界人民力量、时事学习重要性的认识上大大地提高了一步。

特点:大体上是逐步地根据大多数同学主要思想情况的发展进行学习、组织报告和讨论。

缺点:(1)由于主观力量的缺乏,未能深入各队小组进行具体帮助和深入了解思想

---

① 《私立江南大学校务协商委员会扩大会议纪录》(1950年11月15日),上海市档案馆,Q193-1-1550,第45-46页。
② 《沈立人给荣毅仁信》(1950年11月30日),上海市档案馆,Q193-1-1554,第275~278页。

情况。(2)各队部门的分别动员不够，因此不能发挥全体的力量。①

校方给苏南教育处的报告详细列举了持续三周，每周四个下午的时事学习内容与过程，并指出一些不重视时事学习的情况与情绪，认为"多数教师还存在有纯技术观点，不能配合这次伟大的爱国运动"，"同学中地主成分的占11%，商人子弟的占26%，作风自由散漫，过去政治思想教育又未好好展开，思想基础不够，认识相当模糊"。由此导致一些学生"对目前的形势漠不关心，只管自己读书、自己的生活。在严重的世界形势前面感到恐慌、彷徨，有严重的恐美病和亲美思想，不了解国际主义精神，不相信世界和平民主的力量，害怕战争，害怕第三次大战爆发。一部分人从关心兴趣或其他因素出发，要求政治教师谈一些时事问题，一部分同学又不相信政治教师说的话，当做他是假的或偏着一方面的宣传，不'客观'。部分同学受过去反动宣传的影响很深，反对苏联，崇拜美洲文明，因此涉及目前形势，甚至勾起外蒙、旅大、中东铁路等一连串问题，认为苏联也是侵略者，认为谈美帝是纸老虎，美帝的侵略本质完全是空谈，对美帝存在着幻想模糊崇尚的概念。有不少一部分同学对于政治课还存在着旧的看法，和过去的党义、公民混为一谈，认为可读可不读，像是外加的一笔负担似的，或者已怀着满腹的不平坐在那里"。②

如此长时段大"剂量"的政治学习，许多师生都是第一次遇到，大家难免有一种抵触情绪，当然更多的是不少同学思想都已成型，改变过来并非易事。

持续三周的时事学习虽然结束了，但高昂的政治动员并未结束。12月8日晚，江南大学举行一二·九纪念大会，全校五百多名同学参加。7时正开会，学生会主席蒋德舆报告纪念一二·九的意义，夏宗辉、胡锺京、马家善相继报告当年参加一二·九运动的经过。沈立人出席讲话。接着报名参加中国人民解放军军事干部学校汪涛、陈志明两同学发言。汪涛说，因为他忍不住美帝侵略和威胁我们伟大的祖国，所以他要坚决参军。陈志明说，因为他有很好的游泳技能，当祖国需要时，他愿意参加人民海军，来保卫祖国领海。政治教授刘天民发言，语多勉励。最后全体静默向一二·九殉难同学致哀。大会至9时结束。③

9日晨6时，三分之二以上同学冒着寒风徒步进城参加市学联举办的"一二·九"纪念大会，有些同学说："北平学生能不顾生命危险和大刀水龙搏斗，难道我们还怕这点风吗？"队伍很整齐，一路唱歌、呼口号，很多同学都说："这些在江大来说都是有历史意义的。"会上金陵大学与金陵女子大学两同学向大会控诉美籍教授罪行。下午2时许参加了在火车站广场举行的庆祝平壤解放大会。

三、抗美援朝激发爱国热情

中国人民志愿军出兵朝鲜后两战两捷，夺回平壤，面对这出乎意料的胜利，举国若狂。政府要求"各级学校应一面继续加深学习，一面在校内校外灵活运用各种方式，以庆祝胜利，扩大宣传，协同当地各界人民，掀起更加广泛坚强的反美爱国运动，以鼓舞爱国热情，提高必胜信心"。通知还建议期中考试与上课都要为时事学习让路："各地各校如有必要时得占用一部分上课时间，集中进行学习与活动。为便于这一运动的正常发展，各校期中考试应停止进行，改以学期考试成绩结合平时成绩核计本学期学业成绩。"④

12月14日下午，学校举行庆祝朝鲜平壤解放及抗美援朝保家卫国宣传委员会江大支会成立大会。全校师生员工600余人济济一堂，会前各系级同学，互相挑战拉歌，这是江大以前从没有过的活泼气象。校委员会主任委员沈立人，转达校董荣毅仁先生给同学们的一封信，特别指出目前须加强时事学习及大力展开抗美援朝保家卫国运动的重要意义，最后为平壤解放而庆祝。这时全体起立鼓掌，礼堂外爆竹声大作，连续有5分钟之久。报名参加军事干部学校的40多名同学上台佩戴光荣的大红花。

自由发言中，各人报告自己思想斗争的经过。瞿莱珍同学说："最初我考虑自己快毕业了，且身体不好，有胃病。但后来当我想到在美帝侵略下，我们还能关着门和平建设吗？我们愿意做刺刀下的工程师吗？解放后千万被压迫的妇女，都站起来了，现在已有女拖拉机手，女火车司机……我为什么不能到军干校去保卫祖国呢？"费定一同学说：

---

① 《私立江南大学一九五○年度第一学期时事学习及抗美援朝保家卫国运动思想总结报告》，江苏省档案馆，I29-1-3-19，第19-29页。
② 《私立江南大学一九五○年度第一学期时事学习及抗美援朝保家卫国运动思想总结报告》，江苏省档案馆，I29-1-3-19，第19-29页。
③ 《纪念一二·九》，《晓报》1950年12月10日。
④ 苏南行署教育处：《加强政治思想教育通知》(1950年12月)，江苏省档案馆，7014-001-0089。

"我不是党员、团员，也不是积极分子，过去我总想在学校里安守本分地读好书，但经过时事学习后，认识提高了……在我决定参加军干校之前，我曾考虑到自己的家庭、个人的前途，但我也考虑到祖国。只有保卫祖国才能使个人和家庭不受灾难，所以我决定去。"这时面粉系一年级学生李振先，首先走上台，激动地说："我爱我的爸爸妈妈，但我更爱我们的祖国。现在我的思想斗争已完全胜利了，我决定报名参加军干校。"台下立刻响起热烈掌声。现场有十多名同学报名参加军干校[①]。杨季虎同学的话，更带来会场骚动，他激动地说："我有一个弟弟在台湾当空军，我也想学习空军，我想不久后，我们可能在空中会面，他如敢于向人民放一颗子弹，我要坚决打他下来。"好多同学都感动得流下眼泪。接着沈主任委员也签了名，他说："我虽年老(注，54岁)，但为了祖国，还是要报名。"同学们立刻把他抬了起来，会场上的人都站了起来，热烈鼓掌。最后一并通过了致朝鲜人民军及中国志愿部队的慰问信和爱国行动纲领。

15日，同在无锡的苏南公立文化教育学院组成访问团来校访问，内容是该校朱彤教授的报告"旧金山下华侨血泪史"以及一名同学关于参干思想斗争经过的报告，并演出话剧《伪君子》、秧歌等节目。

16日，全市1万多名大中小师生举行抗美援朝示威。全校师生500余人，上午9时由沈主委率领，步行十余里抵达社桥头文教学院集合，午后1时出发，游行至下午5时许始散队返校。[②]

19日上午9时，请周惠久报告"原子弹"。经过短短几天准备，各系级排演了短小通俗的节目，分四大队，下午前往附近鼋头渚、东管社、徐巷、后湾等乡村进行时事宣传，深受当地农民欢迎。

周惠久(1909～1999)，金属材料学家，1931年唐山交通大学本科毕业后任清华大学助教。1935年考取公费留美，1936年获美国伊利诺大学硕士学位，1938年获密西根大学硕士学位。1938年9月他到昆明西南联大机械系和航空系任教授，1941年他转到陆军机械化学校战车机械工程研究所工作，1942年任所长，主要研制战时急需的汽车配件。1945~1947年任重庆大学、中央大学、交通大学机械系、航空系教授。1948年，受荣家邀请，受聘出无锡开源机器厂总工程师，后兼厂长。1949年私立江南大学邀请他兼机械系主任(未应聘)。1952年离开无锡,重回交通大学任教,后任西安交通大学副校长。

21日为学校创办人荣一心逝世两周年纪念日,全体师生员工素食一天,并于上午9时举行纪念会,校董钱孙卿、申新三厂厂长郑翔德及申新三厂工会代表等多人参加。会上各方发言,一致认为纪念荣先生应结合当前抗美援朝保家卫国运动,发扬爱国主义精神。

12月下旬,一面进行保送工作,一面广泛展开手榴弹和子弹的支前捐献运动。学生会首先发起一人一弹运动,全体同学相互挑战,踊跃捐献。章联华同学捐出子弹50颗(折合代金10万元),为全校同学个人最高纪录。工筹会接着号召一人一颗手榴弹,预定目标100颗。沈主任委员一个人捐献手榴弹50颗(折合代金100万元),全校员工共捐出360余万元。③

1951年元月初,一切工作均转入欢送参干同学环节。60多名同学报名,录取陶奕镇等13人,8日参加军事干校录取名单公布。当晚举行祝贺会,当报喜队将录取人员名单送入会场由主席团宣读时,同学们都把被录取者高举起来鼓掌欢呼,口号响成一片,接着由大会秘书处宣读贺辞,录取代表致答谢辞,学生文艺社团"江社"演出京剧《新花木兰》。

1月9日,本日停课。上午各系开惜别会。下午2时起,在大礼堂举行欢送参干同学光荣大会。当录取参干同学入场,五星红旗飘扬在礼堂时,同学们报以热烈掌声欢呼。沈立人代表主席团致辞,保送委员会刘天民讲话,政治教师朱组培报告汉城解放意义,各单位代表致辞,宣读贺电贺函。晚上举行联欢会,表演文娱节目。

这场持续近50天、人人参与的时事学习运动,对每个师生都是"大姑娘坐花轿——人生头一次"。校方总结这次学习成果:"把时事学习的知识和实际运动结合起来,使得大家在仇恨美帝、热爱祖国的思想认识上提高了一步。原来积极的同学更坚定起来,中间分子向正确的方向前进一步,落后的也不敢乱动了。使得同学在祖国利益和个人利益的思想问题得到了考验和斗争,忠诚为人民服务的思想提高了一步,并使得有些同学懂得如何在实际斗争中锻炼自己。"

对时事学习中存在问题,对学生们复杂的思想"光谱",校方总结里也有详细描述:

---

① 《江大爱国热潮掀起了》,《苏南日报》1950年12月17日。
② 《私立江南大学1950年12月份综合报告》,上海市档案馆,Q193-1-1556,第50页。
③ 《私立江南大学1950年12月份综合报告》,上海市档案馆,Q193-1-1556,第49页。

学习初期：①时事学习妨碍业务课。②用不着时事学习，我们看看报纸杂志就明白了。③在国民党时代不要同学们学习时事而结果打了胜仗，因此，时事学习是没有用的。④我们是出学费来念书的，要学习政治时事可进入人民革命大学。⑤业务课的进行是按部就班的学习，政治学习范围不定规也容易学，待毕业后看几大本政治书籍就行了。⑥中国之所以贫弱是因为科学技术不发达，因此，我们要加紧业务学习。

学习中期：①美国有什么不好呢？商品精良、政治民主、科学发达、生活富裕、国力强威，救济物资援华。②日本投降是原子弹决定的，原子弹可决定战争胜负。③苏联与中国一样，同样与朝鲜接壤，也遭美机扫射，中国出兵了，苏联为什么不出兵？④苏联占据我们的旅大，拿走东北机器，剥夺新疆矿权，苏联也是帝国主义。⑤苏联在联合国发言是空口说白话，是纸上谈兵，起不到作用。⑥朝鲜战争是北朝鲜发动的。⑦美国还没有打到中国大陆上来，我国何必出兵，同时新中国成立不久，我们应该埋头建设，充实国力。

学习后期：①经济建设比国防建设重要。②参加军干校是你们共产党青年团的事。③今日参加军干校明日就上前线，害怕牺牲。④我是最想去的，但有家庭包袱。

关于土改的：①地主的土地尽管没收好了，为何要斗争？②为什么在土改中地主没说话的余地，对待地主太凶了。③土改的政策是好的，就是干部执行时有偏向。

尚未解决及只部分解决的问题：①政治与技术的关系。②"一边倒"的问题。③对原则认识不清(苏联为何不出兵等)。④对地主为什么要斗争的问题(因为土改，学习中断，有些系级尚未讨论)。①

四、师资缺乏的政治课

1949年11月，江南大学就开设了政治课，由苏南行署宣传部长汪海粟兼授，时间不能保证，"一学年仅上了约二十余小时，以致社会发展史未曾教完"。1950年下半年，又因抗美援朝爱国运动，"系统教育根本未好展开"，虽政治课教学未能按计划完成，但时事学习占用时间非常多，影响专业上课，主管部门要求在这非常时期，正常教学安排为运动让道："抗美援朝保家卫国运动本身就是当前一个最重要的政治思想教育，各地各校如有必要时得占用一部分上课时间，集中进行学习与活动。为便于这一运动的正常发展，各校期中考试应停止进行，改以学期考试成绩结合平时成绩核计本学期学业成绩。"②

1951年2月6日，华东军政委员会教育部在上海开会，要求各校"严格执行每学期十七个学分，每周不得超过44~50学时，政治课及政治讲座的学时，约占五分之一"。③一方面控制总课时，不给学生过多负担，另外每周9节政治课必须得到保证，这势必冲击专业课教学，一些专业课减少课时或取消。

表6-1　　　　　江南大学各系级原来课程与精简课程比较表④

系	年级	原有	现在	精简课程
工管	一	58	51	经济地理删，物理时数减少
	二	53	49	电工、统计、工业管理时数减少
	三	53	49	工程材料、工程研究时数减少
	四	72	54	会计制度设计、工作估值、工厂设计删、生产管制时数减少
数理	三	61	49	普通化学删
电机	一	61	54	工程画图删
	二	53	53	
	三	53	49	电子管试验删
	四	53	48	无线电删
机械	一	63	48	工程材料、工程画图删
	二	53	50	工程实习时数减少
化工	一	61	52	工程画图删
	二	50	40	金属工业、工程材料删
	四	51	40	专门工业删
农艺	一	56	39	动物、地质删
	二	48	41	昆虫技术时数减少
食品	一	52	42	工程画图时数减少
	二	53	50	物理时数减少
	三	51	49	制茶学时减少
	四	58	46	营养与食物时数减少，面包与茶糖果工业删
面粉	一	61	51	物理、微积分、工程画图、面粉初步时数减少
	二	56	46	工程材料、有机化学时数减少，机械画图删
	三	55	44	机械工程删，机械设计时数减少

附注：二三四年级应补政治课9学时，均不计在内，工管三年级工程力学9学时，因与二年级并班上课，移后续修实感困难，并为以后排课方便故仍修习该9学时来计在内。

---

① 《私立江南大学一九五〇年度第一学期时事学习及抗美援朝保家卫国运动思想总结报告》，江苏省档案馆，I29-1-3-19，第19-29页。
② 苏南行署教育处：《加强政治思想教育通知》（1950年12月），江苏省档案馆，7014-001-0089。
③ 《江南大学呈请核示本校本学期政治课问题由》（1951年2月23日），江苏省档案馆，I29-1-3-30。
④ 《私立江南大学1950年度第二学期工作总结》，江苏省档案馆，I29-1-3-30，第38页。

1951年初，江南大学政治课分三种：

其一，时事讲座：各系科各年级各学期必修课，结合国内外时事及政府的指示和号召，采取大课报告、小组讨论的方式，继续提高抗美援朝的爱国主义思想，分清敌友，站稳立场。

其二，社会发展史：各系一年级必修，一学期修完，着重于：(一)了解社会发展史的规律性和必然性。(二)做系统的理论学习，联系实际，使它成为解决实际问题的思想武器。(三)端正立场观点，建立为人民服务的革命人生观。

其三，政治经济学：农业系二年级，工管系三四年级必修课，一年修完，在爱国主义的教育基础上，进一步研究马列主义的基本理论，从本质上认识美帝国主义必败、资本主义必亡的必然性，以及新民主主义的发展前途。①

1951年上半年，一年级187人，"社会发展史"由新来的骆美轮担任大班主讲，沈祖洪、朱赓孙辅助，因白天排课困难，改在晚上讲课。②骆美轮(1902~1997)，浙江义乌人，1926年毕业于交通大学机械工程系，担任过技术官员，虽未在大学任教过，但其有几个闪光点，一是参与香港宣言，与国民党决裂；其二曾在华北人民革命大学学习过；其三是与中共中央宣传部长陆定一有交情，陆是无锡人。骆与陆同年毕业于交通大学，此年交大全校共有84名学生毕业。③1951年2月，骆美轮来到江南大学担任教务长，他由校董顾毓瑔向荣毅仁推荐：

毅仁总经理仁兄大鉴，违教多日，贤劳何如，江南大学教务主任庄智焕兄不幸逝世，谅需觅人替代，兹有挚友骆美轮兄，系交大机械工程系毕业，后赴英国美国各大学留学，抗战时曾任川康公路管理局局长，复员后曾任京沪沪杭甬铁路局副局长，后奉派美国及欧洲各国考察铁路及工厂管理，解放时在香港列名宣言，即赴京。美轮与中共宣传部部长陆定一相交最厚，定一拟请其任铁路方面工作，美轮以自觉学习不足，故入华北革命大学政治研究院学习，在贵公司总管理处成立时，尔仁兄曾思延聘，任适当工作，以美轮学习未毕，不能中途离院，现已于上月底结束学业，以老母多病，愿在江南工作，美轮之学识与干才，弟可深知。兄如能罗致幕下，必能于兄之伟业有所臂助，江大教务工作不可一日无人主持，如能畀美轮以此项工作，必将有所好称，为兄荐贤，请赐考虑，示复为幸，此致敬礼。

弟 顾毓璟 1951年1月9日④

骆美伦长期从事技术工作，上政治课是赶鸭子上架，他并不擅长也不乐意，所以只上了一学期就交差了，而从事自己的老本行。1952年院系调整后，他先后到苏南工专、西安动力学院、西安交大、南洋工学院等院校任教，1957年调任上海交通大学机械系教授。

按国家统一要求，一年级学生学习社会发展史，二、三、四年级补读新民主主义论，由刘天民、朱祖培两位，分六个班，每班50~60人。重点关注个人与社会的关系问题；新旧社会明确对比问题；分析中国社会性质，解决三敌四友，必须革命的问题。本学期仍是讲演式的灌输方式，小组会未能掌握指导，有的流为形式，有的开不起来，前后不匀，未曾按计划进行，思想情况掌握得不够。⑤

因骆美伦交差、刘天民调离，1951年夏，全校政治教师3人：沈祖洪、朱祖培、朱赓孙(助教)。

刘天民，38岁，江苏常州人，国立西北大学、兰州大学、西北师范学院等地理系副教授，苏南人民行政公署教育处高教科科员。1950年9月进入江南大学，任政治副教授，月薪440元，1951年奉调华东人民革命大学政研院学习。家庭成分小资产阶级。

沈祖洪，31岁，江苏武进人，重庆中央大学哲学系毕业，公立文化教育学院文史研究班就读，曾任四川巴县县中、自贡旭川中学、武进县立中学等教员。1950年9月进入江南大学。月薪260元，家庭成分地主。

朱祖培，28岁，江苏宝应人，大夏大学中文系毕业，公立文化教育学院政研班就读，曾任镇江市立中学教导主任。1950年9月进入江南大学。月薪260元，家庭成分地主。

朱赓孙，安徽泾县人，32岁，上海大夏大学中文系毕业，曾任教上海浦东中学、北

---

① 《江南大学一九五一年第一学期教学计划》，江苏省档案馆，I29-1-3-30，第44页。
② 1951年2月底，注册同学共476人，较上学期减少85人。《私立江南大学一九五一年二月份综合报告》，上海市档案馆，Q193-1-1556，第59页。
③ 西安交通大学档案馆：《南洋公学——上海交通大学年谱》(1926年)，http://58.206.125.28/?p=4792。陆与骆虽专业不同，推测他们应当相识。
④ 《顾毓璟给荣毅仁函》，上海市档案馆，Q193-1-1555，第41-44页。
⑤ 《私立江南大学1950年度第二学期工作总结》，江苏省档案馆，I29-1-3-30，第30~33页。

京竞业学校、河北省立安国中学等教员,河北师院研究班学员。1951年2月进入江南大学。月薪220元。

与专业课不同,当时政治教师非常缺乏,多由其他专业改行与速成,专业不对口,家庭成分高,来江南大学工作时间短,学历相对低,且没有在国外镀过金。

对政治课教学,上级主管部门华东军政委员会教育部与苏南行署教育处抓得较紧,要求学校定期书面汇报,江南大学第一次政治教学汇报是1951年3月28日(全文见书后附录6):①

汇报既谈到政治课面临的诸多难题:"上学期一般的对政治课都不感兴趣。上课时高兴就来,不高兴就不来。"也讲到了本学期的新气象:"本学期已有了基本上的好转,表现在上课时一般的都能按时听讲记笔记,逐渐地对政治课发生兴趣,当小组讨论时情绪也都热烈,通过政治思想教育,大多数学生的政治觉悟都提高了一步,表现在迫切要求进步,主动地接近政治教师,以前不重视时事的现在也都重视起来了,各级都组织了读报组,在图书馆里也有很多的人借社会科学的书,这次汉城撤退事件在学生思想上没有什么波动,还有些地主子弟表现得也很好,工作积极,极个别的放弃清寒减免费及奖助金,要求以劳动工作抵学费。"

物极必反,因时事学习占用太多时间,师生们希望校园能回归正常,"政治活动太多,影响业务甚巨,下学期除有特殊布置,游行政治活动以不影响业务为原则"。②

五、运动中的剧场效应

朝鲜战争爆发后,面对以美国为首的联合国军越过三八线的严峻形势,中国人民志愿军于1950年10月赴朝参战。同时,为稳定国内秩序,一场镇压反革命运动席卷全国。③

江南大学这样的高校自然不是化外之地。"本校因为期中考试的关系,镇反工作于(1951年)五月十四日刚开始展开,十四至十六日筹备组织肃反委员会,十七日下午该会正式成立,成立会上有公安局风景区分局长的报告,苏南文教学院同学成立的'一一·一四'事件控诉团的控诉等。"④

5月20日,江南大学"五二四"事件控诉团正式成立,钱拙任团长。晚上,全校举行欢迎会,欢迎"五二四"及"一一·一四"两个控诉团师生。钱穆之子钱拙曾就读江南大学并加入地下党,1948年"五二四"事件后被学校勒令退学。三年后他重返学校,以受害者与革命者身份进行宣讲。

21日,举行全校师生控诉反革命分子大会,主席沈立人校长致辞,要严密注意最近开展镇压反革命运动中校内发生的反革命分子公然撕毁镇压反革命标语的破坏行动,并号召同学要学习"五二四"及"一一·一四"控诉团同学坚决与反革命分子斗争的英勇精神。工会主席张泽垚,其子张允权解放前在江西中正大学参加爱国学生运动遭匪特迫害被开除流亡,以此理由,张要求第一个上台控诉,会场响起一片向张泽垚老师致敬的口号……

控诉团成员王章理说:"我到省教院供职只是为了生活,但匪特们就硬说我是共产党,被逮捕后遭到了坐老虎凳,灌凉水因而昏死三次的酷刑。"他说,"匪特分子比毒蛇猛兽还要残忍可怕,他们无时无刻不在迫害着一切善良的人民",更激起全场对反革命分子高度的仇恨。有的同学激愤得忍不住眼中的热泪,高呼着"向王章理学习""为被迫害的同学复仇!"

最后是江大本校"五二四"控诉团代表蒋凌棫同学控诉解放前反革命分子张宗寅(电机系)与省教院特务互相勾结,明目张胆制造"五二四"事件迫害江大同学的罪行,以及解放后他依然潜伏江大继续进行种种破坏。张匪宗寅是伪"三青团"分队长,曾参加匪"忠救军"担任情报工作,之前便曾公开威胁同学,公开宣称自己如何亲手勒死人,这是一个沾满爱国青年鲜血的刽子手……当蒋凌棫同学在台上控诉检举张匪宗寅时,台下愤怒情绪沸腾,全场响起"控诉匪特张宗寅""检举匪特张宗寅"的怒吼。当场同学纷纷联名写检举信递到主席台上,同时教职工90多人一致签名要求政府立即逮捕张匪宗寅,各系科代表都上台代表本系同学控诉检举匪特张宗寅,并要求肃清反革命委员会立即请求政府加以逮捕法办。

---

① 《私立江南大学政治教育情况汇报》(1951年3月28日),江苏省档案馆,I29-1-7-30。
② 《私立江南大学1950年度第二学期工作总结》,江苏省档案馆,I29-1-3-30,第34页。
③ 杨奎松:《中华人民共和国建国史研究1》,江西人民出版社,2009年,第180页。
④ 《私立江南大学镇压反革命学习检查总结》,江苏省档案馆,I29-1-7-30,第30~33页。

上午开完大会后,下午江大的老师同学就听到扩音机中播出"同学们赶快集中到大礼堂,公安局有好消息宣布"时,纷纷奔走相告,立时挤满了大礼堂。尤新同学代表江大肃清反革命委员会正式宣布:"江大肃清反革命委员会已将全校师生员工的正式要求立即呈报人民政府,现接到市公安机关通知,已将张匪宗寅逮捕。"排山倒海的掌声、欢呼声经久不断,大礼堂外大放爆竹庆祝。同学们更当场向校方及学生会提出要求立即开除玷污了江大师生荣誉的匪特张宗寅的学籍和学生会籍,沈立人校长立即代表校方当场宣布:"接受江大师生要求,开除张匪学籍!"学生会主席蒋德舆代表学生会宣布开除张匪学生会会籍。江大师生员工一遍又一遍地呼喊着口号:"严办张宗寅!""发扬江大'五二四'光荣斗争传统,协助政府肃清反革命分子!"①

学校报送的资料称:张宗寅,二十八岁,江阴人,电机系四年级学生,五月二十一日被捕,为三青团。抗战期间,参加伪忠义救国军,军统武装匪特,担任情报工作,与日军勾结,专门负责刺探抗日新四军及爱国青年情报。在解放前,他公开宣称曾杀害我革命同志,入江大后,仍旧继续进行破坏活动,监视同学行动,破坏学生运动,造成无锡市全市学生被迫害的五二四事件。解放后仍执迷不悟,同时积极散布谣言,破坏政府法令,打击党团威信,所以政府根据同学之要求已将其逮捕。②

5月24日,面二、电四、化四三级还成立了控诉团,要求控诉本级被捕的反革命分子。同日,无锡市学联为纪念"五二四"三周年,在文教学院操场举行万人营火会,江南大学部分师生前往参加。

江南大学以前很多同学不问政治,存在着单纯技术观点,镇压反革命运动中,有些受到特务欺骗的同学,都检讨自己思想麻痹等,开始要求进步,以前大家都不关心防特巡校工作,如今百分之九十以上的同学,协助纠察队参加巡夜。③

江南大学镇反运动中除处决学生张宗寅外,还有4名学生与1名员工被捕。这场声势浩大的运动席卷了每个单位。"苏南总计逮捕中学教师117人,占教师数的2.3%,处决12人,占0.24%,逮捕小学教师643人,占教师的2.1%,处决82人,占0.27%,社教9人,占教师数1%,处决2人。"④

1951年夏,中美双方虽然还在三八线对峙,但局势渐趋平缓,国内土地改革、抗美援朝、镇压反革命这三大交织在一起的运动也鸣锣收兵，学校工作开始走向正轨。"自从中央、华东，发出克服学校教育混乱现象的指示后，我们学校有了显著的进步，表现在一般的社会活动减少了，不必要的会议减少了，教师认真教学，同学认真学习的空气大大提高了，组织领导也比较统一了，怎样完成教学计划已成为大家所重视的问题。"

当学校教学工作常态化以后，师生们对政治不再关注，对此校方又认为："产生了一种新的混乱现象，那就是关门教学；不问外事，重走旧教育的老路，表现在我们学校里，同学方面轻视政治学习，不愿参加课外活动，不肯多负担一些工作任务等；在教师方面，很多原来就对政治教学重视不够的，现在正好躲在这个指示的后面很满意地回到老位置上去了。"⑤当时的背景下，江南大学政治学习与专业教学如同跷跷板，忽高忽低，到1951年底，学校总结里这样写道："以往犯着会议多，兼职多，旷课多，停课多的毛病，这些毛病主要是由于领导不统一及工会、青年团、学生会对本身的任务认识不够……本学期也认识了一切活动要以搞好教学、保证完成教学计划为我校中心任务。"⑥

第二节 学校终结无人痛惜

私立江南大学创建者希望这所学校不仅能长存于世，还能享誉全国，结果完全出乎意料，她只存在了短短五年，只有两届毕业生，在校生数量从未突破600人，教师数量最高峰也未达三位数。私立江南大学关门时，无人痛惜：经营艰难的荣氏企业甩掉了财政包袱，松了一口气；师生们从私立升级公立，实现了"身份"大转换；地方政府得到一片风水宝地，高档次接待有了一个好平台。其后，美丽的后湾山，只有觥筹交错，再无琅琅书声。

---

① 《江南大学师生举行控诉会》，《苏南日报》1951年5月23日。
② 《私立江南大学镇压反革命学习检查总结》，江苏省档案馆，I29-1-7-30，第30-33页。
③ 《无锡市各校气象焕然一新》，《苏南日报》1951年6月15日。
④ 苏南行署文教处：《一九五一年上半年工作综合报告》，江苏省档案馆，7014-001-0130。
⑤ 《私立江南大学1950年度第二学期工作总结》，江苏省档案馆，I29-1-3-30，第35页。
⑥ 《私立江南大学1951年度第一学期综合报告》，江南大学档案馆，SLJD-5。

一、第一批"产品下线"

1951年夏,历经磨难的江南大学终于迎来了第一批学生"下线",此事也为《苏南日报》所关注,以《江南大学举行首届毕业典礼》予以报道①。这条新闻稿只有427字,而学生撰写的通讯稿比它详实得多:②

下午一时半,大家陆续进入大礼堂,不久,毕业班同学全体穿着洁白的衬衫,面上露出兴奋和喜悦,严肃、整齐地在热烈的掌声中鱼贯进入会场。首长、校董、来宾、家长和全体师生员工都含着祝贺、期待、关切的眼光,热情地注视着这一长列庄严的队伍。

在国歌声中,揭开了序幕,首先由钱孙卿副董事长致词:"江大是在反动统治垮台前夕、社会不安定的情况下产生的,这不得不归功于创办人荣一心先生的坚毅精神。解放后,由于共产党及人民政府的正确领导,新中国走上幸福建设的道路,江大在荣毅仁先生和沈校长的坚决维持、克服困难下,在原有基础上,得到发展。今天有一百多位同学毕业,走上工作岗位,希望同学离校后,面向群众,与工农结合,服从组织,搞好工作。"

继由沈校长讲话,从他以前自己亲身受到的读书痛苦,说到新中国毕业同学的幸福前途,他说:"以前的读书,是有钱人的装饰问题,穷的吃饭问题。现在大不同了,政府领导着,有步骤、有计划地进行建设,同学们可根据政府的政策,在为人民服务的唯一目标下努力工作。这次107位毕业同学中,到目前为止,已有103位做到无条件服从政府分配,这是我们在各项运动中逐步提高的结果;其余4位正在作思想斗争,希望不久能获得胜利,加入这个光荣行列。"

华东教育部曹未风处长,在百忙中特地从上海赶来参加这典礼,他首先阐明高等学校的目的,是培养具有高度文化水平,掌握现代科学技术,能全心全意为民服务的高级建设人才。"解放二年来,政府通过土改、镇压反革命等工作,创造了开始建设的条件,因此须要大批建设人才,根据目前需要,全国要大专毕业生十七万人,但是今年所毕业的,仅一万七千人,照这个数字来看,一个人要担当十个人的工作,这是光荣的,各同学担当起这重大的任务,是值得骄傲的。"

苏南教育处陶白副处长表示,希望本届毕业同学为今后各届毕业生树立起一个好榜样:做到百分之百的服从统一分配。到工作岗位后,继续学习,努力工作,从实践中武装自己。在工作中求创造，发挥革命英雄主义，不做一个平庸的工作者。

校董吴中一先生在会上传达了荣毅仁先生对毕业同学的希望：明确办学校目的及服从统一分配。毕业同学家长杨世垣先生及来宾无锡市民主同盟代表朱彤教授、农工民主党苏南区代表发言，他们都深切的体验到新中国的前途光明，以前他们求学时"毕业就是失业"，就是找到职业，也是所学非所用；今天，每个人有机会为人民服务，希望到工作岗位后，能起骨干作用和模范作用。最后毕业同学代表蒋凌械致谢词："我们深深的体验到，生长在毛泽东时代的青年是幸福的，一结束学习阶段，就分配到祖国最需要的工作岗位上去，这充分说明了祖国有前途后，个人才有前途，此次我们同学都经过思想酝酿和斗争，放弃了个人利益，

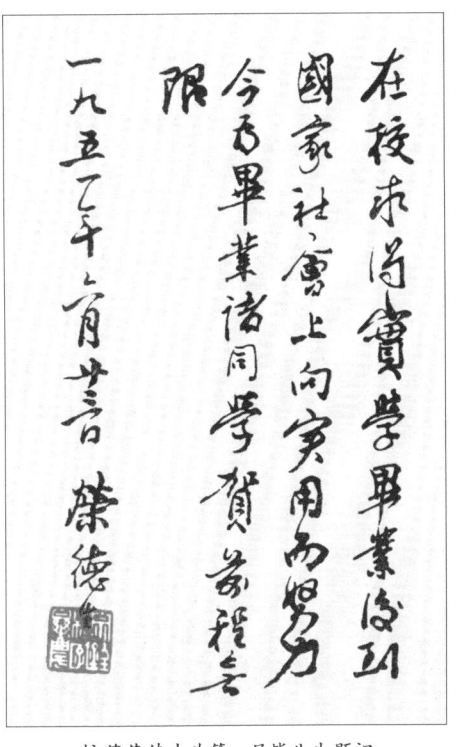

校董荣德生为第一届毕业生题词

96.2%无条件的服从统配，我们决不会辜负政府、首长、家长、老师们对我们的期望，决心为祖国的建设事索奋斗到底。"

散会后，首长、教师和全体毕业同学，在图书馆前庄严的"响应祖国号召到祖国最需要的岗位上去"巨幅标语下，合摄照相，作为永久留念。

晚上，为了狂欢这一个有意义的日子，再在大礼堂举行全校教职员工和毕业班同学的聚餐，大家尽情地唱着、说着、笑着、欢乐地干了一杯，再干一杯，为恭祝毛主席健康、江大前途发展、毕业同学离校后积极发挥力量、沈校长健康而干杯！

通过了这个盛典，大家更认识到新中国的可爱，这种场面——欢欣愉快的毕业典

---

① 《江南大学举行首届毕业典礼》，《苏南日报》1951年7月10日。
② 赵正清、邓寿奎：《6月30日，这一个光辉而难忘的日子》，《江南大学1951年年刊》。

礼,只有在毛泽东时代,才可能举行;因此更坚定了每一个青年人——毕业同学的爱国热情。今后他们将以无比坚强的信心,始终发挥新中国青年的优秀品质,以无限青春的热力,为着新中国美好的将来——不断地努力工作和学习。燃烧着不灭的战斗火焰,在任何困难面前,英勇不屈,为祖国为母校的无上光荣彻底奋斗!

这篇通讯稿刊于赵正清同学主编的《江南大学1951年年刊》,该年刊有政务院副总理黄炎培与政务院副总理兼中国科学院院长郭沫若的题词,有教育部部长马叙伦题写的刊名,还有学校董事长,年高76岁的荣德生的题词:"在校求得实学,毕业后到国家社会上向实用而努力。今为毕业诸同学贺前程无限!"如此多名人为一个普通的毕业刊物题词,放在当时并不惊奇,但现在让人另眼相看了。正是这本刊物,留下了江南大学毕业生的时代风貌。但遗憾的是,这本年刊也是绝响,第二年虽有毕业生,但学校即将撤销,大家再没有心情编一本新的年刊了。

江南大学电机系欢送第一届毕业同学留影(1951.6.26)

江南大学欢送1951级毕业女同学留影

修辞是时代的话语符号。那是一个火红的时代,人们追求着国家、奉献、无我的精神境界。要达到这个境界,也是要经过一番思想的斗争。"在开始填毕业生登记表时,同学们的思想是存在着一度混乱的,政府分配呢?自找职业呢?薪给制还是供给制?我们顾虑着家庭问题,爱人问题,地区的远近,工作的性质;后来,经过了激烈的思想斗争,在爱国主义教育下,我们的思想不断提高,我们终于获得胜利了!"[①]

从自找职业到统一分配,打乱了诸多同学的人生设计,内心有相当抵触,为克服阻力,相关部门习惯于运动模式。"通过政治运动的发动对大学毕业生服从国家分配的方式大同小异,一般都采取了以下的步骤:首先是各有关单位积极筹备,拿出方案;第二步,在领导的组织下,在党员中开会学习和动员,培养运动的积极分子。这一步是发动

---

① 吴学苑、邓寿奎:《祖国需要我们到那里,就到那里去!》,《江南大学1951年年刊》。

大规模运动必须具备的条件，积极分子在政治运动中的作用是相当大的；第三步，召开服从国家统一分配大会，或是写决心书、挑战书等。这一步的关键是要召开声势浩大的群众大会，在大会之前，要做好准备，比如由积极分子带头表态等。"①

7月21日，1951年江苏省高等学校毕业生暑期学习班在无锡文教学院开始报到。参加集中学习的包括南通学院、文教院、苏工专、东吴、苏州美专、正则艺专、江大七校。共有400余人，江大105人，编在第五队。23日举行开学典礼，早晨5时起床，5时半做操，上午听报告，下午小组讨论，晚上自学。通过学习，我们认识到新中国解放两年来的伟大成就和光明远景，加深了对祖国的热爱。解放两年来的新中国出现了历史上从来没有过的辉煌成绩，平定了解放前十二年的物价恶性膨胀，获得了财政统一，完成四十年来国民党反动派所无力完成的成渝铁路，使数千年来危害人民的淮河变成有利于人民，替人民服务，由粮食的输入国变为粮食的输出国。②

8月17日，结业典礼上宣布分配工作方案。107名同学，27名分配到北京中央政府，

江大学生在社桥苏南文化教育学院参加毕业学习时留影

33名到东北军政委员会,39名到华东军政委员会,2名到中南军政委员会,2名到上海市人民政府;金行仁、孙文卿、蒋凌械和钱慈明4名同学留校任助教。

"本届毕业班学生共计一百十人,计机械系四人,电机系十八人,化工系九人,食品工业系十四人,工业管理系卅七人,面粉专修科廿八人。"③ 除了1948年开始招收的第一届面粉专修科,毕业班共有本科生82人,而1947年正式报到为242人,流失率达三分之二,如此高的流失率说明新生的江南大学经历了太多的坎坷。

在第一届学生毕业不久,江南大学迎来了最后一届新生,他们人数不多,只有143人,学校生源严重不足。"本年度录取各系新生207名(统配44名),单独招生163人,但到校注册新生只有143名,各系注册旧生363名,未入学学生50名,内休学5名,就业或迁移核准退学14名,开除学籍1名,参加华东军事干校8名,另有22名情况不明。学生注册506人,较上学期减少3人。"④

二、对教师的思想改造

1950年6月6日,中共中央主席毛泽东就明确指出:"对知识分子,要办各种训练班,办军政大学、革命大学,要使用他们,同时对他们进行教育和改造。要让他们学社会发展史、历史唯物论等几门课程。"⑤ 国统区的教师,不分专业,新中国成立初期都要接受长时段的"洗澡"。

1951年7月31日至8月29日,苏南教育处在学前街无锡市中举行第三次暑期研究会,参加学习的江大教师32人、职员4人、学生代表2人。教授中年龄最大的是63岁的郭守纯,他主动来学习。

第一阶段7天,学习"站稳人民立场,分清敌我界限,确立革命人生观"问题,由

---

① 李朝军:《大学毕业生统一分配制度研究》,复旦大学博士学位论文,2007年,第44页。
② 《我们紧张愉快地生活在——暑期学习团》,《江大生活》1951年8月4日。
③ 《沈立人给荣毅仁信》(1951年6月20日),《江南大学向校董会报告校务请拨经费派员实习等函件》,1951年,上海市档案馆,Q193-1-1554,第256页。毕业同学是107人还是110人,有两种数字。
④ 《私立江南大学1951年度第一学期综合报告》,《江南大学1950-1951年学年工作总结综合报告教学计划》,上海市档案馆,Q193-1-1556,第75页。
⑤ 毛泽东:《不要四面出击》,《建国以来重要文献选编》第一册,中央文献出版社,1992年,第259页。

苏南行署副主任刘季平报告"本期研究会的方针和要求",苏南行署主任管文蔚报告"必须将革命进行到底"。第二阶段14天,学习"忠诚老实,团结改造"问题,由刘季平报告;钟民主任报告"深入思想改造第一步,从政治上团结起来",华北人民大学胡锡奎副校长报告"怎样做人民教师",大家坦白检讨。第三阶段,陶白副处长报告"巩固胜利完成学习"。①

"我们苏南绝大部分学校原来是旧学校,绝大部分教师原来是旧社会出身,又是旧教育培养出来的旧知识分子。解放后绝大部分学校和教师得到不同程度的改造,但是改造都是不彻底的,许多地方还是很皮毛的。大部分学校内部,工人阶级的思想没有占到领导地位,甚至实际上没有地位;而资产阶级的腐朽思想倒是非常泛滥,没有受到应有的批判和打击。"②为了更彻底改造旧知识分子的思想,党中央在全国推行了一场轰轰烈烈的思想改造运动。

江南大学的思想改造学习是从1952年3月3日开始的,先是学习准备阶段,从3月3日起到3月16日为止,这一时期主要要求在于做好成立学习委员会,划分学习小组,初步了解情况,进行学习的思想动员等工作。在准备阶段学习人民日报社论,深入进行"三反"的教育。

以"五反"为内容的学习,从3月17日起到4月27日止,要求通过"五反"学习认识资产阶级对国家和人民的猖狂进攻,初步认识资产阶级腐朽本质,联系实际展开批判,并在这一基础上动员学生——主要是工商界子弟——投入五反运动。以"五反"为内容的学习阶段,主要以周恩来副主席在人民政协全国委员会常务会议上的报告摘要,薄一波同志的两篇报告《为深入地普遍地开展反贪污反浪费反官僚主义运动而斗争》和《在北京公审大贪污犯大会上的讲话》为学习材料。

春假以后,教师中间有重点地进入联系实际展开批评与自我批评,又学习了冯定"关于掌握中国资产阶级的性格并和中国资产阶级的错误思想进行斗争的问题"和斯大林的讲话。时事政治学习则是根据苏南区党委管文蔚的报告进行传达。

思想改造运动期间,沈立人校长在报上撰文,指出学校"在教学方面,也还有人佩服英美的科学和技术到迷信的程度,而对于苏联的先进科学和技术则投以不值一顾的轻视的眼光,也有挂着新课程的招牌,而仍旧讲授旧内容的。这些都是相当危险的现象,不但不符合改革教育的要求和培养人才的需要,而且也影响教师本身的进步和改造"。[3]思想改造运动结束不久,为表示坚决与资本主义思想划清界限,沈立人当众把自己珍藏的国际会计师学会会员证书付之一炬。[4]

"思想改造必须通过思想斗争,斗争是一个痛苦的过程。过程不会太短,太短了是不会了解自己的,必须左思右想,左右矛盾,这是好现象。有了毛病而很愉快,是不好的现象。斗争过程完了便会愉快,从有顾虑到排除顾虑的过程,是由紧张到轻松的过程。过程是发展的,顾虑是人同此心心同此理的,首先是面子,打肿脸充胖子是旧哲学的范畴,错了就没面子,错了肯公开,而且改正才有面子,知错不改才没面子。知错是进步,要把经验告诉人家,正是有面子,我认为面子须与人民利益相结合。"[5]胡锺京作为一名积极分子,在报上著文推广思想改造的经验。

"江南大学不是苏南区高等学校开展思想改造学习的重点,因此就只能在不影响教学的原则下,利用原来规定作为在职学习及政治讲座时间进行学习;要求不能很高,进度也比重点学校迟缓得多"[6],而同城的苏南文化教育学院要求要高,"从三月中旬开始的反贪污反浪费反官僚主义斗争,为思想批判创造了良好的条件。据统计,全院师生员工在解放前有贪污者占百分之六十以上,在解放后贪污者亦有百分之三十左右。三反证明了资产阶级思想在学校中严重地泛滥。三反揭穿了知识分子自命清高的假面具,使不少人警醒过来,认识了思想改造的必要性。五月中旬,三反告一段落,即转入思想批判阶段。至七月底运动基本结束"。[7]

1952年1月15日,清华校方决定,本学期停止考试不放寒假,全体师生留校开展三反运动。在教师中主要进行思想改造,要求首长带头,普遍"洗澡"(在不同规模会

---

[1]《苏南三届暑期研究会胜利完成政治学习》,《江大生活》1951年9月4日。
[2]乐长明:《从"三反"学习入手进行教师的思想改造》,《苏南日报》1952年3月25日。
[3]沈立人:《我对于思想改造运动的认识》,《苏南日报》1952年1月15日。
[4]胡锺京:《忆江大校长沈立人先生》//江南大学校友会1947~1952老校友分会编:《老校友回忆录》,内刊,2017年,第11页。
[5]胡锺京:《我们为什么要改造思想》,《江大生活》1952年3月6日。
[6]《江南大学一九五一年度第二学期第一次思想政治教育情况汇报》,江苏省档案馆,129-1-7-34,第34页。
[7]文教学院通讯报导组:《苏南文化教育学院思想改造运动》,《苏南日报》1952年9月12日。

上作自我批评),全校175名教授中有144名参加洗澡,批判亲美、恐美、崇美等错误思想,划清政治界限。①

1951年起,由荣毅仁担任董事长的上海圣约翰大学思想改造运动更为激烈,1952年3月从校外调来30人左右工作队,工作队深入各个系,每系一般都有两名工作队员。结合三反运动,校内打老虎,人人做历史回顾、思想检查和小结,展开相互批评和自我批评,小组会上工作组员都会给予启发、帮助和点评。从3月开始到8月,小组会、大组会以至全校大会,难以计数。②

1952年复旦大学"三反运动"初步总结:"揭发了大量贪污事实,参加学习的295人中,169人有贪污,占总人数的57%。165教师人中,已坦白了61人,职员139人中,坦白贪污的有70人。"其坦白交代内容,多为借书欠款未还、借物未登记、用公家试题纸和讲义纸、吃过学校农场的胡萝卜等。③

因追求"高指标",受牵连老师过多,为此上级要求"聚焦"极少数,团结大多数。中共中央《关于在高等学校中进行批判资产阶级思想运动和准备进行清理工作的指示》,明确规定在高等学校中可以让60%~70%的教师迅速"过关",12%~25%的要经过适当批评以后再行过关,13%的要经过反复的批评检讨以后始予过关,只有2%左右是不能过关,需要作适当处理。④

私立江南大学教职员工没有像清华大学、圣约翰大学、复旦大学、苏南文教学院那样经历"三反"运动的大风大浪,也许同华东教育部的政策有关。时华东学委会针对上海地区高校制定了"先公立后私立,先重点后一般""重点掌握分批进行"的基本原则。1951年2月下旬,交大、复旦、同济、华东师大及上海医学院五所高校作为第一批高校开始了"三反"运动,4月中旬以后分别转入思想改造运动。在第一批高校取得经验的基础上,第二批高校震旦、沪江、圣约翰、大同、上海市立工业专科学校,于5月初陆续进入"三反"运动。上海地区其他高校则分为立信会专区、东吴法学院区和上海学院区,作为第三批高校最后展开运动。⑤私立江南大学的"三反"运动没有像其他高校那样留下浓墨重彩的一笔,表现"平平淡淡"。

三、最后一届毕业生离去

私立江南大学只存在了5年，只有两届毕业生：第一届与最后一届。1952年5月，全国高等学校进行院系调整，取消私立大学。华东区教育部决定：江大电机系、机械系、化工系、工业管理系、食品工业系三年级学生全部于本年暑假提前毕业；原为三年制的面粉专修科二年级学生，也同时提前毕业。

7月14日，四年级和面专三年级应届毕业同学开始为期三周的统配学习。每期学习分两阶段进行，第一阶段是爱国主义和革命人生观教育；第二阶段是民主鉴定。这次学习由苏南行署教育处统一组织，在苏州无锡两地举行暑期学习班三期，计工专、蚕专、美专一期，23天；江大应届毕业生一期，三星期；江大提前毕业和江苏医学院应届毕业生一期，11天。苏南行署总结报告对毕业前的教育有详尽的描述(全文见附录7)：⑥

各学习班在第一阶段进行了学习动员，革命人生观和国家经济建设报告，辅以劳模、战斗英雄和补充报告以及开展小组讨论。以正面的爱国主义思想教育为主，激发青年人的爱国主义与革命英雄主义热情，用祖国三年来的伟大建设成就和未来的光明远景，使同学们明确认识个人利益与国家利益的一致性，并结合进行回忆对比和批判各种个人主义打算，因此提高了爱国主义精神，增强了克服困难的信心。

这种学习班，组织部门采取双管齐下的策略，一方面是用榜样、典型引导学生弃小我顾大我，服从国家统一分配；另一方面则用查过去查思想的方式批评那些落后的、有历史问题的学生，形成一种压力场。

对毕业班的民主评议，江南大学总结里也有分析："因为毕业班同学须填表，要政治教员提意见，一方面不可能完全了解，借此进行互评，通过这工作，可以提高并清除存在的问题，因为同学中存有对政治教员错误看法，以为仅仅注意缺点或草菅政治面貌

---

①清华大学校史研究室编：《清华大学九十年》，清华大学出版社，2001，第177页。
②朱照宏，《1952，告别圣约翰》，《民间影像》第二辑，同济大学出版社，2012年，第152页。
③葛剑雄：《悠悠长水——谭其骧前传》，华东师范大学出版社，1997年，第184-228页。
④逄先知、金冲及主编：《毛泽东传1949～1976》(下)，中央文献出版社，2004年，第106页。
⑤《上海高等学校思想改造运动正有领导有步骤地全面展开》(1952年5月)，上海市档案馆，A26-2-122，第11页。原文有误，因华东师范大学1951年9月才成立。
⑥《1952年苏南区高等学校毕业生统一分配工作的综合报告》，江苏省档案馆，7014-001-0115。

江南大学电机系1952年毕业合影

问题,经过思想动员,确立评议态度及便掌握评议提纲的精神,开展得很好,每个同学均感觉提高和有兴趣。"①

民主评议要求高,小组意见讲优点少讲缺点多。工业管理系邓鸿勋自1949年11月学校地下党公开后就任江南大学支部书记,长期作为学生代表参与学校管理,工作志愿是无条件服从分配,小组意见为:"思想要求进步,能够虚心接受批评,工作比较积极负责,在各项运动中能站稳立场,系统政治学习不够,业务学习不够,认真与群众之联系和帮助较少,虽能坚持原则,但仍缺乏斗争性,生活俭朴,作风正派,待人接物和气。"化工系陆维一,毕业学生登记表小组意见更负面:"业务学习较努力,但不够严肃,政治学习不够重视,须加强,但喜自习,对学习的目的认识清楚,思想要求进步,但缺乏主动性,以前有崇美思想,近年来经学习已分清敌我及划清资产阶级思想,具体行动还不够,作风:个性较强,爱面子,忍耐心不够,工作表现不够,待人诚恳热情,

江南大学欢送1952年毕业女同学留影

生活俭朴,组织性及纪律性欠强。"[2]

8月14日,各系三年级提前毕业同学和镇江江苏医学院同学172人集中在江南大学开始11天的统配学习。19日上午,"全体同学开了决心大会,学生家长萧宗汉先生特地赶来向同学们祝贺提前毕业。同学们纷纷走上台宣读决心,并举手宣誓,最后全体同学在庄严的五星红旗和毛主席像的面前宣誓:坚决无条件服从统一分配,并上书毛主席和写信给中国人民志愿军,决心为祖国建设事业努力奋斗"。[3]

---

[1]《私立江南大学1950年度第二学期工作总结》,江苏省档案馆,I29-1-3-30,第36页。
[2]《毕业生登记表》,苏州大学藏私立江南大学档案,长37毕业生登记表1952。
[3]《毕业同学百分之百服从统配》,《江大生活》(1952年9月1日)。

统配工作自9月1日开始，所有毕业生集中在苏南文教学院进行了六七天统配思想教育，此项工作的组织者苏南行署教育处在报告上写道：①

九月一日统配工作时，我们首先在党团组织内进行了动员，传达了中央和华东对这次统配的方针，要求并号召每个党团员除自己无条件服从分配外，要起核心作用，选择对象推动和说服全体同学服从分配。

接着在全体同学间进行学习动员和统配方针的报告，对爱人、家庭、地区、身体等具体问题的照顾原则作了补充报告。

各校名单都是首先经党团内部充分酝酿讨论，由全体党团员作了保证后才宣布的。所以领导上对每个同学都是作了周密的考虑和充分估计的。如江大在名单宣布前，同学情绪是比较急躁不安的，但名单一宣布，大多数转为兴奋愉快了。对有各种顾虑和家庭拖腿的同学，经过反复的耐心说服教育和做好家属工作后，亦能比较愉快地走上工作岗位。

对东吴（3人）、江大（1人）四个不服从分配的同学正在继续进行说服教育工作，以便他们愉快的走上工作岗位。

研究分配具体名单时，各校均推派了代表，先后两次参加华东的会议，慎重认真的研究了分配是否适当，并分清思想问题与实际困难等原因，作个别合理调整，故一般做到了合情合理。唯派去华东研究分配名单的同志多系本届毕业生。

这次统配我区外调任务颇重。江大、东吴几近全部外调，而该两校过去受资本主义腐朽影响较深，政治情况比较复杂，因而调配方面很难完全合理，以致对学生存有具体困难，亦难以完全能具体照顾，同时因政治问题不宜外调的也只好外调。

当时强调政治面貌，尤其对私立江南大学与东吴大学，因学生来自工农家庭少，要求对每个学生进行外调，格外关注他们是否有下列政治情况：三青团、嫌疑分子、社会关系复杂、思想落后近乎反动青年、进协会负责任人之一(三青团外围组织)、面目不清、特务嫌疑。

与现在大学生相比，当时学生年龄差距大，有的已成家，"私立江南大学毕业生207人，其中女生18人，党员2人，团员35人，年龄19岁至21岁41人，22岁到24岁142人，25岁到27岁20人，28岁到30岁4人"。②

中国自有大学以来，不管国立还是私立，学生就业都由自己解决，1951年起政府统一分配，而分配有地区、岗位、待遇的差异。对当时统一分配，同学们褒贬不一。这是张京晖60年后的回忆：③

统一分配制度有优点，就是学生不必为找工作而发愁，但缺点是一次分配定终身，没有个人选择职业的自由。参加服从统一分配学习班一个月。要交代自己的家庭和亲友的情况，特别是否有历史问题。由于同学多是资本家和有钱人家的子女，家长都想子女留在身边，不愿意服从统一分配，去异地他乡，因此思想工作很难做通。

学习结束后就是填写志愿，每人可以填写三个地区和三个专业。当时华东地区由于学生多，人才也集中，故不允许填写华东区。我当时想中央区(北京)最好，可以进中央各部门，有升迁机会，而东北和西北区比较艰苦，生活不习惯，故我填写的地区为①中央区(北京)②中南区③西南区。填写专业时，我比较喜欢劳资工作，故填写的专业为①劳动工资工作②计划工作③生产管理工作。

我校毕业生三分之二都是到东北地区，到中南区只有一个，到西南区的有七人，其中有工业管理班的钮定国，其父是国民党海军司令钮永建。④

四、在院系调整中曲终人散

1949年后，新政权开始以苏联为师，私有制空间越来越小，私立学校不断萎缩。江苏省高校1948年24所，其中私立11所。1949年只剩下16所，公立8所，私立8所。1951年有高校13所，即南京大学、金陵大学、南京药学专科学校、江苏医学院、苏南文教学院、苏州工业专科学校、苏州蚕丝专科学校、华东水利专科学校和南京师专等9所公立院校，东吴大学、江南大学、南通学院、苏州美专4所私立院校。⑤创办于1920年的无锡国学专科学校，非常有特色，也很有成效，但在1950年也因经费原因撤销，师生并入苏南文教

---

① 《1952年苏南区高等学校毕业生统一分配工作的综合报告》，江苏省档案馆，7014-001-0115。
② 《苏南区高等学校毕业生一般情况统计表》，江苏省档案馆，7014-001-0115。
③ 张京晖：《六十述怀》//《江南大学老校友通讯》，2009年第1期。
④ 张京辉所言有误，钮永建未担任过海军司令，他是国民政府考试院副院长，也是私立江南大学董事。
⑤ 江苏省地方志编纂委员会：《江苏省志教育志》(上)，江苏古籍出版社，2000年，第464页。

学院。无锡国专的消失,江南大学学生没有唇亡齿寒的忧伤,惟有羡慕——他们转公后,"身份"高了、学费减了。从个人利益考虑,学生们也盼望着私立江南大学早日归公。

1951年9月,华东军政委员会教育部正式决定将私立大夏大学和私立光华大学合并成立新中国第一所师范大学——华东师范大学。大夏与光华的结局更让江南大学师生对"收编"充满期待。11月间,"中央公布部分学校调整院系的消息,同学们就更加强调师资缺乏,设备不够,因而掀起了调整并校的要求。这个要求发展的结果,严重的影响了同学们学习的情绪,甚至部分师生间的感情。这是一个我校本学期所发生的严重混乱现象"。[①] 私立江南大学学生已不安于学习,都在关心院系调整方案,加入各种版本流言的传播中。这一乱象持续到1952年上半年,"本校因历史较短,师资问题甚为严重,有许多重要课程的教师都是向他校洽商来此兼课,所以每到学期结束聘请教师成为一个很困难的问题,另外设备方面因校董会经费关系颇为简陋,虽于上学期承政府补助5亿元,各系都添置了一些设备,但是离最低限度设备标准尚嫌不够,以致一般同学对于学校表示不满。每次听到调整院系的消息就会发生波动,这是本校的一个基本的严重问题"。[②]

在院系调整快要决定以前,有部分教师说"没这样快吧",因为他们不希望早日调整。还有部分同学与教师对院系调整似乎是不关心的,我读我的书,我教我的书,反正一样。院系调整决定了,也各有各的打算:大致已经决定去向的就作启程的准备;出卖家具或买箱子、绳子,已决定到何处去的,就打听那地肉多少钱一斤,鸡多少钱一只,小吃便宜不便宜。

尚未决定到何处去的,真是急得像热锅上的蚂蚁,从这个办公室跑到那个办公室,又从那个办公室跑到另一个办公室。

现有一部分,或许是很大的一部分:搬家的时候还没到,我且回家去休息十天再说,或我不妨趁此到苏州杭州玩玩。

毫无疑问,我们对院系调整都是一致拥护的。但为什么要院系调整,院系调整了我们向什么方向努力,对这些问题认真加以考虑的人似乎还不多。[③]

学生们是调整的利益获得者,渴望学校早日合并;而一些家在无锡的职工担心调整后家属的安置、住房等问题,对调整顾虑较多。

因这次调整不仅取消私立高校,且对所有高校肢解重组,主管部门工作量非常大,调整取向是从通才教育到专才教育。

旧中国的高等教育制度,基本上是为帝国主义和反动统治阶级服务的,所创办的学校是盲目的、脱离实际的,院系重复、人力物力分散,教学的效果很低。加之各校所教的课程,内容广泛笼统,只能培养出来一些不切实际的"通才"。今天新中国大规模的经济建设就要开始了,今后我们迫切需要大量的合格的各种专门人才,特别是工业建设的人才。

这次调整的总方针是:以培养工业建设干部和师资为重点,发展专门学院和专科学校,整顿和加强综合性大学。华东区的复旦大学、南京大学和山东大学成为综合性的大学,浙江大学和南京工学院成为多科性的高等工业学校。同时,在华东区新设的学校有:华东化工学院、华东水利学院、华东航空工业学院、华东体育学院等。华北区北京大学、南开大学,成为综合性的大学,清华大学和天津大学成为多科性的高等工业学校。④

7月15日,苏南教育处陶白副处长来校作华东区高等学校院系调整情况的报告,标志着传说的靴子已落地。"全校师生员工一致热烈表示拥护政府的英明措施,怀着无比兴奋来迎接新的任务。"⑤ "一致热烈""无比兴奋"这八个字是当时师生心态的真实写照。荣家斥巨资兴办的一所私立大学仅仅几年就被各方视若敝屣。

7月下旬,校长沈立人赴沪出席华东区高等学校院系调整委员会会议,26日公布了《华东区高等学校院系调整设置方案》。私立江南大学撤销,调整方案为:工业管理系调整到上海财经学院(现上海财经大学);化工系调整到华东化工学院(现华东理工大学);数理系调整到苏南师范学院(后改名江苏师范学院,现苏州大学);农艺系调整到苏北农学院(后改为江苏农学院,现扬州大学);机械系、电机系、食品工业系调整到南京工学院(现东南大学)。校本部档案和图书资料等转入苏州江苏师范学院,有关江南大学

---

① 《私立江南大学1951年度第一学期工作总结》,上海市档案馆,Q193-1-1556,第75页。
② 《私立江南大学1951年度第二学期综合报告》,上海市档案馆,Q193-1-1556。
③ 沈祖洪:《漫谈院系调整》,《江大生活》(1952年8月4日)。
④ 《全国高等学校院系调整完成》,《苏南日报》1952年9月26日。
⑤ 《江南大学调整委员会院系调整工作总结》(1952年10月29日),江南大学档案馆,SLJD-5。

江南大学《江大生活》出版委员会全体职员留影(1952.8)

的后续未了事宜，如学生学历证明等，都由江苏师范学院代办处理。

江南大学调整决定下达后不久，7月29日，学校董事会董事长荣德生病逝。学校处于解散前夕，人心惶惶，仅沈立人校长及少数教工同学代表前往吊唁。

8月2日至4日召开会议专门部署调整工作，主持人是华东军政委员会教育部高教处长曹未风。22日，江南大学调整委员会成立。下设各组主持日常工作。各系科设调整小组，由系主任、教授和同学代表3至7人组成，系主任任组长。沈立人校长任学校调整委员会主任兼办公室主任，王守泰、蒋凌棫任办公室副主任，调整工作全面展开。各校与外间联系颇为频繁，如江南大学化工系张泽垚主任出席了华东化工学院建校筹备小组会；农场主任金宏度去苏北了解了苏北农学院建院情况；食品工业系朱宝镛主任、机械系霍少成教授与南京大学工学院进行了联系；上海财经学院也来人了解江南大学工业管理系的情况。

暑假期间，教职工依旧上班，部分忙于院系调整工作，部分则要学习新的一门语言，8月，学校工会举办俄文学习班。

9月1日，校刊《江大生活》出版最后一期，此期刊有休刊语。该报每期4版，每份400元，创刊于1951年5月4日，共出版16期。为毕业留念，校刊特别编辑《江大生活》画刊，零售价每份1000元，遗憾的是笔者未能找到这本画刊。

9月5日，在华东区高等学校院系调整委员会苏南分会第二次工作汇报中，这样介绍江南大学员工最近的思想情况：教师一般对院系调整意见不多，部分人希望调任与自己志趣相符的工作，和关心着自己的家庭、子女，希望与爱人在一起工作等，职员、工友比较强调照顾地区、家庭、家属宿舍等个人问题，同学大都拥护院系调整，只有数理系、工管系17位同学要求转学，该校调整委员会对人事及物资处理不提出意见，有顾虑，怕得罪人。①

9月27日，教职员工调配名单终于在众人焦急等待中"出炉"，老师们陆续离开无锡到新单位报到。此前，近300名同学各奔东西，前往南京、扬州、上海、苏州等城市，在不同的大学继续上大二与大三。

表6-2　　　　　　　　江南大学教授工作调整信息

系别	姓名	年龄	籍贯	调整至何处
工业管理系	沈立人	56	浙江嵊县	上海财经学院
	夏宗辉	37	浙江镇海	同上
	胡立猷	58	江苏无锡	同上
	周恩久	47	松江	同上
	胡锺京	37	安徽祁门	同上
数理系	朱正元	52	南京	苏南师范学院
	金圣一	38	吴江	同上
	苏明山	46	河南唐河	同上
电机系	金宝光	46	江苏武进	南京工学院
	王守泰	45	苏州	同上
机械系	夏彦儒	49	四川江津	同上
	郭会邦	44	江阴	同上
	霍少成	35	浙江长兴	同上
化学工程系	张泽垚	58	江西	华东化工学院
	程震西	59	江苏吴江	同上
	张震旦	40	浙江仙居	同上
	朱勉均	59	安徽怀宁	同上
农艺系	郭守纯	64	广东潮阳	苏北农学院
	蒋涤旧	52	江苏泰兴	同上

①《华东区高等学校院系调整委员会苏南分会第二次工作汇报》(1952年8月25日至9月5日)，江苏省档案馆，7014-001-0115。

续表

	徐正蛟	40	浙江镇海	同上
食工系	朱宝镛	47	浙江海盐	南京工学院
	李颖川	49	江苏无锡	同上
	沈学源	44	浙江德清	同上
体育组主任	金衡之	60	广东台山	待定
英文	高昌运	44	江苏无锡	留苏南任中学语文教师
图书馆主任	诸祖荫	47	江苏无锡	苏北农学院

(《私立江南大学学生名册、教职员工调整名册、院系调整方案》，江南大学档案馆SLJD-9)

  这次调整大搬家，涉及实验室、办公器材、图书，工程量很大，但计划不周，变来变去，导致大量人力物力浪费，加之校园被收走改为宾馆，限制师生进出，更让流程不顺畅，对此，1952年10月29日《江南大学调整委员会院系调整工作总结》有反思：

  在九月的上旬和下旬装箱工作已告完成的时候，后湾山校舍两度被作为招待所接待外宾。全校房产均按时腾空，家具物资一律搬至山下机械工场集中存放。师生员工也全部迁离学校办公室，迁移梅园并重新规定办公人员。这以后工作进行极感不便，处于被动地位，招待所不开放就无法前往工作。同时接收单位很多，工作极繁重，个别院校因为建筑校舍关系物资无处存放，迁延接收。现在决定采取突击办法配合招待所方面抓紧机会抢运物资，直接运送接收单位以便早日结束调委会工作，完成院系调整任务。

  (1)人事调配情况

  为了做好人事调配的准备工作，由调配组分别调查全体教职员工的具体情况和对于调配工作的意见加以整理列表，报送上级作为调配工作的参考。

  全校教职员工听取了陶处长的报告后在思想改造的基础上一致表示服从政府统一调配。九月廿七日调配名单发表后，全校充满愉快兴奋的气氛。教师部分除公共课程教师外，做到了随系调整的原则，照顾了各人的志愿。职员部分个别同志因为家庭人口多、负担较重，被调到中等学校后经济有困难，情绪波动。但经过调委会的说服教育已消除顾虑，克服了个人困难，接受新的任务。工友同志极大部分分配在华东艺专，深深感到政府的照顾。日前除留办结束工作人员外，其余均已愉快地走上了新的工作岗位为人民教育而努力。

  (2)物资调配情况

全校物资调拨交接迁运等工作,自九月底开始进行以来,迄今已将一月尚未全部完成,工作进行极为迟缓。调拨物资工作均经依照规定手续会同接收人员暨监交人办理。点交工作完成后,由迁运组派员接洽运输机构负责起运。

由于接收单位颇多(共十八个),各单位又非同一地区,在办理交接手续之前又须经过一定的联系。个别院校也有争先前来接收的现象,但有些单位经函电催促仍不迅速办理,致无法掌握工作进程。同时调整方案的更动使得工作有时要停顿下来,有时重复进行,增加不少手续。因为变动得多就影响了搬运费预算的准确性。

物资调拨工作进行迟缓的主要原因是后湾山被作为招待所,一切工作遂完全陷于被动地步。目前等待交接的物资已属不多,我会已配备人员接洽好运输机构,一俟招待所方面可以前往时进行抢运工作,争取早日结束完成任务。

(二)优缺点

优点

江大调整委员会成立以后,办公室工作人员尚能分别负责完成任务。调整委员会组织较大,工作人员亦多,自全体员工调配名单经苏南分会发表后办理移交结束,人员即缩减为十五人,俟迁至梅园办公人数再行减少。工作人员能够配合需要再行决定人数故并无冗员。移交工作争取于十月底或十一月初全部结束,在时间上亦能经济。

缺点

所有工作未能发动群众一起来干,不免集中在少数工作人员身上,方不能更快的完成任务。在留办移交人员中有个别人员未能前来参加工作。迁运方面缺少经验,又少具体计划,以致临时不免有忙乱现象。

经费方面收支计划少正确性。原因如机械系机器原定运至南京工学院,临时改在无锡,故装箱费较巨而运输费大量减省。全校家具原有一部分预定拨交苏南师范学院,临时改变以致节省四百吨未运。这些都因装运发生变卦,影响收支计划正确性的减少。

因接待少数民族及国际友人,校舍为招待所借去,取运大受限制。且本校堆放东西之处,招待所临时开启住宿司机,以致箱笼被翻,标签被撕,装置天平之箱亦被倒置,使本校在保管上大受影响。

化工仪器药品及图书原已装好，因临时奉令改拨，以致重行开拆再度装置。

各系科物资难以分别造册移交，但有一部分未能与原始清册或财产目录核对。

物资移交后难以运出去，部分学校仍未能将移交清册寄回以致移交手续未能及早完成。

人事方面个别教职员未能做好保密工作以致引起不必要的误会。

人事调配未能周密考虑，深入了解，以致对员工方面未能做到全部照顾。

经验教训

根据这次调整院系的经验，我们体会到凡是在行动之前做好思想准备的，在行动的时候所遇的困难就少，进行就顺利。而在推动工作的时候，如果找到门并且争取主动就进行得顺利，少走弯路。

曾经书声琅琅的后湾山校园，未能按计划拨给从外地迁锡的华东艺术专科学校[①]，而被政府改为本市最高档的园林式宾馆，取名太湖饭店，几十年间接待了几十个国家元首。

1952年，对无锡高等教育发展来讲，是极为挫折的一年。1948年江苏省有24所高校，无锡有3所，高校数在全省仅次于南京与苏州；而1952年，这3所高校都已不存，先是无锡国学专科学校1950年与省立教育学院合并，组成苏南文化教育学院，1952年苏南文化教育学院又与东吴大学合并为苏南师范学院。

1952年为何无锡不保留一所高校？为何苏南师范学院不能在无锡办学？当时无锡是苏南行政公署所在地，比常州、苏州有着更高的政治地位，应当有机会争取更多高教资源，何况当时中央政府负责教育的是无锡人陆定一、钱俊瑞[②]。陆定一与钱俊瑞是否为故乡保留高校建言过，史无记载，但事实是，无锡高等教育发展的短板至今都没有得到改观。

1952年的院系调整方案是参照"苏联模式"制定出来的，院系调整的基本方针是，整顿和减少综合性大学数量，建立以单科院校为主的大学体制。全国综合性大学由49所减少到13所，江苏省4所综合性大学仅中央大学更名南京大学得以保存，其他3所(金陵大学、东吴大学与江南大学)都被取消。中央大学、金陵大学、东吴大学名称虽改，但校园用地性质未变，继续作为学术场域赓续文脉，而江南大学校园却与书声无缘，面目全非。对比中能看出主政者行事风格的差异，看出文化在城市中的不同分量。院系调整后，中国成为世界上综合性大学、文科在校学生和文科教育比重最少的国家。

一篇文章曾这样点评私立江南大学：

私立江南大学，是无锡近代唯一的一所多学科、综合性大学。她创建于全国解放前夕，结束于新中国成立初期。办学五年，面粉专业为全国首创，工业管理和食品工业二系亦属国内前列，颇具特色。先后聘请教师百余名，不少是国内外著名的专家、教授。历年入学学生一千一百五十余人，有三届本专科毕业生三百一十四人，一九五二年撤并时转入其他高校继续就读的学生近三百人，解放后参军、参干而离开学校的学生百余人，由于多种原因中途转学就读或辍学就业的学生近四百人。几十年来，他们在党的领导下，艰苦奋斗，勤奋工作，大都成为有用之才，为国家建设作出了贡献。③

私立江南大学办学5年，最高峰时在校生也未超过600人④，三届本专科毕业生才314人，平均每届仅105人。

1947年在炮声中诞生的江南大学，创建者也许想到了许多种可能，但还是没有想到——大时代所带来的巨变会如此猛烈，生源会如此短缺，学生流失率会超过半数，学费收缴会掀起持续不断的风潮。

---

① 1952年由山东大学艺术系与苏南美专、上海美专组成的华东艺专，改至社桥苏南文化教育学院原址办学，华东艺专也因校园事对地方政府很有看法，这也成了该校1958年初迁至南京的一个重要因素，现在该校以南京艺术学院闻名于世。

② 时中央政府领导教育的最高机构是政务院文化教育委员会，设主任一名（由副总理郭沫若兼任），副主任四名（分别是马叙伦、陈伯达、陆定一、沈雁冰），委员四十六名，秘书长一名，副秘书长三名。教育部长虽是马叙伦，但马不是党员，教育部党组书记、副部长兼高教司司长钱俊瑞主持工作。钱曾在省三师（现无锡师范）与省立教育学院就读过。郭沫若、沈雁冰也是民主党派，无实权。1959年后钱俊瑞"官"越做越小。

③《私立江南大学简史》//上海大学、江南大学《乐农史料》整理研究小组选编：《荣德生与兴学育才》下，上海古籍出版社，2003年，第643页。

④ 江南大学1947年第一届招生200多人，1948年在校生达到480人，1949年秋三届学生合计为560人，1950年四届学生时，在校生降为510人左右。1951年在校生也仅500多人。

余 论

1952年，在中国高等教育历史上是一个关键之年，对诸多大学来讲，这一年都是伤筋动骨刻骨铭心的一年。清华大学、浙江大学等文法理工并举的综合性大学拆分成纯工科大学；江南大学、大同大学被吊销执照，只有复旦大学等少数高校在这场调整中受到关照，办学力量得到加强。

一、重构学校的历史谱系

1985年6月，为发挥原私立江南大学的影响，为方便利用荣氏家族经济政治资源，为迅速增加自己的历史厚度，才诞生几年的"无锡大学"在地方政府"操盘"下，改名江南大学，学校聘请全国人大常委会副委员长荣毅仁担任名誉董事长，聘请著名经济学家、无锡人薛暮桥任名誉校长。此年全校有教职工524人，没有1名教授，副教授仅6人。江南大学校名在消失33载后，重出江湖，成为可利用的"再生资源"。

新建的江南大学也把自己的历史迅速回溯至私立江南大学诞生时，1987年10月27日，召开江南大学建校40周年庆祝大会，聘请复旦大学夏炎德、上海财经大学马家善、同济医科大学杨晟、华东化工学院汪巩和穆光照、厦门大学万桢、中科院微生物研究所薛禹谷、苏州医学院马骏驷为学校名誉教授，他们都曾在私立江南大学工作过。1997年，江南大学隆重举行建校50周年庆典，邀请私立江南大学老校友参加。此年江南大学升格为本科院校，校名按照国家规定，改为"江南学院"。

1999年起，全国从上到下刮起了高校合并风。受1998年金融危机影响，无锡经济不景气,某些领导"把办大学看成包袱,想借机扔掉由地方财政负担的这两所学校",力推江南学院及1984年创办的无锡教育学院同无锡轻工大学合并,可在校名问题上是叫江南大学还是无锡轻工大学发生了矛盾,谈了一年,两校都不退步。"由于三校的办学实力悬殊,轻大不少教职工担心并校会稀释学校的办学资源,降低生源质量,影响学校的综合实力,特别是涉及校名的更改,反对者更多,认为将使学校无形资产遭受重大损失,还会伤害大批校友的感情。"①

其实无锡轻工大学②也有着长期行业办学形成的弊端:眼界不够开阔,思想偏于保守,对外校发展态势知之不多,校内改革左顾右盼,对学校发展目标缺乏战略性研究,尚未形成总体构思;满足于小打小闹,一得自恃,宁当鸡头,不做凤尾,缺乏团队意识和协作精神,难以集中力量办大事;从学科专业看,设置面窄强势学科少,文理科较薄弱,缺乏学科进一步向高端发展的支撑平台;从办学条件看,校区狭小且分散,缺少进一步发展空间,投入严重不足,科研设备主要还是1980年代靠世行贷款购置的,已相对陈旧。校名是一份资产也是一份包袱,其行业办学烙印,也会影响学校办学空间的拓展。从长远看,最终决定学校社会影响力的,是自身的综合实力,校名不是决定性因素。

2000年夏,简大钧"空降"担任无锡轻工大学党委书记,上级也希望他能以超脱地位领导这场合并,简认为,"三校合并是学校从单一的行业性很强的工科型大学,快速发展成为一所学科门类比较齐全的多科型大学的一次大好机遇",但因校名问题谈不拢,一时间无锡市政府与教育部都有不再合并、三校各自发展的意向。

2000年10月中旬,"中央政治局常委、李岚清副总理视察无锡,并到了江南学院。省市领导在向岚清同志汇报工作时,谈到了三校合并的问题,岚清同志马上表态说:我讲大规模的高校合并工作基本告一段落,并不是要一刀切,今后一个也不动了,条件成熟的还可以继续搞嘛!你们的并校方案酝酿了这么长时间,已经成熟,不能半途而废。至于校名嘛,我在上学的时候就知道无锡有一所江南大学,我看还叫江南大学好"。③2001年2月13日,三校合并组建新的江南大学宣告成立。

① 简大钧:《从企业到学校——回顾世纪之交的大学工作》,高等教育出版社,2012年,第28页。
② 无锡轻工业学院1958年成立,1997年升格为无锡轻工业大学。
③ 简大钧:《从企业到学校——回顾世纪之交的大学工作》,高等教育出版社,2012年,第29页。

三校合并后，如何理顺新江大的历史谱系，有不同的解释。这如同魏蜀吴何为正统，至今还一团乱麻。现在江南大学追溯自己的源头，有三种不同的叙述，一是1902年说，一是1947年说，一是1958年说，这三说，打了不少口水战，难有定论，也很难摆平。

2002年，刚合并组建1年的江南大学，就和南京大学、东南大学等高校联合举办了"百年校庆"，将校史追溯到1902年的三江师范学堂，一下子成了和南大、东南大学肩并肩的百年大学。其理由是：无锡轻工学院的前身是南京工学院食品系，而南京工学院源于1902年的三江学堂。这番牵强附会的追根溯源引来了一些质疑。

作为民生的食品工业，民国年间众多高校都有一批学者在关注，一般列入农产加工、农业化学、农业制造等专业或方向，私立江南大学1947年诞生时，相关学科便定名为农产制造系，1949年后，强调学习"老大哥"，任教私立江南大学的朱宝镛教授建议效法苏联，农产制造系改名食品工业系，1950年12月10日，中央人民政府教育部批准这一建议，由是私立江南大学享有全国第一个食品工业系命名权。

1952年院系调整时，私立江南大学食品工业系(含面粉专修科)与南京大学农学院食品工业系、浙江大学农学院农业化学系、武汉大学农学院园艺系农产加工组和农学院农业化学系农产制品组及复旦大学农学院农业化学系下一少部分食品相关专业组建南京工学院(今东南大学)食品工业系。五所大学相关专业走到一起，何谓主、何谓次，不易厘清。

1958年南京工学院食品工业系离开六朝古都，来无锡创建无锡轻工业学院，至1981年全校只有4位教授：朱宝镛(原私立江南大学食品工业系教授、系主任)、沈学源(原私立江南大学食品工业系教授)、向瑞春(原武汉大学农业化学系教授)、黄本立(原浙江大学农业化学系教授)，这4大教授中又以朱宝镛为首，朱担任教学副院长，主管全校教学达20多年(1958~1983)。长期在无锡轻工学院工作，1990年代担任无锡轻工学院党委书记钱慈明，是私立江南大学文学院院长钱穆的侄子，也是私立江南大学第一届学生。可见，私立江南大学与无锡轻工学院的"血缘"，相较1985年才诞生的公办江南大学(1997年更名江南学院)要深得多。当今江南大学食品工业专业之所以闻名遐迩，与私立江南大学奠定的良好基础分不开。

南京工学院食品工业系1957级啤酒组师生合影

三校合并组建的新江南大学，排名直线上升，被誉为中国进步最快大学，20年间，给学校捐款最多的是荣氏集团后人荣智健(荣毅仁之子，香港中信集团的董事长)。

新江南大学在其出版的校史《江南大学史》《江南大学纪事》中把私立江南大学放在"旁枝"位置，更突出1902年、1958年这两个标志性年份，如2018年11月17日，学校隆重庆祝独立建校60周年暨办学116周年华诞。当下江南大学师生对私立江南大学的历史有所了解的可以说寥若晨星。梳理江南大学校名、校史、校庆背后的故事，也折射出历史的丰富与复杂。[1]

---

[1] 假若没有2001年的合并，1947年必被1985年成立的江南大学作为起点反复提起。

二、呼唤一流民办大学

1949年新中国成立时，全国共有私立高校69所，其后3年间，全部撤并，此后30多年间，没有一所私立大学。1978年改革开放后，中国民办大学重新启航，40多年发展，民办高校数量达773所，占全国高校总数四分之一，成为中国大学版图上一支重要力量。①"虽然民办大学在增多，但是迄今为止所有的研究型大学都是公办大学，"②民办大学质量与社会、学生和家长期望及与国外私立高校相比相差甚远。2017年公布的世界一流大学和一流学科建设高校及建设学科名单中，民办大学遗憾缺席。而韩国"截至2017年，430所高等教育院校中，372所为私立，占比86.51%；其中，全国四年制大学189所，154所为私立，占比81.48%。且韩国私立大学的整体社会声誉和公众认可度并不低于公立大学，在各类大学排行榜上，一流私立大学数量远远超出一流公立大学。"③

现今的中国民办大学，"在大学理念方面存在着办学理念模糊、办学定位失当、校园文化淡漠的问题；在人才培养方面存在着培养目标与实践脱节、专业结构设置不合理、人才培养质量不高的问题；在师资队伍建设方面存在着师资结构不合理、队伍不稳定、管理不完善的问题；在内部管理方面存在着行政管理科学性不强、教学管理专业化不高、学生管理重管轻教的问题；在办学效益方面存在着办学经费日趋拮据、经费用途偏失、忽视社会和个人效益的问题。"④这些问题的产生既有内因也有外因。

外因有两方面，一是当今政府的理念与政策，二是社会认可度。"中国素有崇尚官学而尤其崇尚'国学'的传统，国立二字对于时人来讲有着巨大的吸引力，这种吸引力不只来自于经费等物质条件，也来自国家在人民心中的崇高地位。"⑤中国的私立大学并不像西方那样，以在经费和精神上独立于国家政治之外为荣。在中国的教育谱系中，私立代表着庶出、非钦定，不但被政府教育政策歧视，民间也有"文凭工厂"和"学店"的评价，学生出路更不如国立大学。⑥

可仅依靠公办大学实现我国高等教育强国的建设目标是不够的。知识型社会要求高等教育系统具有多元化特征，不同学校履行不同的使命，满足不同学习者需求。除了公立学校外，追求公共目标的私立高等教育应能扮演重要角色。因此，中国高等教育的发展需要两条腿走路，既要有高水平的国立大学，也要有一流的私立大学，办学的多样性有利于形成高校间的竞争互补，有利于高等教育的良性发展。

"不容置疑，在中国，教育改革远远滞后于经济改革，大学改革远远滞后于企业改革。不过，从中国经济改革和企业改革的经验中可以获得对中国教育改革和大学改革的启示和借鉴。中国经济改革成功的一条重要经验就是解放思想，允许大胆尝试不同模式，并通过试验来探索，通过实践来检验。类似地，中国的大学治理改革也应该允许探索不同模式的试验，并通过实践来检验。中国的经济改革和企业改革的成功证明了这种改革方式的有效性。中国的教育改革和大学改革也应该按照这种改革方式向前推进。"[7]公立高校与民办高校都需要在改革中寻求突破，提升自身的办学水平。

三、投资办学与捐资办学

近代国人自办的私立大学多诞生于政潮或学潮，如复旦、光华两校系分别从教会学校震旦、圣约翰独立而出，大夏大学诞生于厦门大学校内风潮，大同大学系清华学堂教员不满该校西式教育而创办。惟有私立江南大学、中国纺织工学院与南通学院及厦门大学分别是实业家荣氏家族与张謇、陈嘉庚热心教育、投资兴学的产物。国人自办私立大学多没有固定基金，办学经费主要依靠学生学费、政府补助和校董会筹募，为了拿到有限的政府补助，一些私立大学动用各种资源。也是因为经费因素，诸多私立大学期望转为国立，但"改制"指标有限，只有少数学校如愿以偿，如复旦大学，马相伯创办于1905年，1942年改国立；厦门大学，陈嘉庚创办于1921年，1937年改国立；南开大学，严修、张伯苓创办于1919年，1946年改国立。

---

[1] 截至2020年6月30日，全国高等学校共计3005所，其中：普通高等学校2740所，含本科院校1258所、高职(专科)院校1482所；成人高等学校265所。
[2] 钱颖一：《大学治理：美国、欧洲、中国》，《清华大学教育评论》2015年第5期。
[3] 李虔：《国外一流私立大学发展的多元模式研究——基于对美国、韩国、土耳其和拉美经验的考察》，《外国教育研究》2018年第8期。
[4] 王庆余：《民国高校办学水平提升策略研究》，陕西师范大学博士学位论文，2012年，第1页。
[5] 王东杰：《国家与学术的地方互动》，生活·读书·新知三联书店，2005年，第329页。
[6] 叶文心著，冯夏根等译：《民国时期大学校园文化(1919~1937)》，中国人民大学出版社，2012年，第136~141页。
[7] 钱颖一：《大学治理：美国、欧洲、中国》，《清华大学教育评论》2015年第5期。

因"近代中国民间社会不发达,工商业落后,企业家公益观念淡薄",①荣氏家族同时独资兴办两所私立大学,在中国独一无二,其既表明荣氏集团资本雄厚,也表明荣氏成员有大情怀。这种大情怀并非全是利他的,还有为企业选才储才的利己考虑,公私兼顾是荣氏价值选择的重要标准。

实业家办学注重实用性,私立江南大学创办伊始,就办工学院,这在全国私立大学中也没有第二个。工学院因需要配套实验室与实习工厂,对设备与师资要求较文、理、农都高。私立江南大学办起了全国第一所面粉专修科、全国第一个食品工程专业,也同荣氏集团在面粉、粮食行业有长期积累正相关。大学办出特色,是需要"本钱"的,需要有自己的独到优势。

实业家办学,在专业设置上,有其独到优势,但实业家掌控的企业面临激烈市场竞争,他必须全身心投身企业经营,加之企业家毕竟不是教育家,他必须把大学交给专业人才打理。私立江南大学在校长选择上,虽然也意识到人选重要,但因多种因素,还是未能如愿,成为校史上的败笔。近代私立高校,办得成功的都与拥有一个优秀的、长期掌校的校长有关。

实业家办学,有经费投入上的优势,但也面临企业危机带来学校夭折的风险。张謇、陈嘉庚、荣德生所办企业都没有长盛不衰,而是突然"暴病",连累了学校。私立厦门大学得力于一帮党国要人帮助,改为国立得以延存。南通学院虽未关门,但学校因资金紧张,不能成长。私立江南大学因经费陷入绝境,学校动荡,办学水平大大下降。大学是一个资源消耗型组织,办高水平大学更是"烧钱",实业兴学必须有雄厚的经费储备,以应付不可预测的风险,保证学校持续发展。

"近代中国私立大学具有多样化的融资渠道,既有外源融资,也有内源融资。依据主要融资渠道之不同来区分,大体可概括为捐资兴学型、学费主体型、政府资助型和以产养学型四种主导模式。"②而当今我国民办高等教育的基本特征或本质特征是投资办学,而非捐资办学。③投资办学必带来浓厚的逐利色彩,导致我国民办大学办学理念扭曲。

中国教育经费的主要来源还是政府与学生,实业家捐资助学的比较少见。2018年由社会力量举办、国家重点支持的新型高等学校西湖大学在杭州设立;2021年5月,75岁

2022年9月9日,无锡梅园新景"思源台"落成。私立江南大学、江南学院、江南大学这三所不同阶段的学府分别得到了荣德生、荣毅仁、荣智健祖孙三代经济上的巨大支持。

的"玻璃大王"曹德旺第一次提出要办一所高水平应用型研究性大学,福耀科技大学计划2023年开始招生。这两所大学虽然办学模式不同,但都由企业家捐助,都期冀打破现有中国高等教育模式。西湖大学追求培养更有创新精神的尖端人才,福耀科技大学追求培养更具动手能力的大国工匠式的优秀工程师。在中国企业家开始以公益慈善形式举办大学之季,研究荣氏家族的办学历史更具现实意义。

---

① 宋秋蓉:《近代中国私立大学发展史》,陕西人民教育出版社,2006年,第356页。
② 李承先、韩淑娟:《近代中国私立大学的融资渠道与模式研究》,《清华大学教育研究》2008年第2期。
③ 邬大光:《我民办教育的特殊性与基本特征》,《教育研究》2007年第1期。

附录1 25名教师联名上书荣毅仁主委反对取消文理二院[①]

毅仁主任委员先生道席：

顷由校中宣布：(1)取消文学院；(2)取消理工学院数理系；(3)开办管理学院。值此提倡生产之时期，学校注重工商管理以求生产事业之发展与时代需要相配合，同人等原无异议。惟管理学院之建立必须取消文理二院为条件，同人等职责所系见闻较切深，恐本校积年之校誉毁于片时，不忍缄默，请为先生一详言之。

(一)就办学宗旨言

1. 筹办本校之初，设立院系曾经校主校董及筹备委员详细讨论，原有周密之计划，自非万不得已，不宜轻易取消，庶几符合人民政府稳步前进宗旨。

2. 招收学生以后，学校即负有教育之全责，不能迫令转系，违反学生入学时之志愿。

3. 文理二学院原有二年之基础，遽行取消，物质精神同受莫大之损失。即使日后有重行恢复之意，亦恐一经挫折，无可措手。

4. 或者又谓改设管理学院，学生出路即可不生问题。不知大学以培养人才、研究高深学术为宗旨，并不专为出路设想，何况文理二院学生毕业而后，近之固可从事教育，远之亦可服务社会，专心于此者，本不自个人利益云以为不可者。

(二)文理二院如经取消以后，其他各院对于有关文理方面之课程延聘教授即发生困难。优良教授不独不愿寄生于原无关系之院系，同时因志趣相同之教授形势涣散，切磋无从，势必联袂而去。本校夙以第一流大学延聘知名教授自负，倘能考虑及此，即为其他各院着想文理二院之存在亦有重大之意义。

(三)就学校经费言

1. 文理二院所开课程，如国文、外文、物理、数学等，大都为其他院系而设，即使取消文理二院，此项课程仍不能取消，此项教授仍不能不聘。斯则即就经常费方面言之取消文理二院，所省亦复无几。

2. 文理二院在设备方面现已稍有基础，此后逐渐扩充，其所需经费亦不如其他学院之巨。在七月二日教授会议中，并有在原有院系未充实以前，暂缓添设新院系之建议。同人等对新院系之添设并不反对，惟文理二院之不宜取消颇为公意。

(四)就学校行政言

[①]《江大教师关于系科重设致荣毅仁函》，上海市档案馆，Q193-1571，第230~241页。

1.本校对转院转系向有限制,读完二年级则不准转院,即准其转入相近之院系亦须降低一年,南北各大学大都如此。今文理二院学生概行转入管理学院,日后学生援例要求任意出入,学校当局势将无法处理。

2.目前南北各大学未闻有取消文理二院者。将来联合政府成立对于学制自有规定,文理二院学生修业二年期满转入管理学院,课程是否衔接,规章是否允许俱不可知,倘有问题,学校当局责任所在,可能发生困难,同时学生家长如有责难亦恐难以应付。

(五)就社会观感言

1.教育人才为百年大计,如院系之废兴决于片时,则今年废文理二院者,明年安知不废其他各院,如此轻率更张,入学学生人怀戒心如本大学之信誉何。

2.江大成立未久,此时内部院系突然变革,恐将动摇社会对于本校之信心。

(六)就学生人数言

1.目前文法诸科学生参加革命工作者较工农诸科学生为多,此为一时普遍之现象,各校无不如此。至于数理科学生各大学人数向较工农为少,亦不独本校为然。

2.大学培植人才重在学理的探讨,不仅在应用的技能,重在质的优秀,不重在量的繁多。大学与专科学校之别在此。本校兴办之初,其精神寄托固有所在,今以文理二院学生人数一时减少遽行停办,似非当日创办之初心。

抑尤有进者生产建设固为今日迫切需要,然整个新中国之建设需要各方人才之配合,文理工农各有其本身之重要性。在联合政府尚未成立,教育方策尚未公布之前,文教主管机关不独无废止文理学院之明令,抑亦何尝有此存心。北平为政治中心所在,而北平各大学招收文理二院学生一概如故。即南京、上海各大学文理学院亦皆继续办理,足见政府之意旨。此则同人等对文理二学院之存在所不能不加珍惜者。一边或者以为此次改制曾经校务教务联席会议提出,由校董会决定云云,殊不知校务会议对于院系之废建,原属无权过问,即就校务会议之职责言此项重大之议案,未经广泛征求同人等之意见,未经从长计议,未经提付表决,以报告形式提出即作为决议,校董会徒据提出之报告,信以为郑重商讨之结果。此项事实在七月二日教授会议席上,已由当日出席联席会议之同人加以承认,学术所系本校前途所系,若干学生学业前途所系,岂可不慎重考虑?此则同人等对于文理二院之存在所不能不加珍惜者二也;同人等非不知缄默取容之道而揆诸是非之大,公有不得不言者,用特不嫌辞费,尽情提出详对本校文理二院继续办理,则学术前途、本校前途、学生学业前途皆有利赖。赖临神越,诸维亮察,顺颂道绥。

附:(1)教授会第三次会议决议案乙份

(2)教授会研究小组会议纪录乙份
(3)本校文学院各学系、理工学院数理学系同人

(1949年)七月二十五日

诸祖耿 周怀衡 沈志平 李笠 朱正元 郑学弢 王文元 朱东润 费大强 阚仲元 许彦生 万迪生 谢兆熊 陆子芬 束天民 姚志英 程毓秀 罗聚源 张云谷

附录2 关于江南大学农产制造系为食品工业系的建议书[①]

引言

农产物品范围广泛，种类繁多，举凡农林渔牧所生产之物品皆系农产，故广义之农产制造系指一切以农产物为原料，经过科学处理，以增加其经济价值之工业而言，其内容除少数轻工业制品而外，大部属于食品工业范围。

在大学课程中，农产制造一项，向来列为农艺化学系之一组。民国二十八年，国立中央技艺专科学校始单独设立农产制造系，以培养发酵工业及农产加工之技术干部，此后国立西北农学院、四川省立教育学院、国立南昌大学农学院及私立江南大学等校先后成立农产制造系，大多以外国之食品工业系或农产加工系为蓝本。课程内容以食品工业为主，仅在选修课程中略开纤维、植物、药材、木材、干馏等应用化学课程，藉以扩大学习范围，使学生得到选课上的便利而已。

解放后大学课程务必求其能配合人民政府之教育政策，高等学校的领导关系在东北及华北地区已逐渐改为双重领导，教育部及文教处仅负责各种学科的方针政策与计划制度方面的领导。至于经常的业务教育与日常行政则由政府各有关部门领导，以便与实际业务更加紧密的联系，藉以分工合作，培养能担任经济建设之专门技术人才。对于农产制造系最密切者，莫过于食品工业部，自应获得该部之领导，互相联系方能使理论与实际完全一致，故现有之农产制造系似应放弃旧名改称为食品工业系，以求名实相符，不特在领导上可与其他工业有一明显之区别，即在课程及设备上亦易于集中人力物力而收事半功倍之效。

食品工业系之任务

本系任务在培养学生以正确的观点方法，掌握食品工业及其他有关学科的基本知识，俾能担任经济建设所需要的食品工业研究与技术人才及中学以上学校的师资。

---

① 《关于江南大学农产制造系为食品工业系的建议书》，中华人民共和国教育部办公厅档案，98-1950-Y-1511-3。

本系内容

本系之研究对象包括下列八项而以前四项为重点：

发酵工业

淀粉及制糖工业	冷藏
食用油脂	畜产及乳制品
粮食加工	嗜好品
砻谷与碾米	茶
面粉加工	烟业
大豆加工(发酵及油脂除外)	咖啡及可可
食物贮藏	食品工程及机械之设计与运用
干藏(包括粮食仓库)	食品工业系之课程与工厂实习
罐藏(包括园产加工)	本系课程分为

共同必修课程：政治体育及第一外国语；

本系基本课程：除本系所开之基本课程外尚包括它系为本系所开之课程，例如：数理系所开之微积分及大学物理；机械系所开之制图学；化工系所开之无机、有机、分析及化工原理等课，皆在本系基本课程之列。

专业课程：为养成有理论修养与一定科学水准的食品工业专门人才，故在三四年级课程中排列各种使学生成为未来专家的专业科目，每一学生必须精读一种或一种以上之专业课程，以便毕业后立刻能参加生产工作。

选修课程：为了学生将来工作的需要及成绩优秀学生之深造起见，酌设选修课程。

为求理论与实验结合起见，特定校外工厂实习为必修，此项实习规定于读完三年级后行之，期限定三个月至六个月，实习在四个月以上者得酌量减免其毕业前总实习时数。

本系课程名目内容及学习时数详见附录之各年级课程表草案。

本系之设备

本系因基本课程之数理化部门及专业课程中之面粉工业部门皆由其它有关系科代为开设，故本系之主要设备着重于发酵、制糖、食用油脂及食物贮藏四部：

发酵及微生物研究设备	制糖研究设备
油脂研究设备	粮食加工及食物贮藏研究设备

各部门之设备内容另详。

本系之实验工厂计划

为配合课程内容及学生实习起见,本系设立半工业化之实验工厂研究学理、改良缺点、创造新法,使理论技术与应用三者互相联系,藉以发展食品工业。各实验工厂之内容见附录。(下略)

附录3 私立江南大学给苏南行政公署文教处的报告[①]

(1)本校经费全恃校董会津贴,学杂费收入仅敷数月经常费开支。上学期每月经常费约合二万无锡折实单位。自本年二月六日上海遭敌机大轰炸后,校董会经营之纺织等工厂全部停歇,本校经费来源受极大影响。全校预算始终未能确立,员工月薪不能按期发出,各种设施无法展开。师生情绪波动。直至五月份上海申新系总管理处成立后,本校经常费始列入申新社会事业经费下,初步决定上海部分每月(自五月份起)贴补一万一千上海折实单位,最近连无锡部分,已决定一万八千上海折实单位,教员工薪折减后连同办公费用,每月支出约一万七千多无锡单位,收去仍属不敷,而下学年度可增加四年级一班,现有经费更不敷长远,但目前工商界尚未基本好转,困难仍多。本校校董会有其困难,已尽极大努力,而目前教职员工薪积欠,生活相当困难,更待设法解决。由于经费艰困,影响了校务进展,成为此次学生发动延期大考的最大借口。

(2)由于本校学生大部分来自农村,遭到严重的灾害,学费已成为严重的问题,每学期发生争执,学生方面希望尽量减低,入学后又往往拖欠短少,学校预算深受影响。本学期规定学杂费为九十个无锡折实单位,开学后缴清学杂费者,只十分之一二,申请减免人数达百分之七十以上,更有一小部分学生既不缴费,又不申请,占住校中,增加了不少困难。由于申请人数过多,免费问题僵持甚久,不能解决,注册期限无法截止。学校经费更因此加重。延至六月上旬,发动了全校教师协助免费评议工作,展开各小组自报公议,免减名额由校委会决议,扩充到百分之二十四,减免费问题方始解决,注册日期得放六月九日截止。学期开始办理的手续,到学期快要结束时办清,耽误了教务上许多规定工作,本学期欠缴学费尚有三千多无锡折实单位,甚难收取。下学期学费,同学方面已提出意见,要求减低,并采用宝塔式,分年级收费办法,校委会一再开诚协商,荣主任委员并表示学费参照各私立学校上学期收费数酌予减低,宝塔式收费各校无此先例,不加考虑[②]。同学尚未同意,校中正在收集资料,继续协商中。

(3)本校历史较短,基础未固,一切尚待充实,近因校董会经费艰困,校内各种设施,暂时无法展开,形成学生心理不满,同时学生对学校要求过高,依赖心重,对目前情况,未能彻底认清,只强调自己困难，不照顾到学校困难，本学期来，学生情绪经常波动，始终不能安定，以致连续发生许多问题，主要的如学生会组织之梅园护梅，因与附近农民发生互殴事件，情势相当严重，经公安局调解平息，事后学生所获梅子果实无几，并未得到经济上的帮助，而校中负担相当的医药费用；其次是转学东北去的问题，学生会派代表赴沪与东北招聘团接洽，集体转学东北去，此一行动，有拆垮学校可能，幸经政府当局闻讯，力予制止，苏南教育处陶处长并亲到校中报告，予以宝贵指示，方扭转了悲观局面，并掀起全校革新运动，校政获得提高一步。但由于各方团结不够，不能推诚合作，经费困难又未能完全克服，致师生情绪仍不安定，终于在学期结束前，又发生了延期大考的严重问题，虽经政府当局，学校主持人及各教师尽力劝导同学，服从国家法令，按期大考，学校一切问题，当负责解决，但学生方面始终坚持，未予接受，使学期考试工作不能进行，严重地影响了学校行政，更加深了今后的困难。

(4)本校校董会鉴于经费艰困，力难负担目前校中开支，本学期来已积欠员工月薪两月，约计三万四千余无锡折实单位，影响员工生活，引起情绪不安，使学校未能步入正轨，同时本校各系科学生人数，除一年级外，其他二三年级多则十余人，少只一人，学校负担过重，故拟就现有七系一科中，自下学期一年起，择其性质课程相同之系科，酌于合并，以节经费，而徐图充实。并为考虑本校在新民主主义教育上所负担之任务起见，亦有精简现有系科之必要。此经校董会提出后，各方反映不良，意见极难一致，但校董会限于经费，势在必行，时机迫促，即待协商解决。

附录4 杨钧泰同学在苏南行政公署、校董荣先生召开之座谈会上报告全文③（1950年7月30日）

陶处长，荣主委，各位先生各位同学：

  今天是一个很难得的机会，陶处长荣主委沈先生各位教授及同学全都在座，尤其荣主委在百忙之中抽空来锡和大家见面，更是难得的。乘此机会，我有一些意见发表在这。许多意见很早我们就想和荣主委谈的，但因为荣主委很忙，没有得到机会。现在我以学生的立场，对学校的过去作一个客观的检讨，以便计划将来解决学校问题。首先我要声明的，这是对事不对人的。在报告中，对于

①《私立江南大学一九四九年度第二学期工作总结》，江南大学档案馆，SLJD-4。
② 宝塔式收费是一年级到四年级，逐年级递减，四年级交费最少。
③《杨钧泰同学在苏南行政公署、校董荣先生召开之座谈会上报告全文》，上海市档案馆，Q193-1-1554，第202~208页。

荣先生我是以校董的身份来看,对于沈先生是以学校实际负责人的身份来看。

江大创办至今有三年,三年来江大始终没有搞好,经我们纯客观地分析已往,所以没有搞好的原因,我们得到的结论是在人事上面而不在经济上。当学校创建之始,是乐幻智先生担任校政委员会的副主任(校政委员会是校董会和校长间的中间组织,在开学典礼上,乐先生解释此一机构之设立,在替学校筹划经费,故经济权在握,后来乐先生竟插足校内,干预校政),当时乐先生大权独揽,肆意胡为,但他对办学校没有经验,毫无计划,因此行政的浪费很多很多,当时校董荣一心先生用在学校上的钱很多,可是不能很好地运用,以致校内设备未能有基本的完成,实在可惜。乐先生既做了校董会与学校间的桥梁,他便利用特殊的地位,一面蒙蔽校董,使校董与学校很隔膜,一面排挤校长,争夺权力,任用私人,培植一己势力,勾结王文元、储元熹一意孤行,企图独断校政,因此造成校内的人事纠纷,演变出1948年度上学期期终之时储元熹打陈机教授的事件,使学校蒙受极大的损失。不懂办教育的、不知办教育的是对人民的义务,学校不是权力斗争的场合,往往争权夺位把学校弄成惶惶不安,而抓权的目的无非是为了可以从中取利。学校现在经济很困难,当然不会有人图利,但当时学校经济宽裕时,也很容易有利可沾,甚至于饱充私囊,但是一意孤行专断的作风在现在也一定要失败的。

就因乐氏的弄权,学校自创办起到沈先生来校时的一年半中,一直没有安定过,每个学期都有些事情发生。校内行政紊乱,无人负责,人事排挤,教授流动性很大,同学在动荡中学业受很大的损失,但是同学来学校读书是很单纯的,大家都希望学校办好,因为学校对自己的前途有非常密切的关系,校董方面和全校师生员工方面都是希望把学校办好的,意见是完全一致的,可以说没有一个人不希望江大成为苏南唯一的尽善尽美的最高学府,其中没有矛盾,但是现在如此情形,江大是不是能办好呢,按理来说,江大是能办好的。因为江大有很多优越的条件。如校董是最热心社会事业的荣先生;江大是以工农为主,以工厂为基础的大学;学校设立在工商业发达的无锡,校舍建筑在最合理想的教育环境——太湖边上;教授很多是国内闻名的学者;同学们读书情绪很好及全校师生对学校的爱护心极高;江大有许多优越条件,所以是应该可以办好的。

现在学校存在着些什么缺点呢?主要的在人事上而不在经济上。第一,学校负责人作风不正确,领导不健全;第二,教职员中有派别,江大教职员中大概可以分为两派,一派是以学术教育为终身事业,以学校利益为前提的,另一派是因为学识经验不够,不得不依仗人事关系来维持自己的地位。因为在教职员内部不能团结,对办好学校是很大的阻力,学校受到极大的损害;第三,领导上的不健全无计划,造成开支上很多的浪费。在同学没有要求去东北的事件以前,许多师生曾研究建议过如何精简节约,来维持学校,但行政上不配合着做,浪费了校董在极端困难时期所筹划的钱,实在可叹。譬如当时学生会号召节约水电，第八次校委会上提出精简节约具体办法，都没有得到很好的采纳。第四，校董与学校间很隔膜，荣先生在上海，也非常忙，没有经常来校看看，对于学校情况不很了解。如果荣先生偶而来校一二次，和师生接触后，就恐怕不会有去东北的事情及这次事情的发生。

沈先生来学校负责后，把学校办理的结果，在上学期春季开学时，学生被赶走了很多，学期中间，全校同学都要到东北去，好教授都要跑，目下同学都想转学，在一学期里几度发生风波，我们研究沈先生所以没有搞好学校的原因，得出以下几点结论。

(一) 沈先生作风不好，领导错误。沈先生既受了校董之托，那么就应该负责替校董把学校办好，但是沈先生没有这样做，相反他在分化校董与师生员工间的感情，造成两者间的隔膜和对立，我举几个例子来说明。

A. 上次我和吴锷先生去沪，访见荣主委，在谈话时，荣先生曾谈起在您去北京开税务会议，动身以前曾嘱咐总公司，尽量筹划款项，协助学校解决困难，并关照准备款子一亿四千万汇学校，这件事情我当时很奇怪，沈先生来学校并没有传达校董的意思，相反地，在教授会上一再声明，校董经济困难万分，无法维持，因此弄到教职员工开会打电报给荣先生请求发清欠薪。

B. 沈先生屡次由沪回校，总是带来些摇动人心的话，如"我在上海多少天，款子一点办法也拿不到或只设法筹到几百万或几千万款子""校董经济困难，濒于绝境，学校无法维持""欠的薪水无法发清了""校董不肯出钱，拿出的钱愈少愈好"，因此促成同学对学校悲观失望，引起了去东北的一件事，陆续跑掉了很多人。

说到这里，我要表白一点，同学们虽然对于沈先生不满，对于学校前途悲观，但是对于学校的爱护和校董们的感情，仍是很深挚的，假使荣先生在以前或以后能常到学校中来，一定可以看到同学们对于校董们热诚的敬爱情绪流露。

C. 对于这次学校问题，校董有七点意见叫沈先生带回学校，我们怎么会没见到。沈先生为什么不传达给全校师生。

(二) 沈先生办学校不负责，一星期在校几天，有些时候在上海一住就一个月半个月，同时像前学期的学费问题，沈先生就没有把校董的能力估计进去，尽量提高学费，结果学生走掉很多，这是学校很大的损失。同学们非常痛心，私立学校要靠学生多来维持的，南开大学我比较熟悉，南开是私立的，能够办得很有名，能够自给自足，一方面当然是学校的基础已稳定了；另一方面是靠学生多。因为假使定出十石米的学费，学生一定更少了，校董的负担并不能减轻，假如学费定到一百石米，只有一个学生负担得起，只有这一个人来读书，校董拿出这许多钱，只培养一个人材，不是更不上算了吗？

（三）在校政革新的时候，沈先生曾经自我检讨缺点，一脱离群众，没有群众接触，只知一个人办学校，不和大家合作，到后来明白应该大家起来办好学校；二办学决心有摇动；三没有带头搞通思想，同时同学也很坦白地批评过沈先生作风上的缺点，有不民主，独断独行，官僚作风，领导上不公正不负责，意气用事，不承认错误数点。每一点都曾举事实。证明沈先生能接受批评，努力改造自己，改变已往错误作风，当时沈先生也曾同意而虚心接受的，可是到现在沈先生竟一点没有改变。

沈先生能力很高强，我们很钦佩，当然因为能力高强才会受到荣先生的信任，在工商研究所，曾担任很重要的工作，在学校内负全责，既有高强的能力，用在事业正确的方面，一定能收很好的效果，可是利用到偏差的方面上，也足以造成事业上更大的阻力……

其次，要提荣先生对于学校问题的意见。经费方面希望根据各方实际困难情形，照顾周到，以量入为出原则定出预算，行政领导机构要民主，希望荣先生常来校。

最后我要表明，学生是最单纯的，唯一的希望就是学校能办好，今天我的讲话是综合同学们宝贵真诚坦白的意见，对沈先生善意的批评，这是为了学校，为了沈先生的改造，其中或有不正确处，请沈先生不客气的给予纠正、解释和答复。

附录5 杨晟教授给荣毅仁信函[①]

毅仁主委先生赐鉴：

解放以后，先生得于百忙中首次莅校主持校委会，以慰全校师生之渴念，于同学暨教职员欢迎会上，复聆先生之言论，昭示今后为教为学之方针，益切敬佩。

先生此次留锡时间短暂，顾以耳目所及，对江大方面当可多得一些具体之情况，以为发展校务之助，晟在暑间即拟奉书左右。奈当时已参加暑期教育研究会，未获稍暇。返校后又以开学期近，时化工系仅晟一人在校，急需布置新实验室，以及规划开学后实验材料等问题。开学后课务鞅忙，终未克如愿。

此次先生莅校，公务丛脞，更不敢多谈。今以新年假期之便，特专函略陈管见，藉表晟对江大一得之愚，以供先生参考焉。

江大创办伊始，首任校长章渊若先生，即未能秉创校者之初心，立好基础，财力物力多有浪费，乃至积重难返，前年冬又有少数教授不识大体，发生龃龉，继之有一心先生作古，遭受打击。幸先生出而维持，昭示同仁以协力同心共负艰巨之决心，校内得由沈立人先生直接负责，虽经时代变动，江

大始终能弦歌不辍,凡百措施较前确已有进步。惟目前时代要求,不仅在安定已也,谨举四事:

(一)确立计划中心,盖一校有一校之中心,一系有一系之中心,本校已有七系一科,基础尚未完全建立,故第一步关于各系科之基本课程与设备,应先求实,过去系主任等于虚设,甚至连课程项目尚有未厘订者。本学期满,注册组云,有某系在开学时,忽而临时添设一课,忽而临时取消一课,亦有必修课未开而开了许多选修课者,例如植物生产系之昆虫养蜂畜牧是否较麦较稻较棉较育种等学为重,实应加以考虑。本校自暑期后,废院存系,亟应加强系之组织与联系,每一系的课程,应先由系务会议参考一般学校性质相近者,草拟纲要,然后再由全校性课程审查会经过审查通过,通过后即不再随便更改。系与系之间联系的课程,应召开有关的联席会议,例如电机、机械、化工、面专可组织一联席会议,由各系主任并系推代表若干组织,又如农产、植物生产两系有关生物科学者,应召开农植两系联席会议;有关物理科学者,应召开与数理化工之联席会议。然后何者可以联合开班,何者应加强,何者应从略,均得有明白之规定。学校方面从此自不会有因人而设课之病,设备之添置亦知有所缓急轻重。基础既立,再研究学校发展之中心。如化工的方面,以面粉工程或纺织机械为中心者,则应配合此中心,以为进步之要求;农的方面如以农产加工为中心者,则应配合农产加工的要求。惟农产范围极广,应择其易行而切合实际,庶可事半功倍。

(二)学校与实际结合,教育与实际联系,为今后政府对教育政策最重要之措施。本校在先生领导之下,与先生及尊府主办之各种生产及研究事业,如能取得联系,则国内能首先达到此要求者当可推江大。例如面粉专修科可与面粉厂联系,机械系可与开源机器厂联系,电机系亦可与各厂之电动部分或戚墅堰电厂联系,化工系可与公益研究所化工组及其他与化工有关如天元麻毛纺厂取得联系。凡此种种,只须先生分别对有关部份加以指示,当不难推动,如联系得法,应收臂指之效,将来生产事业与学术事业打成一片,对此中国建设方面又更进一步。

(三)建立民主集中制度。此次校务委员会有组织评议会之决议,想系倾向此种制度之意旨。按本校过去确有许多人事问题之存在,从中再有人播弄,更不免无事生非,有时甲谓乙罪,乙又谓甲不是,使行政领导者不知所适从。其主要原因在于没有原则,批评制度未能确立,判别人之是非,往往不根据具体表现,而多半出于心之所好恶,或由互相猜疑而处,结果一部分人均在获得主管者之欢心上用功夫,而忽视本身岗位之任务,更不注意学校将来之前途,以至洁身自好者引退而去,勾结朋比者反乘机而入,故必须确定人事远近之原则,厘订工作成绩考核之标准,规划薪级名义之整个条例,每聘进一人,必须由各单位主管详细说明工作之需要,送由评议会,依据人事规章审核,再交校聘委员会执行,校委会如认为不当,可交复议,惟一切须根据客观条件,服从最高原

① 《杨晟给荣毅仁函》,上海市档案馆,Q193-1-1555,第81~88页。

则，即(1)因事而用人(2)因才而适用。至对于升等晋级之考核，亦须依(1)工作表现(2)工作态度(3)学术或技能贡献(4)工作繁简(5)服务年资等而定。

(四)严格执行新的会计制度。过去本校财力浪费甚多，据闻每月经常费除薪给外，约占百分之四十到四十五，此在一般私立大学均属罕见(一般私立大学薪给仅占75%～80%左右，其他购置及临时费约占25%～20%)。例如学生宿舍水电应由学生宿费内支给，实验之消耗(药苗材料等)应大部分由学生实验费支给，每一年度或一学期开始，应由总务长(所属各部门)教务长(所属各部门)各系主任分别根据实际需要，列举项目及数字。经预算会议通过后，交由会计室登记执行，各单位动用款项必须由各单位主管及学校主管考核签字，每月须经经费审查会审查动用之款项，是否符合实际之情况及在预算数字范围以内。学期或年度终了，得由审查会公布结果，平时经费之存储与提取，亦应经学校主管及审查会之审核，关于教具及零星物品之置办，如系大宗，应采取严格估价及审查办法，至于平时订货付款验收审查等手续，均应严格执行。总之，力本精简节约之旨，充分发挥财力物力之效能，尽量取缔中饱。对此次审查会之组织，有总务长教务长教授讲助职员工友学生代表等共七人，晟以为总务长为执行人，最好能避免。又本校非生产机构，且工友对审查之条例及会计制度多不熟悉，似亦可不必列入，而教授讲助职员学生等，如能加推数人，似更可满足原来之要求，不知钧意以为如何？本学期行将结束，审查会已产生，不过就此提出，以做先生将来之参考耳。

复次：闻沈立人先生将有辞去教务长兼职之意，晟以为沈先生职务繁重，固是事实，惟在某些方面特别是总务未能克尽厥职，确亦为困难之一，又各系自废院存系后，尚未达于健全，益增加教务上之负担。沈先生本人对中国旧的行政经验不丰富(去年上学期总务处教务处成员中途要求加薪，一部分实行，致引起助教讲师等之不满，暑期后聘书上本已载明俟全盘调整，但张缅新先生单独要求升等加薪，于是副教授升为正教授，月薪由四百元加到四百八十元，更引起一部分副教授讲助等之不平)，有时遇有重要问题，未能与学校情形较为熟悉且态度公正者详细商讨，即昧然实行，遭遇困难后又易冲动，不免于事无补，但沈先生来校后，大体稳重，亦无派系之见，故尚能维持安定，今后如能加强系之组织，确定行政之制度，则教务长之繁重职务当可减轻不少，此时而云更动，在校外物色，自不易了解学校之情况，必至事倍功半，万一不得其人，则治丝愈棼，校内具有适当人选，如沈先生者当不易觏，如能请沈先生以极大部分时间在江大办公，同时更由先生代觅一位有学校行政经验且为人公正之秘书人才，从旁襄助一切，当更可减少困难。拉杂写来，不免耗费先生宝贵之时间，谬言无当，还祈勿罪为幸。寒假中如能得暇来沪，当进谒面聆指教，专此布呈，祇颂年喜，并颂公祺百益。

弟杨晟拜启，(1950年)元月一日晚

附录6 私立江南大学政治教育情况汇报[1]

一、本校目前学生的思想情况

上学期一般的对政治课都不感兴趣。上课时高兴就来，不高兴就不来，本学期已有了基本上的好转，表现在上课时一般的都能按时听讲记笔记，逐渐的对政治课发生兴趣，当小组讨论时情绪也都热烈，通过政治思想教育，大多数学生的政治觉悟都提高了一步，表现在迫切要求进步，主动地接近政治教师，以前不重视时事的现在也都重视起来了，各级都组织了读报组，在图书馆里也有很多的人借社会科学的书，这次汉城撤退事件在学生思想上没有什么波动，还有些地主子弟表现得也很好，工作积极，极个别的放弃清寒减免费及奖助金，要求以劳动工作抵学费。但有少数的学生还存在着落后的思想，表现在对民主集中制认识不够，随便干涉校行政的经济支配、课程的安排，不重视学校规章及自由散漫等现象。这次军级干部借小箕山校舍养病事，有的学生表示不满，在背后讲怪话，在厕所用钢笔写反动标语，经政治教师结合政治课进行思想教育后，有的在思想上还存在着一些没有解决的问题。

二、教学情况

以前的工作是考虑研究怎样能吸引学生来听课，用什么方式与学生接近，本学期是研究如何正确的掌握学生思想情况，怎样结合实际进行政治思想教育。初步的要求启发学生达到在自觉的基础上建立组织性与纪律性，有步骤有计划的逐渐提高学生的政治水平与阶级觉悟。通过政治教学，一般的在理论上都认识到社会的基本构造与社会发展规律，建立了劳动观点与群众观点，承认了劳动创造世界劳动创造历史的伟大。

三、所存在的困难与缺点

目前江大还严重存在着旧社会旧学校的作风，教职员政治水平不高，大多数是抱着纯技术观点与雇佣观点，不够负责，不够团结，各系科联系太少，不能通过各系科进行思想教育，校行政和校政治教师有孤军作战现象。为了使全面向新的方向发展，少数的新生力量将不免犯事务主义，形成忙乱现象，在教学方面不能深入，检查学生思想情况了解不够，学生理论基础太差，有的小组长不能正确领导小组会，政治教师不能按时参加小组讨论，极少数的学生还不能承认劳动创造历史，个别学生不承认过去历史的不真实。学校限于经费问题参考资料太少，本校离城较远，连富有教育意义的影片都不能看到，不能配合政治学习，"政治讲座"请人也感到困难。

[1]《私立江南大学政治教育情况汇报》(1951年3月28日)，江苏省档案馆，129-1-7-30。

今后克服与改进的意见：

请求上级工会推动与加强本校职工在职学习，提高政治觉悟，加强团结，树立全面负责有主人翁的思想。请求校行政加强生辅组，帮助掌握学生思想情况，经常召集小组长会议，进行了解各组反映并培养骨干，听取各组反映意见后针对学生思想情况，结合政治课，适当地进行思想教育。这些都是我们有信心有毅力能努力克服的困难与缺点。又同学们因为过去有自由散漫的关系，对组织纪律的遵守还不能普遍的提高，甚至有部分同学对教师太随便不礼貌，这与领导学习上有阻碍，我们正准备开展尊师爱校运动。

四、希望事项：

1. 请首长抽空来校作时政政策等专题报告
2. 请与有关部门联系，来校放映有意义的电影话剧。

1951年3月28日

附录7 1952年苏南区高等学校毕业生统一分配工作的综合报告①

各学习班在第一阶段进行了学习动员，革命人生观和国家经济建设报告，辅以劳模、战斗英雄和补充报告以及开展小组讨论。以正面的爱国主义思想教育为主，激发青年人的爱国主义与革命英雄主义热情，用祖国三年来的伟大建设成就和未来的光明远景，使同学们明确认识个人利益与国家利益的一致性，并结合进行回忆对比和批判各种个人主义打算，因此提高了爱国主义精神，增强了克服困难的信心。

在学习过程中，我们运用了以下几种方式方法：

（一）一般做到了充分运用党团、行政的组织力量，发挥党团员的骨干作用和贯彻群众路线，发挥同学自觉的积极性。但在江大第一期学习班中，曾发生过工作组、班委、行政、小组长间配合不够密切，和领导上少数人包办代替依靠群众不够的现象，曾使工作遭受一定的损失。

（二）选择典型，现身说法进行鼓励教育提高是很有效果的，如江大龚公度、刘育义都是听了典型事例报告后，自发的上台讲话，以致转变的。

（三）利用黑板报、广播、电影及其他文娱活动，配合学习扩大效果，是适合青年人的特性，特别是电影《朝鲜少年游击队》《斯维尔特洛夫》所起作用很大，很多同学看过电影后批判了自己贪图享乐、处处为个人打算的自私自利思想。

(四)采取小组学习与会外互助相结合的方法,对个别落后分子,指定党团员积极分子或由领导上直接找他谈话,帮助解决具体问题,并有意识的突破几种思想典型的落后分子,以推动其他同学自觉展开思想批判,如江大电机系钟瑜转变过来后,对全系其他同学影响很大。江大第一期学习班因时间较充裕,在这方面做的较好。

(五)我们运用了充分酝酿后,发起小组间的挑应战,并组织小组间互助交流,将百分之百服从统配的小组分别并到其他未解决问题的小组中去,以推、带的方式迅速掀起全面的挑应战,最后有领导地在全体同学自觉的基础上举行宣誓决心大会,以掀起服从统配的高潮。但江大第一期学习班的决心大会,由于宣传酝酿不够,领导上有包办代替毛病,故没有成为同学自觉的要求,会场情绪显得不够热烈,未能充分发挥应有的作用。

经过第一阶段学习,一般都表示了愿意服从统配。但除大多数对统配工作已有比较完整认识,能保证服从统配外,尚有少数是被运动推上去的,个别的甚至因慑于运动的压力而不得不表示服从的,仍未在思想上彻底解决问题。如江大电机系四年级某些同学即如此。在这些少数同学中存在着依赖思想和侥幸心理。

民主鉴定开始时,江大部分同学不知道什么叫民主鉴定,有的认为是一次民主评定或思想检查。大部分同学认为过去没有参加过反动党团,家庭也比较单纯,因而表示无所谓。少数有政治问题的,感到有些恐慌。也有人认为可以把个人困难都写上去,让领导上知道后获得照顾,因而很需要鉴定。……经领导上先后作了动员和补充报告,强调指出民主鉴定是一次思想改造和提出"提高认识、划清界限、自觉交待、既往不咎"的方针与要求,并贯彻了以正面教育为主、启发自觉交待、防止追逼方针后,纠正了多数人漠视和少数人恐慌的现象,展开批评与自我批评,使同学对自己家庭、个人历史、社会关系都作了比较全面的交代和修正。在江大、苏医学生中共发现参加复兴社后又参加军统者一人、中统二人、国民党党员三人、三青团十一人、反动外围组织七人、政嫌八人等。

---

① 《1952年苏南区高等学校毕业生统一分配工作的综合报告》,江苏省档案馆,3070-89-2。

附录8 江南大学大事记(1947~1952)①

荣德生先生在1946年冬决定独力创办江南大学,同时立即展开了紧张的筹备工作,到1947年10月,各项准备工作基本就绪。

先是成立董事会。以吴稚晖为董事长,戴传贤(季陶)和荣德生为副董事长。荣老先生的二儿荣尔仁、三儿荣一心、长婿李国伟、侄儿荣鸿元和荣鸿三等为董事。以荣一心为筹备委员会主任,设无锡办事处于北塘申茂新办事处,由郑翔德负责;上海办事处于上海江西中路申新总公司,由乐幻智负责。后设江大无锡城区办事处于本市前西溪吴家花园。接着,开展了一系列紧张筹备工作。选定了校址,确定了体制,聘请了骨干,开始招生。

建校地址选定太湖边上环境幽美的后湾山上,占地52.2亩,原是荣宗敬先生购置的。以后,又购置了后湾山四周土地30.306亩。而后又向陈子宽买了附近一座小山。教学大楼和男生宿舍、食堂等主要建筑在后湾山上,附近的一座小山建造女生宿舍。由赵深主持的华盖建筑师事务所设计,上海陆根记营造厂施工。

仅建校经费为法币200亿元,约合100万美元,筹建工作交由无锡申新三厂厂长郑翔德负责。后因郑翔德厂务繁忙,转交华晋吉具体操办,筹备工作全面启动。

新校舍要一年后竣工,为了提前开学,荣德生因陋就简、艰苦办学,把荣巷公益中学校舍、公益铁工厂旧厂房改造成临时校舍,供学生上课住宿,作为第一院;荣巷私宅供教职员住宿和先修班学生上课,作为第二院;又以梅园内别墅供教授住宿,作为第三院。校部办事处先在第二院办公,开学后迁入第一院。预拟将来招生五千人,并约定1950年,另设农村教育学院于玉祁自治实验乡。

1947年

◆7月，江南大学筹备处在无锡申茂新办事处挂牌办公。由荣一心负责。

7月7日，中午12时，在上海西摩路186号举行江南大学筹备委员会第一次会议。7月21日，申新三厂厂长郑翔德出具立案证明书，一是开办费55亿元、二是基金30亿元已到位。7月26日，本校董事会呈部立案。

◆8月，中共上海地下党组织派遣中共党员薛禹谷(原复旦大学助教，校董薛明剑之女)来校应聘，任化工系助教。

8月8日，聘许雍圻为本校会计主任。

8月12日，学校校董会经国民政府教育部批准立案，董事长为吴稚晖，副董事长为戴季陶、荣德生。董事有：荣尔仁、荣一心、李国伟、荣鸿元、荣鸿三、钮永建、秉志、顾毓琇、薛明剑、乐幻智、章渊若。代电本校戴副董事长季陶先生请向教育部朱(家骅)部长函，商即准开办招生。

8月14日，聘钱穆为教授兼文学院院长，韩雁门为教授兼农学院院长。

8月15日，分别在上海《新闻报》《申报》《大公报》及无锡各报刊登本校招生广告。

8月18日，学生开始报考。

8月20日，聘钱宝钧、乐幻智、钱穆、韩雁门、蒋庭曜、章渊若为本校本年度招生委员会委员，办公地址设无锡国学专修学校。

8月21日，聘钱穆等为主试兼阅卷委员，陆仁寿等为新生入学考试监试委员。

8月22日，新生报考截止，本届报名人数统计1300多名。

8月23日，聘唐君毅为教授兼教务长。

8月25—26日，在学前街无锡县立中学及省锡师附小举行新生入学考试。

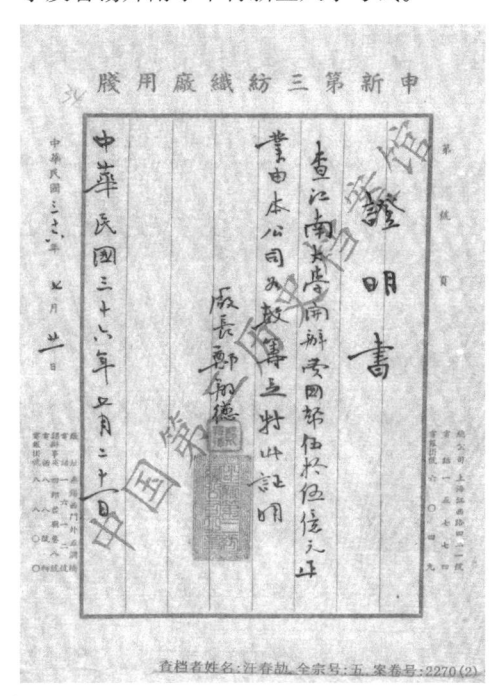

私立江南大学开办费证明书

① 根据私立江南大学大事记(1947、1948)及相关文献资料整理。

◆9月10日，召开第一次董事会议。出席人员有吴稚晖、荣德生、薛明剑、荣鸿元、荣鸿三、乐幻智、章渊若、荣尔仁、荣一心等。决议通过推选章渊若为江南大学校长，并成立校政委员会，协调校长处理校务，荣一心为主任委员。随即校政委员会制定了一系列规章制度，对规范办学、提高教育质量起到了重要作用。

9月11日，录取第一届新生发榜。正取、备取共328人。中共党员陈秉基奉上海地下党组织指派，考进江大，成为学生中第一位中共党员。

9月12日，下午4时，第一次校政委员会会议在上海永嘉路387号举行，出席者荣一心、荣毅仁、唐熊源、乐幻智、章渊若、钱宝钧，主席荣一心，纪录郑翔德。公推荣一心为本会主任委员，乐幻智为本会副主任委员，聘请郑翔德、钱宝钧为本会秘书。

9月17日，后湾山新校舍由上海陆根记营造厂承建开工。第一期工程包括：教学大楼、男生宿舍、饭厅等。第二期工程包括：女生宿舍、机械、电机实习工场等。暂以荣巷荣氏公益铁工厂为本校第一院，荣宅为第二院，梅园为第三院。无锡办事处于本日结束，迁荣巷第二院办公。

9月20日，聘韩雁门兼任训导长。在教务长未到任前，暂兼教务长职务。

9月23日，聘钱清廉为教授兼秘书长。

9月27日，下午4时，第二次校政委员会会议在上海永嘉路荣公馆举行，出席者荣一心、荣毅仁、唐熊源、乐幻智、章渊若。乐报告上次会议决议。每生学费120万元、杂费25万元、宿费25万元、储备费10万元。面粉专修科，本年筹备，明年开办，三年毕业。

◆10月12日，聘王庸为教授兼任图书馆主任。

10月20日，行政部门由第二院迁入第一院办公。

10月23—24日，办理新生报到手续，检查体格及口试。学校设立文学院、农学院和理工学院。文学院分设中国文学、外国语文、史地、经济四系；农学院分设植物生产、农产制造二系；理工学院分设机电、化工、数理三系；并附设先修班。学生307人，教职员74人。

10月25—26日，办理学生选课、缴费、注册事宜。

10月27日，上午10时在荣巷临时校舍大礼堂举行首届开学典礼。荣德生副董事长主持，江苏省教育厅代表、无锡地方党政官员和各界来宾、各报记者及全体教职员和学生共400多人出席。

10月27日，下午3时，在校会议室举行教授谈话会，选出校务会议教授代表：文学院杨荫渭、理工学院倪则埙、农学院陈机。

10月27日，下午4时半，举行第一次教务会议。通过教务规则八种，并商定各院系课程应由各院院务会议商定后提交校务会议通过办理。

10月30日，下午2～5时，学术讲演，许思园主讲"哲学与人生"。

10月31日，国民政府教育部部长朱家骅到校视察。校董薛明剑及章校长到火车站迎接，在荣德生家中午餐，下午2时许到校后向全体学生训话，并参观后湾山新校舍工地及周围环境。

◆11月3日，正式上课。10月27～31日为新生训练周。

11月6日，举行新校舍房屋安排讨论会。

11月7日，第三次校政委员会会议在上海高安路荣公馆举行，出席者荣一心、荣毅仁、唐熊源、乐幻智、章渊若，列席者钱宝钧、韩雁门、郑翔德。纪录钱宝钧。决定每月第一个星期五为本会会期。

11月12日，上午8时，在大礼堂举行国父诞辰纪念仪式，由章校长主席报告国父史实及学说。

11月13日，清寒学生免费暂行办法公布施行。

11月24日，举行第一次月考。

◆12月8日，第四次校政委员会会议在无锡西门外申新三厂举行。出席者荣一心、荣毅仁、唐熊源、乐幻智、章渊若，主席荣一心，列席者钱宝钧、郑翔德。纪录郑翔德。决定请陆仁寿代理总务长。

12月10日，聘唐君毅、韩雁门、钱清廉、钱穆、倪则埙为清寒免费生审查委员会委员；公布施行《教室规则》《试场规则》《图书馆阅览规则》《学业成绩规则》《学生申请转院或转系办法》《申请复学办法》等。填报的学生数为242人，具体如下：

类别	统计	男	女
总计	242	204	38
中国文学系	11	6	5
外国文学系	24	15	9
史地学系	14	11	3
经济学系	43	33	10
数理学系	11	11	0
机电学系	49	48	1
化工学系	39	38	1
农艺学系	24	16	8
农产制造学系	27	26	1

12月11日，举行第一次清寒免费生审查会议。

12月12日，公布本学期清寒免费生名单。设置清寒奖学金30名，其中全免费10名，半免费20名。

12月18日，聘陆仁寿为代理总务长。

12月20日，补习班周六第三四节学术演讲第一次由唐君毅主讲"为人与治学"。

12月24日，召开第一次校务会议。同日，首届学生自治会成立，学生自治会主席叶智修。同时成立系科学生代表会，主席蒋凌槭。

12月25日，教务处布告第30号，钱穆院长业已到校，前由王庸先生代授之文学院中国通史本周起由钱院长自行授课。

12月27日，补习班周六第三四节学术演讲第二次由倪则埙主讲"科学纲要"。

12月29日，举行第二次月考。

1948年

◆1月16日，为抗议英国制造九龙事件，学生罢课3天并组成抗暴团，叶智修任总指挥，部分学生到各校宣传演讲，其他学校学生因临近期末考试，不愿参加这次游行。

1月17日上午，学校200多学生进城示威游行。至12时3刻始行整队返校。游行前，派出标语组，在无锡城内外各交通要道张贴抗暴标语及巨幅文告；并派三位代表至县府请愿，县府同意派警察随队负责游行保卫工作。下午通电全国，要求政府收回香港、九龙。

◆2月2日，1947学年度第一学期学期考试集中在礼堂举行，至5日结束。

2月5日，寒假开始。寒假期间，江大地下党员陈秉基通过学生自治会学生代表组织发动无锡大、中学校学生开展劝募助学金运动。

2月12日，第五次校政委员会会议在上海高恩路荣公馆举行，出席者荣一心、荣毅仁、唐熊源、乐幻智、章渊若，主席荣一心，纪录郑翔德。决定本会为推进校政，让副主任委员驻校督导；通过荣毅仁提名，由顾惟精硕士担任理工学院院长。章校长提：北平静生生物调查所愿以植物标本廉让本校需款2亿元可否照购公决案，决议：请钱宝钧先生审核后再行决定；章校长提：荣鸿元先生介绍任乃赓先生为本校教授应否照聘案，决议：先行登记俟需要时再聘。章校长提聘吴锷先生为物理助教请追认案，决议：通过。

2月22日，聘顾惟精为教授兼理工学院院长。

2月24日，第六次校政委员会会议在

上海永嘉路383号荣公馆举行，出席者荣一心、乐幻智、唐熊源、荣毅仁、章渊若，主席荣一心，列席者钱宝钧、郑翔德，纪录郑翔德。规定本学期学费为480万元，杂费100万元，宿费100万元，储备费50万元，化学实验费60万元，物理动物植物生物实验费30万元。韩雁门不再兼任训导长，改由王文元先生担任。

2月26日，聘王文元为教授兼训导长。

◆3月1日，1947学年度第二学期开学。

3月3日，公布本学期第一批清寒免费生名单，15日公布第二批名单。

3月6日，钱清廉辞去秘书长职务。

3月8日，举行第一次学术演讲周会，唐君毅教务长主讲"学术演讲之意义及讲题范围"。

3月15日，举行第二次学术演讲周会，文学院钱穆院长主讲"文化与人生"。

3月19日，聘顾惟精为本校副校长。

3月22日，举行第三次学术演讲周会，牟宗三教授主讲"中国文化对于人类的价值"。

3月23日，后湾山新校舍征购土地在梅园签订契约。

3月，中共无锡县委发展唐叔勤、钱拙两位学生入党，并成立地下党江大学生党支部。陈秉基任支部书记，唐叔勤为组织委员，钱拙为宣传委员。

◆4月7日，下午4时许，在江南大学篮球场，上海南洋模范中学女子篮球队与江大女子篮球队交锋，结果江大惨吃鸭蛋。教务处布告第58号："本期设学术讲演一课，目的在使各系同学对于人生文化及各科学之关系有普遍之认识，主讲教授皆特别准备，然后宣讲，不必与各系同学所习之专门科目有密切之关系，然皆可开益同学之智慧识见，各同学务须准时专心听讲，不得无故缺席为要。"

4月12日，举行第四次学术演讲周会，顾惟精院长主讲"人生之价值与意义及修养之方、应事之道"。

4月13日，第一次月考开始，4月17日结束。

4月15日，函聘唐君毅、王文元、陆仁寿、钱穆、顾惟精、韩雁门、许雍圻为本校勤工助学委员会委员。

4月16日，召开第一次勤工助学委员会会议。

4月19日，章渊若校长旧疾复发，经第七次校政会议议决：给假三个月，以资休养。顾惟精副校长即日视事，处理校务。

4月19日，进行第五次学术演讲周会，王庸教授主讲"幽默与人生"。

4月26日，举行第六次学术演讲周会，王文元训导长主讲"地理与人生"。

4月，编制的教职员数简表中，教授专任21人(其中各院系共同的4人，文学院9人，理工学院5人，农学院3人)，兼任教授10人(其中各院系共同的2人，文学院5人，理工学院3人，农学院0人)；副教授专任4人，兼任2人；讲师专任4人，助教12人。

◆5月2日，国民党空军供应司令部拨赠双发动废旧飞机一架，运抵学校陈列，供理工学院学生实习用。

5月3日，举行第七次学术演讲周会，钱穆院长主讲"中国文化之精神"。

5月4日，上报材料称：1947年8到10月，每月3.5亿；1947年11月至1948年1月，每月基本数19050元；2至3月实报实销；4至7月每月基数15180元。图书设备现有中文书8000册、西文书800余册。学生数为219人，其中江苏185人，浙江13人，安徽9人，江西2人，四川1人，山东1人，河南省1人，广西1人，南京3人，上海3人。14人退学，其中学业成绩过劣7人，第二学期未注册6人，学校操行成绩均劣1人，转学他校1人。还有因病休学9人。

文学院专任教授有唐君毅、钱穆、王文元、杨荫渭、王庸、牟宗三、王淑英、王效三；兼任教授周葆儒、钱清廉、李笠、程修龄、李吉行、蒋庭曜。理工学院专任教授顾惟精、倪则埙、张镇谦、杨晟、金圣一；兼任教授周同庆、徐璋本、陆子芬。农学院专任教授韩雁门、陈机、杨惟义。各院科共同专任教授陈陵、乐奂之，兼任教授朱伯康。学生冯锡章、刘启光等参加全国运动会火炬接力递送陪跑。

5月7日，召开第二次行政会议。

5月10日，举行第八次学术演讲周会，杨惟义教授主讲"夏令卫生之理论与实际"。

5月11日，电呈教育部请核发青年军复员学生江之光各月份膳费。

5月14日，召开第二次校务会议。

5月16日晚上，江苏省文教学院学生与江大学生在江大大礼堂举行文艺联欢会。

5月17日，举行第九次学术演讲周会，王效三教授主讲"略述儒家思想所解决的及未解决的几个问题"。会后在大礼堂播放无锡国专校长唐文治读文。

5月18日，后湾山新校舍验收。

5月19日，第二次校务会议议决，除原有教授代表3人外，兹遵照法规再增加6

刚落成的江南大学主楼

宿舍楼

人,经票选,王庸、李笠、钱清廉、周同庆、陆子芬、杨惟义6人得票最多当选。

5月20日,庆祝大总统、副总统就职休假一天。

5月21日,召开第三次校务会议。

5月24日,举行第十次学术演讲周会,韩雁门院长主讲"中国农业机械化的先决问题"。学校部分学生参加省教育学院学生纪念"五二〇"一周年营火晚会,唱了《山那边哟好地方》《你是灯塔》等进步歌曲,被该校特务及不明真相学生围攻,翌日天明才安全返校。钱拙、凌永定为此被校方开除学籍。

5月26日,学校接无锡县长徐渊若电:"共匪最近又在各地鼓动学潮并早经派遣其职业学生渗入我各大中学校……如贵校认为有由本府酌派人员负秘密驻校协助防止时,本府自可照办。"江南大学顾惟精回电称:"本校现仅有一年级生……暂时似无派兵驻校协助之必要。"

5月31日,举行第十一次学术演讲周会,陈机教授主讲"生物种族之进化与退化"。

◆6月7日,举行第十二次学术演讲周会,唐君毅教务长主讲"乐观与悲观"。

6月9日,举行国文科教授会议,出席者李吉行、李笠、王效三、唐至中、郑学弢、唐君毅,讨论国文考试事宜。命题由李吉行、李笠负责。举行英文科教授会议,出席者周葆儒、钱穆、姚志英、杨荫渭、沈制平、王淑英、张载人、唐君毅,讨论英文考试事宜。命题由程修龄、王淑英负责。

6月10日,聘唐君毅、王文元、陆仁寿、钱穆、顾心一、韩雁门、钱宝钧、乐幻智、杨惟义、倪则埙、蒋庭曜为本校第二届招生委员会委员。

6月11日，晚7时，在大礼堂举行全校国语讲演竞赛，由顾副校长、唐君毅教务长、王文元训导长、钱穆院长、陆仁寿总务长等担任评判。叶智修第一，王瞿第二，韩锦棠(女)第三。

6月14日，上午10时，在大礼堂举行全校国文考试竞赛，全体学生参加，试卷由李笠、李吉行、蒋庭曜等评阅。内容为作文及翻译(文言译白话)。国文考试成绩折算为国文成绩三分之一。下午5时，举行2000米越野赛。自梅园出发到荣巷校门止。吴俊第一，陆礼照第二，陈宝琦第三，徐洪顺第四。

6月18日，晚7时，在大礼堂举行全校学生英语讲演比赛。由王文元训导长任主席，教授王淑英、倪则埙、钱清廉、姚志英、杨荫渭等评判。前五名是：周光熙、毛子淇、乐甸、王友英、陈学烽。

6月19日，学校长话专线安装成功，新校舍为26000号，荣巷校舍为27000号。晚8时，学生自治会在大礼堂举行师生联欢会。

6月21日，上午10～12时，在大礼堂举行英文考试竞赛，全体学生均参加。试卷请程修龄、王淑英、钱清廉、杨荫渭等教授评阅。英文考试成绩折算为英文成绩五分之一。

6月28至7月2日，期末考试，各班学生均集中大礼堂考试，唐君毅教务长及监试委员各科教授到场监考。

6月29日，学生国文及英文考试竞赛公布成绩优良学生名单。国文：第一刘家和、第二李赐、第三黄先纬、第四王国忠、第五周光熙。英文：第一周光熙、第二陆必成、第三诸均安、第四陈学烽、第五王培智。奖金第一名500万元，第二名400万元，第三名300万元，第四名200万元、第五名100万元。

◆7月1日，下午4时，在会议室举行学生壁报竞赛评判，请唐君毅教务长、钱穆院长、韩雁门院长担任评判，结果《春潮》第一，《世纪风》《晨曦》并列第二。分别发给奖金。

7月2日，1947学年度第二学期结束，暑假开始。

7月15日，聘周同庆、王文元、杨惟义、陈机、陆子芬、倪则埙、李笠、杨晟、李吉行、周怀衡、钱穆、程修龄为本校1948年度新生入学考试命题委员。

7月21日，农学院院长韩雁门，教授钱清廉、牟宗三、王效三、王淑英、周葆儒、张镇谦、朱伯康、王庸，副教授兼文书组主任李粲、副教授兼注册组主任朱耀炳、体育讲师兼事务组主任王景泰，讲师孙湘，助教潘超霖、程守源均解聘。聘郭守纯为教授兼农学院院长。周同庆教授兼教务长，陆仁寿副教授兼总务长。

7月，受全国面粉工业同业公会委托，学校决定增设面粉专修科，学制三年，由荣毅仁主持筹备。

◆8月3日，聘周同庆、王文元、陆仁寿、唐君毅、杨惟义、杨荫渭、陈机、杨晟、金圣一、陈陵、李笠、张载人、唐至中、殷力农、许雍圻、盛志镜、强式之等为新生考试主监试委员。聘杨惟义、周怀衡、杨荫渭、陈机、杨晟、陆子芬、金圣一、李笠、蒋庭曜、徐璋本为阅卷委员。

8月4日，1948学年度招生报名开始。5日面粉专修科报名开始；6日招生报名截止。报名地点：无锡学前街省立无锡师范。报名手续：填缴报名单，提交学籍证件、二寸半身照片4张，缴纳报名及试卷费50万元。报名人数1203名。

8月10—11日，新生入学考试。考试地点：无锡学前街省立无锡师范及县立中学。

8月18日，荣巷第一院开始搬迁至后湾山新校舍。

8月28日，录取新生发榜，正、备取共296名。

8月31日，聘张云谷、徐仲年、朱福炘、李景晟、吴大榕、何士芳、楼公凯、郭廷以、金善宝为教授。储元熹教授兼生活管理主任，李昌第为教授兼代面粉专修科主任。

◆9月2日，教务会议决定对第一学年学业成绩列入甲等的乐匋与胡家琥分别发给奖金1000万与800万。

9月3日，同意面粉工业全国联合会保送20名学生入面粉专修科学习。

9月13日，下午2时，中华民国副总统李宗仁偕夫人由顾副校长陪同莅临学校后湾山新校舍参观，对学校环境赞美有加，3时许离去。

9月15日，提名顾惟精为联合国教育科学文化组织中国委员会候选委员。

9月20日，学校在荣巷办事机构迁入新校舍办公。

9月27日，聘李笠为中文系主任、张云谷兼外文系主任、周怀衡兼数理系主任，李景晟兼化工系主任，吴大榕兼机电系主任，金善宝兼植物生产系主任、郭守纯兼农产制造系主任。上午9时半，注册选课会议，出席人周同庆、华汝明、姚志英、许雍圻、郭守纯、王文元、储元熹、杨晟、李景晟，主席陆子芬，记录储元熹。决定选课地点择定为图书馆，选课时请三院院长邀同各系主任或教授帮同指导新老生选课。学生选修科目每学期最多不得超过24学分，最少不得少于14学分。

9月28日，新生报到。收费标准为学费60元、杂费10元、宿费5元、储备费5元，合计80元金圆。相关学科另收国化学实验费10元，物理、生物等实验费，每门各5元。

9月29日，公布清寒免费生名单。

◆10月1日，继续办理旧生入学手续。新旧学生达480人，教职员工82人。

10月2日，1948学年度在新校舍举行开学暨新校舍落成典礼。由顾副校长主持并致辞。副董事长荣德生、校政委员会主任荣一心代表郑翔德、校董薛明剑、教务长周同庆、训导长王文元相继讲话。荣副董事长谆谆教导学生要："学以致用，不必好高骛远；学习要细嚼缓咽，食而能化；将来做事亦力戒好大喜功，宜脚踏实地，从头做起。这样自会有所成就。"

10月4日，开始上课。

10月8日晚，上海经济督导蒋经国由申新第三纺织厂郑翔德、谈家桢两厂长陪同莅校参观，并在大礼堂对学生作简短训话。8时20分许离校。

10月10日，国庆放假一天。美援运用委员会美籍职员35人到校参观。

下旬，学生自治会改选，主席江之光，副主席徐绍鉴。同时，系科学生代表会议改选，主席李赐。

10月27日，集会庆祝建校一周年。纪念会由顾副校长主持，校董代表薛明剑、校政委员会副主任乐幻智、来宾华晋吉等先后致词。会后举行国术表演和各种球类比赛，晚上放映电影。

10月29日，公函武进县政府为本校购存常州食米亟待运校请惠予给证以利运输。

10月31日，公函宜兴县政府惠发采购食米准运证并派员偕同学生代表赴宜兴洽办。

◆11月2日，顾副校长向校董会书面声明：11月6日起，其不再全权处理校务，并于同日起告假离校。

11月3日，截至当日，本学期学杂宿费(实验费尚有半数待缴)共收33100元。提出3440元作本学期清寒免费生奖学金外，余已分为，招生费432.96元，8月份经常费6403.1元，9月份经常费7400元，10月份经常费15000元。

11月10日，校政委员会副主任乐幻智到校主持校务。

11月13日，聘李笠兼任中文系主任，张云谷兼任外文系主任，夏炎德教授兼经济系主任，王文元兼史地系主任，吴大榕兼任电机系主任，李景晟兼任化工系主任，周怀衡兼任数理系主任，金善宝兼任农艺系主任，郭守纯兼任农产系主任。

11月17日，教务长周同庆迄未应聘，聘郭守纯兼代教务长。

11月下旬，学生自治会派李赐和杨钧泰去石塘湾顾府，劝说顾副校长回校主持校务。

11月23日，下午4时，1948年第一次教务会议，参加者夏炎德、李景晟、金善宝、郭守纯、储元熹、王文元、陈陵、钱穆，列席乐幻智。主席郭守纯代教务长，记录储元熹。由于周同庆教务长就任上海交大理学院院长，坚辞本校兼职。校政委员会最初请周怀衡代理，周也坚辞。由郭守纯代。奉教育部令，机电系改称电机系。本学期因特殊交通阻绊，京沪兼课各教授常不能按时来校上课，惟所缺课程大部已分别择机补授。目前已注册学生总数438人。图书馆藏书，理化方面所占百分比最高，文学院及农学院各科主要参考资料最为缺少，政治法律经济社会各种参考资料尤其匮乏。

◆12月16日，顾副校长回校工作。

12月21日，在教授理事会上，注册主任储元熹与钱穆、陈机教授发生冲突。学生闻讯后学生自治会召开学生大会，要求储元熹自动辞职。

12月21日，校政委员会主任荣一心因公务由上海乘霸王号飞机去香港，不幸因飞机失事遇难。

12月23日，校董会和校政委员会决定：自22日起，提前结束学期开始寒假，并规定办法三项：(一)不再举行大考即以二次月考平均分数为准；(二)放假后学生应即离校返家，其家在战区之学生由本校另行安置之；(三)放假期内图书馆不再开放。

12月24日，本校下半旗并全体素食哀悼荣一心主委。

12月27日，校董会代表薛明剑召集全体学生训话。

12月28日，下午2时，学生自治会举行荣一心先生追悼会，全场四壁满悬挽联花圈，典礼于庄严肃穆中开始，校董代表薛明剑、副校长顾惟精、来宾荣汉成和全体师生参加，十分隆重。学生自治会主席李赐主持，全体静默志哀，继献花圈，请祭文，末由薛明剑报告荣一心先生生平事迹，语极沉痛，全场情绪异常悲伤。

12月29~31日，用校车分送全体学生回家并登记留校之战区学生。

◆本学期内，中共江大支部秘密组织进步同学在学校附近东管社村借该村小学教室开办农民夜校，通过识字教育，启发农民政治觉悟。

1949年

◆1月2日，薛明剑偕华晋吉为江南大学校长事赴申，与荣毅仁同访吴稚晖董事长，提出胡刚复、胡博渊等10个人选。并决定推薛明剑与华晋吉3日赴杭，邀胡刚复约谈多次，胡终以浙大院长尚可辞去，大同校长限于环境、不易脱身，难以赴任。5日返沪，仍与毅仁兄同访吴稚晖董事长，报告经过。

1月前后，因校务主持乏人，学校经费发生困难，学生代表江之光、徐绍鉴、杨钧泰、范为霖等先后分别拜访荣德生、吴稚晖、薛明剑、郑翔德请求维持学校。之后，又去上海拜访荣毅仁，荣恳切表示：一定筹措经费，春节后按时开学。

9日，荣毅仁接见江大学生自治会代表，告以校长人选正在物色，决将难关安渡，希转告同学，安心求学云云。

◆2月18日，下午5时，在上海高恩路荣府召开第一次校务委员会议，出席王文元、乐幻智、郭守纯(陆代)、钱穆、陆仁寿、荣毅仁，列席华晋吉、许雍圻，主席荣毅仁。报告，因顾副校长请辞全权处理校务后，校董会积极遴聘校长，但因时局动荡，物色不易，校董会不敢草率，故为应付现实起见，特请示董事长吴稚晖，经商定组织校务委员会，处理一切，副校长不再设置。校务委员会之组织，系临时过渡性质，校董会仍在继续物色适当之校长人选，由荣毅仁、钱孙卿、乐幻智三位校董，会同掌校三院院长及教务、训导、总务三长，组成校务委员会，荣毅仁为主委，副主委希望在六长中推任之。兼教务长郭守纯先生因体力不逮提请辞职，聘请沈立人先生担任。本日会议顾院长郭院长未能出席，其他与会者多有意见发表。钱宾四先生提供意见，一希望权责分明，在分内者应负全责，各尽范围，勿侵犯他人之职权；二希望健全组织，人事勿多变动。王文元先生提出，一可废止训导制，二加强生活指导组织。定2月21日开学，22~27日缴费，25~27日缴费注册，28日正式上课。规定学费白米三石，杂费一石，宿费五斗，实验费化学等2000元、物理生物等1000元，膳费三石五斗，以上按无锡隔日白粳门售价收取，开学时先收半数。

2月20日，荣毅仁主委偕同新聘任教务长沈立人到校。下午2时，荣主委在第三院(梅园)召集教授谈话。

2月21日，荣毅仁主委到校视事，本日开学。22~27日缴费，25~27日注册选课。

2月23日，荣毅仁主委签发告全体教职员与全体同学书。

2月25日，1948年度第二次教务会议。参加者杨晟、郑学弢、李笠、沈制平、胡立猷、陈陵、郭守纯、朱青山、沈立人、蒋庭曜、费大强、陆仁寿、金善宝、唐璜、殷力农。主席沈立人。

2月27日，上午11时，在本校会议室召开第二次校务委员会议，出席钱孙卿、王文元、乐幻智(陆代)、顾惟精、郭守纯、钱穆、陆仁寿、荣毅仁、沈立人，列席华晋吉、许雍圻、陈陵。主席荣毅仁。纪录张宾侯。推定沈立人为校务委员会副主任委员。定每月第二个星期六开会一次。中午欢宴全体教职员，下午2时在物理试验室召开全体教职员谈话会。

2月28日，1948学年度第二学期开始上课。上午10—11时在大礼堂补办开学仪式。

2月，中共江大支部调整，王国忠为书记，邹富祥为组织委员，冯秉敏(女)为宣传委员。

◆3月8日，教务处布告第八八号，钱穆先生所授中国通史本周起每周加授2课时。授课时间，星期四第7节，111教室，星期五第1节，101教室。教务处布告第八九号，经济中文外文史地唐君毅先生所授哲学概论本周起每周各加授2课时。授课时间，星期一第7节，星期三第1节113教室(经济)，星期二第8节，星期四第5节113教室(中文外文史地)。

3月12日，上午10时，在大礼堂举行国父逝世纪念仪式，会后植树，农学院学生全体参加，荣毅仁主委亲植龙柏一株。11时在本校会议室召开第三次校务委员会议，出席钱孙卿、荣毅仁、沈立人、王文元、顾惟精、郭守纯、钱穆、陆仁寿，列席华晋吉、许雍圻、陈陵。主席荣毅仁。纪录张宾侯。

3月14日，王文元训导长辞职，聘陈陵兼代训导长职务。教务处布告第九五号，史地系二年级增设必修学程"秦汉史"，2学分，由钱穆先生讲授。授课时间，星期一第5节，107教室，星期三第2节，107教室。

3月16日，聘诸祖荫为图书馆主任。

教务处布告第九八号，文学院中国文学系一二年级增设选修学程"文学概论"3学分，每周3课时，由朱东润先生讲授。授课时间，星期四第2、5、8节，105教室。教务处布告第九九号，本周起经济系二年级增设必修学程"工业管理"，3学分，3课时，由沈立人先生讲授。授课时间，星期三第8节、周四第2节、周六第5节，111教室。

3月17日，教授郭量宇、陈机迄未到校，又未请假。经第三次校务委员会议决，概行解聘。

3月23日，聘秦含章为本校教授兼农产制造系主任。吴功贤、朱东润为兼任教授，诸祖耿、谢兆熊为教授。

3月24日，下午1时半，召开1948年度第三次教务会议，参加者郭守礼、顾惟精、王文元、李景晟、张云谷、夏炎德、陆仁寿、金善宝、钱穆、吴大榕、金圣一，主持沈立人。决议每周六第4节(11时到11时50分)规定为学术演讲时间，敦请校外或校内教授分别演讲，全校学生务须一体出席为要。

3月29日，青年节放假一日。新到教授秦含章与吴功贤。尚未到教授谢兆熊。

3月，中共江大支部书记王国忠秘密离校，赴北平出席第一次全国青年代表大会。江大支部调整，由邹富祥任书记，冯秉敏(女)为宣传委员，范为霖为组织委员。

◆4月1日，荣毅仁主委函告全体学生家长请惠予合作交相督勉。

4月初，解放前夕，地下党员秘密收听新华社广播传播信息，鼓舞和稳定人心。根据地下党指示，为了迎接解放，保护学校，通过学生自治会，发起并成立"应变委员会"；提出"应变护校"口号，得到教授、助教、职员和工友会支持；组织护校巡逻队，购储粮食，把梅园和荣巷的教职员工接到教学大楼住宿；保护师生和学校安全，迎接无锡解放。

4月4日，本日起放春假3天，7日照常上课。钱穆、唐君毅离开无锡去上海。

4月9日，上午10时，在本校会议室召开第三次校务委员会议，出席荣毅仁、沈立人、顾惟精、郭守纯、陆仁寿，列席华晋吉、许雍圻、陈陵。主席荣毅仁。纪录张宾侯。议决华晋吉为本会秘书。第七周学术演讲，沈立人先生主讲"科学管理"，周六上午11时到11时50分，地点，本校礼堂。

4月16日，第八周学术演讲，郭守纯先生主讲"台湾之糖业"，周六上午11时到11时50分，地点，本校礼堂。

4月20日，时局转趋紧张，教授举行会议商讨应变办法。

4月22日，第九周学术演讲，殷力农先生主讲"科学管理"，11时到11时50分，地点在本校礼堂。

4月23日，无锡解放。上午教授开会，商讨应变措施，下午因附近军警均已撤尽，荣巷、梅园大部分教职员眷属，均迁至校本部。

4月24日，学生自治会发动同学进城欢迎人民解放军入城。本日停课。第二期收费今日开始，但无人缴纳。

4月25日，向申茂新办事处取到现钞1000万元，全体员工每人平均分发6万元，备作零用。

4月26日，照常上课，教职员眷属开始分别迁回荣巷梅园。沈立人暨陆仁寿等进城接洽校务等经费等事。

4月27日，政府派员来校调查。眷属全部妥善安置。

4月28日，以本校经济来源受阻，临时校务委员会决议，在校教职员每人分发一袋面粉，工友每人发膳米2斗暂资维持。价款以后发薪时扣缴。运回存茂新一厂食米60石。

4月30日，接中国人民解放军无锡市军事管制委员会教字第二十号命令，决定私立学校在军管时期统归本会文教部管理；各校应即依下列各项作成书面报告：该校简史、该校办理宗旨与具体方针、该校董事会组成概况及校董名册、该校行政组织与学级编制概况、该校课程实施概况、该校基金概况经费来源与收支概况、各级学生在籍数与实有数统计、教职员花名册、校产校舍校具清册、图书仪器及其他设备清册。

◆5月1日，学生歌咏队依上级指示到工厂与工人们一起参加五一纪念活动。

5月2日，苏南行政公署及无锡市军事管制委员会特派军代表吴锷、沙荣生进驻私立江南大学。在苏南行署文教处领导下，贯彻党对私立大学的"维持、改造"方针，从此江大进入新发展时期。开学后吴锷以苏南行署特派员身份驻校，协助学校领导开展校务工作(之前他是本校物理系助教)。

沈立人与陆仁寿进城至申新三厂及申茂新办事处洽商经费事宜，并访校董荣德生及钱孙卿。

5月3日，下午1时，全校教职员应无锡市军管会邀请赴锡师附小礼堂参加中等以上学校教职员座谈会。12时半校车从后湾山开出，在梅园荣巷两处停息，至西门下车再步行至省锡师附小。下午停课。

5月4日，解放后第一个青年节。放假。上午在学校大礼堂举行纪念会，公益中学、化新中学师生代表和军管会文教部部长汪海粟前来参加。下午学生宣传队进城，同其他学校同学一起在城中公园，成群环列成队，扭着秧歌大合唱，《永远跟着共产党走》和《团结就是力量》的歌声此起彼落，为解放而欢呼。晚间举行联欢晚会。

5月5日，学校经费因上海来源中断，商由申新三厂郑翔德厂长负责自4月下期起由该厂借拨。接上级通知，以1比1500元优待收兑金圆券，"限于工人苦力车夫小贩教师，每户送兑限额为人民券二百元以内"。

5月6日，中国人民解放军文工队来校表演，自下午1时起各课暂停。

5月12日，苏南公学借用第一院房屋。原住该地本校职工家属迁入第二院荣宅。

5月14日，农学院学生数十人由郭院长率领前往省教院参观实习乳牛养殖。第12周学术演讲，邵子民先生主讲"二十年前之意大利"，11时到11时50分，地点，本校礼堂。

5月17日，中国新民主主义青年团江南大学支部成立，支部书记钱舜娟，首批团员举行入团宣誓仪式。当时团组织仍处于秘密状态。

5月21日，第13周学术演讲，吴白萄先生主讲"漫谈戏剧"，11时到11时50分，地点，本校礼堂。

5月23日，理学院电机系学生由系主任吴大榕教授率领前往天元毛织厂、开原机器厂参观。

5月24日，农学院农艺系学生由系主任金善宝教授率领前往农具制造厂参观。

5月25日，下午1时，半召开教务校务联系会议。出席许雍圻、陈陵、金圣一、陆仁寿、沈立人、吴大榕、顾惟精、王文元、李景晟、金善宝。主席沈立人。决定五月份下半期月薪基数一元合米0.0357石计算。

5月26日，本校举行第二届越野赛。前三名为王志仁(工友)、冯锡章和刘达夫(学生)。

5月28日，校务教务联席会议决议，本日起放假一周。在校上海教授返沪探视。6月4日征收第二期学费，6日上课。

5月31日，苏南行政公署文教处陶白副处长来校调查放假实况。

◆6月4日，公布本学期清寒免费生

名单，有胡家琥等46名和半免费生王瞿等49名。

6月6日，苏南行政公署通告：教师节放假一天。下午1时，全体教职员专车赴省锡师附小大礼堂，参加庆祝会，军管会主任管文蔚到会讲演。

6月8日，庆祝上海解放，停课1天。下午4时，教职员工与学生携带标语和各式花灯乘专车三辆前往市区，参加全市提灯游行。

6月11日，苏南行署刘季平副主任到校讲话，就江大前途、学费、改造教育三个问题作了详细阐述，历时2小时，坚定了学校领导办学决心和师生员工对学校前途的信心。继由钱孙卿演讲。校领导因钱穆、唐君毅请假赴穗已逾两月，交通梗阻，势难返校，决定所任课程分由诸祖耿、费大经代授。

6月17日，呈送无锡市军管会文教部本校课程纲要一份。下午2时，召开教务校务联席会议。出席金圣一、陆仁寿、沈立人、李笠、顾惟精、王文元、李景晟、秦含章、郭守纯、张云谷。主席沈立人。列席许雍圻、陈陵。决定分荣巷、梅园、校本部各组织学习小组，每周至少学习两小时。各区召集人，荣巷顾惟精，梅园郭守纯，校本部沈立人。向校董会建议增改本校各学院系课程案。理工学院改为工学院，设电、机、化工、土木四学系；农学院设农产制造、动物生产、植物生产三学系；文学院改设为管理学院，设工业管理、财务管理、运销管理三学系。

6月18日，邀请苏南公学校长董希白来校演讲。

6月20日，江宝枢、龚世华、施勖生、王友芡、杨霞民、陆文华等6名学生上学期学业成绩在80分以上，获奖学金，免交1948学年度第二学期学费。

6月28日，面粉专修科学生40余人由科主任李昌第率领前往中华面粉厂参观。

◆7月3日，公布征求对于本校下年度调整院系课程建议，并分别调查学生志愿。

7月4日，1948学年度第二学期期终考试开始，全体学生集中大礼堂举行。10日开始放暑假。

7月28日，校董会根据校务委员会沈立人副主委建议，为适应新中国建设需要，决定撤销学院建制，调整系科。即增设管理系，将原经济、中文、外文、史地系学生转入管理系或转学；将原植物生产系改为农艺系。后经呈准改设为"七系一科"：即管理系、数理系、机械工程系、电机工程系、化学工程系、农艺系、农产制造系(1950年改为食品工业系)及面粉专修科(1951年并入食品工业系)。

7月,大批党员因参加革命工作和建设工作调离学校。中共江大支部委员会又作调整,李修斌任支部书记。随后中国新民主主义青年团江南大学支部调整,薛汉民任支部书记。校董会改组,荣德生任董事长,钱孙卿、荣毅仁任副董事长,吴中一、汪君良、陈品三、秦德芳、荣鄂生、郑翔德、顾毓琼等7人为董事,荣毅仁任校务委员会主任。

◆8月13日,函聘沈立人、顾惟精、郭守纯、吴大榕、李景晟、周怀衡和秦含章为各系系主任,并出席21日在上海荣府举行的系科负责人会议。

8月14日,呈报苏南行政公署本校第一批拟续聘教授名单。

8月15日,开始1949学年度招生报名。报考人数:无锡180余人,上海350余人。

8月20日,锡、沪两地同时举行新生入学考试。

8月21日,荣毅仁主委在上海私邸召开系科负责人会议讨论确定新学期校务。

◆暑假,女生宿舍及实习工场落成。

◆9月2日,新生发榜,正取300名,备取100名。

9月20日,1949学年度第一学期开学。续招数理、农艺两系新生。学生增至560多人,教职员91人。

9月21日,续招新生考试。

9月23日,新聘汤心济、毕仲翰、蒋涤旧、郭会邦、周恩久、樊映川、闻诗为教授。聘张泽垚教授兼化工系主任,朱宝镛教授兼农产制造系主任。吴玉麟、王鸣歧兼任教授。教授陆子芬、周怀衡、杨惟义,兼任教授吴大榕、张云谷、李昌第、李景晟未应聘。

9月24日,聘顾惟精为本校编纂委员会主任委员,续聘朱东润为教授。

9月25日,续招新生发榜,录取56名。

9月26日,函介诸祖耿、杨晟二教授代表前往无锡县人民政府,请劝阻开原区人民政府使用本校第二院房屋。

女生宿舍

9月27日，苏南行政公署核准：校务委员会主任委员由荣毅仁担任，诸祖耿为学生辅导委员会主任委员。

9月28日，上午9时半，补行1949学年度第一学期开学典礼，苏南行署教育处派员到校训词，沈立人、顾惟精、郭守纯分别致词，全体师生参加。

◆10月1日，中华人民共和国开国大典，放假3日。沈立人赴沪，校务由顾惟精代理。

10月2日，学生20人组成火炬长跑队。由队长冯锡章背负江大致中央人民政府贺词木板。是日阴雨绵绵，到锡宜锡苏二公路分路处，燃着火炬，开始整队起跑。经德新桥、西门桥，进入西门、复兴路、中正路时，市民热烈欢呼，11时抵达无锡市庆祝开国大典会场，呈交大会主席团。

10月4日，全校师生员工欢欣鼓舞参加无锡市庆祝新中国成立大游行。陈陵、唐璜主持游行，学校备船只驶往城中。晚10时返校。

10月6日，中秋节放假一天。

10月9日，学生赴城区参加晚上提灯庆祝游行。校车接送。

10月11日，补发朱正元兼任数理系主任聘约。

10月14日，呈报苏南行政公署本校第一次教务会议纪录。公布征求本校校旗、校徽图案。

10月21日，呈报苏南行政公署本校现任教职员登记表及新聘教师详历表。在职教职员学习委员会成立，推定张勔新为主任委员，今日召开第一次会议，分推各组正副组长，规定学习内容为政协三文件。

10月21日，经挽留，沈立人副主委回校主持工作。

10月24日，呈报苏南行政公署本校教授周恩久、汤心济学习总结。

10月25日，补发孙时中副教授兼面粉专修科主任聘约。

10月27日，周四，全校放假，上午8时半在大礼堂举行二周年校庆纪念仪式，下午球类比赛，备有晚餐。晚上举行联欢晚会，师生共庆。

参加国庆游行的学生(1949)

◆11月1日，呈报苏南行政公署本校教师暑期自学成绩报告。奉苏南行政公署教育处关于学习人民大宪章和进行国际主义教育的指示。全校教职员学习开始，共分九组，每周二、五下午6时半至8时半讨论两次。

11月4日，奉苏南行政公署指令，核定荣毅仁、沈立人、诸祖耿、顾惟精、张泽垚、朱正元、吴锷和学生代表杨钧泰、马天元为校务委员会委员。荣毅仁为主任委员，沈立人为副主任委员。同时核准由诸祖耿、沈立人、杨晟、吴功贤、张勋新、杨倩志和学生代表徐栢年组成学生生活辅导委员，诸祖耿为主任委员。

11月6日，化工系助教柳志祥因失恋服氰化钾自杀，遗体停荣巷第一院。

11月7日，第一次月考开始，各班集中在大礼堂举行。

11月12日起，每周六下午对全校学生开设政治课，由中共苏南区党委宣传部部长汪海粟主讲。

11月13日，江大、公益、化新三校中国新民主主义青年团支部公开建团，在江大礼堂联合举行58名新团员入团宣誓。

11月18日，呈请苏南行政公署教育处，切实制止开原区政府使用本校荣巷第二院为仓库。函请申新三厂铸工场惠允本校学生前往实习铸工。

11月19日，函请开原镇人民政府及荣巷派出所督促本校荣巷第二院内两户居民即日搬出以维护教育。下午12时半，召开学费研究会议，由校董会代表钱孙卿主席，会议至4时半未获结果散会。参加者有钱孙卿、沈立人、郭守纯、顾惟精、杨经生、杨钧泰、蒋凌械、许雍圻、顾文、谢锡南，列席华晋吉。主席钱孙卿校董。

11月22日，学生会改选，选出执行委员17人。自14日开始筹备改选学生会，经过学习动员、总结意见和提案，选出系级代表，由代表会提名执委候选人，展开竞选，在22日正式普选出17个执委，23日又互推蒋凌械、潘志洪为正副主席。同时推定出席无锡市学代会代表14人。

11月22日，沈副主委赴荣巷开原区政府洽商第二院房屋事。

11月29日，苏南区学生代表大会开幕。江大学生代表14人出席会议。本校学生蒋凌械当选为苏南区学联副主席，他也是无锡市学联副主席。

11月30日，呈请苏南行政公署核定本学期学生收费标准。下午2时，全国学联国外部部长黄振声同志到校报告世界民主青联、世界青年节学生联欢大会盛况及世界青年动态。

◆12月5日，沈副主委赴苏南行署教育处洽询学费事宜。函申新纺织第三厂借10或12匹马达一只。呈送苏南行政公署11月份综合报告。

12月8日，呈送苏南行政公署教育处本校教职员经济状况调查表。下午停课，听取同学代表报告无锡市学代大会各项决议案。

12月12日，下午3时，上海市文化馆国术队受邀在学校大礼堂表演国术，晚间放映电影。

12月19日，荣毅仁主任委员到校，向学生作报告；并召开第一次校务委员会议。参加者有荣毅仁、沈立人、诸祖耿、顾惟精、张泽垚、朱正元、吴锷和学生代表杨钧泰、马天元，列席华晋吉、陆仁寿、许雍圻。决定本会常会定每月两次，每月1日与15日举行。在会议上，学生代表提出建议设立清寒助学金、帮助困难学生的提案，获一致通过。第二次月考开始。

12月20日，上午10时半本校教授会、讲助会、职员会、工友会在111教室开欢迎荣主任莅校大会。呈送苏南行政公署本校下学期续聘教职员名单全份，请鉴核示遵。

12月21日，荣一心先生逝世一周年，全校茹素一天，下午停课，下午2时在大礼堂举行大会纪念。参加来宾有申新、茂新、开原各单位，仪式简单隆重，各方均致词，5时许散会。

12月22日，沈立人副主任委员请假10天赴沪检查身体，顾惟精代理校务。

12月23日，本校教授会、讲助会、职员会三单位票选沈立人、毕仲翰两位先生为参加苏南高教联教育代表会议代表。

12月24日，通函学生家长本校本学期学杂宿费经第一次校务委员会议决议，改收三石五斗(原定四石)。

12月25日，奉教育处通知，填报各科教学纲要表。

12月26日，政治课自本日起，改在每周一下午上课。本日下午3时政治课后辅导会召开全校学生学习小组组长组员会议。

12月30日，上午9时起，停课敦请苏南行政公署教育处陶白副处长来校作报告，全校师生到现场听讲；下午照常上课。

12月，中共无锡市委副书记谢克东到校召开党员大会，原地下党组织宣布公开。邓鸿勋担任中共江南大学支部书记。

◆本年度学生560余人，教职员93人。

1950年

◆1月3日，苏南行署核准杨钧泰、马天元两同学任校务委员会委员。

1月6日，呈苏南行署为本校即待办理教职员续聘手续请迅赐示遵。

1月7日，苏南教育处通知，报送本学期教职员工作考成报告。下午1时，半召开第二次校务委员会议。荣毅仁缺席。许会计主任报告，本学期学费应缴900石，现仅收到210石。决定维持第一次会议议决案，限本月16日前一律缴清，逾期不缴，不得参加大考，并以自动放弃学籍论。扩充本学期清寒助学金。

1月8日，上午9时，召开第三次校务委员会议。决定折实公债认购最低数字为：教授会450份；讲助会175份；职员会125份；工友会50份；同学每人1份。下学期学费原规定为四石米，现改为90个无锡折实单位，计学费68个单位，杂费17个单位；宿费5个单位。

1月11日，下午3时，召开第五次校务委员会议。

1月12日，下午1时半，继续召开校务委员会议。决定组织财务委员会更名为经费审核委员会，下设预算、稽核两组。推举总务长、教务长及教授会、讲助会、职员会、学生会、工友会各推代表1人共7人组织之，以总务长为该会召集人。接上级通知，要求每个师生填报家庭成分。家庭成分应以家庭主要经济来源为确认依据。

1月13日，下午1时，召开第六次校务委员会议。下午7时，在大礼堂举行师生联欢晚会。

1月14日，呈苏南行署教育处本校各科教学纲要表。

1月23日，本日开始在大礼堂举行学期考试。

1月24日，上午9时，召开第七次校务委员会议。全体教职员在职学习，个人总结每人2份，送学习委员会1份，1份送苏南行署教育处。

1月25日，上午9时，继续召开第七次校务委员会议。下午2时，在111教室召开师生座谈会。沈立人与各系主任参加。

1月27日，上午10时，召开第八次校务委员会议。学生会提请更改校医案，通过；学生会提请裁减女生辅导员案，通过。全校教职员工认购折实公债数字：计教授会464份，讲助会274份，职员会160份，工友会75份，学生会约20份，另沈副主委个人增购100份。

1月28日，学期考试完毕，除留校学

生10余人外，皆束装返回故里。清寒助学运动结束，全体教职员工及学生共捐助1593个折实单位(其中学生捐助46个单位)，申请到助学金学生60人。存放前荣巷第一院之报废飞机装运到校。

1月30日，缮发全体教师1950年第二学期聘书(照上学期名单)。

1月31日，缮发职员任用书(华汝明、黄淑兰未发，余无更动)。

◆2月4日，教职员工和学生分四队，到城区参加宣传认购折实公债越野赛跑竞赛活动。

◆3月1日，改聘兼任副教授夏宗辉为教授兼工业管理系主任。

3月5日，接收姚湾长乐农场。

3月6日，开始缴费选课注册。

3月8日，呈请苏南行政公署指派政治教师来校授课。召开教职员工座谈会，就本校经费紧缩问题交换意见。

3月10日，全体教职员工举行座谈会，商讨本校经费问题。

3月11日，召开第九次校务委员会会议。决定免费种类分为全免、半免、免三分之一、免四分之一四种。全免名额为学生总数6%，半免名额为学生总数12%，免三分之一名额为学生总数18%，免四分之一名额为学生总数24%。免费条件以清贫为主，但学业成绩及平时操行亦为审核标准。免费评议委员经推选，由诸祖耿、金圣一、陈陵、杨晟、唐璜、罗聚源、薛佩瑾、黄书意、杨锡荣、谢锡南、马天元(管理)、任初兴(电机)、薛汉民(面粉)、刘国华(植产)、赵正清(农艺)、卢康嫒(数理)、华湘翰(化学)、陆文华(机械)、蒋凌械(学生会)担任，诸祖耿为召集人。

3月12日，召开第十次校务委员会会议。本学期学生人数锐减，校董会经费拮据，每月津贴有减至400石之表示。决议校董会重行改组，呈请苏南行署准予增加校委名额为15人。正副主任委员、教务长、辅导主任4人为当然委员，教授代表4人，讲助代表2人，学生代表3人，职员代表1人，工友代表1人。决定凡学生一时无力缴清学杂费者准于注册前先缴34个折储单位，其欠缴部分须有切实保证且必须于4月底(30单位)及5月底前(30单位)分两期缴清。

3月13日，举行1949学年度第二学期开学典礼。行署管文蔚主任因公务繁忙，未能来校讲话。沈立人副主委下午离校赴沪，14日至16日止，由朱正元、顾惟精、张泽垚三人代理校务。

3月14日，开始正式上课。沈副主

委分函校委会各委员辞职。上午9时，教授会举行紧急会议，一致决议挽留沈副主委。下午2时，各单位代表举行联席会议，商讨挽留沈副主委问题。

3月15日，上午9时，各单位代表汤心济等10人会同前往教育处报告，由陶白副处长接见，表示殷切关怀，转请各代表挽留沈副主委即日返校主持。

3月16日，下午6时，教授会代表汤心济、夏宗辉、金圣一、朱正元(因病未行)，讲助会代表万迪生、熊振平，学生代表蒋德舆等6人赴沪向荣主委报告，请挽留沈副主委，职员会工友会特托代表们代呈挽留函各2件。

3月20日，赴沪挽留沈副主委代表，任务完成，今日返校。

3月21日，沈立人副主委回校主持校务。

3月22日，原聘机械系主任周惠久未到任，改聘夏彦儒教授为机械工程系主任。函复华东区财经委员会工业部准予借调本校农产系主任朱宝镛前往大连工业研究所清理前伪满积存之研究资料。

3月23日，苏南行署教育处派徐、孙两先生来校了解情况。

3月24日，举行教职员工座谈会，就学校经费紧缩、裁减月薪问题交换意见。

3月25日，上午9时，召开第十一次校务委员会议。参加者朱正元、张泽垚、吴锷、顾惟精、诸祖耿、沈立人、杨钧泰。主席沈立人，主席报告，截至24日，学生报到人数共436名，注册人数191名，尚有295名同学未办理注册手续，为便利同学起见，准照常上课。

3月27日，本学期政治课程改为必修课程，仍由汪海粟兼任教授，今日开始上课，每节课报酬5元。

◆4月3日，本日起放春假3天，6日照常上课。

4月10日，校委朱正元、张泽垚、吴锷、邓鸿勋、蒋德舆等赴沪，访荣毅仁主委，协商校务。

4月12日，沈副主委由沪来电话通知校委顾惟精、诸祖耿赴沪开会。

4月13日，第十二次校务委员会议在上海康平路荣宅举行，朱正元、张泽垚、吴锷、顾惟精、诸祖耿、沈立人、蒋德舆、邓鸿勋参加，主席荣毅仁。

4月21日，本校全体师生员工响应无锡市救灾运动，捐款救灾。下午，两名丹徒灾民代表来校报告灾情。下午5时许，本校学生在梅园与农民互殴。

4月22日，上午10时，在会议室召开座谈会，参加者有沈立人、顾惟精、朱正元、张泽垚、吴锷、诸祖耿、蒋德舆、邓鸿勋、陆仁寿、许涤旧、罗聚源、薛佩瑾、谢锡南、毕仲翰。

4月24日，中午12时半，由沈立人率领师生60余人专车赴省锡师附小大礼堂听取苏南行署副主任刘季平时政报告。

4月25日，上午9时至12时，召开教授全体会议，各课暂停。

4月26日，下午1时半，召开第十三次校务委员会议。荣毅仁主委抵锡，晚7时沈立人及教授代表朱正元、毕仲翰、张泽垚、蒋涤旧及学生代表前往荣宅协商校务。

4月27日，下午1时半，沈副主委在大礼堂传达刘季平副主任之时政报告内容。

◆5月2日，鉴于学校经济来源受阻，业经4月27日临时校务委员会议决，在校教职员每人分发面粉一袋，暂资维持生活。该项面粉业已运校，即可配发。现再加发每人膳米3斗，通知教职员携袋前来领取。两项价款俟以后发薪时扣缴。

5月4日，青年节放假1天。部分学生酝酿转学东北，学生会代表昨已去沪，与华东教育部及东北招聘团接洽无果。学生情绪不稳定，学生会去函苏南行署教育处，请陶处长来校报告予以指示。

5月8日，上午8时，沈副主委偕同毕仲翰、张泽垚、顾惟精、诸祖耿、蒋涤旧、陆仁寿、万迪生、熊振平及学生代表蒋德舆、邓鸿勋前往教育处见陶处长报告校务。

5月9日，苏南行署教育处派陈科长等4人来校了解情况并协助推进校务。上午9时起停课，陶处长来校在大礼堂讲话，就学生去东北问题、江大改造问题阐发详尽。下午全校各系师生分别展开小组讨论。

5月10日，上午停课，由沈副主委传达苏南校长会议上管文蔚主任之报告。下午师生员工各单位代表举行会议并成立校政检讨程序委员会。

5月11日，上午教授会、讲助会、职员会、学生会、工友会及校政检讨程序委员会分别举行会议。下午1时半举行全体师生员工校政检讨大会，教育处4人均出席，陈科长作报告，强调展开批评与自我批评之意义与作用。大会至6时许结束。对农场与总务处批评较多。

5月12日，苏南行政公署批复：同意朱正元为本校校务委员会第二副主任委员；将原教务处与学生生活辅导委员会合并，成立教导处，由毕仲翰、诸祖耿兼任正、副教导长。

5月14日，苏南行政公署教育处通知沈副主委、朱副主委、毕教导长(因故未去)、陆总务长前往商讨校务，下午5时返校。

5月16日，上午8时半，全体校务委员在大礼堂举行就职典礼。教育处陈科长出席并讲话。下午3时，召开第十四次校委会议。决定本学期每周开会一次，周二下午举行。并决议第一副主委第二副主委职权如何分配案：第一副主委负责经费筹划、设备充实、对外代表事宜。第二副主委商承第一副主委办理对内一切校务；正、副教导长职权分配案：教导长负责教务，副教导长商承教导长办理辅导事宜。下午继续开会，沈立人缺席。晚7时，沈立人赴沪，向荣毅仁报告校务，筹划办学经费。

苏南行署教育处为缓解本校经费艰困，惠借2000折实单位发放欠薪，约定6月16日前归还。

5月17日，下午1时半，续开第十四次校委会议。奉苏南行政公署教育处通知催报开学以来政治思想总结及政治思想教育旬报表。本日起，每日中午荣巷后湾山开小船一次性接送教授。

5月18日，下午1时半，召开第十五次校委会议。出席毕仲翰、张泽垚、诸祖耿、熊振平、蒋德舆、邓鸿勋、朱正元。主席朱正元。函聘陈陵兼任教导处生活辅导组主任，吴锷兼任学习辅导组主任，熊振平副主任，杨倩志兼任女生辅导员。本日发放5月份维持费，专任教职员每人15万元，兼任教师每人10万元，工友15万元，农场练习生5万元。兼任教师钟点费照九折计算；专任教师钟点费照八折计算，专兼任教师每学期都按五个月计薪。组织农场清算团，由各单位(教授会讲助会职员会学生会工友会)代表1人及校务委员会代表2人共7人组成，校委会代表熊振平、邓鸿勋，熊为召集人，教授会代表朱东润；组建总务处会计室调查研究组，由经费审核委员会、评议委员会各推代表2人，校委会代表1人共5人组成，蒋德舆同学为本会代表并召集人。

5月20日，上午8时半，召开各系主任教导长谈话会，商讨催缴学费问题。

5月21日，无锡市长顾风来校视察。

5月22日，下午各系师生分别召开谈话会，协商学费问题。

5月23日，下午1时半，召开第十六次校委会议。农产系主任朱宝镛前奉中央重工业部借调大连，公毕返校。

5月24日，校委会推请诸祖耿召集教授会、讲助会、职员会、学生会、工友会各会负责人商讨和平签名运动办法，当即决定，备就签名书展开全校师生员工和平签名运动。

5月25日，下午3时，召开第十七次校委会议。会后沈副主委离校赴沪洽商经费。

5月26日，朱正元副主委辞去数理系主任职务，聘闻诗教授接任。本日停课，上午9时，各学习小组进行学费减免、学生自报公议，并请全体教师参加协助。

5月29日，本学期期中考试今日开始举行。下午农产系主任朱宝镛，在大礼堂报告借调大连清理前伪满积存研究资料事宜。函聘毕仲翰、诸祖耿、姚志英、朱东润、金圣一及各系主任为本校1950年度招生委员会委员，以毕、诸为正副主任委员。

5月30日，下午1时半，召开第十八次校委会议。出席毕仲翰、张泽垚、诸祖耿、熊振平、蒋德舆、邓鸿勋、朱正元。主席朱正元。

5月，为试行教导合一制，呈准教务处更名教导处。

◆6月6日，接教育处通知：每年教师节应于何日举行，政府尚无明文规定。今年6月6日各地教育界如欲纪念可自由举行，但学校不必放假。此日学校没有开展纪念活动。

6月8日，农艺系助教叶尚瑾报请自4月份起，自动减薪至每月30个折实单位，经通知会计室照办并予以表扬。下午1时半，召开第十九次校委会议。出席毕仲翰、张泽垚、诸祖耿、蒋德舆、邓鸿勋、朱正元。主席沈立人。

6月9日，朱正元当选无锡市第三届(后改称第一届第三次)各界人民代表会议代表，6月17～25日出席会议。上午8时，召开第20次校委会议。决定限本月19日前缴清欠费、完成注册。以前各学期欠费应责令分期缴清，未缴清前，凡能证明其学籍之文件一概不发。通过《私立江南大学教员聘任待遇暂行规定》，其中专任教员之每月薪俸暂定为(单位：元)：

	教授	副教授	讲师	助教
第一级	600	460	340	220
第二级	560	430	310	200
第三级	520	400	280	180
第四级	480	370	260	170
第五级	440	340	240	160
第六级	410	310	220	150
第七级	380	280	200	140

公布本学期免费生名单，计免费学生139名中，全免46人(免37000元左右)，免五分之四者16人，免五分之三者18人，免五分之二者38人，免五分之一者16人，免二分之一者2人，免三分之一者1人，免十

分之三者1人，免24个折实单位者1人。

6月10日，上午9时起，召开第二十一次校委会议。下午5时半散会。

6月13日，荣主委函告学校，因公前往北京，不能出席校委会议，请沈副主委代表。下午1时半，召开第二十二次校委会议。

6月14—15日，上午停课，全体师生参加治螟工作。全校共分三大队，上午5时半，分别出发往徐巷、管社山等处，捕捉螟虫卵块，10时半返校。

6月15日，下午1时半，召开第二十三次校委会议。苏南行署教育处准予展缓本校借款至7月16日归还。

6月16日，准上海申新纺织厂总管理处函，知自5月份起，贴补本校总金额按月5728万元计，约合上海折实单位11015个。

6月17日，函请校董会核示本年度语文系应否招生问题。函请上海申新纺织厂总管理处，迅予发清5、6月份贴补经费余数以解燃眉之急。

6月19日，下午2时，教职员工举行联席座谈会商讨欠薪问题。

6月20日，函开源机器厂洽商本校面粉专修科二年级学生前往暑期实习事。函各面粉厂洽商本校面粉专修科一年级学生前往暑期实习事。

6月21日，上午10时教职员工举行联合大会，商讨欠薪问题，停课2小时。下午2时，召开第二十四次校委会议。会后沈副主委离校赴沪。

6月22日，函申新三厂洽商机械系三年级学生暑期实习事。根据校委会决议，未依限注册同学一律限即日离校布告周知。教职员工会领衔致电北京荣主委，发清欠薪。

6月23日，下午2时，召开第二十五次校委会议。

6月26日，下午政治课时间(汪海粟缺课)，无锡市各界人民代表会议结束，参会代表朱正元、顾惟精、陶奕镇(学生)、黄菖年(学生)在大礼堂作传达报告。函知上海申新纺织厂总管理处无锡申新三厂及茂新一二厂，自本学期起职工子概予半免费优待。

6月27日，教职员工代表朱东润、杨晟、方友鹤、熊振平、唐璜5人前往上海接洽欠薪事宜。

6月27日，下午3时，召集教导长总务长及各系主任座谈，商讨有关教职员考绩及薪给问题。

6月28日，本日校委会议例会，因人数未齐，举行座谈，就学费问题交换意见。

6月29日，成立教育工会江大支会筹委会。

◆7月3日，下午2时，召开第二十六次校委会议。会后朱副主委赴沪协商校务。

7月7日，上午10时半，召开第二十七次校委会议。朱正元主持，报告下学期学费问题在沪与荣主委接洽。学生会提议表决延期大考以便解决本校重大问题案，决议：此项重大问题超出本会权力范围，急需荣主委克日来校负责解决，万一荣主委不能如期来校致影响期考时，全校校委引咎辞职。

7月7日，下午2时，在大礼堂举行员工座谈，由赴沪代表传达在沪经过。

7月8日，下午2时，各单位(教授会、讲助会、职员会、学生会、工友会)举行代表联席会议，经表决，电请荣主委来校解决校务问题。

7月10日，电机系三年级同学发告同学书，主张延期大考，先行解决学校重大问题。员生代表吴锷、杨钧泰赴沪请荣主委来校协商校务。

7月11日，苏南行署文教处邀集本校各校委举行会议，商讨本校问题。

7月12日，呈苏南行署文教处准予展期归还借款。上午10时，召开校委座谈会，12时散会。下午3时续开，商讨大考问题，4时召集各室长及小组长会议，劝导学生参加大考。

7月13日，上午10时，举行教师座谈会，就劝导学生参加大考事项商讨办法。下午1时半，各系主任劝导各系同学参加大考，无效果。

7月14日，接文教处陶处长关于本校学生大考问题的指示函，当即公布指示精神。

7月15日，开始暑假。1949学年度第二学期由于学生坚持先解决学校欠发教职员月薪而后考试，故未举行学期考试。

7月26日，奉苏南行政公署文教处通知，发动教师了解当地地主剥削压迫农民事实并写成报告。

7月30日，荣毅仁来锡，参加苏南行政公署文教处召开的江大问题协商会议。副主委沈立人及朱正元、系主任夏宗辉、夏彦儒、朱宝镛、郭守纯、张泽垚，总务长陆仁寿，学生代表杨钧泰、陶奕镇出席。文教处陶白处长主持。

7月31日，本校校董会发出各教师草聘。本校参加苏南暑期教育研究会教师沈立人、朱宝庸、夏宗辉、夏彦儒、陆仁寿、张勷新、郭会邦、张汝仁、叶尚瑾、朱青山等今日赴苏州报到，至9月10日结束。

◆8月1日，校董会决定在新校务委员会未成立前，组织临时校务协商委员会。聘沈立人为主任委员，朱正元为副主任委员。由各系主任、教导长、总务长以及讲师助教代表1人，职员代表1人，学生代表1人为委员。

8月6日，1950学年度招生在锡、沪、宁、杭四地报名开始，7日截止。报名人数：无锡149人，上海519人，南京122人，杭州23人，共计813人。报名费1万元。

8月9至10日，新生入学考试。各考场为：上海在大同大学，南京在南京大学，杭州在浙江大学，无锡在江苏省无锡师范学校。

8月17日，上午10时，在苏州乐乡饭店召开第一次临时校务协商委员会议，会后除在苏学习人员外均返锡。参加会议的有沈立人、朱宝镛、夏宗辉、夏彦儒、庄智焕、郭守纯、薛汉民、罗聚源、黄书意、张泽垚(张震旦代)、朱正元，主席沈立人。决议9月10日开学，11至12日旧生报到缴费注册，13至16日政治学习，17至19日温课，20到23日老生补考及新生报到。25日起新老生政治学习。各级在10人以下者设法借读或转学。

8月18日，录取新生350人发榜。有227人报到入学。

8月20日，呈请苏南行署文教处迅赐指派本校政治教授兼副教导长及政治助教以便发聘书。

8月20日，函请申新总管理处定每月第二、第四周拨发本校经费。

8月22日，函请大同、震旦、之江、金陵、东吴等高校惠允本校个别系级学生借读或转学。机械三四年级联系之江；数理二三四年级、化工三四年级、机械三四年级联系大同；化工三四年级联系震旦；农艺三四年级联系南通学院；化工三四年级、农艺三四年级联系金大；化工三四年级、数理二三年级联系东吴大学。各系课程依照规定尽量用国文教授为原则。规定学费96个、杂费24个上海折实单位。

8月30日，函请国立南昌大学惠允本校植产系三四年级7人前往借读。9月10日收到同意回复。

8月31日，临时校务协商委员会在苏州举行第三次会议。

◆9月2日，精简职员丁顺荣、李锡赓、孙素一、边绍良、许世珍等5人，工友7人，各发遣散费3个月。

9月6日，聘庄智焕任教导长。

9月11日，华东区行政委员会教育部批示：沈立人为江大校务协商委员会主任委员，准予备案。

9月12日，苏南文教处派视察室主任宋云旗到校，协助推进校务。

9月13日，下午2时半，召开第三次临时校务协商委员会议，开学动员学习事宜。决定18日开始学习动员组织，21日全校正式组织学习。副主任委员朱正元提出辞职。

9月15日，1950学年度第一学期开学。开学后学生会改选，主席蒋德舆、副主席黄菖年、许保庆。函请之江大学，机械三年级学生周川成等7人前往报到，办理借读手续。

9月19日，召开第四次临时校务协商委员会议，讨论本年春季去东北之学生荣兰孙、龚世华、蒋逸静、展国俊、方干卿等5人申请复学问题，决议，蒋逸静同学上学期已注册并办过休学手续，姑准复学，但需参加本校补考，成绩及格则准入二年级，其余四人碍难照准。

9月21日，上午8时，举行全体教师会议，由苏南行署文教处宋云旗科长担任主席并宣讲学习动员实施计划。10时起，在大礼堂举行开学动员大会，由夏宗辉担任主席，宋云旗同志作动员报告。下午全校开始政治学习。

9月25日，上午8时，苏南行政公署副主任刘季平来校出席开学动员委员会议，10时半起在大礼堂对对全校师生讲话。锡山许显谟公宗祠祠董会本学年度循例保送许正名、许世珍、许煜汾等3名，另又增加老生许士颐1名，准予免费入学，明年度减少保送学生1名，以2名为限。

9月27日，刘季平副主任指示：校务协商委员以19人为好(其中学生代表3人)。

9月29日，苏南行政公署教人字414号文批准江大临时校务协商委员会名单：沈立人兼主任委员，朱正元兼副主任委员，委员为庄智焕(教务长)、陆仁寿(总务长)、毕仲翰、张泽垚、夏彦儒、朱宝镛、郭守纯、闻诗、夏宗辉、孙时中(各系科主任)、罗聚源(讲助会主席)、黄书意(职员学习委员会组长教职员学习委员会主席)及薛汉民(学生)等15人。后经协商并经苏南行政公署批准：校务协商委员会由沈立人(主委)、毕仲翰(副主委)、庄焕智、张泽垚、夏宗辉、朱宝镛、夏彦儒、郭守纯、金圣一、金宝光、郭会邦、程瀛章、张震旦、叶尚瑾、沈祖洪、朱祖培、陶奕镇(学生)、邓鸿勋(学生)、蒋凌械(学生)等19人组成。

下午1时，由沈主委在大礼堂作检讨报

告,继请苏南行署文教处乐处长作报告。

本学年度,所有续聘教师之前已由校董会于8月1日签发草聘,兹经批准缮发正式聘书,计有:教导长庄智焕、总务长陆仁寿、管理系主任夏宗辉、电机系主任金宝光、机械系主任夏彦儒、化工系主任张泽垚、植产系主任郭守纯、农产系主任朱宝镛、专任教授周恩久、毕仲翰、郭会邦、胡立猷、程瀛章、张震旦、蒋涤旧、张勖新、苗雨膏、陈陶心;教授兼注册组主任金圣一;副教授兼图书馆主任诸祖荫;兼任教授王鸣歧、邵子民、朱勉均。

增聘沈祖洪、朱祖培为政治教师,余衡之为体育主任,胡锺京为管理系教授,高昌运为语文教授,周修齐、王守泰、金宝桢、顾繁珍、吴大榕为兼任教授。

9月30日,下午举行全体教师会议。

◆10月1日,国庆节放假,上午10时全体师生赴城区参加无锡市大游行。

10月3日,下午7时举行庆祝国庆节暨学习总结联欢晚会。

10月5日,召开第一次校务协商委员会议。14人出席,5人请假。文教处宋云旗讲话。一年级同学开始上课,二三四年级同学温课。

10月9日,本日起至11日止,二三四年级补行学期考试。

10月11日,召开第二次校务协商委员会议。

10月13日,二三四年级开始上课。

10月17日,下午1时半,召开第四次校务协商委员会议,通过1950年度第一学期预算等案。函申请第三纺织厂接洽机械工场承制配件事宜。校务协商委员会发电挽留请辞的毕仲翰。

10月19日,朱正元辞任校务委员会副主委职。

10月20日,江南大学学生组织的江声篮球队成立,在报纸刊发信息,欢迎本市各球队挑战。

10月26日,庆祝校庆,下午6时聚餐吃面,7时起举行文娱晚会,演出京剧等节目。

10月27日,庆祝建校三周年,放假1

篮球队

天。

◆11月8日，召开第三次校务协商委员会议。本学期经文教处批准新聘教职员有：胡锺京、余衡之、高昌运、吴大榕、周修齐、王守泰、金宝桢、顾毓珍、杨善济、韩士元、苏长孙、穆光照、刘天民、沈祖洪、朱祖培、高煜珠、过懋德、费惟庆、吴全年、缪瑞丹、过祖焘、王同煦、马家善、李丛等24人。

11月12日，劝募寒衣60余套，代金400余万元(旧人民币)。

11月13日，奉华东教育部通知，废止入学保证书制度。华东教育部通知，高等学校在目前应以时事学习为中心工作并严格执行中央课改决定。

11月15日，成立科学图书出版社。汤心济任主任秘书。该社直属校董会，经费亦由校董会另拨。

下午1时半，举行校务协商委员会扩大会议，请全体教授、工筹会、学生会及青年团代表出席，讨论展开时事教育问题。会上决定成立时事教育委员会，负责计划、推动与检查工作。

11月16日，下午3时，举行时事教育委员会议，拟定时事学习实施办法。

11月中旬，《工管》半月刊创刊号出版，由系内教授与同学执笔，几十篇文章对工业管理诸方面，均有探讨。

11月17日，新民主主义青年团江大团支部建团一周年纪念。举行新团员入团宣誓仪式，举办文艺晚会。

11月18日，呈函苏南行署文教处，请准予学校展期归还所借款2000无锡折实单位。

11月20日起，江南大学时事学习开始，预定两星期完成(后延至三周)。经校务协商委员会扩大会议协商，正式决定每周一到周四下午停课举行，余时照常授课。本日下午1时半，请苏南日报总编辑马达同志在大礼堂作时事报告。学校邀请新华书店每周来校售书。

11月21日，下午各学习小组讨论，教师参加指导。

11月22日，下午1时半，请高昌运教授报告美国侵华简史。

11月23日，下午1时半，请蒋涤旧教授报告美帝种族歧视情形。

11月24日，函请本校校董会，照顾同人生活取消工薪折扣。呈报华东教育部本校展开时事学习情况。向苏南文教处呈报本校时事学习第一次汇报。下午1时半，召开第五次校务协商委员会议。

11月25日，经机械系主任夏彦儒及工

场主任方友鹤等数月努力，江南大学机械实习工场建成，举行落成典礼，各界来宾30余人参加。沈立人主委主持开车仪式。实习工场现有设备：车床5部，钻床、刨床各2部，铣床1部，柴油引擎1座，以及锻木工、钳工、铸工等设备若干。

11月27日，薛焕曾同学向学校捐赠《古今图书集成》1部，计20木箱。学校给予免缴学费三个学期奖励。时事学习第二阶段开始，请无锡市党委宣传部长陈野萍同志来校作时事报告。

11月28日，下午各学习小组讨论，教师参加指导。

11月29日，下午2时，各系大组讨论，教师参加指导。

11月30日，下午1时，朱宝镛教授报告"所谓美国"。

◆12月4日，下午1时半，留美返国工程师夏煦报告"美国最近概况"。

12月5日，下午1时半，夏彦儒、胡锺京两教授报告"美国暴行及对时事学习的看法"。

12月6日，下午1时半，文教学院胡焕庭教授报告"文教学院时事教育开展情况"。

12月7日，下午1时半，苏南区党委宣传部长汪海粟报告"我的革命前后及对时政学习意见"。

呈报华东教育部、苏南文教处本校11月份综合报告各一份。汪涛、陈志明两同学首先响应人民政府号召，报名参加中国人民解放军军事干部学校。

12月8日晚，江南大学举行"一二·九"纪念大会，全校500多名同学参加。

12月9日，百余名学生在5时天未亮前就步行入城，参加市学联举办的"一二·九"纪念大会，愤怒控诉美帝各种侵略罪行。会上金陵大学与金陵女子大学两名同学向大会控诉美籍教授罪行。下午2时许，参加在火车站广场举行的庆祝平壤解放大会。向苏南文教处汇报第三周时事学习情况。

12月10日，经朱宝镛教授建议，中央人民政府教育部批准：农产制造系改名为食品工业系。

12月11日，本校教授前往无锡市教育工会听行署副主任刘季平报告，各课暂停。

12月12日，本日下午各系级开展本学期减免费评议工作。28日本学期减免费评议工作接近完成，公布全部减免学费学生名单以征求意见。下学期减免费申请自28

日开始至次年1月10日止。

12月13日，下午1时半，召开第六次校务协商委员会议。

12月14日上午，召开校务协商委员会扩大会议，全体教职员及同学代表出席。成立宣传委员会江大支会，沈立人为主任委员，毕仲翰杨钧泰为副主任委员。下设学习、宣教、组织、总务四部，各部委员7人。各部召集人：学习部胡锺京、宣教部黄书意、组织部张泽垚、总务部陆仁寿。

下午，学校举行庆祝朝鲜平壤解放及抗美援朝保家卫国宣传委员会江大支会成立大会。

12月15日，公立文教学院同学60余人来校访问，下午1时起举行控诉大会，文教学院朱教授报告美国侵略史实。5时起举办文娱晚会。

12月16日，全市1万多名大中小学师生举行抗美援朝游行。江南大学全校师生天一亮就开始动身，由小箕山步行十多公里到城里参加游行。

12月19日，上午9时，周惠久作报告"原子弹"。通过短短几天准备，各系级排演了短小通俗节目，下午分赴附近乡村宣传，颇受农民欢迎。

12月20日，下午1时，梅园乡人民政府借本乡大饭厅举行农民斗争大会。下午8时，教导长庄智焕病逝于上海中山医院。

12月21日，上午9时，举行荣一心先生逝世两周年纪念会。下午1时半，苏南文教处陶白副处长来校报告。

12月23日，学生宣传队下乡宣传时事。下午江大话剧社、江社(京剧)为捐献飞机、大炮联合举办两场义演，演出时事讽刺新型京剧《纸老虎》。此外还参加劝募寒衣活动。

12月26日，成立军事干校保送委员会，即日起学生开始报名。

本年度学生561人，教师72人(其中专任53人、兼任19人。具体来讲，教授：专任22人、兼任13人；副教授：专任5人、兼任3人；讲师：专任2人、兼任1人；教员：专任2人、兼任2人；助教专任22人)，职员22人，工友59人。领导关系为华东教育部与苏南行政公署……每月总计26320上海折实单位(1单位等于5000元人民币)，其中教学行政费7020，教师工资14297，职工工资5003。经费来源：校董会每月贴补18000个上海折实单位，其他由学杂费收入补充。

1951年

◆1月4日，成立欢送参加军事干校同学筹委会。荣毅仁来电欢送参加军事干校同学。

1月8日，参加军事干校录取名单公布。陶奕镇等13名同学被录取。当晚举行祝贺会，当报喜队将录取人员名单送入会场由主席团宣读时，同学们都把被录取人高举起来鼓掌欢呼，口号响成一片。接着由大会秘书处宣读贺辞，录取代表致答辞，江社演出京剧《新花木兰》。

1月9日，本日停课。上午各系开惜别会。下午2时起，在大礼堂举行欢送参干同学光荣大会。晚上举行联欢会，表演文娱节目。

1月10日，下午1时，召开第七次校协委会议。

1月16日，中国教育工会江大委员会成立。上午9时起举行成立典礼，选出首届委员11人，中午会餐后合影纪念。

1月17日，下午1时，召开第八次校协委会议。

1月18日，下午1时，召开第九次校协委会议。决定月薪七五折取消。

1月19日，下午1时，召开第十次校协委会议。

1月20日，呈送文教处本校同学属于地主成分调查表67份。

1月21日，沈主委偕同校委代表夏宗辉、工会代表罗聚源赴沪与荣毅仁校董洽商增加预算事宜。23号返校，洽商无结果。

1月23日，学期考试开始，各系级同学集中礼堂进行。27日下午考试结束。

本校梅园卡家湾平田八分被没收，函请梅园乡政府予以照顾，允许学校收回自种以利教育。

1月26日，下午1时，召开第十一次校协委会议。

1月28日，本学期结束，开始寒假。

◆2月2日，函呈苏南人民行政公署文教处，请求改行政领导为校长制。

2月4日，化工系四年级同学9人，由教授张震旦率领前往浙江大学借设备做化工试验，10日返校。

2月17日，机械三四年级及化工三年级同学继续借读之江、东吴两校。本日汇寄两校贴补经费。

2月19日，新聘教导长骆美轮到校。本日开学。

2月20日，夏宗辉辞任代副教导长职务。聘胡锺京兼代副教导长。

2月21日，下午1时，召开第十二次校协委会议。

2月27日，上午9时，在大礼堂补行开学典礼。

2月28日，1950学年度第二学期开始上课。

◆3月3日，发清上学期7月份欠薪。

3月3日，上午9时，举行系科主任会议，商讨执行50学时制度等案。

3月8日，中午12时半，召开教师扩大会议，由沈主委传达苏联专家教育报告。下午1时半，政治讲座，请无锡市青年团市委宣传科长王娟作当前形势报告。

3月9日，华东教育部同意江南大学行政领导改为校长制。

3月10日，参干同学费定一中途脱离航校来校申请复学，经公开坦白，举行检讨大会；后根据多数同学反映，准予其留校察看一学期，并报请苏南行署文教处核备。

3月15日，召开全校师生员工大会，控诉日本帝国主义暴行，反对美帝国主义新阴谋。邀请无锡市两位受日本毒害的居民进行控诉，全场义愤填膺；接着由两位同学、一位教师上台控诉；后各系分别提出保证，如"捐献子弹，写慰问信，上好政治课，响应政府及学校一切号召"，等等。沈立人、罗聚源、黄书意、刘天民等先生表示每月捐款5万元或每天捐一粒子弹直到把美帝赶出朝鲜为止。

3月26日，无锡市教育工作者示威游行，全校员工除必要留守人员外，都前往参加。在游行大会上通过了无锡市教育工作者爱国公约。

3月，发起救济朝鲜难民和"一人一信"运动，慰问中朝人民前线部队，各小组立刻掀起了热烈挑战劲头。职员黄书意捐献金戒指一枚及人民币2万元，又每月捐献5万元。沈立人、刘天民两先生认捐每天一颗子弹，至朝鲜战争结束为止。一工友小组捐出6万4千元。教职员共捐献90余万元，慰问信数百封。

3月起，95%以上师生参加早操。并规定每天下午5时20分至6时20分全体同学都要去操场参加活动。

◆4月12日，按中央教育部颁布高等学校规程，校董会呈准教育部，学校领导体制改为校长制，聘沈立人为校长，并兼新组建校务委员会主委。

4月15日，全校师生员工进城欢迎志愿军归国代表，鹄立雨中数小时，听取代表报告。

333

4月17日，骆美轮教导长出席华东区教育部高校教务长、工学院院长座谈会。会后，根据会议精神，制定了我校各系重点，调整课程和发展方向。

4月22日，参加公审特务邵舜根大会。

4月23日，举行学校第一届运动大会。

4月24日，听取刘季平主任的报告。

4月25日，学校工会通过爱国公约，晚上全校师生举行"缔结五大国和平公约"签名及投票"反对美帝单独对日媾和"。

4月25—26日，全校师生员工集中在荣巷、梅园与本部三处，晚上收听电台为庆祝五一劳动节举行的一个广播大会。

4月26日，举行校长、新任校务委员会委员及学生会执行委员就职典礼，全校师生员工600余人参加。

4月27日，举行庆祝校长、新任校务委员会委员及学生会执行委员就职文娱晚会，晚会内容以反特为中心，吸引了附近群众前来观看。

4月28日，晚由冬防委员会、学生纠察队、生辅组就当日下午于中立同学因反革命案被捕召开全体同学大会(因周六教职员参加很少)，说明于中立被捕原因及经过，且号召同学们提高警惕，协助政府做好"反特"工作。

◆5月4日，江大校刊《江大生活》发行创刊号，月刊，每期八开两版，售价400元一份。报头由沈立人校长题字(至学校撤并止共出16期)。

5月起，一二年级体育课改为每周2小时，三四年级每周1小时。均为必修。

5月11～13日，原定本学期月考2次，考虑办学实际情况，经请求政府，决定改为期中考试。各系级都集中在大礼堂考试，沈校长正副教务长及各科教师监考。

5月16日，新成立的校务委员会召开第一次会议。议定：将面粉专修科并入食品工业系，不再单独设立；一年级学生可转入其他系。

5月17日，成立肃反委员会。成立大会上分别由公安局风景区分局局长作报告及文教学院同学控诉。当天早上学校发生镇压反革命标语被撕事件。学校组建学生巡逻队，保卫学校治安。

5月22日，校务委员会第二次会议，讨论精简课程事件，国文一课经请示文教处，决定精简。

5月份，沈校长因第一届学生即将毕业，为了让他们早日接触社会做好踏上工作岗位准备，提议进行一次社会参观。荣毅仁很关心，建议参观治淮工程。同学们热烈响应，成立了江南大学1951年级治淮工程参观团。杨钧泰和冯锡章为正副团长，刘天民老师为顾问，一行50多人于5月20日动身，乘火车去蚌埠，受到治淮工程指挥部接待。

◆6月1日，开展抗美援朝爱国主义教育及政治思想教育运动。

6月6日，校务委员会第三次会议，议定：本届毕业同学积欠学杂费者为数颇多，在毕业前必须缴清。本学期以前欠费者在毕业后半年内必须先还清2石米，其余尾欠须毕业后年内缴清，未缴清欠费前毕业文凭暂缓发给。

6月7日，校务委员会第三次会议继续讨论。本校校董会现已改组就绪，原定校董名额15位，先暂定10位，其余5位以后补充。人选如下：董事长荣德生，副董事长钱孙卿、荣毅仁；董事吴中一、汪君良、陈品三、秦德芳、荣鄂生、郑翔德、顾毓琇。

6月14日，举行师生员工代表大会，订爱国公约，内容有：一、拥护毛主席、拥护中国共产党、拥护共同纲领、拥护中央人民政府、拥护中国人民解放军。二、以实际行动全力支援中朝人民军队，完成抗美援朝保家卫国的伟大任务。三、坚决反对美帝对日片面媾和及重新武装日本，为保卫世界和平而奋斗……

6月15日，举行全校师生员工团结晚会，主席宣读爱国公约。全校掀起捐献飞机大炮热潮，沈校长带头捐献120万元，全校一次捐款5075000元，学生会号召同学一人1万元运动，教职员工多订立计划，以增产或节约认捐每人每月一日所得，除第一次捐献不计外，从7月份起连续6个月，更有部分员工认捐至朝鲜战争结束及台湾解放为止。

6月16日，全校师生员工举行欢送1951届毕业同学晚会。附近驻军、土物产展览会干部、农民兄弟都来观看。

6月16—17日，江南大学与同济、复旦、沪江、光华5所大学在同济举行联合体育大会，本校代表15人参加。

6月27日，开始毕业考试。29日结束。

6月30日下午，举行首届毕业生毕业典礼。毕业学生107人。钱孙卿副董事长、沈立人校长在会上讲话。华东教育部曹未风处长、苏南文教处陶白处长到会祝贺。校董吴中一宣读荣毅仁副董事长发来的贺词，勉励同学们服从国家统一分配，努力为人民服务，担负起建设新中国的重任。学生代表蒋凌棫致词。会后合影留念。当晚，全体教职员工和毕业生聚餐。

江大学生在社桥苏南文化教育学院参加毕业学习时留影

毕业联欢会(1951)

6月，首届毕业生与苏南地区其他高校应届毕业生一起集中在苏南社会教育学院学习，接受服从国家统一分配教育。学习结束，宣布分配名单，江大107名毕业生，102人服从统一分配。他们在保证书上这样写："我们坚决保证服从政府统一分配，并自觉自愿地保证做到：一、不强调个人兴趣；二、不限地域远近；三、不计待遇高低；四、不择工作性质。"

◆7月1日，上午8时，全体师生在大礼堂举行庆祝中国共产党诞生30周年大会。大会主席是学生邓鸿勋。工会代表罗聚源、民主建国会代表沈立人、青年团员王振之先后发言。

7月2日，开始期末大考。

7月上旬，举行参加军干校保送委员会成立大会与报名决心大会。

7月15日，在大礼堂举行欢送大会，沈立人校长宣读参军同学姓名——空军(高筠时、费名云、王维骅、楼世佳)，海军(启铃、林文德、钱振声)，通讯(沈孝伟)。

7月20日，星期天，在城中公园召开留锡实习同学座谈会。

7月21日，1951年江苏省高等学校毕业生暑期学习班在无锡文教学院开始报到。参加集中学习的包括南通学院、文教院、苏工专、东吴、苏州美专、正则艺专、江大7校，共400余人，江大105人。8月17日，结业典礼上宣布分配工作方案。

7月31至8月29日，苏南行署文教处在学前街无锡市中举行第三次暑期研究会，参加学习的江大教师32人、职员4人、学生代表2人。

7月，由面粉专修科师生编辑的《面粉通讯》季刊出版发行。荣毅仁题写刊名并撰写《发刊词》。他指出："这不但是我们学校的一本宝贵刊物,在国内学术界也是不可多得的。对于面粉工业将来的发展,更会有相当的贡献。"

7月,应届毕业生纪念刊物《江南大学一九五一年年刊》出版,赵正清同学任主编。政务院副总理黄炎培,政务院副总理、中国科学院院长郭沫若等为年刊题词,教育部部长马叙伦题写刊名。荣德生题词:"在校求得实学,毕业后到国家社会上向实用而努力。今为毕业诸同学贺前程无限!"

◆8月1日,无锡市干部训练班正式开学,江大14名学生参加学习。

8月5日,在城中公园召开留锡实习同学第二次座谈会。

8月,朱良才等5名学生参加苏南区夏令营。

第二院梅园读书处装修改建为学校教职员宿舍,并将梅园乐农别墅借用为教职员宿舍。

8月中旬,郭会邦教授赴京参加教育部暑期理工学院基本课程研究会。

◆9月12日,1951学年度第一学期新生开学。本年度录取新生207名,实际报到注册143名。本学期学杂各费仍为学费96个上海折实单位,杂费24个上海折实单位,讲义费及损失准备金各3个上海折实单位(多退少补),代收学生会会费1个上海折实单位,实验费各系另订,膳食仍由同学办理,约为每月9个无锡折实单位。

《江大生活》报道:我校参加统招,分配同学为42名,继呈准教育部自行于8月17、18日两天个别招生一次,此次报考人数上海278人,无锡68人,南京39人,27日全部招生工作结束,计上海区报到110名,无锡区32人,南京区尚未结束。到目前为止,报到人数为201名。

9月16日,老生报到注册。

9月20日,正式上课。

9月,中国新民主主义青年团江南大学总支委员会成立。尤新任团总支书记,龚炳铮任副书记。

◆10月24日,校务委员会第五次会

江南大学消费供应社第二届全体工作同志留影(1951.7.11)

江南大学足球队（左）、排球队

议召开，出席沈立人、王叔良、龚炳铮、朱宝镛、章善宝、陆仁寿、金圣一、骆美轮、张泽垚、夏宗辉、罗聚源、夏彦儒、郭守纯、诸祖荫、许冠仁、黄书意。列席：许雍圻。会议决定，根据华东教育部六月七日指示，本校组织大纲第一章总则第二条应更改为：本校遵照中国人民政治协商会议共同纲领……培养具有高深文化水平掌握现代科学的成就和技术，全心全意为人民服务的高级工农建设人才为任务。通过《教职员工宿舍分配暂行办法》，规定单身（不带家眷者）员工，本校必须供给其宿舍，每间所住人数定为教授一人，副教授或讲师2人，助教或职员3人，工友6人（依房屋大小，并得酌量增减）。

10月27日，庆祝建校四周年，上午开纪念会，沈立人校长讲话。下午体育活动，邀约申新三厂、苏南日报、市女中的篮球队、排球队、足球队举行友谊比赛。晚上举行晚会。

10月，科学图书出版社并入本校组织范围内。本年度共出版专著3部，即王守泰著《汽轮机》、张勋新著《西瓜栽培法》《果树繁殖法》。

◆11月14日，成立学习委员会，沈立人校长为主任委员。

11月17日，成立经费委员会，沈立人校长为主任委员。

11月内，调整教职工底薪，提高工资待遇，90%以上教职员工均获加薪。

◆12月18日，成立增产节约委员会。

本学期增设俄语课。因超过每周50学时规定，修改教学计划。

1952年

◆1月9日,修正通过《增产节约实施办法》。

1月10日,召开学校党团、行政、工会、学生会联席会议,讨论学校工作。

1月11日,无锡市节约检查委员会成立,并举行第一次会议,决定发动全市人民投入"三反""五反"运动。江大学生会为配合运动开展,进行广泛宣传。

1月15日,沈立人校长在《苏南日报》发文:"就以我们学校的具体情况来说,虽比过去有些进步,可是在教师中还相当严重的存在着忽视政治的倾向,单纯的技术观点,缺乏全心全意为人民服务的思想和办好学校的信心,还浓厚的存在着个人主义的思想。"

寒假留校同学组织广播组,将播音机由学校迁到市中心钟楼,27日起,每天上午10:30~12:00,下午13:00~14:30播音,以此支持"三反""五反"斗争。

◆2月7日,本日开学,8日与9日补考,10日与11日缴费注册,12日正式上课。学费96个上海折实单位,杂宿费24个上海折实单位,讲义费及损失赔偿费各3个上海折实单位(学期终了时多退少补),此外还代收学生会会费1个上海折实单位,实验费各系另订,膳费归各膳管会管理。

2月25日,下午2时,中国人民志愿军归国代表团、朝鲜人民访华代表团华东分团来校报告,同学们冒雨在校门口迎接。

2月,骆美轮请辞教导长职务,由注册主任金圣一兼代。

2月29日,本校马克思列宁主义与中国革命实践相结合的毛泽东思想学习委员会成立,召开第一次全体委员会议,委员由协商产生,来自党团、行政、工会、学生会,共15人,学习委员会主任由苏南文教处特派杨达依担任。决定每周四、五下午为全校师生学习时间。

◆3月,1951学年度第二学期开学。学生会改选。王叔良任主席。

3月4日,晚上学习委员会召开了第二次委员会议。

3月22日,全校大会,杨达依作报告,以"三反"为起点的思想改造运动在本校正式开展。

3月23~29日,全校第一次月考。

◆4月3~5日,放春假3天。

◆5月1日,国际劳动节,上午全校师生集会,由杨达依作报告,下午全校师生员工进行大扫除。

5月2日,期中考试开始举行。

5月4日，举行庆祝五四青年节大联欢。

5月6日，校务会议第八次会议，本学期同学欠学费甚巨，影响本校经费预算。

5月7日，《江大生活》创刊周年纪念号(13期)出版。

5月8日，美帝国主义进行细菌战，全校师生进行防疫学习。全校三年级应届毕业同学举行统配填表大会，98%的同学表示无条件服从统一分配。

5月12日，化三、食三等班级同学分赴各地工厂实习。5月16日，文娱部举办本学期全校第二次文娱晚会。

5月22日，本校"三反"学习正式开始，杨达侬作动员报告。

5月23日，全校师生员工小组酝酿"三反"检查。

5月24日，晚上8时，在校大礼堂江大同学与全市大中学校同学代表团举行"五二四"四周年纪念大会。

5月25日，全校师生员工利用周日，组织6个卫生防疫队，到本校附近6个行政村，向村民做防疫宣传。

5月27日，全校师生通过互助活动酝酿"三反"检查。

5月28日，无锡市委宣传部长陈野苹来校向全校师生作报告。

5月29日，全校师生继续小组酝酿"三反"检查。

5月30日，全校同学开始全面"三反"检查。

5月31日，《江大生活》邀请高昌运等师生举行"三反座谈会"。

5月，全国高等学校进行院系调整，取消私立大学。华东区教育部决定：江大电机系、机械系、化工系、工业管理系、食品工业系3年级学生全部于本年暑假提前毕业；原三年制面粉专修科2年级学生，同时提前毕业。应届毕业生和提前毕业生共217人，于7月份由国家统一分配工作。

◆6月22～28日，学期考试。

◆7月1日，学期结束，暑假开始。

7月14日，各系四年级和面专三年级应届毕业同学开始为期3周的统配学习。每期学习分两阶段进行，第一阶段是爱国主义和革命人生观教育；第二阶段是民主鉴定。

7月15日，苏南教育处陶白处长来校作华东区高等学校院系调整情况的报告。

7月29日，江大校董会董事长荣德生病逝，沈立人校长及部分教工、学生前往吊唁。

7月下旬，校长沈立人赴沪出席华东区高等学校院系调整委员会会议。公布华

江南大学《江大生活》出版委员会全体工作人员留影(1952.7)

东区高校院系调整方案和有关文件。私立江南大学撤销，调整方案为：工业管理系调整到上海财经学院(今上海财经大学)；化工系调整到华东化工学院(今华东理工大学)；数理系调整到苏南师范学院(后改名江苏师范学院，今苏州大学)；农艺系调整到苏北农学院(后改为江苏农学院，今扬州大学)；机械系、电机系、食品工业系调整到南京工学院(今东南大学)。1950年和1951年江大招收的学生分别转入有关院校继续学习。校本部档案和图书资料等转入苏州江苏师范学院，有关江南大学后续未了事宜，如学生学历证明等，都由江苏师范学院代为办理。

◆8月14日，各系三年级提前毕业同学和镇江江苏医学院同学共172人集中在江大开始11天的统配学习。本校应届毕业与提前毕业学生207人。

8月19日，江南大学提前毕业同学致信毛主席。

8月22日，江南大学调整委员会成立。下设各组主持日常工作。各系科设调整小组，由系主任、教授和同学代表3至7人组成，系主任任组长。沈立人校长任学校调整委员会主任兼办公室主任，王守泰、蒋凌械任办公室副主任。调整工作全面展开。各校与外间联系颇为频繁，如江南大学化工系张泽垚主任出席了华东化工学院建校筹备小组会，农场主任金宏度去苏北了解了苏北农学院建院情况，食品工业系朱宝镛主任、机械系霍少成教授与南京大学工学院联系。上海财经学院也来人了解江南大学工业管理系情况。

7月至8月，根据中央和华东对今年高校毕业生进行服从统配思想教育的指示，7、8两月分别于苏州、无锡两地举办三期暑期学习班，计工专、蚕专、美专一期，23天；江大应届毕业生一期，3星期；江大提前毕业生和江苏医学院应届毕业生一期，11天。每期学习分两个阶段进行，第一阶段是爱国主义和革命人生观教育；第二阶段是民主鉴定。

8月，工会举办俄文学习班，部分教师参加。

江南大学后湾山校舍

◆9月1日,江大校刊《江大生活》出版最后一期,此期刊有休刊语,共出版16期。为毕业留念,校刊特出《江大生活》画刊,零售价每份1000元。《江大生活》报每份400元。

统配工作开始,进行六七天统配思想教育。

9月7日、8日各校先后宣布华东批准的统一分配工作名单。江南大学有1人未能服从分配。

9月上旬,调出设备、资料、图书等,分别装箱,发运到相关单位。

9月下旬,后湾山校舍被无锡市政府用作招待所接待外宾。尚未离校师生员工迁移到梅园,继续完成调整的善后工作。

9月27日,宣布教职员工调配名单,陆续离校,到各新单位报到。除公共课教师外,其他教师按随系调整原则,照顾各人志愿。职员中个别同志因家庭人口多、负担较重,被调到中等学校后经济上出现困难而导致情绪波动,但经过教育还是接受了新的岗位。工友极大部分分配在华东艺专。

◆1952年10月29日,江南大学调整委员会对院系调整工作作出总结。私立江南大学停办。

主要参考文献

[1]陈钊.左右之争与大学校政:陈立夫、徐诵明与西北联大法商学院的整顿[J].抗日战争研究,2018(1).

[2]董国强.江苏地区私立小学的改造与接收(1949~1956)[J].中共党史研究,2013(1).

[3]丁乙."党国视角"、知识生产与地方性经验——"民国大学史"研究的新动向及其反思[J].教育学报,2019(5).

[4]黄俊伟.公共记忆中的民国大学[J].现代大学教育,2012(4).

[5]蒋宝麟.中国大学史的研究取向与方法//王健.中国史理论前沿[M].上海社会科学院出版社,2016.

[6]刘超.中国大学的去向——基于民国大学史的观察[J].开放时代,2009(1).

[7]刘建平.一九五〇年"辅仁大学事件"历史考察[J].中共党史研究,2014(2).

[8]梁晨.民国国立大学教师兼课研究——以北京大学、清华大学为例[J].南京大学学报,2011(3).

[9]桑兵.大学与近代中国——栏目解说[J].中山大学学报,2010(1).

[10]沈卫威.现代大学的两大学统——以民国时期的北京大学、东南大学—中央大学为主线考察[J].学术月刊,2010(1).

[11]唐小兵.民国政治的真谛——读《两岸新编中国近代史·民国卷》[J].读书,2017(4).

[12]田正平,潘文鸯.关于大学史研究的若干思考[J].社会科学战线,2018(2).

[13]王海光.苏南土改往事[J].同舟共进,2016(11).

[14]王奇生.战时大学校园中的国民党:以西南联大为中心[J].历史研究,2006(4).

[15]王晴佳.学潮与教授:抗战前后政治与学术互动的一个考察[J].历史研究,2005(4).

[16]王健文.校史叙事观点的再思考[J].新史学,2003(3).

[17]谢泳.中国现代大学的"制度设计"//杨东平.大学之道[M].上海:文汇出版社,2003.

[18]杨奎松.建国前后中国共产党对资产阶级政策的演变[J].近代史研究,2006(2).

[19]赵晋.中共建政之初私营工商业的困境——以刘鸿生章华毛纺公司为个案的考察[J].史林,2013(5).

[20]朱庆葆.国际视野与本土情怀:民国高等教育的转折与演变[J].学海,2014(6).

后 记

今年恰逢私立江南大学结束70周年,套用《沪上名校——百年大同研究(1912~2012)》熊月之先生序言[①]:如果私立江南大学一直存在,这株幼苗在太湖之滨必长成一棵参天大树,校园建筑会在时间洗涤下变得沧桑而有底蕴,无锡高等教育在全国的位置也会大不一样。历史没有假设,历史研究可以有假设。

"历史学的生命在于具体。我本来希望这篇文章写得更'细节化'一些,比如说,在哪一次集会上,都有哪些人说了什么话?他是用什么样的口气或者带着什么样的情绪表达他的意见的?对此,其他人做何反应?他们争论的具体过程如何?诸如此类。我希望能够通过这些细节化的描述,使我们对历史的认知也更细致一点。但是,仍然由于资料遗存的限制,我们看到的往往只是会议的决议或结果,细节被抹掉了。"[②]王东杰在其研究四川大学的博士学位论文中,曾这样感喟,笔者对此心有戚戚焉。唯有充满细节的叙事,才能让历史由静而动,由死而活;可资料短缺使专业史学丧失了细节,如今专业史书多见事不见人,由是真真假假的大众史学以其大量虚拟对话、活灵活现的情节占据了图书市场。

"不少国家大体上都开始出现三个层次的历史叙事。一是强调国家意识形态且主要着眼于爱国主义的主流叙事;二是着眼于学术标准的专业叙事;三是传播于报刊网络、反映着社会不同声音的大众叙事。此三者虽然相互影响,互有交叉,同时也各有各的目的、作用及存在的空间。如果说当下存在'史学危机'的话,至少进至20世纪末以来,恐怕最重要的还不是什么后现代史学，而是大众史学叙事的兴起，以及它们对主流叙事的颠覆和专业史学自身的分化。"③

在众多校史研究成果中，拙著一大特点在于细节呈现。上海市博物馆、江苏省档案馆、无锡市档案馆、苏州大学档案馆保存的私立江南大学档案资料——包括个人书信、会议记录、总结报告，还有相关回忆录、文集等，为本书提供了必不可少的信息支撑。

与在实验室或家中完成学术成果的学人不同，现当代史研究者在跑资料的过程中都需要借助各种人脉、各种资源。这里仅录笔者一部分流水账：

2017年9月8日，赴城北仁和家园，江南大学退休教授、荣氏研究资深专家陈文源先生提供部分荣德生资料电子版。28日，在新梁溪人家，采访私立江南大学毕业生邓寿奎，邓老88岁，曾参与《江大生活》报编辑。

11月29日下午，在梁青路阳光嘉园采访私立江南大学毕业生吴祖伦，吴老86岁，记忆力已衰退。

11月30日，江南大学社会资源处窦新华副处长送《私立江南大学七十年老校友回忆录》(自印本)。无锡市档案局档案利用处江剑萍处长提供2份档案资料。

12月1日，江南大学教师工作部张海峰副部长帮助借阅相关图书。12月5日，经江南大学人文学院于书娟博士帮忙，获得北京师范大学刘家和宅电，电话采访刘家和40分钟。刘先生今年89岁，记忆力惊人。从电话中得知与在下有过一面之缘、曾就读私立江南大学、后在北京大学中文系工作的陆颖华老师已成植物人，甚感悲哀。

12月21日，同研究生王思源一起去苏州档案局，得到沈慧英副局长相助，打印了几份材料。12日22日，去市中心后西溪无锡市方志馆找资料，得到龚伟处长与周建军副处长相助。

12月25—26日，到江苏省档案馆、中国第二历史档案馆、南京图书馆查资料，得到正

---

① 熊月之序//盛雅萍主编：《沪上名校——百年大同研究(1912~2012)，上海辞书出版社，2012年，第14页。
② 王东杰：《政治、社会与文化视野下的大学国立化：以四川大学为例(1925~1939)》，四川大学博士学位论文，2002年，第6页。
③ 杨奎松：《如何认识历史人物的"历史问题"——以美国夏洛茨维尔事件和美国"改写历史"风波为中心》，《史学月刊》2018年第10期。

在南京大学读研的解修东与叶新华相助。12月28日，到常州图书馆查资料，没有收获。

2018年1月3日，早起冒雨到上海，在同济大学出版社陈立群联系与陪同下，到陆家浜小区拜访江南大学老校友、曾任华东理工大学党委书记的蒋凌械，蒋老时年88岁。下午打车20元去外滩上海市档案馆，见到诸多私立江南大学资料。晚上6点离开外滩，回到家近9点。1月10日，经江南大学人文学院蒋明宏教授牵线，认识上海市档案馆彭晓亮，其后晓亮兄予我莫大支持。1月16日，得到江南大学图书馆顾烨青兄相助，获唐君毅全集部分PDF版；得到台湾东海大学李权财博士相助，看《唐君毅日记》(台湾版)。1月17日，经无锡市史志档案馆副馆长顾必成牵线，得到市政协文史委袁彬彬主任、陈建良处长帮助，借阅政协未刊印老资料。2月12日，得到在安庆打零工的堂弟汪怀胜帮助，把部分档案资料转成Word文本。

3月1日，到团结中路无锡一棉纺织集团有限公司查档，得到党办主任达人与方巳娟、王玮的帮助。4月1日，在无锡市图书馆查阅民国地方报刊，得工作人员朱刚、章虹、孟明锋提供诸多方便。5月3日，江南大学人文学院徐协老师帮助联系定居美国的章建，借助她查找其亲戚章渊若资料。

2019年3月20日，请托江南大学北美学院党委书记陈琳博士在北京教育部办公厅档案处，帮助查阅私立江南大学档案。5月22日，江南大学图书馆副馆长蒋新送《私立江南大学1951年纪念册》电子本。7月2日，无锡梁溪荣氏研究会荣华源老师赠送《私立江南大学教育工会》电子版。

2020年1月26日，请托东海大学博士李权财帮助搜集章渊若图片。2月15日，请托苏州藏书家何文斌帮助搜集金圣一等资料。5月15日，江南大学档案馆闻心洁老师提供部分档案与图片。12月10日，在《北京师范大学学报》主编蒋重跃陪同下，去北师大校园拜见92岁高龄的刘家和先生，先生与师母在京城一家素餐厅举办午宴。刘家和先生天生喜素。这是我第一次见师母，也是最后一次。

这些流水账反映的不是笔者寻找资料的艰辛，而是众多前辈与师友对鄙人的无私支持，借此机会，再次对那些予我以支持的师友致以最衷心的感谢！

在私立江南大学短短5载的生命历程中，最为曲折的是1950年。笔者所撰论文《一所资办私立大学在政权更替之际的困境与应对——以1950年江南大学为例》荣幸入选华东师范大学社会主义历史与文献研究院中国当代史研究中心举办的"中华人民共和国建国史研究(1945～1954)"学术研讨会(2021年10月23-24日),并得到华东师范大学刘建平副教授、赵晋副教授与上海社科院历史所蒋宝麟副研究员大力斧正,上海大学历史系蒋华杰副教授为拙文完善投入宝贵时间,耗费大量心血。这批学术新秀凭借个人天赋与扎实的学术训练,打开了一片崭新学术天地,其功力远在笔者之上。毕业于北京大学历史系的陈少卿博士告知夏济安书信信息,为拙著写作增添了新素材,与少卿散步一席谈,令我对名师名校有了更高认同。

南京大学历史系研究生解修东、皖西学院工会主席徐开忠、江南大学马克思主义学院郑宇副教授、好基友王金根兄、法学院方慧慧同学通校书稿,大大减少了拙著硬伤,使文字更严谨流畅;研究生蔡平娟帮忙整理参考文献、编排目录,减轻笔者负担;南京师范大学历史系经盛鸿教授、江苏省社科院历史所叶扬兵所长、华南师范大学历史系周孜正博士、《关东学刊》主编谢小萌、无锡市档案局汤可可局长、滨湖区政协钱江调研员、江苏科技大学张家港校区王兴亮博士、江南大学党委宣传部倪松涛部长、马克思主义学院李凤梅书记、社会科学处王建华处长、法学院王君柏院长、商学院浦徐进院长、人文学院徐兴海院长、杨晖院长与刘桂秋先生及庄若江教授、设计学院代福平博士及无锡报业集团朱重阳主任、无锡市委宣传部李跃光处长、教育部政策法规司法制办公室翟刚学处长等都予拙著的写作提供了鼓励与支持,我深为感念。民间收藏家顾群涛、荣巷古镇历史文化研究会荣华源会长、江南大学设计学院王俊老师提供的老照片为拙著增加了亮色,在此一并致谢。

私立江南大学与战后无锡商会有着千丝万缕的关系,商会会长钱孙卿先生曾任私立江南大学副董事长。本书也是国家社科基金一般项目"抗战后无锡商会档案的整理与研究(1945～1949)"(20BZS095,项目主持人:周孜正)的阶段性成果。

广东人民出版社资深编辑向继东先生与从未谋面的人民出版社编辑姜虹女士为拙著出版都贡献过智慧。本书面世得益于江南大学江南文化研究院的经费支持,承蒙研究院负责人朱庆葆书记、刘焕明院长与刘大禹院长垂爱,拙作才有机会从私人产品变成公共产品。

同济大学出版社陈立群积极支持我的工作,拙著《无锡:一座江南水城的百年回望》经他操刀后，品位提升了几个档次。多年来他一直在寻找1952年院系调整的当事人，挖掘亲历者的回忆，用图文形式呈现在其主持的丛刊《民间影像》中。由熟稔无锡历史、熟稔院系调整、握有一批珍贵影像的陈立群先生来编辑此书，笔者备感荣幸。

笔者现工作的江南大学与私立江南大学血肉相连，私立江南大学、江南学院、江南大学这三所不同阶段的学府分别得到了荣德生、荣毅仁、荣智健祖孙三代经济上的巨大支持。为私立江南大学立传，笔者有近水楼台的优势，也有对安身立命之所的情感投射，但情感归情感，校史书写中，笔者坚持不偏离价值中立的学科规范，以求最大可能呈现事实真相。

此刻我也想起了故去的黄焕初书记(1944~2014)，他把我招录进江南大学，并同他在一个办公室共事4载。他关心我爱护我，为我挡风雨，把我当成其家庭一分子，至今与师母及其公子还有联系。拥有一个可敬可亲的顶头上司，三生有幸。没有他也就不可能有此书的写作，谨以此书献给他在天之灵。

"今天我以江大为荣，明天江大以我为荣"，此语用在刘家和身上最为贴切，这位世界中古史研究泰斗是私立江南大学史地系第一届学生。拙著由这位"九五之尊"赐序点睛，何其有幸。兼治中外历史的刘家和先生虽在鲐背之后迈步，仍笔耕不辍，其近作《理性的结构：比较中西思维的根本异同》一文入选2020年度中国历史学全国十篇(组)优秀论文。他所著《古代中国与世界——一个古史研究者的思考》1995年由武汉出版社首版发行，2010年北京师范大学出版社重版，2020年被商务印书馆升格为"中华当代学术著作辑要"再版。借此一角，再次感谢这位"人老精神不败"的"90后"对一位无名小辈的提携！

拙著在大学史研究领域能不能占有一席之地？能不能为私立江南大学扩大一点影响？能不能为现在的江南大学增添一抹亮色？虽然笔者朝着正确方向在努力，但效果将会见仁见智。无论如何，我期待着一切有益的学术批评。

汪春劼

2022年11月18日于江南大学江南文化研究院

《简明中国电影海报史》
刘钢 著
ISBN 978-7-5765-0428-6
190×260，280p

　　这部著作的最大特点，就是强调内容的文献价值以及文字的可读性和文本的图像化，一切从文献出发，不发空谈，论必有据。

　　这本书匹配的大量珍贵海报彩图，绝大多数都是他千辛万苦从各地搜集来的实物。比如那张极其珍稀的《武训传》原版电影海报……像这样伴随着一段难忘历史并曾因此掀起过滔天巨浪的电影的海报，既是文献，也是文物，具有珍贵的历史价值，况且，它还很可能是唯一幸存的实物。正是有着这些珍贵海报实物的支撑，才使这部《简明中国电影海报史》具有坚实的史料基础，从而经得起历史的检验……

《民间影像》第十一辑
ISBN 978-7-5765-0354-8
170×213，256p

　　开放、民间、现场、表皮、非线性，一本另类的史料抢救丛刊，跨地域、跨学科，以第一手的历史影像为线索，呈现一个个历史片段。

　　关注细节、关注过程、关注日常生活。倡导"从生活史进入学术史"，通过一个个微观叙事，提供过往宏大叙事里难得一见的鲜活场景，成为记录时代变迁的重要切片。

　　《李汉俊，盗火者的留日生涯》通过新发现的日本相册，系统介绍了李汉俊在日本的求学生涯，首度披露其留日期间的珍贵影像，填补重要历史空白。

　　《1911，孙中山的上海七日》详细介绍了1912年中华民国成立前孙中山在上海的七天活动，留下重要的历史切片。1934年3月下旬在南京召开的电影谈话会，大腕云集，《1934年的电影公司谈话会》通过多种材料，重返电影史的现场。《苏州·开封，我的1949》以一个小孩的视角呈现七十多年前亲历1949年巨变的细节。

江南大学设计学院部分教师在新址工地现场(2004.4, 王俊摄)